回顾暴风雨年代

北大文革亲历者文集

（第三集）

王复兴 主编

美国华忆出版社

Copyright © 2020 by Remembering Publishing
Retrospect of Stormy Days: Essays by Witnesses of the Cultural Revolution in Peking University
Editor Fuxing Wang
ISBN： 978-1-951135-34-8（P-平装本）
978-1-951135-35-5（E-电子本）
LCCN： 2020 902838
Remembering Publishing, LLC
9600 S IH-35, C600
Austin, TX 78748
RememPub@gmail.com

书名： 回顾暴风雨年代——北大文革亲历者文集（第三集）
作者： 王复兴 主编
出版： 美国华忆出版社 奥斯汀·得克萨斯州
版次： 2020 年 3 月第一版
字数： 320 千字

作品内容受国际知识产权公约保护，版权所有，翻印必究

编者前言

王复兴

《回顾暴风雨年代——北大文革亲历者文集》（第三集）在众多校友的支持与鼓励下，现在与读者见面了。

笔者曾把《回顾暴风雨年代》第二集捐赠予：美国研究中国近、现代史、当代史、文革史的重镇美国哈佛大学费正清研究中心的图书馆。每年有许多中外学者会到费正清中心进行史学研究，查找史料。2019年6月14日，费正清图书馆馆长南希女士（Ms．Nancy Hearst）给笔者发来电邮，如下：

「王复兴先生：

非常感谢您对我们图书馆捐赠的书籍。对我们的收藏来讲，您此次捐赠是很重要的，我们的研究人员将会欣赏此书。

您如果还有类似的著作，我们也希望能收藏。

祝好！

哈佛大学费正清研究中心图书馆
Nancy Hearst
2019-6-14」

（注：以上电邮为英译中的译文）

现在《回顾》第三集，已由美国华忆出版社出版，并被美国国会图书馆收藏。把文革史以及文革前后的中国当代史的亲历者的经历与反思，记载并留传后世，是我们这一代人应该做的重要事情。

本书第二集中，曾刊发北大哲学系教授李清崑老师的文章《谈聂元梓等七人大字报出台的社会历史背景》。该文论述了北大从1957至

I

1965 年的历次政治运动及其影响，论述了北大文革第一张大字报与历届政治运动、特别是与社教运动、第二次国际饭会议的关系。该文引起美国学界的重视，认为它详尽、真实地描述了文革前，北大叠加的政治运动及其所产生的影响。令人感到有点缺憾的是，李的文章重点描述了北大干部、党员、教师当年的政治生态，而对学生的政治、思想状况，涉及较少。为补足这点，第三集刊发了北大数力系 59 级（65 届毕业生）一位学长的文章——徐明曜：《我的大学（1959—1965)》。徐的文章写了 1963 至 1965 年北大清查、批判反动学生的情况以及本人被批判的遭遇。这使人联想到文革中，工作队"反干扰，抓尤鱼"，批反动学生，以及文革后期清查"516 反革命集团"的情景。文革的极端左倾机会主义路线是从 17 年的左倾路线发展而来的。挖掘文革灾难发生的根源，势必会追索到中华人民共和国前 17 年的当代史。

令人敬仰的丁石孙校长于 2019 年 10 月 12 日于北京病逝。为纪念丁校长，第三集刊发了丁校长的两篇访谈录，一篇丁从 1950 年谈到 1965 年的北大；另一篇谈文革的《黑帮大院》。丁校长的学生与朋友武际可的文章《吹尽黄沙始见金——忆丁石孙老师》，记叙了丁石孙的一些事迹以及他们二人的多年师生情谊，从中折射了当代知识分子的生活经历。在本书第四部分《文革综述》栏目下最后一篇，刊发的北大校友悼念丁校长署名"未名 1988 全体同学"一副挽联，颇用心思。该挽联，联中套联，工整对仗中嵌入："曾有丁石孙，燕园于兹多风骨。但悲天地人，君子从来稀世出。"说丁校长乃"稀世风骨"，当是很高评价！丁校长于 1989 年时对学生宽松，风波之后请辞校长之职。

本文集有一组文章是围绕有关北大历史系著名教授周一良先生的话题。"梁效"写作组是北大文革后期极其重要的事物与事件，"梁效"作为"四人帮"的御笔，曾对文革后期全国的运动产生过全局性的恶劣影响。周一良曾是"梁效"的重要成员，并曾因此身份荣登"中共十大"主席团座席。"四人帮"倒台后，周先生被批判，并被审查二年多，写了大量检查。他本人"悔恨交加"，并于 1987 年向党委副书记郝斌提出"我要求退党"的要求。郝斌为保护他，没有向党委汇报。

季羡林则劝周："都入了，就别退了。"党对知识分子先改造（洗脑）、而后团结（以名誉、地位、高薪、大宅拉拢），然后使用（利用）的政策，是1950年之后的一个系统工程，其中背叛师门，批判"师道尊严"，批判师长，是"转换"思想（洗脑）的重要手段。通过批判师长，与旧的思想体系决裂，用马、列、毛的新世界观武装头脑。文革中，我们看到中学生斗老师、打老师，甚至发生名校师大女附中红卫兵打死校长的事件。这些恶性事件发生的恨源何在？周一良在改造思想的历程中，也曾"深刻"批判他的老师胡适、陈寅恪。以至于陈寅恪先生与此弟子断然地"断袍、割席"。周先生晚年自嘲自己成了"梁家子弟"（梁家指梁效），豁然反省，十分悔恨。周一良后半生的痛苦思想历程，反映了老一代知识分子的共同煎熬过程。

本文集刊发了郭罗基先生的力作《"文化大革命"中的"梁效"顾问冯友兰》一书之节选，也是谈"梁效"。"梁效"独霸文坛，在全国放毒、肆虐时，"老五届"们早已离开了学校，对它缺少真切的了解。郭罗基老师在批林批孔、批邓、反击右倾翻案风中与迟群、谢静宜及"梁效"们做过斗争。"四人帮"倒台后，郭罗基亲历了对"四人帮"的鹰犬迟、谢及"梁效"的群众性揭、批、查活动。郭本人保存了大量审查"梁效"的资料。郭文详尽地记述了迟、谢把持的"梁效"是如何诞生、发展、做恶、灭亡的全过程，是十分厚重的历史资料。郭认为，对"梁效"现象应高度重视并深入研究，对其应作："个案的剖析和群体的考究，目的不是整人，而是中华文化品格的重建和知识分子精魂的重塑。"

郭引述周一良为自己辩解的说词："事情放在较长一段流光中来考察，就能较为超然，就能较为公正，就能实事求是，就能通情达理得多。"郭接着点评：确实，对"梁效"的研究要把它"放在较长一段流光中来考察"，不是如周一良所说的四个"就能"在历史的长河中得到洗刷，而是更能看清楚对"中华文化品格"的戕害和对"知识分子精魂"的糟蹋。郭总结道："梁效"现象是值得研究的重大课题，它不仅是"文化大革命"现象，也是中国知识分子现象。中国的知识份子中，为什麼容易出摧眉折腰事权贵的无耻之徒？特别是具有"五四"传统的北京大学，何以又出了一个反"五四"传统的"梁效"？此类问号，宜长留人间，深思之，怵惕之。

请读者注意，在郭罗基该文后面，附有一篇较长的《作者介绍》，其中提到文革后，郭与"凡是派"的论战及后来邓小平把他打成"自由化代表人物"并对他进行整肃的史实。

四川大学中文系教授任瑚琏所写关于当年"新北大公社"文艺团体"胜利团"的历史，对研究北大文革史、文革时期大学生的思想感情、文革时期的群众性革命文艺状况，均具有一定的史料价值。此外，任瑚琏校友保存的"胜利团"史料、剧照、乐谱、节目单等珍贵资料已交给笔者捐赠、转交、保存于美国斯坦福大学胡佛研所中国近现代史档案馆之《王复兴专档》内的《胜利团卷宗》。《李锐日记》便是保存于此胡佛档案馆内。将来人们要研究"胜利团"，便可参照任瑚琏的专文，研究有关档案资料。

文革期间关于北京天派、地派两派争斗的提法是中央文革的说法，并不准确，文革后聂元梓、王大宾都否认北京两大派斗争焦点是天、地派之争。胡宗式的《文革期间北京市两大派的争斗》一文，指出在1967、1968年北京发生的两大派争斗，主要是"新北大派"与"师大、学部派"的两大派争斗。天上的"北航红旗"与地上的"地院东方红"也并非主角。胡宗式对当年北京两大派争斗的全过程，有清晰的记叙，较为符合历史实事。胡宗式学长文革期间任新北大公社动态组组长，并负责发行《动态报》，他受聂元梓、校文革委托负责校外运动，文革后他本人仍保存了大量当年的动态报资料，因此他所回忆、整理的当年（一月风暴之后）北京两大派争斗的史实，具有很高的可信度与史料价值。

上海社科院研究员孙月才的文章《告别盲从——走向精神自由》总结了本人从文革时的盲从，到文革后的幡然醒悟，走向精神自由。从而独立思考，走向自由王国。文革后他与周扬、王若水共进退，在"人道主义""异化"等议题上与左王邓力群展开论战。孙月才的思想历程，具有典型意义，反映了一代人的心路历程。

吴乃龙的《关于"7.12"陈必陶大字报》、章铎的《电话采访李清崑》、何子溪的《文革中的一次自我救赎》、王复兴的《北大文革史中的几个问题》等文，从不同角度探索了北大文革不同阶段的历史。

最后要感谢北大国际政治学院印红标教授，同意将其力作《文化大革命的三次发动》作为本文集的《序》。该文揭示了在文革的前半年，最高领袖对文化大革命，分三个阶段，进行了三次发动，步步升级，最终指向了文革的目标：打倒刘少奇，推毁刘邓司令部。

主编：王复兴
2020 年 1 月 10 日

目 录

编者前言　王复兴 I
序　文化大革命的三次发动　印红标 1

一、文革前十七年（1949—1966）

我在北京大学的前期经历　丁石孙 17
吹尽狂沙始见金——忆丁石孙老师　武际可 47
我的大学（1959—1965）　徐明曜 53

二、文革前期（1966—1969）

关于7.12陈必陶大字报　吴乃龙 168
黑帮大院　丁石孙 180
文革中的一次自我救赎——废品收购站寻宝记　何子溪 186
文革期间北京市两大派的争斗　胡宗式 191
北大文革史中的几个问题　王复兴 210
"胜利团"简史　任瑚琏 226
评一份史料：《号外》——兼议文革时期北大武斗　王复兴 277

三、文革中后期（1970—1976）

我在北大保卫组处理翦伯赞之死　谢甲林 295
"文化大革命"中的"梁效"顾问冯友兰（节选）　郭罗基 301
截屏再訾周一良　郝斌 373
附录一　陈寅恪与弟子周一良的恩怨　刘宜庆 385
附录二　我的父亲周一良怎样进入"梁效"写作班子　周启博 390
我所知道的"一打三反"运动　吴乃龙 400

四、文革综述

电话采访李清崑　章铎 406
告别盲从——走向精神自由　孙月才 418
诗词：悼念丁石孙校长 427

序

文化大革命的三次发动[1]

印红标

内容提要： 文革的发动经历了三个阶段，或曰三次发动。1966年5月和6月首次发动，运动在文化教育界展开。7月下旬和8月再次发动，工作组撤出学校，红卫兵先后在学校和社会掀起狂暴之风，却没有在文教界之外指向当权派。10月批判资产阶级反动路线是三次发动。群众运动的矛头被引导到冲击地方和基层党政领导，批判"资产阶级司令部"，实现了重点进行党内斗争的目标。本文着重指出：批判资产阶级反动路线开启了第三次发动。

关键词： 文化大革命、发动、批判资产阶级反动路线

文化大革命确是史无前例的政治运动，其发动并非一路畅通，而是面对阻力，一波三折，呈现阶段性。毛泽东最初对于文革的目标、方式、没有做出清晰说明，从中央到地方的领导干部和民众对文革的理解存在差异甚至冲突。在运动发动的过程中，毛泽东不止一次采取重要措施，指导或矫正运动的方向，包括召开重要会议，撤换领导人，重组群众运动的主流构成等，最终将运动的矛头指向他设定的目标。有学者概括这种情况为文革的发动与再发动[2]。

本文认为：文革的发动，经历了三次，表现为三个阶段。这三次发动，除了已经有学者指出的，发生在1966年5月至6月初的第一

---

[1] 此文转载自：美国中文学术季刊《记忆 REMEMBRACE》2019年第1卷第1期。经印红标教授同意，本文集以此文作序。
[2] 王年一（1996:9）依据1981年中共中央《关于建国以来党的若干历史问题的决议》，认为1966年8月八届十一中全会是文革的"再全面发动"的标志。参见安建设（2009）。

次，7月底8月初的第二次之外，10月开始的"批判资产阶级反动路线"运动可以称作第三次发动。[3]

本文依据既有资料和研究成果，提出文革三次发动的框架，以便于理解文革发动的曲折历史过程。

一、第一次发动及第一阶段：1966年5月至7月中旬

文化大革命第一次发动的标志性举措是：1966年5月中共中央政治局扩大会议、发布《五一六通知》和6月1日毛泽东决定广播北京大学聂元梓等人的大字报。在此阶段，运动以文化教育界为突破口，学校停课，诸多文化界知名人士遭到批判。毛泽东滞留南方，刘少奇、邓小平主持中共中央日常工作并领导运动。从中央到基层的党政领导体系掌握着运动的领导权，在党政领导瘫痪的文教部门，由上级党委派遣工作组接替党委、党支部的领导职权。群众运动的态势与1957年反右派斗争以及1963年之后的社会主义教育运动相似。

1965年11月，江青在上海密谋姚文元发表《评新编历史剧〈海瑞罢官〉》，向北京市副市长、历史学家吴晗发难，看似1963年之后文化艺术领域批判的升级。从此时至1966年5月中共中央政治局扩大会议之前，是文化大革命的序幕，或文革全面发动的准备阶段。在此期间，彭真、罗瑞卿、陆定一、杨尚昆等领导人在高层开始受到批判。

1966年5月，中共中央政治局扩大会议在北京召开，这是文化大革命全面发动的标志。当时毛泽东继续留在南方，没有出席会议，但是会议按照毛泽东会前的安排进行。刘少奇主持会议，由康生负责向毛泽东请示汇报。会议集中批判彭真、罗瑞卿、陆定一和杨尚昆，通过决议，停止或撤销四人的职务，成立审查委员会进行专案审查（王

---

[3] 卜伟华（2009:77）提出：1966年10月的中央工作会议是继5月中央政治局扩大会议和8月八届十一中全会之后，对文化大革命进行的再一次发动。笔者曾与历史学者叶维丽（2013:19）谈过文革三次发动的观点，第三次发动是1966年10月批判资产阶级反动路线。

年—1996：18-30）。

5月16日会议通过的中国共产党中央委员会《通知》（即《五一六通知》），是文化大革命的纲领性文件。通知宣布：中央决定撤销原来的文化革命五人小组，重新设立中央文化革命小组，隶属于政治局常委之下。会后，宣布陈伯达任组长，康生任顾问，江青等人任副组长。中央文革小组的设立对于文革具有全局意义，日后它在文革运动中起到了特殊的重要作用。从8月30日开始，江青成为中央文革小组的代组长、实际的领导人。

五一六通知的基本内容是批判彭真主持制定的关于学术讨论的"二月提纲"，通知宣告：文化大革命是在思想文化战线上尖锐的阶级斗争，也是严重的政治斗争。这场大斗争的目标是对吴晗及其他一大批反党反社会主义的资产阶级代表人物的批判。

毛泽东在修改时，加写了几段党内斗争意味强烈的话。通知说：为要彻底揭露反党反社会主义的"学术权威"，彻底批判资产阶级反动思想，夺取在这些文化领域中的领导权，必须同时批判混进党里、政府里、军队里以及文化领域的资产阶级代表人物。这些代表人物，有些正在受到我们信用，被培养为我们的接班人，例如赫鲁晓夫那样的人物，他们现正睡在我们的身旁。

通知的叙述逻辑是：为了要进行思想文化意识形态领域反对资产阶级的阶级斗争，必须同时批判资产阶级在党内的代表人物，给人的印象是文化大革命是一场"文化革命"，即文化界的革命以及清除资产阶级在党政军文各界的代理人的斗争。当时，党内外极少有人会想到，或者不敢想所谓"赫鲁晓夫那样的人物"是指位居党中央第二位的领导人刘少奇。

5月18日林彪讲话，谈防止政变、反复辟和颂扬毛泽东是天才。

五月政治局扩大会议是发动文化大革命的重要会议，被作为文化大革命开始的标志。当时对于运动的任务、重点、主要方式、群众和党的组织在运动中的地位等问题，都没有明确的说明，党内外普遍认为文化大革命主要是思想文化领域的革命。

6月1日《人民日报》发表社论《横扫一切牛鬼蛇神》，此后几日连续发表社论，宣传五一六通知的精神，营造革命的舆论。

在批判彭真和五一六通知的鼓励下，5月25日，北京大学聂元梓等7位党员教师贴出大字报，指责北京市委大学科学工作部和北大校党委主要领导。1966年6月1日，毛泽东指示中央人民广播电台广播北京大学大字报。次日《人民日报》头版发表评论员文章《欢呼北大的一张大字报》并以《北京大学七同志一张大字报揭穿一个大阴谋》为题，全文刊发大字报全文。此举点燃了文化教育界群众运动的烈火。

《人民日报》转发聂元梓等人大字报事实上给学生们树立了榜样，各地学生纷纷效仿，质疑本校领导。继北京大学之后，清华大学、南京大学等一批高等院校以及一大批中等学校的主要领导遭到停职、批判、斗争。全国范围内的大中小学相继停课，很多学校的领导人无力履行职责。

面对学校的混乱局面，在北京主持中共中央工作的刘少奇和邓小平请示毛泽东，得到毛泽东相机处理的指示，决定由上级党委向学校派出工作组领导运动，工作组根据具体情况替代或协助原校领导，这是沿袭以往领导群众运动的方式（王年一 1996：35）。工作组沿用了1957年反右派运动和1963年开始的社会主义教育运动的办法，强调党组织的领导和政策，矛头主要对知识分子和文化教育界的领导人。

6月20日前后，即工作组进校大约两星期，北京一些学校先后发生学生质疑、批评、反对、甚至驱赶工作组的事件。造反的学生往往思想激进，其言论或有部分道理，或小题大做、强词夺理，而关键问题是挑战工作组的领导权威。中央和北京新市委认为，这是干扰运动的健康发展，进行了"反干扰"运动，以政治高压应对不同意见，对提批评的学生进行劝诫、反击、围攻、将其中激烈者定为"假左派、真右派""反党分子"。北京市有一百几十名学生被打成反革命，受打击的学生恐怕不下数十倍（王年一 1996：43）。清华大学学生蒯大富、西安交通大学学生李世英等人因挑战工作组及省委被打成右派、反革命；清华附中红卫兵不愿服从工作组的指挥，与工作组发生摩擦与冲突。这些典型事件后来受到毛泽东的特别关注。

6月20日，在北京等地发生一些学生驱逐工作组事件的时候，中央出现了两种意见。中央文革小组向中央提出书面建议，"建议全国大中学校、机关单位在合适的时候成立文化革命小组，领导文化革命运动。""在最必要的地方，最必要的时候可以由上级派工作组。"7月13日、19日和22日中央文革小组陈伯达三次在中央会议上提出撤出北大工作组，均被邓小平等多数人否定（王年一 1996：46）。

这一时期，中央和各地党委将一批文化界知名人士打成"反动学术权威"，组织群众进行批判、斗争，同时将一些主管宣传或文教工作的领导人抛出来进行批判。工作组在学校引导学生对教师、文化界人士及学校领导进行批判斗争，同时要求服从领导，注意政策。

7月18日，毛泽东回到北京听取汇报之后，对运动的状况、工作组领导运动的方式、中央第一线制定政策的刘少奇表示极为不满，要求撤销工作组。7月24日、25日他在召集中央文革小组和各大区书记谈话时说："最近一个月，工作组是阻碍群众运动。阻碍革命势力，帮助反革命，帮助黑帮。""要改变派工作组的政策。不要工作组，要由革命师生自己闹革命，成立革命委员会。"又说，"工作组一不会斗，二不会改，起破坏作用，阻碍运动。""凡阻碍一斗二改者，统统驱逐之。"（中央文献研究室 2003：1423-1424）毛泽东回到第一线直接领导运动，这导致文革的再次发动。

谈及刘少奇领导文革运动的50天，人们常常会提出这样的问题：为什么毛泽东已经不信任刘少奇，还要让他领导运动？"欲擒故纵"，让对手犯错误似乎是合乎情理的解释。[4]

此外，文革结束后，官方的文革史通常回避刘少奇、邓小平主持中央工作的这一期间，中央及各省市党委抛出一批党内文化教育界领导人，以及批判文化界知名人士的事实。例如：中央决定将高教部长、清华大学党委书记兼校长蒋南翔、南京大学校长匡亚明等人停职，交群众批判。这些举措实际上与林彪、江青的关系和责任很少。

---

[4] 王年一在一份未刊稿中谈及这个观点。

二、第二次发动与第二阶段：1966年7月下旬—9月底

7月下旬毛泽东回到北京后，指责刘少奇犯了路线错误，回到第一线重新部署运动。八届十一中全会通过的"十六条"指出：运动的重点是整党内走资本主义道路的当权派；运动方式是"群众自己教育自己"，全面选举产生的文化革命委员是文化大革命的权力机构。毛泽东支持了自发的学生组织——红卫兵。然而，很多学校的运动在工作组撤出之后，仍然在地方和基层领导人的掌控之下。八月下旬，红卫兵发动的破四旧运动，暴力冲击社会基层。群众运动的主要矛头没有指向党内。

批判工作组是毛泽东再次发动群众运动的开端，由此打破了刘少奇主持中央，在一线指挥运动的格局。毛泽东指责工作组镇压学生运动，犯了路线错误，要求撤出工作组。8月1日，毛泽东写信给曾经与工作组发生摩擦的清华大学附中红卫兵，表示热烈的支持。这既是支持红卫兵批评工作组，又可以延伸理解为群众可以在党组织直接控制之外自发成立团体。8月5日毛泽东写《炮打司令部——我的一张大字报》，严厉斥责道："在五十多天里，从中央到地方的某些领导同志""站在反动的资产阶级立场，实行资产阶级专政，将无产阶级轰轰烈烈的文化大革命运动打下去"，并以"发人深省"的方式不点名地示意：炮打司令部的目标是刘少奇。毛泽东给红卫兵的信和炮打司令部的"大字报"作为八届十一中全会文件印发。

1966年8月1日至12日召开的中共中央八届十一中全会是文革第二次发动的最重要步骤。全会由毛泽东主持，通过了《中国共产党中央委员会关于无产阶级文化大革命的决定》（即"十六条"），这是继《五一六通知》之后又一个文化大革命的纲领性文件，进一步确定了五一六通知中阐述不够清晰的政策，回答了通知发布后两个多月运动中新出现的问题。

关于运动的目标和任务，十六条明确提出："我们的目的是斗跨走资本主义道路的当权派，批判资产阶级的反动学术'权威'，批判资产阶级和一切剥削阶级的意识形态，改革教育，改革文艺，改革一

切不适应社会主义经济基础的上层建筑"，即"一斗、二批、三改"。十六条着重指出："这次运动的重点，是整党内那些走资本主义道路的当权派。"这就纠正了五一六通知之后，党内外普遍认为文化大革命是文化界革命的认识。

关于运动的方式，十六条说："无产阶级文化大革命，只能是群众自己解放自己，不能采用任何包办代替的办法。""要充分运用大字报、大辩论这些形式，进行大鸣大放"，即大民主的方式。

十六条提出要像巴黎公社那样，由全面选举产生文化革命的权力机构——文化革命委员会。这实际上否定了党的基层或上级组织直接或派出工作组领导运动的方式。

十六条还为保护群众批判领导的活动，提出："警惕有人把革命群众打成'反革命'""有些学校、有些单位、有些工作组的负责人，对给他们贴大字报的群众，组织反击，甚至提出所谓反对本单位或工作组领导人就是反对党中央，就是反党反社会主义，就是反革命等类口号。他们这样做，必然要打击到一些真正革命的积极分子。这是方向的错误，路线的错误，决不允许这样做。"这些规定都是针对党委或工作组在群众中打击"反革命"的作法。为防止把群众打成反革命，十六条还特别规定："即使是真正的右派分子，也要放到运动的后期酌情处理。"这些规定被造反派当作护身符。

十六条还做出了一些政策规定，例如："这场斗争，要文斗，不要武斗。"又如：在一般情况下，领导干部中，好的和比较好的是大多数。但是这些政策在运动中没有得到认真执行。

全会及会后中央进行了组织调整，毛泽东回到第一线领导运动，林彪实际上成为党的唯一的副主席，刘少奇从党内第二位下降到第八位，邓小平从第七位变为第六位。周恩来主持中央日常工作，包括领导文化大革命运动。

8月和9月，学生走出校园，出现了两个方向的活动：少数派学生矛头向上，追责工作组及其上级领导，缠斗不已却障碍重重。老红卫兵和多数派学生矛头向下，以"破四旧"运动为中心，打击"牛鬼蛇神"[5]、阶级敌人，受到传媒赞赏及各级领导的认可，震惊社会。

8月23日《人民日报》头版发表了两篇社论，表示文革最高领导对这两类活动的支持。一篇刊载于头版上半版显要位置，题目是《工农兵要坚决支持革命学生》，针对一些地方的党委领导动员工农保卫党委，把批评党委、造党委反的学生说成反革命的现象，支持学生斗争走资派，并非要求工农支持破四旧。这篇社论传达了两份中央文件的精神：8月21日《总参谋部、总政治部关于绝对不许动用部队武装镇压革命学生运动的规定》和22日《中央同意公安部关于严禁出动警察镇压革命学生运动的规定》。[6] 这两份文件十分明确地指出，是针对北京之外的桂林、西安、兰州、哈尔滨等地学生游行、集会，与工人、警察即不同观点学生发生冲突的情况，这些地方还没有开始破四旧活动。

另一篇社论题为《好得很》，刊登在头版下半版左侧次要位置，字数少一半，内容是欢呼北京市红卫兵的破四旧活动。人民日报的版式显示，中央支持的重点是冲击当权派，但是实际的情况却是破四旧运动受到传媒欢呼、赞赏和领导人的普遍认可，在群众运动中占有了压倒的优势。

毛泽东要炮轰中央的"司令部"，破四旧却横扫社会基层。毛泽东对红卫兵的破四旧运动最初赞同，也有所保留，后来逐渐表露出不满意。毛泽东曾对前去汇报的吴德说：北京几个朝代的遗老没人动过，这次"破四旧"动了，这样也好。所谓"也好"，恐怕是既赞同又语带保留。1966年8月30日他又说："现在学生对一斗二批三改不感兴趣，心思不在学校，要到社会上去横扫牛鬼蛇神。一斗二批三改是我讲的，现在学生不听了"（吴德2004：27；中央文献研究室2013：618）。

9月18-20日，中央文革小组和军委文革小组遵照毛泽东的指示精神，召开大专院校部分师生座谈会，参加的是少数派学生。会上有

---

[5] 牛鬼蛇神没有确定的定义，最初泛指所有的敌人，后来逐渐偏重指那些在文革之前已经被打倒的地主、富农、反革命、坏分子、右派等"阶级敌人"以及资本家；还有文革初期已经被批判、打倒的教师、校领导及其他文化教育界人士。通常不包括即使有争议的在位的领导人。

[6] 两份资料见：国防大学党史党建政工教研室（1988：90-91）。

学生反应：受打击学生的问题没有很好地解决，他们依然是少数。有学生提出文化大革命存在一条右倾机会主义路线，抱怨周恩来"搞调和""怀疑现在是否还有一个暗中与党中央、毛主席对抗的司令部"（王力2001：946；卜伟华2008：274）[7] 座谈会纪要由中央文革小组转给毛泽东。

据时任中央文革小组成员的王力回忆，此时，毛泽东形成了这样的看法："从八月八日（引者注：通过十六条的日期）到九月，整个运动是向前的。但是，许多问题没有解决，特别是批判错误路线的严肃的坚定性和彻底性。"（王力2001：947；中央文献研究室，2003：1446）据此，毛泽东决定发动新的运动——批判"资产阶级反动路线"，将运动的大方向扭转到党内路线斗争。

三、第三次发动及第三阶段：1966年10月—1967年1月）

毛泽东不满8月和9月运动的发展态势，在10月发动了"批判资产阶级反动路线"运动，打破了地方和基层党政领导人对运动的直接或间接掌控，实现了"群众自己教育自己"，将群众运动的主要矛头扭转到斗争党内，冲击当权派，揪斗走资派，批判刘少奇"司令部"。这可以视为第三次发动。

7月底、8月初刘少奇被批判，失去了主持中央工作的权力，靠边站了。但是毛泽东不愿就此止步，为什么？参照延安整风等党内斗争以及苏联的历史，是否可以做出如下推测：

其一，在政治和组织上，毛泽东不仅要罢黜刘少奇个人，还要深入追究、撤换其"司令部"的要员，以及为数甚多的追随者，即"走资派"。

其二，在思想上彻底批判、肃清刘少奇的"路线"（即其思想和政策主张），使毛泽东的"路线"和思想掌握全党以及党外群众，如同延安整风那样，批判和肃清王明路线，树立毛泽东思想的指导地位，而

---

[7] 又据笔者2017年夏季听取当年与会者对会议部分情况的回忆。

不仅仅是撤销王明的领导职务。深入进行思想批判也有利避免再次出现罢免彭德怀之后，不断有人为其鸣冤或重提相似主张的情况。更远一点说，为了防止出现赫鲁晓夫否定斯大林的历史重演。

其三，毛泽东不满领导干部的状况，对于仅仅依靠党的领导人完成上述任务不抱希望，而力求在党外群众尤其是青年人中动员进行党内斗争的支持力量。1964年底，在社会主义教育运动中，毛泽东与刘少奇发生严重分歧，党内高层拥戴毛泽东，却努力化解毛刘危机，而没有搬倒刘少奇。这次毛泽东要借用大民主的方式，借用党外群众的力量进行革命。林彪在中九大报告解释文化大革命的方式时提到毛主席1967年2月的一次谈话，毛泽东说："过去我们搞了农村的斗争，工厂的斗争，文化界的斗争，进行了社会主义教育运动，但不能解决问题，因为没有找到一种形式，一种方式，公开地、全面地、由下而上地发动广大群众来揭发我们的黑暗面。"林彪代毛泽东解说道：现在，我们找到了这种形式，它就是无产阶级文化大革命。另一个参照是：1957年春毛泽东计划通过发动党外人士"鸣放"帮助整顿党内干部的官僚主义等作风，但是后来斗争方向反转，把党外提批评意见的人打成"右派"，党的领导干部对这一转变着力甚着。这次，毛泽东不能允许主要矛头再次转向党外，致使文化大革命偏离他预期的轨道，乃至半途而废。

1966年10月的第一周，毛泽东发动了批判资产阶级反动路线运动。10月1日，由毛泽东审定的林彪在国庆庆祝大会上的讲话提出：与"资产阶级反对革命路线"的斗争还在继续，当天晚上毛泽东决定调整提法为彻底批判"资产阶级反动路线"（王力 2001：946-948；卜伟华 2009：73）。2日，《红旗》杂志十三期社论要求："对资产阶级反动路线，必须彻底批判。"5日，中共中央转发军委、总政《关于军队院校无产阶级文化大革命的紧急指示》，主要内容包括：要求为在运动初期被打成"反革命""反党分子""右派分子"和"假左派、真右派"等的同志平反；撤销军委和总政做出的军队院校在工作组撤出后由校党委领导等决定。6日，首都大专院校红卫兵革命造反总司令部（"三司"）在中央文革小组支持下，召开有十万各地师生参加的"向资产阶级反动路线猛烈开火大会"，周恩来、陶铸、陈伯达、康生、江青等中央领导人参加。批判资产阶级反动路线运动全面展开。

10月9日至28日,中共中央召开有各省市自治区主要负责人参加的工作会议,这是继5月中央政治局扩大会议和8月八届十一中全会之后,第三次发动的重要会议,主题是批判资产阶级反动路线。毛泽东、林彪、周恩来在会议上讲话,陈伯达做了会议的主旨报告。报告最初的题目是《两个月来运动的总结》(陈晓农2005:297-298),报告稿传达了毛泽东的意图并经毛泽东的修改和与会者的修改,最后定名为《无产阶级文化大革命中的两条路线》。这两个标题显示:报告针对的是前两个月的运动状况,中心是路线斗争问题(陈伯达1988:133-141)。

陈伯达的报告说:"毛主席提出的无产阶级文化大革命的路线就是让群众自己教育自己、自己解放自己的路线。"八届十中全会做出关于文化大革命的决定(十六条)之后,"纠正了前一个阶段的错误路线,即资产阶级的路线。但是错误路线,还可以用另外一些形式出现。"文化大革命中路线斗争,还是很尖锐,很复杂。两条路线的斗争还在继续,而且还会经过多次的反复。

针对8月至9月的运动进展,陈伯达强调了平反、批判血统论、大串连等问题。他强调认错、平反和支持群众的重要性,说:"区别改正错误或坚持错误的标志,是对群众的态度,是否公开向群众承认执行了错误路线,是否给被打成'反革命'的群众认真平反,并且支持群众的革命行动。"

陈伯达要求坚持毛主席提出的阶级路线,团结大多数,反对用血统论代替阶级论。他尖锐地批判红卫兵中流行的"自来红""老子英雄儿好汉"的观点,说:"这是剥削阶级的反动的血统论。"他反对在学生中划分"红五类""非红五类"或者"黑几类"。他明确地反对"高干子弟要掌权"的说法,重申不久前的建议:如果高干子女在学校和单位占有领导岗位的话,应当让给工农兵和普通干部子女担任。陈伯达批判血统论的观点,不仅是他个人的观点,更是转达了毛泽东的意见。[8]

---

[8] 陈伯达批判血统论的观点,转达了毛泽东的意见(王力2001:645)。

此外，陈伯达报告还大力提倡学生串连。说：串连是"让学生自己教育自己的最好形式之一"，批评很多领导干部怕乱，不支持大串连。不同单位，不同地区学生之间的串连，意味着突破单位管理体系，其直接作用是促使在各个单位内处于分散、孤立状态的少数派学生通过交流、声援，聚集成可观的政治力量。此外，串连还使地方和基层领导难于对外来的学生施压或实施惩治（李逊 2015：158-162）。

所谓"群众自己教育自己"、要求平反、批判"血统论"和鼓励串连都起着削弱领导机关和领导人对运动的操控能力，促进群众摆脱党委控制的作用。

毛泽东重视并赞同陈伯达的报告，先后做 4 次批示。报告作为中央工作会议文件下发，继而印发县团级干部。不久，报告通过红卫兵小报和传单等渠道在群众中广泛传播。[9]

10 月中央工作会议主要是解决八、九两个月主持中央工作的总理、陶铸，以及各省市委的问题。毛泽东认为他们在这两个月中对路线斗争是不明确的，不坚决的、不彻底的。毛主席从九月就形成了这个概念（王力 2001：625、679）。就是说，第三次发动，源于对主持中央工作的周恩来、陶铸不满意，但毛泽东不准备抛开周恩来，最初也不准备整倒陶铸，主要是要扭转运动的大方向。此后，周恩来仍然主持中央工作，但是受到削弱，江青主导的中央文革小组的政治作用增长。陶铸、王任重在运动深入之后，加上涉及他们负责的中南地区运动的问题，最终遭到批判，被打倒。

所谓"资产阶级反动路线"表面上指刘少奇 50 天的路线，实际上对着 8 月至 9 月周恩来、陶铸等人领导运动的一些作法，认为这些做法是在新形势下继续刘少奇压制群众的路线，必须改变。

批判资产阶级反动路线运动推动了造反派的兴起。中央支持的平

---

[9] 毛泽东赞赏陈伯达的这个报告。10 月 24 日，在讲话稿上批示："改稿看过，很好。抓革命，促生产这两句，是否在什么地方加进去，请考虑。印成小本，大量发行，每个支部，每个红卫兵小队，至少有二本。"11 月 6 日毛泽东再次批示缩小下发的范围："第一步拟以发至县、团级为宜，待县、团籍以上多数干部思想通了，再往下发"（毛泽东 1998：12.140-141）。11 月 9 日中央办公厅将修改后的陈伯达讲话印发县团级。

反活动，赋予被党委和工作组打击的群众进行反抗和发泄不满的机会，动员了原来政治上处于边缘状态的群众。批判血统论则给予因为家庭出身被歧视、被排斥的学生参加运动的机会，动员了因社会关系处于边缘地位的学生。这些人有了被毛泽东"解放"的感觉，发自内心地愿意跟着领袖参与路线斗争。这些在阶级斗争话语下难免被动的人们，在路线斗争的话语下成了与错误路线斗争的先锋。各省市自治区造反派冲击领导机关和领导人的活动逐步升级。11月以后，工厂也实行大民主，工人造反派组织迅速发展，成为造反派的重要组成部分。必须指出的是：此时中央要求予以平反的，是文革开始之后大约四个月，刘少奇及周恩来主持中央工作期间，被打击的学生及群众，而不是文化界的领导及文化界知名人士，后者继续是被批判斗争的对象。

批判资产阶级反动路线运动使党政领导干部失去了政治权威地位，不能继续领导运动。所谓资反路线是刘少奇主持中央时期通过党的组织体系贯彻实行的，因而，所有在文革之初位居领导岗位的党内当权派都是执行者。于是，尽管他们不是路线的制定者，也要在群众面前检讨自己执行了错误路线，为被自己打击的群众平反，面对愤怒的、有理或无理的指责。领导人从此人人自危，其中很多人从运动领导者变为批判斗争的对象。当权派丧失了领导或掌控群众运动的地位，群众实现了"自己教育自己、自己解放自己"，实现了不受当权派管制的群众性大民主。随着运动的发展，地方党政领导机关逐渐不能正常工作，陷入半瘫痪或瘫痪状态，社会秩序和正常生产难以维系。在造反派组织日益活跃的同时，党的基层组织活动陷于停顿。

领导层对批判资产阶级反动路线运动普遍不理解，甚而予以抵制，却又无可奈何。毛泽东发动批判资产阶级反动路线运动，事先没有征求周恩来的意见。10月初，《红旗》13期社论提出批判资产阶级反动路线之后，周恩来向毛泽东提出："资产阶级反动路线"这个提法合适吗？历来党内提路线问题，都是左倾右倾，没有"反动路线"的提法。毛泽东坚持，周恩来回答说："我懂了。"显然，周恩来对此有保留，提出了疑义，但是毛泽东决心已下，周恩来只能执行（王力 2001：627）。中央文革小组在讨论《红旗》13期社论稿的时候，陶铸和王任重曾托人转达建议：在"资产阶级反动路线"的前面加一个"基本上"或"实质上"的限制词,表达了某种保留,但没有被采纳。[10]
11月13日,陈毅、贺龙、徐向前、叶剑英4位元帅在军队院校来京人员大会上对造反派冲击老干部的行为进行了抨击。但是毛泽东的绝对权威如同绳索,捆住了领导干部抗争的手脚。

1967年"二月抗争"中,李先念愤怒地说:"从13期社论开始,那么大规模在群众中进行两条路线斗争,还有什么大串连,老干部统统打倒了。"很清楚,对于这些老干部而言,厄运是从《红旗》13期社论批判资反路线开始的。很多老干部可以接受对彭真的批判,对刘少奇的批判,但是不能容忍对整个老干部群体的冲击和对党的组织体系的触动。谭震林说得真切:"我不是为自己,是为整体的老干部,是为整个党"(王年一 1996:206-211)。

在批判资反路线运动中,与领导干部关系密切,在前一段运动曾经强势的老红卫兵、保守派也受到了批判,失去了群众运动的多数派地位,遂起而反对。他们的抗争在北京汇成所谓"十二月黑风",其中以公开对抗中央文革小组的首都红卫兵联合行动委员会(简称"联动")最受关注。

毛泽东通过三次发动,终于突破党内的重重阻力,引导群众运动把矛头指向刘少奇和党内当权派,同时运动的领导力量、主流群众、运动方式等诸方面均扭转了8月和9月的态势。毛泽东把文革前和文革初处于边缘状态的群众发动起来,壮大了造反派队伍,这是一支为改变处境而心甘情愿跟着毛泽东,不妥协地与走资派斗争的社会力量。这次发动的代价也很明显:党的地方和基层组织瘫痪,整个领导干部群体受到冲击,因而开始与文革结怨,埋下了十年后否定晚年毛泽东的根子。

四、结语

文化大革命的重点是斗争所谓"党内走资本主义道路的当权派"

---

[10] 据王力写的一份材料(1980年7月22日),转引自王年一《关于〈红旗〉1966年第13期社论的一些资料》,《党史研究资料》1998年,第11期。

和党内刘少奇的"资产阶级司令部",党的领导干部群体对此"很不理解",执行"很不得力",甚至抵制。这是文革发动过程中最大的阻力和难点。毛泽东经过三次发动才使运动的主要矛头指向斗争党内走资派。至于文革第二位的任务——批判资产阶级反动学术权威、剥削阶级的意识形态以及资产阶级知识分子,则在党内很少阻力,无非是再来一次1957年反右派斗争。实际上刘少奇、邓小平主持中央时期,运动就是沿着这样的路子进行的。

在文革发动的每个阶段,中共中央都举行了一次重要的会议;通过了指导性的文件;发生中央或地方领导人的重大变更,批判、打倒了一些重要的领导人;从而使群众运动的构成和方向表现新的形态,最终达致自下而上发动群众,运用大民主的方式,冲击领导机关和领导干部,批判和打倒所谓走资本主义道路当权派以及"资产阶级司令部"。

第一次发动,群众运动在学校及文化教育界展开,批判学术权威和旧意识形态的活动开始进行,但基本限于文化教育界,主要是学校。党内外对于毛泽东发动文革的目标不甚明了,多以为是文化界的革命。毛泽东让刘少奇领导运动,有欲擒故纵之嫌。

第二次发动,毛泽东回到第一线领导运动,刘少奇、邓小平遭到批判,离开领导岗位,周恩来继而主持中共中央日常工作并领导运动。工作组受到批判,但是以干部子女为核心的老红卫兵和维护工作组的保守派学生仍然是多数派,起主导作用。红卫兵热衷于文化教育界的批判以及破四旧运动,矛头向下暴力打击以党外人士为主的"牛鬼蛇神",受到官方媒体和当权派的赞赏;而冲击当权派的造反派遭遇重重阻力。运动偏离了毛泽东期待的斗争党内走资派的方向。

第三次发动,通过批判资产阶级反动路线运动,党内路线斗争压倒党外阶级斗争成为明确的政治目标及强势话语;造反派兴起并在全国各地掀起冲击党政机关和领导人的高潮,群众运动斗争的矛头终于指向了党内当权派、走资派和刘少奇。随之,各地的党政领导机构陷于瘫痪或半瘫痪,党的基层组织生活停顿。至1966年底,文革发动的任务完成。1967年1月,造反派在毛泽东支持下开展"一月夺权风暴",文化大革命进入新的阶段。

参考文献

- 安建设。2009。"文化大革命的发动和再发动。"《中华人民共和国史稿》(修订本)第三卷。郭德宏等主编。四川人民出版社。
- 卜伟华。2009。《中华人民共和国专题史稿》(修订本)第3卷。(本刊注：出版社待考)。
- 卜伟华。2008。《砸烂旧世界——文化大革命的动乱与浩劫》。香港：中文大学当代中国研究中心。
- 陈晓农。2005。《陈伯达：最后口述回忆》。香港：阳光环球出版香港有限公司。
- 陈伯达。1988。"无产阶级文化大革命中的两条路线（1966年10月16日）。"《文化大革命研究资料》（上册）。国防大学党史党建政工教研室编。内部发行。
- 李逊。2015。《革命造反年代——上海文革运动史稿》。香港：牛津大学出版社。
- 毛泽东。1998。《建国以来毛泽东文稿》。北京：中央文献出版社。
- 王力。2001。《王力反思录》（下），香港：北星出版社。
- 王年一。2004。《大动乱的年代》。成都：四川人民出版社。
- 吴德。2004。《十年风雨纪事——我在北京工作的一些经历》。北京：当代中国出版社。
- 叶维丽。2013。"卞仲耘之死。"启之编：《故事不是历史：文革的纪实与书写》，台北：秀威资讯科技股份有限公司。
- 中央文献研究室。2003。《毛泽东传》（下）。北京：中央文献出版社。
- 中央文献研究室。2013。《毛泽东年谱一九四九——一九七六》第5卷。北京：中央文献出版社。

作者印红标简介，见《回顾暴雨年代》（第一集）内页1X。（香港的红色中国出版社2018年3月出版）。

一、文革前十七年（1949—1966）

我在北京大学的前期经历[1]

丁石孙

（访谈录由袁向东郭金海采访并整理）

1952 至 1966 年，是中华人民共和国成立后高等教育和知识分子政策发生重大变化与政治运动不断发生的一个复杂的历史时期。这篇访谈以该时期的亲历者丁石孙在北京大学的经历为主线，回顾了全国高等学校院系调整，北京大学数学力学系的组建、学习苏联的情况，1957 年反右运动前后丁和他的几位学生（如张景中，郭悦成等）的境遇，以及丁下放劳动和参加社教运动等的经过。它从一个侧面反映了该时期青年知识分子在政治运动和社会变迁中的成长、悲喜、沉浮和对科研工作的心态变化，折射了政治环境对数学发展的影响。

访谈时间：2009 年 12 月 19 日，2010 年 1 月 6 日、1 月 20 日、3 月 17 日，2012 年 3 月 25 日

访谈地点：北京，丁石孙家中

受访人简介：丁石孙，数学家，数学教育家。1927 年 9 月 5 日生于上海。1947 年考入上海大同大学电机系，次年转入数学系。1948 年转入清华大学数学系学习，1950 年毕业，留校任助教。1952 年在全

---

[1] 本文原载《科学文化评论》2012 年第 2 期。

国高等学校院系调整中,调入北京大学数学力学系,1954 年任讲师。1979 年晋升为教授。1981 至 1982 年任北京大学数学系主任。1982 年 11 月至 1983 年 12 月,在美国哈佛大学做访问学者。1984 至 1989 年任北京大学校长。1988 至 1991 年任中国数学会副理事长。1993 年起在中国民主同盟工作,1996 年任民盟中央主席。1998、2003 年相继担任第九届、第十届全国人民代表大会常务委员会副委员长。从事代数与代数数论的教学与研究,较早在我国提出程序自动化的研究课题。

一、院系调整,调入北大

访问者(袁向东,郭金海。以下简称"访"):1952 年,清华数学系和燕京大学数学系在全国高等院校院系调整中并入北大数学力学系。当年清华数学系的大部分教师都调入了北大。请您谈谈当时的情况。

丁石孙(以下简称"丁"):1952 年上半年后期,就已提出要在全国进行高等院校院系调整。目标是把综合性大学的工科分出来,综合性大学只保留文学院、理学院。实际上,把综合性大学跟工科分开并不是苏联的创造,这是帝俄的传统,而帝俄又是从西欧学来的。在西欧老的大学系统里,工学院被认为不太重要,认为大学就是文科和理科。当时我们的领导不了解这些背景。在院系调整中,我们办了很多专科大学,成立了所谓八大学院,包括钢铁学院、航空学院、地质学院等。这其实是为了满足国家实施第一个五年计划的需要。八大学院中的地质学院是从北大地质系分出去的。地质系在北大的历史很久,出的人才也不少。成立许多专科性的学院,虽然一时满足了国家的需要,但从长远来看,对培养人才不利。因为专科学院带有职业培训的性质。

访:院系调整也让原来一些学校历经多年形成的学术传统被破坏了。这对人才培养实际并不利。而且,要重新恢复这些学术传统谈何容易!当时教员和学生对院系调整有没有议论?

丁：当时纪律非常严，要求大家服从分配，教员没有公开表达自己想法的机会。我在学生中没有听到过议论。

访：1939 年国民政府教育部将 mathematics 的译名统一为"数学"后[国立编译馆1945，页5]，全国高校的数学系或算学系基本都统称数学系了。院系调整时，北大数学系为什么改称数学力学系？

丁：院系调整时的口号，是全面学习苏联。综合性大学就以莫斯科大学为榜样。莫斯科大学有力学数学系，北大仿照该系名称将数学系改称数学力学系。之所以没有完全照搬莫斯科大学力学数学系的系名，是因为当时北大、清华、燕京3所大学的力学基本都是空白；除周培源外，就没其他人搞力学了。

访：那怎么开力学方面的课？

丁：北大数学力学系让教员自愿报要开的课。钱敏和赵忠哲表示要开力学方面的课。钱敏本来是清华物理系的学生，后来转到了数学系。赵忠哲原来是搞概率的，院系调整时不想搞数学了。另外，周培源把他在清华培养的已毕业的研究生陈耀松带到了北大数学力学系。这样系里就能开力学方面的课了。

访：我们知道三校数学系合并后，段学复出任数学力学系主任。当时系主任是怎么确定的？

丁：不太清楚。记得系主任人选和人员调整名单是1952年暑假后宣布的。院系调整前，北大、清华、燕京3所大学数学系主任分别由江泽涵、段学复、徐献瑜担任。这3位中，段先生虽然最年轻，但在政治上最进步。

据我后来了解，院系调整时，这3校数学系成立了一个6人领导小组，由3位系主任和各系一位党员组成，负责北大数学力学系的组建工作。清华数学系出的是段学复、林建祥，北大数学系出的是江泽涵、刘世泽，燕京数学系出的是徐献瑜、吴文达。

院系调整后，清华虽然变成了工科大学，但还要开数学课。因而，数学系还有少数人留下来。全国新成立的许多学院，也要有人教数学。当时提出要加强东北的大学，特别是加强东北人民大学，也就是后来的吉林大学，北大和清华都有一些人被调到东北去。去的还是些业务强的。如北大的王湘浩就调到东北人民大学任数学系主任。

访：北大数学力学系的教师来自清华、燕京、北大。当时教师间有门户之见吗？

丁：北大数学力学系最初共28个教员，原清华和北大的较多，燕京的较少。我的印象是，3所大学数学系合并后，教师之间的界限就不存在了。大家都很团结，有共同的愿望把数学力学系办好。当时我作为年轻教员，对院系调整和三个系的教员合在一起的复杂性，完全没有概念。现在回过头来看，江泽涵的为人和作风对新成立的北大数学力学系教师之间的团结起了很好的作用。按资历来说，自1934年就出任北大数学系主任的江先生，是3所大学数学系中资格最老的系主任。但在院系调整时，他既不争当系主任，也不当教研室主任，只是作为一名普通教员教解析几何，而且毫无怨言，始终尊重段学复的领导。这就为北大数学力学系教师的团结带了个好头。同时，江先生的为人始终是谦虚谨慎的，对年纪比他轻很多的人都很尊重，为系里营造了很好的风气。

访：您从清华调到北大后，系里对您的工作是怎么安排的？

丁：数学力学系开始想把我调到新疆，去将要成立的新疆大学工作。有一天，林建祥找我谈话，跟我讲了很多新疆的情况。他虽然没有明说，但暗示我，要把我调到新疆。

访：您愿意到新疆这个不发达的地方吗？

丁：当时我的思想很简单，虽然对新疆完全不了解，但觉得大草原很浪漫，认为去新疆就去吧！后来系里的想法忽然变了，又决定把我留在北大。据说是因为要段学复当新的系主任，段学复就提出来需要我帮他教代数课。这样，我就留了下来。代替我去新疆的是清华的另一个教员，叫陈德璜。

访：每个人的人生路上都有些关键的分叉点，段学复的需要把你绑到了北大这艘大船上；如果去了新疆，您以后的命运可能会是另一个样子。陈德璜到新疆后的情况怎么样？

丁：他到新疆后工作还可以，当了新疆师范大学的教授。后来在新疆结了婚，成了家。1973年我去新疆招生，见到陈德璜，还在他家里吃了顿饭。

二、学习苏联：教研室、教学与习题课

访：您说院系调整时的口号，是全面学习苏联。北大数学力学系（简称数力系）在机构设置方面是否学习了苏联？

丁：1953年数力系成立教研室，就是学习苏联的结果。现在看来，成立教研室是一件平常的事。但当时我们是第一次听到教研室这个名字，谁也不知道教研室是干什么的。因为系中教员对教研室都不熟悉，数力系就先成立了一个数学分析教研室作为试点。大概这个教研室也是北大最早成立的一个教研室。它的规模相当大，有教授程民德、许宝、庄圻泰、江泽培，讲师陈杰，助教董怀允、吴文达等，主任由业务和领导能力都很强的程民德担任。系中的主要教学工作集中在这个教研室。因为一些年轻教师是在大学三年级时提前毕业的，所以教研室不仅负责教学工作，还负责培养这些年轻教师。

1954年，系里又成立了几何代数教研室，由江泽涵、段学复、王萼芳、聂灵沼、吴光磊、裘光明、吴祖基和我组成，主任由段学复兼任。我在这个教研室负责教代数方面的课。[2]

访：这个教研室成立前，您主要做什么工作？

丁：主要是教课，也改习题。1952年，数力系一下子招了一百多学生。这是过去从来没有过的，因此教员就不够了，系里让我去讲大课。这一百多学生分三个班：甲班、乙班，还有一个专修班。甲班成绩好一点，乙班差一点；专修班念两年，人少一点，目标是培养大学教师。段学复教甲班，我教乙班，聂灵沼教专修班。我教乙班的高等代数，用的是莫斯科大学的教材。我们自己把它翻译成中文，印成讲义。同时，我还给闵嗣鹤当助教。他给三年级学生开数论基础，我给

---

[2] 几何代数教研室后来分为几何教研室、代数教研室。1954年当年或稍后，数力系共设6个教研室和一个天文组。6个教研室分别为数学分析教研室、代数教研室、几何教研室、微分方程教研室、高等数学教研室、力学教研室。参见北京大学1954，页11-12。

他改习题。当时我的工作量非常大,教一门课,改一门习题,还翻译教材,俄文还是刚学的。第一个学期上课不久,系里另给我加了一门课,就是为化学系一部分基础太差的学生补中学数学;这部分学生中有我爱人桂琳琳的妹妹桂璐璐。后来段学复病了,我又替段学复代课。那时课很多,但是只要工作需要就干。

访: 当时提倡全面学习苏联,特别鼓励学俄文吧?在教学上,是否也要学习苏联?

丁: 对。1953年北大为了鼓励教师学俄文,暑假前在全校教师中搞了一次俄文测验,主要测阅读能力,可以带字典。测验结果,数力系有两个人得了一等奖,一个是我,另一个是孙小礼。我们各拿了一百块钱奖金。在学习苏联的过程中,北大的教学有很大变化。如北大要求教师学习教学法。而此前很少强调教学法,并不重视研究怎么把课教好。当时有一本苏联的《凯洛夫教育学》,北大全校教师都在学。我觉得这种学习还是有好处的,比如要考虑学生的接受能力,怎么逐步深入地给学生讲概念。同时,教师要完全按照苏联的教学计划进行教学,课前还要备课。

访: 解放前,大学并不要求教员备课。教师备课还被认为是没有本事的表现。据说,院系调整后,北大有苏联专家指导教学?

丁: 当时北大每个系有一位苏联专家,学校有一个苏联总顾问。数力系在1952年当年就有了苏联专家,是位女士,叫贝洛娃,是学力学的。贝洛娃人很好,但水平不见得很高。她参加过第二次世界大战,战争结束后开始教书。她作为系主任的顾问,基本每周和段学复谈一次话,讲怎么上习题课,怎么备课,由她做示范。然后段学复把她的意见贯彻下去。当时数力系为了便于跟这位苏联专家交流、沟通,培养了四五个翻译,其中包括刚刚毕业留校的孙小礼。这些翻译也做苏联专家的研究生。贝洛娃在北大呆了一两年就回苏联了。此后,她跟她在北大教的学生还有联系。大家对她的印象不错。

访: 解放前,大学里好像没有专门的习题课。数力系开设习题课完全是学习苏联的结果吧。贝洛娃示范的习题课是什么样子的?

丁: 习题课每班不要超过30人。每次上课时出四五个题目。题目是一道一道出的,不是一起出的。让大家一起做习题的同时,还要挑一个学生到黑板上做。这位学生做的同时,教师不断地提示并修正,给其他同学做示范。也允许其他的同学提建议,并且可以不按教师提示的方法做。如做得不对,再找另外一个学生上去纠正。做习题的时候,学生要把上个星期的习题本放到桌子的边上。教师随时抽出学生的习题本批改。除了课上做的题目外,习题课还留课后作业。我觉得这种训练还是有好处的。

访:这种习题课的效果好吗?

丁:效果非常好。数力系的教师,尤其我们这些助教都非常认真,全部时间都花在教学上。当时在北大各个系中,数力系学习苏联还是学得比较好的。1954年,我在全校还作了一个报告,介绍习题课的经验。不过,贝洛娃后来告诉别人,苏联其实并不这么严格执行她说的这一套。而且,完全按照苏联的教学计划进行教学,我们一年下来就发现学生负担过重。学生每周在教室的时间差不多有三十几个小时。1953年暑假,教育部在青岛召开了一次修改教学计划的会议。我跟段学复参加了。会上我们讨论了代数教学大纲的修改问题。

访:这次会后,数力系的教学计划有变化吗?此前,系中教师对完全按照苏联的教学计划进行教学有意见吗?

丁:这次会后,系里的教学计划就根据苏联的教学计划结合我们的具体情况制定了。在这之前,系里包括吴光磊在内的一些老教师其实对完全按照苏联的教学计划进行教学心里并不服气,但大家不敢公开表态。他们认为苏联那套是从德国学来的,觉得苏联的教学计划没有特别之处。

访:数力系学生毕业时写毕业论文吗?

丁:写。这也是学习苏联的结果。苏联大学数学系本科生学制6年,在第4年做一篇学年论文(亦称课程论文),到毕业时写一篇学位论文。数力系要求本科生在3年级写一篇学年论文,毕业时写一篇毕业论文。当时系里学生的毕业论文有相当一批是不错的,水平相当于现在的硕士论文。记得段学复曾邀请已分配到中国科学院数学研究所的万哲先到数力系指导毕业生的论文。许以超的论文就是由万哲先指导的。赵嗣元的论文是我指导的。当时系里对毕业论文的要求不十分严格，有导师管就可以了，不安排答辩。

三、顺利的前五年

访：您在北大的前 5 年，没有大的政治运动，您的工作和生活都比较顺利吧！

丁：这 5 年是较顺的。系里对我很看重，除给我安排教学任务外，还指定我当系里的民盟小组长。我还当了系工会的组织委员，加入了共产党，结了婚。

访：你入党是在 1955 年。虽然因为您是民盟成员，入党要由北京市批，而拖了差不多两年，但好事多磨，最终还是入了党。谁是您的入党介绍人？

丁：林建祥是一位，还有一位我忘了。当时数力系党支部的主要成员有来自清华的林建祥、燕京的吴文达、老北大的刘世泽。据我了解，我入党前，数力系党支部看了我的档案，对我的历史做了调查，这包括我参加乌托邦读书会的情况。他们也调查了我在上海的一些朋友。这些朋友中有不少已经是共产党员了。

访：当时在大学发展年轻党员快吗？

丁：不太快，也不限于年轻人。在我之前，董怀允可能已经入党了。

访：您是 1952 年调到北大后就当了数力系的民盟小组长的吗？您这位组长手下有几个兵？

丁：对，调到北大后就当了。我的兵都是教授呀！有江泽涵、段学复、徐献瑜、吴光磊、胡祖炽等，一共七八个人呢！

访：当时系里的民盟小组由谁管？您的主要工作是什么？

丁：民盟本身有个系统，但在系里由共产党管。林建祥是系党支部书记，直接领导我。我和林建祥住在一个宿舍。每天晚上，我都问他，我要做点什么？当时民盟的主要活动是学习苏联。而系里年纪大一点的民盟成员认为苏联并不怎么样。我作为小组长很重要的工作就是开会说服大家要学习苏联。

访：这些老民盟成员受英美教育比较多，恐怕对苏联不太了解。当时系里对您很看重。据说，您还当过系里的教学秘书？

丁：1956年暑假，系里让我当教学秘书。因为学生比较多，还让我从助教中找两个人分别帮忙管力学、数学方面的事。我找的管数学的叫章学诚，是1953年从复旦大学毕业的；管力学的叫吴望一，是力学专业的。当时系里行政工作非常简单，一个教学秘书就管了很多事情。不像现在人浮于事，搞得重重叠叠。

访：除了做系里的教学秘书外，您还有其他兼职吗？

丁：从1953年开始，我还担任《数学通报》的编辑。当时《数学通报》的总编辑是北师大的副校长傅仲孙。他是一位老数学家，想加强编辑部的工作，增加几个年轻人当编辑。他就找了我和万哲先、裘光明、钟善基。他的想法很好，在编辑部补充新鲜血液，使得《数学通报》更活跃。记得没有给我们发正式聘书。编辑部一个月在朝阳门附近开一次会。每次会议都是傅种孙先讲一讲，我们再讨论稿件。我和万哲先、裘光明主要讨论高等数学方面的。钟善基负责中学数学方面的。当时《数学通报》编辑部一般都是征稿，个人投稿的情况比较特殊。我当《数学通报》编辑一直到1959年。当时有些报酬，每月15元钱。我就把这些钱寄给二舅爹爹，接济他的生活。好像有时开完会傅仲孙还请我们吃顿饭，大家都很高兴。

访：据我们所知，您在北大的前5年间已经开始做数学研究工作了。

丁：1954年，北大开始考虑开展科研工作。我们就在段学复的领导下成立了一个讨论班。因为段学复的博士论文研究的是群论，我们就跟他学，搞群论，但没有学太长时间。总之，1954年后北大的工作已经比较上轨道，有教学，有科研，我们已开始做研究。当时我们没有觉得跟国外的先进水平差距很大，看国外当年发表的文章还能看得懂。

访：1956年1月，中央召开了知识分子问题会议。周恩来总理在会上作了《关于知识分子问题的报告》，吹响了向科学进军的号角。8月13至19日，中国数学会组织了论文宣读大会。出席大会的代表有100人，其中约半数是年青人。在提交给大会的170余篇论文里，年青数学家的成果占了很大的比重。[梧1956]您当时也还不到30岁。8月24日的《人民日报》报道说："许多青年数学研究工作者提出的论文也表现了他们突出的数学方面的才能。他们虽然从事数学研究只有四五年的时间，但他们的论文都达到一定的水平。老数学家在谈到王元、严士健、尹文霖、谷超豪、夏道行、丁石孙等的论文的时候，都认为，这是个中国数学界十分可喜的成绩。"[佚名1956]老数学家对王元和您等提交的论文给与了高度的肯定。您提交了几篇论文？

丁：这次大会是在北大召开的。除了提到的这些青年数学家外，陈景润也参加了。记得我提交了2篇论文。当时我没觉得我是突出的，也没有觉得我的报告重要。另外，有件事值得提一下。我本想提交3篇论文，在1956年暑假前交给了江泽涵，请他把关。其中一篇是对正则空间的乘积空间是否还是正则这一问题提出了反例，说明该问题的答案是否定的。江先生利用暑假专门查了文献，发现法国着名数学家、布尔巴基学派的主要成员迪厄多内(J.Dieudonné)在1939年得到过同样的结论。

我暑假后回校时，江先生告诉我迪厄多内已经发表过这篇论文的结果。这篇论文其实不是很重要，但江先生却非常认真，专门去查了资料。这次会后，《光明日报》记者采访了江先生。他说这次会上出现了几位突出的年轻人。我记得他提了4个人，有两个是北大数力系的，即我和董怀允。另两个是复旦大学数学系的，即谷超豪和夏道行，他们后来都当了院士。谷超豪是苏步青的学生。夏道行是陈建功的学生。不知什么原因，他们两个人闹矛盾。夏道行在20世纪80年代去了美国，一去不返。陈建功和苏步青搞不好关系，调到了杭州大学。他在杭州大学当过校长，在"文革"期间去世了。

除了研究工作外，1953年我和聂灵沼、王萼芳还完成了斯米尔诺夫的《高等数学》第3卷第1分册的翻译工作。这是一本俄文书。当时我们的俄文水平还行，借助字典翻译数学书没问题。斯米尔诺夫的《高等数学》一共五本，是写给物理系学生念的，物理系学生用到的知识都包括在内，第3卷第1分册是代数。

访：听您这么一说，就知道您在北大的这前5年过得比较愉快，事业和生活都蒸蒸日上。

丁：确实如此。当时我们这些年轻教师对未来充满了希望。我看到解放以后政治很快就稳定了，生活也提高了。大家觉得在我们这一代社会主义就能建成，完全想不到后来会经历那么多的曲折。

四、从"肃反"到"反右"

访：1955年肃反运动开始前，您感觉到政治气氛有些变化吗？

丁：已经有些感觉。"肃反"运动开始前，学校让我们看傅鹰在《化学通报》上发表的文章，题目叫《高等学校的化学研究——一个三部曲》。文章中好像讲这么一件事。一个农业专家想培育优良品种。但领导是位工农干部，完全不懂，就认为你这个专家种地就种地，把种子搞各种分类，真是无聊，就很烦他。于是，领导在专家不在的时候把他选的种子全混在了一起。这样，专家多年的工作毁于一旦。傅鹰就从这件事发表议论，说没有拿过试管的人不能领导化学科研。[3]运动一开始的架势像是要对傅鹰进行大批判，后来并没有搞起来。当时我们从下面看这件事是不了了之。后来才知道上面是毛泽东讲了话。

傅鹰的事情过去以后，很快就抛出了胡风的材料。刚开始组织我们学习的时候，我们完全不懂，连胡风是什么人都不知道。毛泽东有

---

[3] 关于这件事，丁石孙的回忆与傅鹰所述略有出入。傅鹰原文为："一个农业研究机关中有一位育种专家费了若干年的心血，培养出许多优良品种。一个干部认为这种工作是浪费人民财产的勾当，趁这位科学家出差的机会，将这些品种搅混在一起。他的一举手之劳不但毁坏了多年的研究成果，而且使我国的农业增产可能受了不可估计的严重打击。这类违反革命利益的行为在高等学校中可能不会实现，但是外行人的愚而好自用的危害性却是存在的。"傅鹰举这个例子是为了说明外行领导的不正确见解若化为行动，其危害性不可估计。参见傅鹰1955，页515。

批示，我们都相信毛泽东的话，把事情看得很严重，相信这就是一个反党集团。反胡风运动不久，在暑假前就开始肃反运动。当时数学界批判4个人，叫"西郊四怪"。其中有清华的施惠同、北大的李同孚和赵仲哲、科学院数学所的孙以丰。这4个人没有什么政治倾向，就是脾气比较怪，和大家来往比较少。他们4个人经常聚在一起，喝点茶，可能也讲了点怪话。当时说怪话就被认为是反革命，这是没有道理的。

访：徐利治说过施惠同这个人很怪。西南联合大学结束后，他和施惠同都迁回北平的清华数学系任教。当时施惠同身体不好，经常卧病。有一次，施惠同生病住在清华的校医院。徐利治和段学复一同去看他。后来他给段学复写信，说了一句"久病床前无孝子"。段学复非常不高兴，跟徐利治说：你看这个人真怪。难道我们这些去看望他的人都成了孝子。还有一件事能说明施惠同怪。他跟田方增很熟。1947年田方增去法国留学前，他对田说"老田，老田，等你回国后别忘了在我坟前烧炷香，磕个头。"

丁：施惠同确实比较怪。在"西郊四怪"中，我跟李同孚比较熟。他比我早一年毕业，个不高，穿得很随便。因为怪，他不教课，但每月还照拿工资，经常进城到饭馆吃饭。当时大家说他是寄生虫。

肃反运动对闵嗣鹤也有影响。当时北京市成立了一个专案组，查获一个由王明道领导的反动组织。王明道可能是牧师，经常在笃信基督教的闵嗣鹤家做礼拜。王明道被抓后，闵嗣鹤就成了肃反对象。我还受组织指派跟段学复一起找他谈过话。这些事情现在看来很可笑，但当时还作为很认真的事来做。肃反运动后，闵嗣鹤说话就变得极为谨慎了。在我的印象中，闵嗣鹤学问非常好，人也不错。陈景润开始写论文时，都请闵嗣鹤帮他看。

访：肃反运动在北大学生中是怎么个状况？

丁：肃反在学生中搞得比较乱。如果学生支部不喜欢哪一个人，就说这个人思想有问题，组织批判，发动学生检举，也要求本人坦白。幸好那段时间比较短，就一、两个月，而且主要在假期，基本上没影响上课。现在来看，用群众运动的方式搞肃反的做法是不好的。群众一旦发动起来,就不好控制。况且,真正反革命的活动,群众是不知道的。肃反运动后来也不了了之。究竟找到反革命没有,也不知道。数力系好像没有找出反革命。但这种运动伤了不少人,对党群关系非常不利。

访：1956年1月中央召开了知识分子问题会议后,随着向科学进军的号角的吹响,全国科学发展的形势很好。而且,知识分子问题会议之后,中央出台了"双百方针",把"百家争鸣"作为发展新中国科学事业的根本方针。[陆定一1956]全国出现了相对宽松、自由的政治和学术环境。但是反右运动开始后,这种形势一下子就变了。这对中国科学事业影响很大。据说反右运动开始前,北大党委的负责人江隆基出于对北大教师的爱护,提前向他们打了招呼？

丁：这话是对的。北大和清华"反右"的情况很不一样,北大教师被打成右派的很少,学生很多；清华教师被打成右派的较多,学生少。这可能跟学校里党的领导有关。反右运动快要开始的时候,江隆基在全校党员干部大会上讲,你们对"大鸣大放"不要稀里糊涂,这是严重的阶级斗争。与会者主要是全校教师党员和学生党员。略有经验的党员在江隆基打完招呼后,说话就谨慎了。

我当时非常幼稚,有点稀里糊涂,没有把反右运动看成很严重的事情,也不太体会严重性在哪儿。有一天,我去参加学生的讨论。因为《人民日报》头版头条消息说北大学生中有个组织叫百花学社,是反动组织。学生对此不能接受,我也认为《人民日报》所说的道理不够充分。于是,我就从学生会场跑到学校党委去找党委副书记马适安。我告诉他这个结论下得太草率了,学生接受不了；考虑到学生的情绪,应该要求《人民日报》更正。现在看来,这是开玩笑,这怎么可能呢？马适安也没说我错,就说研究研究。两天之后,我才知道这个结论是中央下的。从这件事上来看,马适安这个人还是不错的,他没有抓住这件事来整我。

1957年6月8日《人民日报》发表了社论《这是为什么？》。这篇社论明确指出大鸣大放中的很多意见是向党进攻,并不是为党好。北大最有名的右派有物理系学生谭天荣,数学系学生张景中。

访：数力系被打成右派的多吗？

丁：有八九十个右派，主要是学生。当时系里有一个小班。这班学生中，右派比左派多。

访：学生被打成右派的主要理由是什么？

丁：主要的一条理由是他们对社会不满。有不少被打成右派的学生，念大学前工作过。特别是几个被打成极右派的，在公安部门工作过，了解公安部门中黑暗的一面，到北大后发了很多牢骚。现在回过头来看，这些人政治上并不复杂，实际上是很天真，也比较狂妄。

访：学生被打成右派后还能上学吗？

丁：比较轻的，还可以上学；但比较严重的，如张景中就不能上学了，他被发配到新疆劳动。其实，被打成的右派的学生多数是有头脑的。但他们在反右运动刚开始时不明形势，也不知道后果的严重性，还一肚子的不服气。有一次，系党总支要段学复、江泽涵、程民德和我4个人去和张景中谈话。这次谈话是在他被打成右派之前进行的。我们跟他从上午10点一直谈到下午2点，结果也没有能够说服他。当时，系党总支的意思还是想挽救张景中，希望他认个错就过去了，但他坚持不认错。

访：段学复、江泽涵、程民德是系里最有分量的教授，尽管最后没有任何成效，但说明系里对有才能的学生非常重视，想让他转过弯来。

丁：张景中被打成极右分子，后来的经历很惨。他被发配到新疆，干强体力劳动，好在他身体不错。经历了这么沉重的打击，他能够再起来很不容易。1973年我去新疆招生，碰到新疆大学的一个物理教员。他告诉我兵团里有个青年，写了篇数学方面的文章，送到他那里，他看不懂，想请我帮着看看。我看后下了一个结论：这个人可能手头没有资料，提的问题都比较浅，不知道现代数学的研究进展；但这篇文章逻辑性很强，可以看出他受过严格的训练。这件事说完也就完了。一年之后，张景中到北京探亲，顺便看望我，告诉我那篇文章是他写的。他说他是在非常强的体力劳动后，晚上躺在床上凭空想，尽量把大学里学过的东西想出来，写成了这篇文章。后来，由于有才能，口才也比较好，他在劳改的兵团中当了教员，就把这篇文章送出来了。

访：数力系有没有教师被打成右派的？

丁：有，但比较少。一个叫朱德威的年轻教师，当时学得比较好，后来搞地理数学，到了北大地理系。大鸣大放之前，别人要他提意见。他说：我有老婆和孩子，我不能提，万一出了事会牵连家人。就因为说了这么一句话，他就被打成了右派。

访：真是荒唐！系里的老教授段学复、江泽涵对反右运动有什么看法吗？

丁：他们即使有看法，也不敢说。段先生是左派。当时右派最多的言论是"党外人士有职无权"。所谓的党外人士主要指专家。段先生在一个会上公开说，他是有权的。吴光磊对反右运动很有看法，但说话比较谨慎，别人也抓不住他。

访：反右运动对数力系的教学有何影响？划右派的程序是什么样的？

丁：反右运动期间，系里的教学不正常。因为划右派，搞运动，占去了很多时间。当时把谁划为右派，要由党总支讨论。因为我是新党员，也不是党总支成员，所以划右派的会我参加得比较少。到底怎么划的，我也不太清楚。当时党委已经发现我有问题了。

访：您有什么问题了？

丁：我有个在清华数学系的同班同学，毕业后分到西北工业大学工作。在肃反运动时，他因为历史稍微复杂一点，挨了整。等到1957年大鸣大放，就发了很多牢骚，说他本来没事，别人给他扣了很多帽子。他给我写了一封很长的信，把在西北工业大学发的牢骚写在信中。看了他的信，我想应该帮帮他，就给他回了一封很长的信。信的大意是：知识分子的很多事情，工农出身的干部不太体会，你不要计较。这封信写完，我就忘了。在反右运动中，这位同学被打成极右分子。他把我给他写的信上交了。西北工业大学找到北大，认为我同情右派。其实，我是好意，是想为党做点工作。而北大党委把这件事作为例子，说不要看很多人虽然在本单位反右派很积极，但在其他方面的作为和右派差不多。1958年夏天，数力系党总支给了我严重警告处分。

访：对这个处分，您服吗？

丁：我心里不服，但不服也得服。而且，你做了这样的事在很多学校被打成右派绰绰有余，给我严重警告已经是很客气了。我相信在这件事上林建祥帮了我的忙。是不是右派，此后20年的处境会很不一样。

五、下放劳动锻炼

访：您和老同学57年的通信事发后，系里并未立即给您严重警告，其间您的工作受到影响了吗？

丁：受到了一些影响。其实北大党委发现我有问题后，我已在劫难逃。为了改造教员的思想，1958年北大采取了一个措施，即教师下放劳动锻炼。当时中央的政策是知识分子应与工农结合。被下放劳动锻炼的人，都是被认为多少有些问题的。我是其中之一。下放劳动锻炼的地点在门头沟。为什么选门头沟呢？这大概跟抗日战争时期陆平在那里打过游击有关。当时北大的党委书记史梦兰参加革命前在斋堂镇当过小学教师。他去联系把我们安排在了斋堂。这个地方条件比较艰苦。他可能认为这有利于改造思想。学校公布下放锻炼名单时，安排数力系、图书馆系和中文系3个系的下放锻炼的教师组成一个组，下放到斋堂的达摩村。这个村从门头沟还要往山上走，在山里。

访：这个组有多少人？

丁：有20人左右，分为4个队，成立了一个领导小组，我是组长。这3个系都有人参加领导小组：数力系是我和邓成光，中文系是张景德，图书馆系是成素梅。学校还有个校工作组负责我们这些人的劳动锻炼。领头的是当时的党委组织部长谢青。数力系的人比较多，住在两个村，即达摩、西达摩。数力系年纪最大的是教授吴光磊。我们都不知道为什么学校派组织部长来领队。谢青自己思想负担也很重，觉得他也被认为有问题了。下来不久，他就病了。

访：您还记得第一天下放锻炼的情景吗？

丁：我下放到达摩村。第一天去，就我和邓成光两个人，是打前站的，看看明天大队人马来了怎么住。记得我们两个背着铺盖卷，晚上才到达生产队的队部，还需要自己做饭吃。我们两个都不会。幸好碰到一个乡里的干部。他经常下村里来，会做饭。他让我们买了两斤面，帮着擀了两斤面条，煮了煮放了点酱油吃了。这件事给我很深的印象。

访：下放劳动锻炼主要干什么？生活肯定比较艰苦吧。

丁：我们每天就跟着老乡去劳动，只留下一个人负责做饭。吃的是玉米碴、咸菜、咸疙瘩，生活相当艰苦。刚下去时是一月份，天很冷，劳动也很艰苦。我们这些人从来没干过这么重的农活。我们也修过路。北京市商业系统下来一批干部修路，我们也跟着修。门头沟就是一条山沟。我们开始修路的时候，没有什么工具，把石头摆平，就算是路了。我们花很多功夫修的路，后来一场大雨全给冲掉了。1958年夏天，系里把我叫回去，给我一个严重警告处分。当时我感觉无所谓，回斋堂继续劳动，还继续当组长。

我们在门头沟还参加了大炼钢铁。门头沟是出煤的，按上级的要求，搞了很多小高炉炼铁。我们这些人中抽出一部分专门炼铁。我又被抽出来当炼铁队队长。

访：你们恐怕都不懂得炼铁！

丁：我们根本不懂。这简直是胡来。没办法，我们只好派两个教员去学习两周。他们回来就成了技术员。我们修高炉，连耐火砖也没有。学校里据说更乱，因为没有矿石，就把铁门拆下来，把好铁炼成废铁。1958年这一年从全国来讲，损失相当大。据说，广西很多山上的树都被砍光，当地没有煤，就把树砍下来烧。

这一年搞人民公社，我也是亲自参加的。我们刚从城里下来的时候，还是高级社，但到暑假之后，就成立了人民公社。我印象非常深，有一天晚上，我正跟社员讨论要不要成立人民公社，市委就打电话来要我们立即成立，而且是全民所有制的。当时已经是上面怎么说，我们就怎么做了。所以只一天的工夫，就成立了全民所有制的人民公社。那天村里的人游行，欢呼庆祝。当时很多东西没想清楚，也不让老百姓想清楚。成立人民公社之后，就宣布吃饭不要钱。也不知道从哪里刮起一阵风，要深翻地，翻地一尺。据说，这样可以丰收。我记得有天晚上，我领了4个人，每人背件行李，带把铁锨，出发去深翻地，走到哪村就吃到哪村。这一年我在农村的生活还是很丰富的，毕竟年轻，吃点苦不在乎。

下放开始时，强调搞体力劳动。过了一段时间，驻地校工作组领导提出来教员不能光参加体力劳动，应该发挥知识和技术特长，搞些技术革新。在此号召下，我们在达摩村的教员，包括数力系、中文系、图书馆系3个系的人，就发挥"优势"干了两件事：一件事是请吴光磊帮助办小学。吴光磊在我们这些人中年纪最大，让他跟着一起干体力活有困难。碰巧村里小学的教员因为年纪大退休了，就请吴光磊接着办小学。这个小学老师就一个人。所有事情都由吴光磊主持，既要教数学，还要教语文。另一件事是，我们抽了个人负责用杏作原料造酒。这个人叫何志强，是我的学生，1953年入学的。他出去学了一下，就在村里空地上开始干。我记得他搞了很久也没有造出酒来。学校工作组的想法是好的，想让我们为农村多做些贡献，但不切实际。我了解这方面搞得好一些的是化学系。因为山区出核桃，化学系的教员用核桃壳做成了活性炭。当时要我们学习化学系的经验。不过，化学系做活性炭后来也没有太大的结果，因为完全没有市场观念，做出来卖给谁、成本有多高都没有搞清楚。

访：通过这次下放锻炼，您主要有哪些收获？

丁：我觉得这一年的生活，对我是很有意思的经历，使我对中国的国情增加了不少了解，让我知道北京郊区还有达摩村这样贫困的地方。从一件事情可以看出当地农民的生活水平。达摩村在山区，老乡说我们可以打山鸡吃，还告诉我们，把山鸡的毛拔干净，把骨头砸烂，好吃得不得了。后来我了解到，这个地方还不是中国最穷的。不管怎么说它还是在北京郊区。

1997年秋，我和张景德、邓成光一起回达摩村看了看。那天中午，清水乡政府请我们吃了顿饭，饭吃得很简单。我记得，这次还有当年在达摩村时把山鸡的骨头和肉一起砸碎了吃的这道菜。我觉得很难下咽。但从达摩村下山来陪我们的人,还觉得这道菜很好吃。可见1997年那里生活还很苦。

访:您是什么时候回到北大的?

丁:大概在11月份。调我回来的一个主要原因,是北大要把董怀允从数力系调到学校去工作。董怀允在系里是个干部,让我回来顶替他的工作。

六、从教育革命到四清

访:1958年底,全国还在搞大跃进,大学在搞教改和红专辩论。您回到北大后,数力系的情况怎样?

丁:当时数力系正在搞教育革命。学生乱哄哄的,贴了很多大字报,提出教学跟科研都要结合实际,批判过去的科研如何脱离实际。而且,学校出现了一些非常奇怪的现象。如让低年级学生为高年级学生定教学计划、编教材,说这样才能破除迷信,解放思想。就是那个时候,中文系学生编了一本文学史。因为费振刚是支部书记,就让他当头。后来据我了解,学生编的教材,包括中文系的文学史,教师花了很多工夫修改。那时遇到这种情况,我就禁不住发表很多意见,说这是胡闹。

我讲一件最荒唐的事情。58年底,57年入学的学生在系里一位总支副书记的领导下,突然宣布他们那个宿舍进入共产主义了。那个宿舍的学生把我们这些人都叫去,把学校的团委书记张学书也叫去感受一下他们的热情。在那种极"左"的情绪下,谁也不敢说一句否定的话。谁也不敢说群众的意见不对。我当时就感觉到,张学书非常为难。他一方面要肯定学生的热情是对的,但他也清楚这是不切实际的。从这件事就可看出当时"左"得相当厉害。

访:这个宿舍宣布进入共产主义有没有标志性的东西?

丁:没有。这个口号提得太突然了。连张学书来了之后,都无法表态。他是北大党委副书记、团委书记。虽然当时我对共产主义没有具体的了解，但心里觉得这件事荒唐，可是也不敢说。

访：到1958年底，中央已经发现全国"左"得过了头。1959年开始，整个风向就变了，要纠"左"。政治气氛变得比较宽松了。

丁：是的，大家的情绪也好了不少。北大提出要整顿教学秩序，逐渐恢复正常上课。当时对我自己来说，有一个重新选择科研方向的问题。因为1958年贴了很多针对我的大字报，说我的科研脱离实际。我对此很生气，就下决心不再搞代数了。

访：那您选择了哪个新的科研方向？

丁：我下放锻炼回来之前，数力系已经由程民德组织一批四年级的学生搞控制论。尽管我不懂控制论是什么东西，系里要我领导这批学生搞，我就答应了。当时学生们正在念一本名叫《控制论》的科普书。我跟他们一起念了一段时间。我发现这本书实际上是一本务虚的书，尽是空话，只提出一些观点，并没有真正的方法。我想，领着学生念这样的书，他们很难得到好处，应该学些实实在在的知识；要理论联系实际，必须要有一些方法，而方法要到成熟的数学知识里去学。因此，我给学生讲，你们不能赤膊上阵，要先学会一些东西。

当时世界上比较时髦的东西是计算机。但计算机的编程还处于比较初级的阶段，非常烦琐。我就领着学生学编程序。我的想法是设计一种比较接近人的语言的中间语言，给计算机编一种程序，能把中间语言变成机器语言。这实际就是当时美国和苏联都在搞的程序自动化。苏联强调理论，出了一本书，叫《程序自动化》。我就领着学生念这本书。美国人走了另一条路，是比较实际的一条路，设计了一套fortran语言。我们比较习惯苏联这一套。当然，这条路苏联人最后也没有走通。搞了一段时间后，我发现要真的把这些东西从理论上搞清楚，就一定要把数理逻辑搞明白，弄通算法论。算法论要定义算法，要给出一个明确的概念，有这个概念是非常重要的。

访：算法的概念好像在20世纪30年代就有了。

丁：对，是在1936年。所谓算法，简单地说，就是非常机械的一个方法。它不是针对一个问题，是针对一类问题，不依赖具体的问题、具体的数字。算法概念的形成是数学上的一大进步。于是，我就给学生开算法论的课，所选的教材是苏联数学家马尔科夫(，1903—1979)的《算法论》[4]。当时这本书没有中译本。我一边学这本俄文书一边给学生讲。同时，吴允曾给学生讲数理逻辑。他原来在燕京大学哲学系工作，是1952年院系调整时调到北大的。

访：您领导的这批学生有多少人？程序自动化是当时国际前沿的研究方向。您和这些高年级学生一起做下去可能对我国的计算机科学及其应用有极大的好处。

丁：有六七个人。其中有个洪加威后来搞得比较好。很可惜，我们没能沿着这条路做下去，最终放弃了这个方向。

访：这是为什么？

丁：我说过，1958年底我回到北大时，反对过学生参与制定教学计划和编教材，提了很多意见。1959年下半年反右倾时，我受到了批判，被剥夺了对这个科研方向的领导权。当时数力系党总支认为我不听党的话，反对教育革命。因此，我被迫离开了控制论组。现在看来，这种批判是有背景的，就是陆平调来了，要批判江隆基，要用他的一批人取代老的一批人。陆平给数力系派来的是吕正操的夫人刘沙。刘沙其实是小知识分子，来了之后做系党总支书记。她发现底下的人都不听她的话，而是听林建祥的。她就组织批判林建祥，同时批判包括我在内的一些教师，把我们所有科研方向的领导权都剥夺了。

访：据我们所知，林建祥这个人非常好，是一个十分诚实、本分的人。刘沙要批判他总得找些理由吧？

丁：刘沙抓他的辫子，说他右倾。抓什么辫子呢？林建祥的父亲在什么场合曾把蒋介石的佩剑带回家。就因为这个原因，说林建祥接近异己分子，说他家里反动，决定把他开除党籍。

访：真是荒唐！

丁：当时的荒唐事很多。回想起来，放弃研究程序自动化这个方向，是我一生的遗憾。实际上，我们搞程序自动化，起步并不晚。1958、1959年世界上也是刚开始搞语言，我们跟世界先进水平差距不大。当

---

[4] 马尔科夫的《算法论》出版于1954年。

时我们念苏联的书,并没觉得困难。况且,我们搞这项研究有很大的优势。因为我们都是学数学的,有扎实的数学基础,并且我领导的这批学生也很强。可是系党总支剥夺了我的领导权,我就一赌气放弃了这个研究方向。1960年我被定为阶级异己分子,开除党籍。1962年甄别平反之后,洪加威和另一个学生来看我。我还跟他们讲放弃研究程序自动化是我终生的遗憾。

访:您说1960年您被定为阶级异己分子,开除党籍。是有什么严重的"罪状"吗?

丁:一条罪状是说我隐瞒自己名下的房地产。在我很小的时候,祖父为了逃避遗产税,把镇江的房地产登记了我的名字。当时我很小,根本不懂这种事。尽管房地产在我名下,但我并没有经营这些房地产,就没有向组织汇报。另一条罪状是说我隐瞒我父亲的罪行。我父亲懂点医,帮别人流产,出了事,被判了刑,但没执行。这事我完全不知道。因为这两条,就把我定为阶级异己分子,开除出党。

访:您对这种惩罚是什么态度?

丁:我非常恼火。当时我还在北京东郊的国棉二厂搞超声波。系党总支派人到国棉二厂找我谈话,宣布对我的处理决定。我一气之下就在对我的处理决定上签了字。当时我政治上很幼稚,不知道阶级异己分子是什么意思。

访:搞超声波?超声波属于物理学的研究领域。您是学数学的。为什么要搞超声波?

丁:1960年,全国突然兴起了一股超声波热。这完全是彭真他们胡闹,认为超声波可以创造许多奇迹,不管什么东西用超声波超一下,很多不能完成的事就可以完成了。当时北京各行各业都在搞超声波。有很多人认为搞超声波很容易,把水管子压得扁一点,水出得急一点,就是超声波。我不是学物理的,不懂超声波是怎么回事。数力系让我带着学生到国棉二厂去搞超声波。这实际上也带有思想改造的性质。在国棉二厂,我们用超声波超麻秆这类没有什么纤维的东西,认为用超声波把它们超一下,就可以用了。当时我们还超纤维不太好的棉花,认为超一下,它的纤维质量就提高了。

访：当时你们没有表示怀疑或觉得奇怪吗？

丁：没有。领导让我们超，我们就超。

访：您被开除党籍后还教课吗？

丁：1960年暑假前，我们从国棉二厂回到学校。系里有一段时间不让我上课，只让我给我以前的学生张恭庆改习题。据张恭庆后来讲，他经常挨系党总支的批，说对我太客气了。

访：1962年您就被甄别平反，恢复了党籍。这距1960年被开除党籍大约两年，时间不算很长。

丁：在我甄别平反、恢复党籍这件事上，桂琳琳起了很大的作用。1961年暑假，桂琳琳带着我的大儿子丁诵青回上海。当时因为心情非常坏，我就没有一起回去。桂琳琳在上海做了一件事，就是把我的所谓"罪状"——我的房地产问题和我父亲的问题的前因后果都了解清楚。桂琳琳认为我受处分的依据是不符合事实的，相信我对这些事情确实不知道，而不是隐瞒。于是，她在上海写了份详细的材料，回到学校交给了校党委。

我们反映问题的时机正合适。当时刚开过七千人大会，学校党委正准备给1960年以来的冤假错案甄别平反。因此，我们的材料交上去不久，学校党委就决定要重新审查对我的处分。当时数力系党总支书记刘沙生病，学校派来了代书记，叫陆元灼。陆元灼也是位女同志，由她来处理这些遗留问题。她了解了有关情况，找我谈了话，最后研究决定给我甄别平反，恢复党籍。从1961年暑假开始，系里就恢复我讲大课，继续教代数。1962年，数力系还让我当1960级学生的年级主任。

访：这意味着系里又对您重用了。当年级主任顺利吗？

丁：不算顺利。我当年级主任时，60级学生情绪很大。原因是1960年政治气氛比较"左"，北大招生主要看成份，不大重视成绩。由于学生成绩参差不齐，给教学带来很大的困难。1961年学校整顿教学秩序，对学习成绩有严格要求，学习太差的学生要处理。当时数力系就出现了一种情况，即"三大面积"。所谓"三大面积"就是学生大面积不及格、大面积留级、大面积退学。这件事对这级学生影响相当大。因而，他们对系里很有意见，发了很多牢骚。

作为年级主任，我很重要的工作就是安抚他们，稳定他们的情绪，鼓励他们努力学习。当时我虽然恢复了党籍，但过去政治运动使我懂得对待成绩不好的学生一定要慎重。我对学生的态度可能在以后的运动中被提到阶级立场的高度来评价。所以当年级主任时，我非常小心，在工作中紧紧依靠学生党支部。当时1960级学生党支部书记，是高年级留下来的一个学生，叫周寿松。在一年的工作中，我跟他配合得很好。周寿松毕业后分到了浙江，据说死得比较早。

访：当年级主任不顺利，对您的情绪影响大吗？

丁：尽管我已经甄别平反，恢复了党籍，但当时我的情绪非常坏。这不仅是因为当年级主任不顺利，主要还是因为经过几年的折腾使我非常灰心。记得1962年系里找我，问我想搞点什么研究。我的回答非常干脆，说再也不搞研究了。同时，我还讲一定把书教好，争取把我的高等代数讲义出版。等到书出版以后，我要离开北大。当时我对问题的看法比较简单，认为我的遭遇是北大造成的；其实不是，这是党的知识分子政策造成的。

另外，我的情绪不好跟我的学生郭悦成也有关。郭悦成是数力系专修科学生，大学只念过两年。他人很聪明，学得非常好，1954年毕业后就留在系里的代数组。1958年，他被借调到内蒙古大学，1962年回到北大。当时他情绪非常坏。原因是这样的：他的家族过去很有钱，在上海开了个很大的百货公司，叫上海永安公司。解放后，他的父辈就跑到美国去了。1956年他父亲死在美国，留了一份遗产给他，大概有几万美元。当时他是团员，不知道是否该要，就请示系党总支。系党总支可能还请示了校党委，最后认为这个钱他应该接受。他按组织的意见接受了这笔遗产。可是，他借调到内蒙古大学时，正值"反右"后期，内蒙古大学就把他批了一通，并开除了他的团籍。这件事对他打击很大。他认为自己没有错，是组织让拿的。内蒙古大学的领导就不理采这一点。这在他的心理上留下很大的阴影。他认为共产党说话不算数。

1962年他回来之后，我发现他完全变了，变得灰心丧气，对搞数学全无兴趣。我问他想干什么。他说想回上海,跟爱人团聚,到上海干什么工作都可以。到上海后,他没再搞数学,只在一般的学校里教教书。就因为政策不一致,把这么一个有才华的青年毁了。"文革"以后,我还给他写过信,说他想搞数学我可以帮助他介绍适当的工作。但他仍然很灰心。以后我就没见过他。

访:政治运动毁了郭悦成。很可惜!1959 至 1961 年,由于大跃进运动以及牺牲农业、发展工业的政策,全国出现了严重的粮食短缺和饥荒。一般称这三年为三年困难时期。在此期间,您的生活受到的影响大吗?

丁:从 59 年下半年,吃的东西就很少了。好一点的香烟也买不到。当时我抽的是没牌子的烟,六分钱一包,质量很不好。到 60 年下半年,供应我们的粮食定量就减少了。我由原来的定量每月 31 斤减为每月 27 斤。

更严重的是,外面什么东西都买不着,只靠 27 斤粮食,加点大白菜。当时很多人开始浮肿。我家里有杆称,每顿吃多少米都要量一量,以免月底没吃的。有一次我骑车到颐和园,发现一个小铺里卖几分钱一碟的果酱,很高兴。但他们一次只卖一碟,每天我就去买好几趟。有一次,李舜伟[5]从情况稍好的上海回来,带了两个肉罐头。中午吃饭时我们打开一个,这就是一顿很好的午餐了。当时丁诵青在幼儿园吃饭。一次我们去看他,给他带了一个蛋糕。他拿到手就赶紧往嘴里塞。还有一次把他接回家,给他吃一个白薯。他把烂的都吃得干干净净。三年困难时期,我们的生活相当惨。当时学校里所有的晚自习,所有的体育课,全都取消了。

访:1961 年情况是否有所好转?

丁:到这年一二月份,北京百货大楼开始卖高价糖果和高价点心,糖果五块钱一斤,比平时贵十倍。饭店这时也开始卖高价菜。据说这是陈云的主意。从这以后,我们的日子好过了一点。因为我们的工资还算是高的,钱我们是有的。62 年下半年开始,学校比较强调科研。当时同调代数是比较新的数学分支,我在段先生组织的讨论班上

---

[5] 李舜伟,桂琳琳的表弟,协和医院医生。

讲了它的一些基础知识。

访：自 1964 年起，全国又开始了比较大的政治运动，即搞四清。当时您下到农村搞四清了吗？

丁：去了。四清之前，是在 63 年，我有一段时间参加万哲先在数学所组织的一个讨论班。因为要到农村去搞四清，半途退出，很可惜！

访：这个讨论班讨论的内容是什么？有谁参加？

丁：参加者主要是万哲先的学生。北大数力系去参加的就我一个人。这个讨论班主要念 1955 年谢瓦莱（Claude Chevalley, 1909-1984）发表的一篇文章《李型单群》。1956 年我们曾试图念这篇文章，但因政治运动停顿下来了。到了 1963 年，万哲先认为这篇文章非常重要，就组织人念。这次也是因为政治形势没有念完。我这一生中很多事情都开了个头，但不等到有结果就不得不放弃。有人问我为什么会这样？他们知道了我的经历，就知道了原因。由此可见，频繁的政治运动对于学术研究和经济建设都造成了极大的破坏。

访：您什么时候去搞的四清？下到哪个农村？搞四清的情况，您还记得吗？

丁：1964 年 1 月，学校派一些人到农村搞四清。我被派到怀柔县张各庄公社。和我在一个村里的有数力系的一个老师，叫周民强。他比我年轻一点。我们到的时候，村里已有一批北京市的干部。数力系跟我一批下去搞四清的，还有姜伯驹、林振宝等。他们在另外的村子。我们在四清中主要依靠当地的支部，做得比较文明，也没有乱批斗人。到五六月份，四清并没有搞出什么名堂，但上边说还要继续搞下去，让我们这些工作队员到县城集训。大概 6 月份，我们来到怀柔县城，住在县委招待所。当时怀柔县城就一条马路，根本没有像样的铺面。

这次集训长达 3 个月。为什么要这么长时间？因为原定的学习任务快完成的时候，桃园经验出来了，又需要继续学习。虽说是学习，实际上没有太多的事情。我们经常出去转一转。那里的西瓜很便宜，5 分钱一斤。我的工资比较高（107 元），经常出钱请大家吃。当时力学专业毕业的学生武际可在怀柔县城的四清办公室。我们晚上没事，就走到他那里闲聊天。这样，我跟他就比较熟了。

访：集训结束后，是回校还是继续搞四清？

丁：集训是1964年9月份结束的。结束后人员重新分配。我被分到朝阳区三间房。当时，北大又来了一批教员。北京市的人也不是原先在一起的了，从房管系统下来一批干部。我在三间房当了工作队队长。我的顶头上司是市房管局副局长。这个人倒不错。记得姜伯驹在三间房旁边的一个村，叫定福庄。这时四清按照桃园经验的办法来做。我是工作队长，跟房管局副局长之间有一个联络员。这个人就是北大哲学系教员汤一介。当时我们工作队开全体大会，或者队长会，都要跑到通县县城去。

访：您是什么时候从三间房回到北大的？

丁：1964年11月。大概在10月份，我听说北大也来了四清工作队。队长是中宣部副部长，叫张磐石。北大四清的目标是批陆平。这时聂元梓就已经跳出来了。11月份，我突然接到通知，要调我回学校，但没说明理由。我把工作交给汤一介，背上行李包，骑了辆自行车回到北大。第二天，我去数力系的工作组那里报到。工作组给我的答复非常奇怪，说其实我可以不回来，让我先回家休息。过了几天，我才知道就在调我回来之后，毛主席的关于社教的"二十三条"发表了。"二十三条"表面上是纠"左"，实际上是针对刘少奇的。"二十三条"第一次提出社教运动的目标是"党内走资本主义道路的当权派"。尽管我不知道背后的东西，但从字面上理解好像是打击面要缩小。到"文革"开始后，我才知道"二十三条"是针对刘少奇的。

据说社教期间，数力系贴了我不少大字报。当时专门设一个房间贴大字报，是对内的。我没去看。不知道大字报的内容是什么。学校的社教最后是草草收场。社教中把陆平批了一通。后来彭真出面，召开了一个国际饭店会议，把学校总支以上的干部和社教的积极分子集中在一起，重新澄清是非。

访：您参加这个会了吗？

丁：我没参加。据说，会上给在社教中受到批判的人恢复了名誉。国际饭店会议在北大的历史上是一次重要的会议。后来听说背后支持这次会议的人是邓小平。

访：1964年春节，毛泽东召开了一个座谈会。在座谈会上，他发表了很多关于教育的看法。有一个观点是"现在书多得害死人，近视眼成倍增加。现课程多，砍一半。"[6] 北大数力系的课程受到毛泽东讲话的影响了吗？

丁：影响很大。影响范围还不仅仅是我们系。记得当时毛泽东说大学的课程可以砍三分之一，比砍一半要少一些。1965年底，教育部为了落实毛泽东的指示，就调了一批各门各类的人到上海来讨论。我去参加了，住在衡山饭店。按照砍三分之一的要求，我们重新修订各科的教学大纲。当时抓得很紧，要求1966年的暑假后实行新大纲。教学大纲修订完以后的任务，就是重新写教材。我接受了写一本《高等代数简明教程》的任务。内容要比原来的教材少三分之一，并且要在1966年暑假前出版。现在回想起来也很有意思。毛泽东没做任何调查研究，就要把大学的教学内容砍三分之一。而且，我们就毫不犹豫地执行了。

访：后来您按时完成这本书的写作任务了吗？

丁：完成了。由于时间紧迫，我只能用剪刀加浆糊的办法，从1953年我和聂灵沼、王萼芳翻译的斯米尔诺夫的《高等数学》第3卷第1分册中挑选内容，自己再添点东西，把前后的内容连接起来。1966年2月，初稿完成。高等教育出版社准备出这本书。他们审稿抓得很紧。当月我又到了上海，住在华东师大的一座小洋房里。审稿的人有华东师大数学系主任曹锡华、北师大的刘绍学、吉林大学的谢邦杰，高等教育出版社还去了个编辑。记得审稿前后用了两周时间。在这两周里，我一边审稿，一边根据大家的意见做修改。编辑就进行编辑加工。两周后，稿子就可以付印了，效率非常高。

审稿完成之后，我回到北京继续上课。大概4月份，高等教育出版社通知我，他们准备将这本书拿到日本的图书展会上展览，让我认真校对一下。我认真校对了两遍。这本书刚出版，"文革"就开始了，

---

[6] 《毛主席在春节座谈会上对教育革命的指示和学制研究简报》，北京：中国科学院档案：1964-1-75。

所以我没看到新书。我第一次见到这本书，是在 1971 年。当时我刚从江西干校回来，在学校图书馆见到这本书。图书馆的人告诉我，这本书在海淀中国书店当废书在卖。我就去买了一本。1974 年，总参三部要我们给他们培训一批搞密码的干部。他们送来的学生一般都是高中毕业，课要从高等代数讲起。北大数力系负责这项工作的是段学复。他建议总参三部的人去找高等教育出版社，把我写的这本书的底版要来。总参三部利用这个底版印了一批书，给他们的学员使用。

对这本书，我还是有点伤心。因为我花了很大力气，结果它没有起到应该起的作用。"四人帮"打倒后，大概是 1978 年，教育部又想重新修订高等代数教材。我当时有点气愤，拒绝参加这项工作。最后是在这本书的基础上，由王萼芳、石生明稍作修改，改名《高等代数》出版。1988 年，这本书获得高等学校教材一等奖。我虽然没有参加修改，但后来这本书每次得奖，他们都把奖金分我三分之一。因为这本书的底子是我打的。

访：尽管这本书没有如您所愿，起到应该起的作用，但此后经过修改在大学高等代数教学中发挥了很好的作用。这样的结果应该令您欣慰。

参考文献

- 北京大学 1954，《北京大学：1898-1954》（校庆纪念特刊）。北京：北京大学自印本。
- 傅鹰 1955. 高等学校的化学研究——一个三部曲。《化学通报》，(9)：513-520。
- 国立编译馆编订 1945，《数学名词》。重庆：正中书局。
- 陆定一 1956，百花齐放，百家争鸣。《人民日报》，6 月 13 日第 2-3 版。
- 梧 1956，纪中国数学会论文宣读大会。《数学通报》，(9)：42-44.
- []佚名 1956. 中国数学研究工作发展迅速。《人民日报》，8 月 24 日第 7 版。

作者简介：

丁石孙，数学家，数学教育家。1927年9月5日生于上海。1947年考入上海大同大学电机系，次年转入数学系。1948年转入清华大学数学系学习，1950年毕业，留校任助教。1952年在全国高等学校院系调整中，调入北京大学数学力学系，1954年任讲师。1979年晋升为教授。1981至1982年任北京大学数学系主任。1982年11月至1983年12月，在美国哈佛大学做访问学者。1984至1989年任北京大学校长。1988至1991年任中国数学会副理事长。1993年起在中国民主同盟工作，1996年任民盟中央主席。1998、2003年相继担任第九届、第十届全国人民代表大会常务委员会副委员长。从事代数与代数数论的教学与研究，较早在我国提出程序自动化的研究课题。

访谈者简介：

袁向东：1941年生，中国科学院数学与系统科学研究院研究员，主要从事数学史的研究和翻译。

郭金海：1974年生，中国科学院自然科学史研究所青年研究员，从事中国近现代科学史和中国科学院院史的研究。

吹尽狂沙始见金[1]

——忆丁石孙老师

武际可

如果有人问我,这一生影响你最深的老师是谁,我会不犹豫地回答,丁石孙。

我是1954年考入北大学力学系的,丁石孙先生教我们高等代数,还兼任我们一年级的级主任。他不仅讲课讲得好,在教育思想和对学生的培养方针上也有特别的想法。

我们那个年级一共有二百多学生,入学程度差别比较大,有来自着名中学的拔尖学生,也有来自工农速成中学的工农干部,还有工作过几年又考上大的"调干生"。我就是高中毕业后工作过几年的调干生。面对入学程度相差很大的这批学生,教学组织上的困难是可想而知的。就我的记忆,系里针对我们这个年级采取了三项措施。一是,加强对学习困难的学生的个别辅导;二是组织课外兴趣小组,有分析、代数、计算方法等兴趣小组,丁石孙先生自己指导代数小组;三是规定学生可以自学一些必修课程,经过考试可以免修。这样,既帮助学习困难的学生跟上教学进度,又能够充分发挥学生的学习潜力。

现在看来,这些措施是真正的因材施教。在这套办法的指引下,年级学习气氛浓厚、思想活跃、创造力旺盛。果然,在一年级末就有同学在学报上发表论文,二年级就有一批同学通过考试免修如实变函数那样的重要基础课,有更多的精力投入进一步的学习和研究。

在我们54级入学五十周年纪念时丁石孙先生回忆说:"我记得从二年级开始我们在全年级组织了两个小组,我负责代数方面的小组,已故的程民德教授负责分析小组。我们分别找些课外的文章指导这两

---

[1] 该文原载《丁石孙与中国数学》八方文化企业出版社 2017.12.01 宋春伟主编。

个小组的同学学习，比较早地培养他们的科学研究能力。有的同学在参加小组的时候，就写出了研究文章，为此我们出了自己的刊物，发表学生的研究成果。这个年级虽然入学时成绩参差不齐，但经过大家的努力，后来不但总体上学习成绩是好的，而且思想极其活跃。这次聚会的时候，根据同学们的统计，这个年级出了七个院士，还有相当多的同学都在各自的工作中做出了突出成绩。"这可以作为当年教学的一个回顾和总结。

拿我自己来说，由于工作过几年，高中学的东西有点忘了，经过努力逐渐跟上了教学进度。记得第一学期，期末考试，那时是学习苏联的口试采取五级记分制。几门功课都得了优，到考代数时，基本考题都答对了，丁石孙先生问了一个题签以外的问题，我没有答上来，得了个良。为了记取这次得良的教训，也因为对丁石孙优秀讲课的迷恋，我后来一直把丁石孙教我们的代数笔记留着，期间处理过多次书籍和资料，唯独丁先生的代数笔记，一直伴随我六十多年，作为永久的记忆和纪念。到大二时，我不仅能够跟上教学进度，学得不错，还有精力看课外书，参加了课外兴趣计算方法小组。

后来，我留校作了教员，一直把丁石孙先生作为我的榜样，心想作教员就要作他那样的教员。

1959年秋，随着庐山会议整彭德怀开始，全国上下都在抓"右倾机会主义分子"。北大也不例外。全校组织了二百五十多人的党员学习队伍。总支委员和党员系主任以上的干部全必须参加，每周抽几段时间集中学习。说是学习，其实那阵势又是要整人。我那时是数力系的总支委员，照例是要参加"学习"的。刚开始动员，就听说党委副书记邹鲁风自杀身亡。当时也许很是天真，认为数力系和人民公社没有多大瓜葛，大跃进时我们又是炼钢、又是打麻雀、又是十三陵水库劳动，大家既出人又出力，汗没有少流。虽不能说有多先进，但至少也不能说是落后吧。心想"右倾机会主义分子"离自己很远，参加学习不过是看看热闹，受受教育而已。

岂料，在1959年底继庐山会议批判彭德怀而展开的"反右倾"运动中，丁石孙先生被批判为反党和阶级异己分子。那时我作为一个党总支委员目睹了批判的全过程。

事实是，1957年北大反右运动之后，说是原来党委书记江隆基反右不够有力，为了加强党的领导，从铁道部和部队调来一批干部。校系两级的领导都"加强了"。新来的党委书记是陆平，数力系也来了一位党总支书记。新来的领导们，对于教育是完全的外行，再加上1958年的"大跃进"氛围下，出现层出不穷的瞎指挥。丁石孙先生他们难免要提一点不同意见。这就是所谓的"反党"。

事情是先从法律系和哲学系的"河南河北调查组"开始整起。原来1958年学校要紧跟"大跃进"的形势，派出了两个调查组，调查人民公社的优越性。这些不懂跟"风"的"书呆子"们如实调查，如实写调查报告，却带回了农村人民公社的一大堆问题，如食堂吃不饱、产量浮夸等。于是上头说他们诋毁人民公社。组织全校干部的批判。结果，调查组领队，副校长邹鲁风自杀了。调查组的骨干有数人全校批判，开除出党。

这个批判并没有就此为止，延烧到了在大跃进中对学校工作中的瞎指挥敢于提出不同意见的人。批判范围逐步扩大。先后有技术物理系、数学力学系、无线电等系的部分系主任和教师受批判。批判的根据是他们既是党员又是专家，他们以业务专家为资本向党讨价还价，不服从党的领导。这就是着名的北京大学"党内专家"一案。数力系前党总支书记林建祥，和系秘书丁石孙，技术物理系的孙亦梁，无线电系的张世龙，就是其中的典型。最后把他们都开除出党或给以处分，并且找个理由说，林建祥是漏网右派，丁石孙是阶级异己分子。

在批判丁石孙的时候，我们年级当年的一些教学措施竟成为他的主要罪状。54级由于思想活跃，在"反右"中就有四十名右派，占了全系右派的三分之二左右。课外兴趣小组被说成是资产阶级的天才教育路线，右派人数多被说成是因为培养学生脱离政治，等等，不一而足。最后把他开除出党。1963年虽然随着落实政策，恢复了党籍，但这次罗织的问题就成为他后来多次挨整的肇因。

我当时只是小助教一个，还够不上专家。但由于我一直是把他们当作学习的努力方向和榜样，用时下的话说，我是他们的"粉丝"。所以在批判他们时也不免被连带。

1964年，我和丁石孙先生还有数力系姜伯驹、周民强等一共九位教员，一起被分派到怀柔县参加"四清"。我和丁石孙先生被分在同一个杨宋庄公社。我在张自口，丁石孙先生在张各庄，虽不在同一个村，但经常在社里开会汇报情况时见面，那几年正是"阶级斗争要天天讲"的时候，农村执行政策中过左也经常发生。丁先生当时是工作组组长，手里也算是有一点权，可是他从不把上边的精神放大去整人，我一直觉得他处理各种问题和矛盾都很得当、实事求是。

杨宋庄公社的四清结束后，先在怀柔县集训休整一个月，后来因为增加学习王光美桃园经验，又延长了一个多月，那段时间我被调到县四清工作团办公室当秘书，丁先生则经常来办公室和我聊天。我们很多问题都谈得来，彼此非常熟悉。之后便到朝阳区进行第二批四清，这时我们同在一个大村里，他担任工作队队长，我是"四清报驻工作团的记者"。接近和了解就更多了。到了年底，听说北大社教也开始了，以张磐石为首的工作队进校，丁先生被调回学校，我心里一直为他担心，恐怕他又要挨整了。

1966年5月25日聂元梓等七人在大饭厅东墙上贴出大字报说宋硕、陆平是修正主义，并且6月1日，中央人民广播台广播了这篇大字报。那时我正在门头沟进行第三期四清，六月三日北京市下令北大在校外的人员一律调回，我们便回到学校参加运动。回校后觉得学校天天处于动荡中。1966年6月18日，吃过晚饭后，我照例到学校看看。那时，数学力学系的活动场所是在哲学楼。

那一天，一些学生未经工作队同意，就在全校范围内对那些已经被"揪出来"的人展开了大规模的暴力攻击。在化学系、生物系、东语系、西语系、中文系、无线电系等单位，先后发生一些乱斗的现象。他们在多处场地，把校系两级和学校附属单位的正在受到"批斗"的人拉来"斗争"，实际上是进行体罚、拳打脚踢和人身侮辱。后来听说"斗争"最热闹的是在学生宿舍38楼前设了一个斗鬼台，把从各系和学校揪出来的"修正主义"或"反动知识分子"轮流弄到台上斗争和侮辱。据说中文系总支书记程贤策就是6.18挨斗后于次日自杀的。

我到哲学楼前时，楼前已经聚集了不少人。只听见人们在高声呼喊，但听不清他们在呼喊什么。在远离人群的地方看了一会，我进楼里的洗手间解手，这时突然听见楼道里有人喊，"丁石孙是坏人""打倒丁石孙"，我连忙到楼道看个究竟，发现人们给丁石孙先生头上扣了一个厕所里盛手纸的纸篓，还将一桶写大字报的墨汁劈头倒到他身上。后来的事情我不敢再看下去了，心情很坏地慢慢回家。

6.18 学生们在斗鬼台上斗了些什么人，并没有引起我多大注意。因为大多不熟悉，最多也是听到一些片段的情况。可是对于丁石孙的遭遇，就大不一样。

由于有多年接触和了解，又由于丁石孙先生的挨整是我人生中亲身经历中对我刺激最深的不平和冤屈事件，他的挨整一直在我心里成为挥之不去的情结。在哲学楼前丁石孙又一次挨斗的一幕，我没有勇气继续看下去。尽管刘少奇在任的当时党中央认定 6.18 是反革命捣乱事件，可是后来中央文革却认定它是革命行动，是"造反有理"。从此也便对"文革"究竟是要干什么，产生了自己的看法。从此也便"逍遥"了起来。文革中撤工作组、大串联、分派、武斗，乱糟糟地进行了两年，学校什么都干，就是不上课。

文革中的丁石孙先生，是当然的被冲击对象，先是当牛鬼蛇神批斗，后是被专政进劳动队，当然受尽各种凌辱。不过也有"造反派"之间互斗、或把注意力转到夺权的时候，对他们管理就松动了，记得有一段，他竟能够出来，晚上到我家串门，两人还下过几盘围棋，我当然不是他的对手。

文革中，我一直是在圈子之外的。其间，我回了一次农村老家，农民是朴实的，别看他们没有文化，大字也不识几个，不过还是有常人见识的。记得与堂姐夫谈起"文革"，他只说了一句话："锣鼓长了没好戏"。这是一位地道的农民对文革的看法。

吹尽狂沙始见金。四人帮终于倒台了，人们终于能够像正常人的思维那样思考和说话了。数力系的人们终于看清了丁石孙不是坏人，人们说，在那样挨整的条件下，丁石孙始终想着教学，再也不能整这样的好人了。从 1959 年开始，丁石孙断断续续反反复复挨整，近二十年后才为人们真正认识。后来他被推举为数力系的系主任，又被推

51

举为北大校长，都干得不错。而且珍重这发挥才干的机会，他工作更投入、更勤奋。"老牛自知夕阳短，不用加鞭自快行。"这是他当时的心情。经过多年挨整的丁石孙，做起事来，并没有畏首畏尾，还是像以前一样直接明快。例如他对于有的领导对年轻人的指责，说："说青年人唯利是图、唯名是图，难道做领导的不该扪心自问一下吗？""不重视教育将成为千古罪人。"例如他对北大精神的解释："尊重人的个性、尊重人的自由发展，其他方面都可以由此生发出来。"我们54级同学看到这些，欢欣鼓舞，都复印了相互传递或抄写了相互传告，这些思想正好就是当年他作为我们年级主任的教育思想的发展。

不过我也注意到，报上有一篇文章在不点名地批判他的办学观点，认为他是背离党的教育方针的。还听到有位领导说他这些话是哗众取宠。并且听说北大有些人想揪他的辫子，心里又不免为他担忧。有一次在中关园碰到他，我几乎是含着眼泪对他说："你要注意保护自己。"没有想到他却冷静地回答，"没有什么，我曾经两次被开除出党，还怕什么。"他的回答印象很深。每想起他便想起他的这句话。

是的，做人就要像他那样，认定了就要坚持下去，"还怕什么"。

丁先生退休后，我们每年春节或是元旦都会去给他拜年，一起聊起往事，每次都聊得很开心。2007年9月是他八十岁生日的时候，我们数力系52、53、54三届的九位同学送他一副寿联：

桃李并茂永怀执鞭教诲，
松柏长青难忘风雨同舟。

前一句是说我们感谢老师的教诲，后一句是说，风风雨雨几十年共命运，但始终是心相连，相通的，这种相连相通是像松松柏一样永远不会变的。

武际可 2019.10.13

武际可，山西霍县人，1934年出生。1954年考入北京大学数学力学系，1958年毕业。北京大学力学与工程科学系退休教授、博士生导师。

我的大学（1959—1965）

徐明曜

目录：

我的大学（一）
——大学前一年半

我的大学（二）
——政治宽松的两年

我的大学（三）
——最后两年的检查与批判

写在《我的大学》完稿之后

附：【资料】

1. 系统交代材料（1969年5月1日）
2. 对具体问题的认识（提纲）
3. 补充交代几个问题（一）
4. 补充交代几个问题（二）（1969年5月10日）
5. 唐山五中革命委员会《徐明曜综合材料》（1969年6月9-22日）
6. 对五中处理意见的一点说明（1969年7月1日）
7. 1979年申请平反（1979年9月25日）
8. 对"申诉书"的几点说明
9. 共产主义青年团北京大学委员会《对徐明跃一九六五年受开除团籍处分的改正决定》（1980年6月1日）

我的大学（一）——大学前一年半

我是 1959 年考入北大的，读的是数学力学系数学专业。入学时说是五年制，但 1960 年学校规定所有理科系均改为六年制。到了 1964 年，根据毛泽东学制要缩短的指示，又要改回五年制，但为时已晚，教学计划是按照六年安排的，实在难于再缩短一年，所以只缩短了半年，改为五年半制，而 1960 年入学的则改为五年制。这样，我的毕业时间应该是 1965 年 1 月。但实际的离校时间是 1965 年 4 月，比低我们一年的 1960 级仅早走三个月。

我在大学读书的近六年时间，恰在反右（1957－58 年）和文革（1966－76 年）这两个毛泽东时代最大的政治运动之间，这段时间读大学是不是风平浪静，可以专心读书、很少政治运动呢？从我的大学六年的经历看，答案是否定的。我们也经历了不少难以忘怀的政治运动，经历了惨烈的批判与斗争。同学们对于当时的错误做法也有痛苦的思想斗争，也有公开和不公开的抗争。只是因为反右和文革过于惨烈，人们对于这两大运动之间的那段历史关注得少些。即使关注，也多关注全国性的"四清"运动，对发生在大学里面的事很少有人关注。更何况各个大学的情况差别很大，即使同在北京，即使近如北大与清华，政治气候也有很大不同。正因为此，我把我在北大的经历写出来，就有它的必要，总算记录了一段历史吧。

我将按照时间顺序叙述我在大学各个阶段的所思所想、所作所为，希望把一个真实的自己展现在大家面前。为此，首先简要介绍一下上大学前的我。

一、上大学以前

上大学前，从政治思想上说，大部分时间里（1957 年反右以前）我是自觉的左派，相信党，决心为共产主义而奋斗。1957 年反右后开始对党的方针政策有所思索，可以认为是痛苦思想斗争的开端。

我为什么相信党，是因为在国民党时代的生活经验告诉我，或者使我相信，国民党专制独裁，共产党讲民主自由；国民党贪污腐败，共产党清正廉洁。记得在1948年底，大概傅作义还没有和共产党谈妥北平的和平解放，北平已经有国民党兵勒索抢劫的事。一天晚上，几个国民党兵敲砸我家的大门，父亲见势不好，用一根粗木杠顶住大门，问他们要干什么？他们说要借东西修工事，父亲说修工事要工具就够了，于是把锹、镐等物从院墙扔到外面，就是不开门。僵持了一会儿，他们悻悻地走了。注意这事是发生在北平内城，有什么工事可修呢？这件事使我对国民党产生恶感。再加上我的小学班主任（后来知道）是共产党地下党员，我作为听话的好学生，也潜移默化地受到他的影响。因此，解放前我的思想已经十分倾向于共产党。

北平和平解放那天，我打着小红旗去欢迎解放军，看到他们个个洋溢着青春的风采，唱着革命歌曲，我真盼望自己也是他们中的一员。让我们回忆一下当时常唱的《团结就是力量》的歌词：

> 团结就是力量，
> 团结就是力量，
> 这力量是铁，
> 这力量是钢，
> 比铁还硬，
> 比钢还强。
> 向着法西斯蒂开火，
> 让一切不民主的制度死亡！
> ……

《解放区的天是明朗的天》中也有"民主政府爱人民呀，共产党的恩情说不完呀"的词句。可以说，这些革命歌曲都在歌颂民主，反对独裁。

再有，我们从小学到初中所受的教育，都是把民主、自由、平等作为正面的政治理想来倡导的。我们作为不谙世事的孩子，还不可能全面地评估一个党派的政治作为与政策取向，再加上对共产主义社会诱人前景的铺天盖地的宣传，这就使我，一个十几岁的孩子，发誓要为共产主义奋斗，自觉地按党指引的方向努力，甚至标榜自己是个共产主义者。我那时的激进态度还曾深深地伤害了我的父亲，这使我至今仍感到内疚。为了说清这件事，还要先介绍一下我的父亲。

我父亲解放前是国民政府中央银行的职员，解放后留用在中国人民银行，负责编辑《金融通报》。三反运动时，被当作贪污犯揪出，由于态度不好，被正式逮捕。可他仍然坚持自己没有贪污，声称如果查出他有一分钱贪污，就枪毙他。经过一年多的审查，也确实没有查出他有贪污，但总要找个罪名。就说他是泄露了国家经济情报，什么情报呢？写的是"黄金黑市"。这是指解放后，黄金禁止公开交易，只准卖给国家，但有些资本家还在做黄金的黑市交易。我父亲给我看了他的判决书，并说"黄金黑市的价格怎么是国家经济情报呢？"表示对判决不服。（他其实没被判刑，仅判'机关管制二年'，降职降薪，调到绥远省（现内蒙）工作，两年后因病退职回京。）开始我对他表示同情，但他总因为这件事发牢骚，说"共产党政治上厉害"，他被冤枉了等等，我就不耐烦了。我当时认为，即使是被冤枉了，也不应总发牢骚，"三反运动"是对资产阶级的阶级斗争，怎能一点偏差不出？于是在一次他又发牢骚时，我指着他说："你这就是'没落阶级的哀鸣'！"这句话给他的伤害太大了，事后我也觉得有些过分，总想向他承认错误。但直到他于1991年去世，我也没有找到机会向他承认，让他带着感情上的伤痛离开了人世。今天我说这些，就算是对他的忏悔吧。

由于我有这样的思想基础，自然积极要求入团，14岁入团后一直做团干部，上高中后，做了一年多北京四中的团委会常委和学习部部长。

那时我崇拜共产党员，认为他们都是毫不利己专门利人的人，他们活着是为了让别人活得更好、更幸福，我也发誓要做这样的人。

我对党的信仰的第一次动摇是在1957年反右斗争时。我看到我很崇敬的四中物理老师王钊被打成右派，就是因为他对党的工作提了一些意见，内心很不理解。如果单为王老师被打成右派这件事，也许我还会认为，这是运动中不可避免的偏差。但更让我不能理解的是，在读毛主席的《关于正确处理人民内部矛盾的问题》（这是反右的指导性文件）时，看到有"民主只是手段而不是目的"的提法（见《毛泽东选集》第五卷 1977 年版第 368 页第 2—5 行），这使我大为不解。在我当时幼稚的政治理想里，民主是我们追求的主要目标之一，共产党就是靠实行民主才能战胜国民党政权的。怎么突然变成了实行某种目标的手段。那么，是不是说，达到了所追求的目标——取得了政权以后，就可以不要民主了呢？这使我陷入了长达数日的思索。我拿着这本小册子，在四中操场上一圈一圈地走着，总解不开心中的问题。后来，到了 1958 年 5 月，我病了，不得不休学，但我仍然在思考这个问题。就是从这时起，我开始有目的地看马克思、恩格斯的著作，看卢梭、狄德罗和法国百科全书派的著作，试图解决这个问题，但始终不得其解。

1958 年暑假，北京四中团委搞了整团运动，我因病没有参加。整团后听说有的同学无端挨整，我内心很不以为然。心想，经济建设搞得好好的，第一个五年计划已经胜利完成，又号召向科学进军，怎么又搞起整人的事？明明毛主席说，"革命时期的大规模的急风暴雨式的群众阶级斗争已经基本结束"，那为什么不好好搞建设？于是对党的疑问越来越多。再加上我休学后在丰盛街道团委协助工作，亲历"打麻雀""街道炼钢"等荒唐事，对党的一些做法的正确性的怀疑已经十分严重。此时又正在"大跃进"的高潮时期，社会上说假话的风气盛行，粮食高产卫星天天放，居然有亩产数万斤的"卫星"放出来。记得有一次我和街道上的朋友提及此事，他说，报上登的农民科学家王××还论证可以达到亩产 100 万斤哪！[1] 于是我对大跃进也产生了深深的怀疑。这样，我从小形成的科学、民主、自由、平等的理想（这都是在党的教育之下形成的）与社会的实际情况产生了巨大的矛盾，再加上神经衰弱的折磨使我感到的无法摆脱的痛苦情绪促使我决定不再复学，于 1959 年 5 月去北京四中办了退学手续。

---

[1] 在修改本文时，我查了一些文献，那个农民科学家叫王保京，他在 1958 年 9 月 27 日《陕西日报》上发表"有高度密植，才有高额丰产"一文，论证用他发明的所谓"楼种法"每亩地每年即可收粮 240 万斤（不是 100 万斤）。为此，他 13 次被毛主席和周总理接见，并当上了咸阳市副市长，作地市级领导 22 年。又，《人民日报》1958 年 8 月 27 日曾发表题为"人有多大胆，地有多大产"的文章，1996 年 8 月 8 日《中国青年报》记者卢跃刚着文指王保京对这个口号有发明权，被王保京告上法庭。

退学后，我以同等学力资格考了一次大学，想考不上就参加工作。（那时工作很好找，我的好几个初中同学在中科院的一些研究所担任实验员，我也想和他们到一起。）我补习了高三的功课，参加了高考。结果考上了北京大学数力系，于是我的生活就又改变了方向。

二、初识政治运动

上大学前，尽管已经有了反右运动，我对大学还多少抱有一点"世外桃源"的幻想，以为总会比中学自由些。上北大的第一个月风平浪静，学习也不费劲，又有名师讲课，闵嗣鹤教数学分析，程庆民教解析几何。我注意休息，身体也有好转。记得开学上课的第一天（是上的劳动课）正好是我的十八岁生日（1959年9月7日），颇有纪念意义，感到自己成人了，曾暗暗发誓要好好学习，不辜负党和人民的培养。

但一个多月后，就让我见识了什么是政治运动，这就是党的八届八中全会文件的学习。我当时实在是太幼稚，以为只是学习学习，端正一下思想。哪里知道这是在中央全会批了彭德怀的右倾机会主义，党内又开展了反右倾运动以后，在群众中抓小彭德怀呢。在学完文件，联系个人思想的阶段，当党团干部动员我发言时，我毫无顾忌地讲了在街道炼钢的荒唐，说"砸了不少锅，一两钢也没炼出来。"当时还没有什么，哪知很快，大约在十一月中旬，党团组织就对怀疑三面红旗的言论进行了批判，而且我被选为重点批判的对象。这使我第一次见识到了政治批判的厉害。虽然对一般同学暴露出来的错误思想的批判还算温和，但对每个班选出的一至二名重点对象进行批判时，真是人人奋勇、个个争先，层层加码、无限上纲，最终都往"反党"上拉。我不知道事前是不是有布置，单就我个人的感受是批判会组织得有条不紊，批判者有论点，有逻辑，虽然都是一些歪理，但火药味足，震慑力大。这使被批判者感到自己真是犯了弥天大罪，必须认罪，并努力改造。心里想不通也只能免开尊口。

那时常用的批判逻辑有：1. 群众运动是天然合理的。党是群众运动的领导，而你反对群众运动（大炼钢铁、人民公社等）就是反党。

2. 对党的领导不能抽象肯定，具体否定。你说三面红旗是好的，但又说你们那里执行得有偏差就不行；你说人民公社是好的，但又说你们村的农村干部有缺点也不行。3. 主客观的一致性。你说你主观上是拥护三面红旗的，但客观上你的言论是反对三面红旗的，那就说明你主观上也是反对三面红旗的。4. 怀疑就是反对。对党的方针政策怎能怀疑呢？你怀疑不就是认为它可能错吗，那不就是内心里反对吗？这样，连思考一下都不允许了，只能盲从。5. 阶级立场不对。广大人民群众正在以"一天等于二十年"的精神为三面红旗而奋斗，而你却还在思考三面红旗对不对，你不是站在反对人民群众的立场上吗，反对人民群众的立场不就是资产阶级的反动立场吗？诸如此类的歪理甚多，几个回合下来，被批判者只能承认自己是从主观上反对三面红旗、反党的，于是承认自己有罪。我也是在这样的逻辑下承认自己有罪的。

光承认有罪还不够，还要深挖思想根源。拿我来说，在休学时曾看过 18 世纪法国启蒙思想家卢梭、狄德罗等人的书，觉得自由平等博爱的理想是好的，那就和党内那个右倾机会主义头子（指彭德怀，他曾在 1943 年提倡平等、自由、博爱）一样，只是党在民主革命时期的同路人，而不是无产阶级革命者。这样，我的立场已经是资产阶级的了。因此，就变成了党的敌人。批判深入到这种程度，我就被彻底孤立了。那时，同学们不敢理我，我也不愿意过早回到宿舍。每当我不得不回宿舍睡觉时，本来谈笑自若的室友突然都不讲话了，这又给我很大的压力，更觉得自己问题的严重。就是一句"我家所在的街道一两钢也没炼出来"，就成了反党反社会主义的阶级敌人。我那时只有 18 岁，第一次经历这样的阵势，心里真的很害怕。我终于理解了我父亲所说的"共产党政治上厉害"的含义。

这段时间我的思想斗争也是很激烈的。我向党交心时只说了"我家所在的街道一两钢也没炼出来"这句话，但内心里没说出的话还有很多，一挨批就吓回去不说了。比如，在打麻雀运动时，我曾感到很荒唐可笑；报纸上经常宣传的放高产卫星我也有怀疑等等。另外，在学习八届八中全会文件时，农村来的同学的发言又使我知道了许多过去闻所未闻的事，比如农村干部多吃多占、打人骂人的事，农村已经出现粮食不够百姓挨饿的事，农民群众对大办集体食堂的不满等。

运动以把暴露思想的被批判者批倒斗臭而群众受到教育（即不敢再说与党的方针政策不同的话）为结束。接着就要鼓足干劲投入到大跃进运动中去了。至于对我这样的被批判者，则实行"批评从严，处理从宽"的政策，勉励我们要在今后的革命运动中接受考验，悔过自新。

大学的第一个学期结束了。年级领导宣布不放寒假，要在这"一天等于二十年"的伟大时代里继续革命。

三、"编红书"运动和教育革命

寒假里，年级党团组织利用八届八中全会文件学习产生的政治热情，在全年级开展了"编红书"的革命运动。所谓"编红书"，就是要学生自己编写上课用的新教材，不管是学过的部分还是没有学过的部分。旧的教材都不能用了，因为是封资修的。那时的指导思想是，要砸烂资产阶级的旧世界，建立无产阶级的新世界。"旧教材"也属于要被砸烂的东西，不能再使用了；而新教材必须是无产阶级的。为什么要由没有学过的学生去编呢？因为没学过，就是一张白纸，没有负担。才能"写最新最美的文字，画最新最美的图画"。坦白地说，在学习八届八中全会的文件时受的批判，并没有引起我太激烈的思想斗争，只是从没见识过批判会的架势，内心极为害怕而已。可对于"编红书"，我内心里有太多的不理解。比如编数学分析教材，说用"ε-δ"方法描述极限是资产阶级的故弄玄虚，我就很不赞成。在第一学期学习"ε-δ"方法时，我为终于找到了一种严格的描述极限的方法而兴奋不已，认为这是用有限步骤描述无限过程的天才创造，丝毫也没有感到难学。怎么现在又要批判呢？说句题外话，这种对"ε-δ"方法的曲解在文革时就发展成为"一把大锉锉出微积分"的荒谬说法。又比如，要我编没有学过的曲线积分和曲面积分，我说了句"还没学过怎么编？"负责编书的老师马上说："破除迷信嘛！"登时吓得我不敢再说下去。我只好看了看辛钦的《数学分析简明教程》的有关部分，写了写，负责老师居然说我写得好，特别是编的例题更好，说得我内心好惭愧，觉得简直就像开玩笑，内心感到戚然。又比如，在

我的大学（1959—1965）

为编书造声势时，师生贴了不少大字报，提出"砸烂牛家店""火烧哥家楼"的口号。[2] 又有人提出"建立无产阶级的新数学"的口号，我看到后内心一震，这与我休学时读过的，列宁极力反对的所谓"无产阶级文化派"的主张何其相似。[3] 可我当时不敢说，直到1962年政治比较宽松时我才和同学们谈了我的看法。我认为编书运动反映了一种极其错误的思想倾向，即在哲学上用唯意志论代替唯物主义；政治上过度强调阶级斗争，不承认存在无阶级性的事物；以及文化上的虚无主义，只讲创新，不讲继承。

紧接着，一年级下学期开学又搞起了轰轰烈烈的教育革命运动，整整搞了近一年。宗旨是用总路线精神指导教学，来个学习大跃进。于是把课表完全打乱，好在有编书时形成的"一切时间党安排"的传统，每天上三段课，即上午、下午和晚上，大约十节课。如果上数学分析，就全天都上数学分析；上高等代数，就全天都上高等代数。课堂上老师讲得疲惫不堪，学生在下面打瞌睡。十天半月过去，宣布这门课学完了，还要开总结会向党报喜，真是大跃进！另一方面，教学要联系实际。比如高等代数，不按课本顺序讲（其实那时也没有课本），要以"图上作业法"和"表上作业法"来"带"，据说矩阵、向量空

---

[2] "牛家店"指牛顿，微积分的创始者之一，"哥家楼"指哥西，19世纪数学批判运动的领导者，对微积分的严格化做出重要的贡献；口号则模仿五四运动时的"砸烂孔家店"、"火烧赵家楼"。
[3] 无产阶级文化派是以无产阶级文化协会为基本组织的苏联早期文化派别。它于1917年10月在彼得格勒举行第一次代表大会并宣布成立。卢那察尔斯基任协会中央委员会名誉主席，卡里宁任中央委员会执行局主席。1918年以后，列别杰夫·波梁斯基和普列特涅夫先后接任协会主席职务。"无产阶级文化派"对旧文化持全盘否定态度，主张将其全部抛弃，要抛开广大工农和知识分子，要远离社会实践，要把无产阶级关在实验室里，创造一种特殊的纯粹又纯粹的无产阶级文化。列宁在《共青团的任务》（1920年10月2日）这篇演说和他所起草的《论无产阶级文化》决议草案（1920年10月8日）等文章中批判了这种极"左"的小资产阶级错误观点，指出它在理论上是错误的，在实践中是有害的。他指出："无产阶级文化并不是从天上掉下来的，也不是那些自命为无产阶级文化专家的人所臆想出来的，""应当是人类在资本主义社会、地主社会和官僚社会压迫下创造出来的全部知识发展的必然结果。"列宁认为，社会主义的新文化要由人民群众来创造，因此，必须大大提高广大劳动人民的文化水平，同时还要团结改造资产阶级专家和知识分子，才能创造和发展社会主义的新文化。

间、线性变换等概念都是在生产实践中产生的。结果呢,什么也没学会,这阵风刮过去,到了高年级还要补一年级的基础课。比我们高一年的1958级同学甚至在四年级(还是五年级)还要上一年级的数学分析,成为数学教学史上的笑话。

另外,那时浮夸风也很严重。上了课总得考试吧,没学会怎么办?只有作弊。那么怎么作弊呢?我仅以俄语大跃进的考试来做个例子。由于师生都心知肚明,老师干脆考学生当场阅读《列宁主义万岁》三篇文章的俄语版。规定考一段时间(比如半小时),老师喊:"开始!"同学们则煞有介事地翻开书看,只听得肃静中一片翻书声。突然老师喊:"停!"同学们标出他看到哪里。然后依次请同学讲他看的这一段的内容。由于政治学习时已经把这三篇文章熟记在心,当然每个同学都能讲出来。最后是统计你读了多少印刷符号,读得多的分数高。据说我们班一位同学半小时读了几十万印刷符号,是列宁阅读速度的五倍!

四、一切时间党安排

前面提到的"一切时间党安排",是一年级第一学期末到二年级第一学期末那一年大学生活的突出特点。在"一天等于二十年"的口号指引下,那时没有周末,没有假日,没有个人自由活动时间,完全统一行动。就是说,"一切时间"不是指一切课内时间,而是指所有时间,即每天的24小时,每周的七天,每年的365天。

具体地说,每天统一时间起床,洗漱后做操,统一时间去早餐,统一时间到教室上上午的课。中午买来饭后,要回到宿舍边吃边开会,布置本日大跃进的安排,然后有短暂时间休息或写大字报、小型誓师或批判会等,然后一起去上下午的课。晚饭时与午饭大体相同,然后是上晚上的大约三小时课。课后大家都已经十分疲倦,不少人上课时就打瞌睡,但回宿舍后还有很多安排。一般是写大字报,向党表决心,有时开批判会,有时搞卫生,有时搞文娱活动,合唱革命歌曲等,但这一切都是作为政治运动来搞的,自然就没有不参加的可能。当然也有复习功课的事,但也要集体行动。特别是学习较差的工农同学,要和学习较好的同学结成对子,"一帮一,一对红"。晚上也有丰富多彩的活动。

我记得有一天,我班级团支书突然宣布,在未名湖发现敌情,其时正下大雨,同学们分几路跑到未名湖寻找,终于发现在湖中岛上隐藏的几个同学,于是告诉大家这是军事演习。类似这样的突发的安排还有很多,不一一列举了。这些活动搞完了,常常已经是半夜两三点,于是领导宣布休整几小时,到这时同学们才可以上床去睡觉。多数同学已经十分疲惫,倒床上就睡着了。但也有些同学因白天过于兴奋,犯了神经衰弱,反而睡不着了。我记得有几位同学就是因为不适应这种紧张的生活而不得不休学的。第二天周而复始,还是一样的安排。终于盼到了星期天,以为会休息了(那时每周工作六天,星期六不放假),结果领导说要发扬不断革命、不怕疲劳的精神,要继续跃进,仍然不休息。星期日班上通常安排需要较长时间的活动。比如去校外参观,突击搞卫生,开大批判会,或参加劳动等。我记得我曾和几个同学到我家所在的丰盛街道合作搞超声波,砸扁了铁管夹个刀片,用蒸汽吹,刀片震动即产生超声波,可用于做饭,蒸馒头等等,其实都是假的。有时周日也有几小时休整时间,可洗澡、洗衣、拆洗被褥。为发扬勤俭节约的精神,记得男同学理发都是同学互理,买个推子,不管会不会理,反正拿同学当试验品,理几回也就学会了。由于集体活动这样紧张,北京的同学想回家就很困难了。

在这一年中,我记得只有很少几次能抽出时间回家的,而且常常是周六晚上回去,周日早晨赶回来的。因为北京同学不多,这个问题并不突出,北京同学有意见也不敢说。有人会说,过年过节该放假了吧,其实不然。在那革命的年代,"一天等于二十年",放假简直是罪过。根据我的记忆,1960年的春节只给北京同学放了一天假,回家看了看。外地同学却没有这样的福分,还要在校坚持闹革命。这样的紧张状态持续了一年有余,一直到1960年底公布"劳逸结合"才告结束。

我曾和几个年轻人说过这事,他们根本就不相信。有的还说,又没到愚人节,你瞎说什么呀?可这确确实实是真事,就发生在全国最高学府北京大学数学力学系，时间从 1959 年底到 1960 年底的真事。

五、批判马寅初校长

根据党中央的指示，一年级第一学期末，大概在 1959 年底开始了全校师生批判校长马寅初的运动。我当时正在挨批判，对这场运动关心得不够。只听说是批判他的"新人口论"和"团团转"理论。我看了不少大字报，惭愧的是至今我也没有弄清什么是"团团转"理论。我还有印象的是，一位党委干部批判他说："马寅初姓的马不是马克思的马，而是马尔萨斯的马。"我当时觉得这种玩笑话只能在下面说说，怎能放在严肃的批判会上呢？还有一位据说了解内情的干部批判他说，马寅初在某地吃饭，喝了鸡汤不给钱，还狡辩说，"我只喝汤，又没吃肉，给什么钱"，引起与会者哄堂大笑。我听了以后，实在笑不起来，这种人身攻击反使我同情马寅初了。再有就是贴满校园的大字报，也让全体同学写大字报批判马校长，这些就是我对于这次批判的片段记忆。

谈到喝鸡汤事，记得在 1960 年的暑假，青海财经学院院长，经济学家宁嘉风教授到我家看望我的父亲，他问起北大批判马寅初的事，我说了喝鸡汤不给钱那件事。他思索了片刻，叹口气说："要想把一个人搞臭，编造生活上的劣迹是最简单的办法。"这使我认识到对马寅初批判的不择手段。

另外，使我印象深刻的是，马寅初的态度十分倔强，他在一次批判会上郑重宣布："我虽年近八十，明知寡不敌众，自当单枪匹马，出来应战，直到战死为止，决不向专以力压服不以理说服的那种批判者们投降。"据说，马寅初还常对人说："言人之所言，那很容易，言人之所欲言，就不太容易，言人之所不敢言，就更难。我就言人之所欲言，言人之所不敢言。""我对我的理论有相当的把握，不能不坚持，学术尊严不能不维护。"这些话使我们看到了一个老年知识分子的风骨。

批判马寅初后，大约在 1960 年 4 月初，校方宣布马寅初"辞去"北京大学校长职务，由党委书记陆平兼任校长。从此开启了北大历史上的极左时代。也怪了,文革时又说陆平是"右"了,政治的诡谲有谁能懂得呢!

六、技术革新和技术革命

一年级第二学期的另一件大事是所谓的技术革新和技术革命运动。在前面"一切时间党安排"那节中已经略有提及。这个运动的时间是在 1960 年的上半年,其时中国大地上的大跃进运动已经到了尾声,但北大校园里仍处于狂热的气氛当中。这个运动的背景是毛泽东在 1957 年莫斯科会议上回应赫鲁晓夫的"苏联要 15 年赶超美国"说法时谈到要让中国在 15 年内赶超英国,而在 1958 年 6 月大跃进高潮时毛泽东又说:"超过英国,不是十五年,也不是七年,只需要两年到三年,两年是可能的。"(见《建国以来毛泽东文稿(第七册)》,中央文献出版社,1992 年 8 月版,第 273-274 页。)这就需要在技术革新和技术革命上做文章。而一九六〇年三月二十二日中共中央发现鞍山市搞得很好,并批转了鞍山市委《关于工业战线上的技术革新和技术革命运动开展情况的报告》,于是形成了全国性的技术革新运动的一个高潮。

在这个运动中,我们班级先在校内,后又下厂、下街道搞了近半年的运动。印象较深的是我们班级试验超声波和半导体的事。前面已经提到,我曾经主动要求带领十几个同学到我以前休学时所在的北京丰盛街道,帮助他们搞"超声波",这其实是为了表示自己积极参加运动。我们把铁管砸扁,再插上刀片,管内通过蒸汽,刀片震动,就认为是"超声波"试验成功了。听说可以用超声波来蒸馒头,我们就把几个这种所谓的"超声波发生器"安装在蒸锅里,另一个锅烧开水,蒸汽通过超声波发生器到蒸馒头的锅里,看多少时间能把馒头蒸熟。结果发现并没有节省时间,效果并不好。但毕竟馒头蒸熟了,就宣布超声波试验成功,于是敲锣打鼓向党报喜。其他班也有到二龙路街道搞的,效果也不是很好。实际上,我们并不知道超声波的原理,也不知道超声波是否真能用来蒸馒头,并节省燃料。

还记得有一次,让我们班几个同学(包括我)到固体力学实验室去研究用超声波切割塑料。那种塑料是做固体应力实验用的，价格昂贵。我们还用老办法，铁管夹刀片再用蒸汽吹，结果塑料受热变软，很容易就切成小块了。然后又是敲锣打鼓向党报喜。事后我们被告知，那些塑料都报废了，造成很大的损失。

再说半导体试验，那时的口号是"破除迷信"，不相信权威。我们就寻找各种材料往小玻璃管里放，用万用表测量两边的电阻，当发现两边电阻略有不同时，就"宣布"半导体试验成功，又是敲锣打鼓向党报喜。今天看来，这种活动几近儿戏。

在那半年的运动中，被认为真正有了成绩并登了报的是北大生物系人工合成胰岛素获得成功，但我是外行，不知内情真正如何。

七、疯狂的革命年代

大学的前一年半，除了第一学期前期上课基本正常之外，都被疯狂的"革命活动"所充满。除了前面提到的"编红书""学习大跃进""批判马寅初""技术革新和技术革命"等，还有大大小小很多次的革命活动。这些活动都是班级或年级负责人布置实行的，因此，应当都是来自上边，不会是班级干部独出心裁的。

具体有哪些运动呢？我凭记忆举出以下几点。

1. 卫生大跃进：即突击搞宿舍卫生，做到无卫生死角。检查时专门找容易藏污纳垢的角落，如用手摸有灰尘必须重新来一遍。而且被子都叠成部队营房中的豆腐块，要有棱有角。被子有点脏的自然要清洗干净，不会缝被子的要找女同学帮忙，而女同学也都愿意帮忙。书籍杂物要放置整齐，不可随意乱丢。搞完卫生后，要通过各级检查，首先是本宿舍内互查，然后小组、班级、年级检查，甚至全校抽查。结果要全校通报。甚至在1960年4月8日，还开了全校的"卫生工作持续跃进大会"，可见领导之重视。

2. 红专问题大辩论[4]：从一年级末就开始了。总的提法是要做又红

---

[4] 社会上的"红专辩论"是紧接着反右在高校中进行的。毛泽东在一九五八年一月三十一日《关于工作方法六十条》中指出："红与专、政治与业务的关系，是

又专的革命接班人，讨论什么是又红又专。自然要有反面典型，记得那时批了教师马希文，学生中各班也都有典型。对于这个问题，我在读中学时就有所触及。那时我在北京四中，在讨论什么是又红又专时，我说："红就是要有为共产主义奋斗的理想，专是要有为共产主义奋斗的本领"，结果遭到了批评。学校某党委副书记批评我说，现在提又红又专就是要讲红，不要提专，说我缺乏组织观念云云。这次大学时的红专辩论我干脆主动承认自己有白专思想，把努力学习硬说成是白专，来争取过关。结果不但没过去，反而成了白专典型。

也是在这次运动中，党团组织明确地说，对于旧社会过来的老知识分子党采取的是赎买政策，因为他们都是在中共建政前受的教育，他们上学是自己花钱的，解放后只是用他们的知识为党服务，并没有把他们当成自己人。这曾经让我大吃一惊，觉得和周恩来1956年关于知识分子问题的报告十分不同。后来我发现，周的报告早已被收回，真是觉得自己的思想太跟不上形势。

3. 向党交心运动：读吴运铎的《把一切献给党》，首先学到的是要把心交给党。即是要找组织谈思想，特别是谈自己不符合党要求的错误思想。与此同时，也要谈别人的错误思想。对于后者，旧道德认为这是告密行为，是君子所不齿的。而现在要转变过来，认为它是应该的，甚至是光荣的，否则就是不信任党，对党不忠诚。

我们班级的向党交心运动是从1959年11月开始的。那时人人都要写思想汇报，揭露自己，揭发别人。我当然也写，而且写得很多。但我没有写过揭发别人的材料。这一方面是因为我所受的家庭教育告诉我揭发别人等同于告密行为，从道德自我完善的角度不愿意写；另一方面是因为我当时的处境，写了恐怕组织上也不会信，反而惹来不必要的麻烦。但1963年以后，组织上勒令我写检查，一共写了一年半，直到毕业。这段时间，我写了多份检查，总长度达数百页。除主要检查自己外，应该也有对别人的揭发。但因写的都与自己的问题有关，

两个对立的统一。一定要批判不问政治的倾向。一方面要反对空头政治家，另一方面要反对迷失方向的实际家。"这是红专辩论的指导思想。而且，在1958年中还在高校开展了"拔白旗、插红旗"运动，使得没有划为右派的老专家又挨了一次整。

而且属组织上早就知道的,故也不存在告密邀功的情况。可是有一件事情,我至今记忆犹新,那是我在 1963 年底写的系统交代材料《对过去的清算》,其中谈到一位同学曾和我说过的反动话(此话在后面还有叙述,就不在这里写出了),用以表明自己对这样的反动话还是有鉴别能力的。这个同学因为"偷越国境"被逮捕判刑,不知我的交代是否使他多吃了苦头。虽然现在该同学早被释放平反,并且加入了中国共产党,可我想起在我的检查中说的话,内心总有愧疚之感,特别是在文革以后。我感到自己对此应该忏悔,这是我道德上的一个污点。

想到以前读过的几位法国学者写的《共产主义黑皮书》(目前还没有中译本,但有英译本"The Black Book of Communism", Harvard University Press, 1999。),在该书的前言里面有这样的话:"在崇高理想的名义下做坏事比直接做坏事更邪恶。"我们那时的告密行为都是在崇高理想的名义下做的,今天我们更应该为此忏悔。

另外,在向党交心运动中,"做党的驯服工具"的口号也成了同学们的座右铭和努力方向。刚听到这个口号时我有非常大的抵触情绪,觉得这和"独立思考"精神是背道而驰的。我总认为"独立思考"精神是党对我们的教育,记得在中学时提倡所谓"娜斯佳精神",娜斯佳是前苏联小说《拖拉机站站长和总农艺师》的女主角,她保持独立思考的精神,对官僚主义等错误勇于斗争,不怕打击报复,是小说中的正面典型。可我并没有想到,在反右派斗争中,"独立思考"精神早就成了反党的代名词。我还抱着它不放,自然造成后来的人生悲剧。这点容下面再详谈。

4. 教室里的暴力:一年级上学期的解析几何课本来是由曾为右派分子的程庆民老师上,当时已经摘帽。但据说他看不起工农同学,在发考卷时按分数高低发,工农同学都在后面,遂引起他们的不满。于是在年级级主任周××的操纵下,竟开了全年级同学对他的批判大会。批判时,几位同学竟闯到讲台上,高喊口号,甚至还有一位同学从教室的后排跑到台上,使劲摁程老师的头,大喊:"低头!向工农同学认罪!"大有文革时批斗的架势。这种暴力行为不仅没有得到官方的制止，反而在批判会后，由年级主任宣布取消程老师的上课资格，进行劳动改造。他的课由当时的年轻教师姜伯驹代上。

其实程在1949年前就为地下党做了不少工作，1949年后一直做系团委书记和党总支委员，只是在反右时对给学生划右派有不同意见，被定为右派分子。由于"罪行"太轻，摘帽后仍让他教课。他业务好，才让他教我们年级的基础课的大课。一些工农同学演出的这场暴力闹剧实在没有道理，可是幕后的老师（年级主任）就更阴险恶毒了。这是我生平第一次见到在批判会上动手的场面，因此记忆犹新，内心也受到很大的震动。

5. 作诗、谱曲运动：众所周知，大跃进时毛泽东提倡群众诗歌运动，那时号召人人写诗，又组织文人到民间采风，收集整理群众的诗歌。当时最有名的要算郭沫若、周扬编的《红旗歌谣》了。而我们则在1959年末开始也要求人人写诗、人人谱曲。同学作的诗、谱的曲曾贴满宿舍的墙壁，还开了几次诗歌朗诵会。这种活动在当时是作为融入革命浪潮，向工农学习的一种教育活动而开展的。这是指一般群众的作诗作曲活动。而比较专业的团体如北大管弦乐队等，则排练了全套的歌剧"洪湖赤卫队"，我班的王理同学就是其中的一名主力。反正北大人才济济，给他们时间，什么活动都可以搞得很专业。

6. 投入社会政治活动：我指的是像为准备建国十周年庆典很多同学花费大量时间进行队列练习，大部同学参加了建国十年的庆祝晚会跳集体舞，为支持古巴革命反对美帝搞的多次游行示威等等。有一次游行到天安门广场还见到了周恩来总理等国家领导人，致使同学们欣喜若狂。当然，这些活动也有好处，即能使同学们有机会投入到社会的实践活动中去，缺点是耽误时间太多。那时是讲政治挂帅的，当然谁也不敢反对。直到大约两年后，陈毅在广州的讲话才明确了知识分子必须有六分之五的时间搞业务，对学生来讲就是有六分之五的时间学习、上课。但这是后话了。

顺便插一句，由于当时强调阶级路线，这样的政治活动也不是人人都可以参加的。有些同学因为出身不好，或被怀疑有问题，想参加这类活动也不被允许。我自己就有一次这样的经历。那是四年级下学期的事，在后面再仔细说。这里想提一下数二班的张××，因为祖父是大名鼎鼎的张东荪，一次参观什么展览会，大概跟军事有关吧，在出发前半小时左右，团支部书记突然对他说："根据上级的有关规定，你不能参加这次活动。"至于根据什么规定，为什么他不可以去参观，是不作任何解释的。这样就给这个同学造成一种强大的政治压力，觉得自己是政治上的贱民。

7. 学习政治文件：1960年国庆，毛泽东选集第四卷正式出版发行。同学们为了表示对毛泽东的热爱，半夜裹着棉被到新华书店门口排队，为的是能够买到一册。大约是从1960年底开始，我们班级开始了学习毛选四卷的高潮。我通读了毛选四卷后，对于后面的几篇文章颇感兴趣。比如《论人民民主专政》，"'你们独裁'，可爱的先生们，你们讲对了，我们正是这样。""我们实行人民民主专政，或曰人民民主独裁。"底下解释什么是"人民"，看了看是包括民族资产阶级的。可我想，1956年中国已经消灭了民族资产阶级，虽然还有"定息"二十年之说，可反右时怎么又把已经不存在的民族资产阶级包括其知识分子划为敌人了呢？《丢掉幻想，准备斗争》一文中反复提到的所谓"民主个人主义者"，是否就是后来的所谓"资产阶级右派分子"呢？《唯心历史观的破产》一文，毛泽东说："世间一切事物中，人是第一个可宝贵的。在共产党领导下，只要有了人，什么人间奇迹也可以造出来。"附带说一下，在《唯心历史观的破产》一文中毛的这句话不正是登峰造极的唯心主义——唯意志论吗？在《唯心历史观的破产》一文中说颇显滑稽。再联想到当时农村出现的大饥荒，使不少人非正常死亡（这是以后才知道的），这不是矛盾吗，等等。谁也不能不承认，毛泽东的文章铿锵有力，文采飞扬，但多想想，总会发现不懂的东西，这就是后来批判我反对毛主席著作的一个根据。我崇尚独立思考，自然就会吃苦头。

一年级下学期开始，学习《列宁主义万岁》《沿着伟大列宁的道路前进》《在列宁主义革命旗帜下团结起来》等三篇文章，重点在反修。那时还没有公开认为苏联是修正主义，只是以南斯拉夫共产主义者同盟纲领为靶子。我从图书馆借来了南共纲领草案，对其中的"人类创造的一切对我们来说都不是不可逾越的"言论很感兴趣。我认为马列主义不是教条，当然它也就会发展进步。说马列主义是不可逾越的显然是把它说成是一成不变的，僵死的东西。这绝不是马列主义，而是教条主义。这是后来批判我支持修正主义的一个论据。

除了这些以外，我们还学习了很多其他政治文件，不在这里赘述。

8. 参加体力劳动：我是赞成学生适当参加体力劳动的，这对学生的身体发育和了解社会都是有益无害的。但是参加劳动要适量，不要造成对学习过大的影响。

我们上大学的前一年半，参加了过多过重的体力劳动，其中在1960年10月开始的为期一个月的十三陵修铁路劳动是最艰苦，印象最深刻的。这次劳动的任务是挖土石方，每天劳动七个半小时，上下班还要走大约三个小时的路。而且粮食不够吃，一天下来真是又累又饿。不仅如此，劳动还要搞竞赛，又有啦啦队助威，可以说对每个人都是对身体极限的挑战。有时晚上收了工，还要政治学习，主要是批判粮食不够吃的言论。明明肚子饿的直叫，还不许说不够吃，说了就是反动言论。我们班方肇满同学就是由于累、饿、医疗不及时惨死在十三陵筑路工地上。等一个月劳动过后，我的体重由70公斤减少到不到50公斤，洗澡时看到自己骨瘦如柴的样子已经不认识自己了。

八、"劳逸结合"了

十三陵筑路劳动结束了，我们于1960年11月14日返回学校。又过了大约两三周，系里传达了中共中央关于"劳逸结合"的指示，即中共中央《关于农村人民公社当前政策问题的紧急指示信》，也称"十二条"。其中的第十一条是"认真实行劳逸结合"，虽然是针对农村中的问题写的，但其精神适用于各行各业。这一条的原文是"实行劳逸结合，保证足够的休息和睡眠时间。必须坚决保证社员每天睡足八小时。可以实行男社员每月放假两天、女社员每月放假四天的制度。农村中的一切活动都不得侵占社员的睡眠和休息时间……"等等。

"劳逸结合"指示传达以后，学校里发生了巨大变化。最主要的是承认了我们正处于一个"困难时期"，也承认粮食是不够吃的了，因此要减少不必要的各种活动。前一年半搞的各种革命活动都停止了，体育课也减为一节，后又完全取消。文件传达以后，同学们都很高兴，毕竟有了较多的自由活动时间了。当然，造成困难的原因仍说成是"大规模的天灾加上苏联撤走专家，撕毁合同"等，人为的因素说成只是十个指头中的一个指头。但尽管如此，实事求是的作风得到了一定程度的恢复。大家普遍认识到过去搞的"教育革命""编红书"是不对的，正常的课堂教学秩序得以恢复，从这时直到毕业课堂教学基本上没有再受到冲击。

对于同学们来说，特别是对于我和所谓"落后"同学来说，"劳逸结合"是一次解放。我当时感到异常兴奋，虽然还背着思想反动的包袱，但似乎又看到了前途。听说有的同学激动得竟在夜里徒步走到西直门，又徒步走回学校。

九、"民以食为天"

"劳逸结合"以后，政治上宽松了。同学们的真实思想也就能有所表现，谈吃的现象明显增多，当时叫精神会餐。今天的读者如果没有经历过那个时代，可能会说我们太庸俗、低级趣味、没出息。可是我不这样想。我真正感到古人讲的"民以食为天"的道理。如果只是一天不吃饭，谁都能忍受；就是饿上几天，也都能挺过来。但若让你长年累月地吃不饱，吃的念头就会逐渐占据你的头脑，挥之不去。这大概就是人作为动物的一种本能。过去儒家讲女人守节以饿死为最难，是有一定道理的。

从十三陵劳动的后期，就发现有的同学有腿部浮肿的现象，回校后，这些同学到校医院检查都说是由吃不饱引起的。听说校医院给这些同学一些黄豆、白糖，吃了后都有好转。"劳逸结合"以后浮肿现象越来越多，已经是众所周知的事了。应对粮食的缺乏，学生食堂研究怎样能用较少的粮食做出看似更多的饭食，当时叫"增量法"。又从树叶、藻类等寻找可供食用的部分，以补充能量的不足。但这些方法都没有起到什么效果。那时还盛传毛泽东不吃肉了，意思是说领袖都和百姓同甘共苦了，要大家以积极态度来度过困难。我每个周末回家总要吃顿饱饭，虽然这是父母的疼爱，但他们就要少吃挨饿。今天想来内心还感到温暖。

这时食堂里经常发生少交饭票、做假饭票的现象,后来改用饭卡,又多次发生涂改饭卡的事情。这种现象被抓住当然丢脸,有的还给了严厉的处分。我虽然没干过这样的事,但也有趁熟悉的同学帮厨卖饭时让他给舀一碗稠一些的粥的时候。直到今天,我对于浪费粮食的现象仍十分反感,在某些学校食堂看到学生们吃完饭用馒头抹抹嘴就扔掉了,心里真不是滋味。

十、甄别工作

1961年6月,中共中央发出《关于认真做好干部甄别工作》的指示,决定"对1959年以来,受到错误批判和处分的党员、干部,进行甄别平反。"也是采取先党内、后党外,先干部、后群众的次序来进行。大约在1961年初冬,我年级党团组织对于在1959年底八届八中文件学习时被重点批判的近十名同学进行甄别平反,其中也包括我。记得是自己先陈述,然后组织上宣布对你的批判是错误的,给予平反。我当时说了有一个多小时,代表组织的团支部书记很耐心地听,之后只简短地宣布给我平反的结论。这使我当时感到有些窘。本来我还以为要就批判的问题一条一条地讨论,因此说得很详细,哪知只是简单地说批判搞错了,恢复名誉就算了。至于什么地方搞错了,怎么搞错的,完全不涉及。后来我还经历了一次平反,也看到过多次给别人平反,也是同样的模式。这使我感到,共产党搞整人,都是无限上纲,非批倒斗臭不可,但平反都是一风吹,不做任何解释。

这次平反对我简直就像是一次解放。我感到自己又回到同学中来,不再是另类,和同学们逐步恢复了以往的交往。不久,又选举我当团小组长,就感到是真正回到群众中来了。

我的大学(二)——政治宽松的两年

大学的三四年级(严格地说,是从二年级下学期到四年级下学期初）是政治上比较宽松的两年。由于处于经济困难时期，粮食和副食品严重短缺，学校里实行了"劳逸结合"的政策。首先是政治学习和政治活动大幅度减少，除了必修的政治课（按规定必修中共党史、哲学、政治经济学共三门）外，政治运动基本取消，只有每周六下午的"形势与任务"报告会照常在大饭厅举行，其他会议就很少了。业务课程基本没有削减，但由于一、二年级搞跃进、"编红书"时基础课没有学好，我们在三年级第一学期还补学了应该在一年级学的数学分析和高等代数。同学们业余时间多了，休息当然也就多了。但很多同学由于吃不饱，害怕能量消耗过多，思想上比较消极，不愿意参加使用体力的活动；甚至有人没课就躺在床上，算计多少粮食能产生多少千卡热量，能支持多少体力活动等等。但多数同学精神仍比较振奋，学习努力，企图先补上一二年级落下的功课，再学好三四年级应该学的功课。我自己也是属于积极派的，决心努力学好数学课程，并且还有计划地读些课外读物，以尽快丰富自己的数学知识。

从政治思想方面来说，由于集体政治活动的减少，对同学们的管控放松了。这使得同学们平时说话顾虑少了，敢讲真话的越来越多了。甚至有些人在谈到过去时，对大学前两年中经历的荒唐事情也敢于提出批评、甚至讽刺挖苦，不大顾虑以后会不会还被批判。少数思想比较深刻的同学甚至还表达了追求言论自由和社会民主的明确诉求。在这种形势下，党团组织认为，同学们在思想上颇为混乱，有不少问题亟待解决，既然不能再搞运动，就采取号召同学们彼此多谈心的方法，以一对一的方式来解决"思想问题"。并且有意识地派所谓思想较进步的同学找被认为思想落后的同学谈心，以帮助落后同学"进步"。因此，一到周末，总可以看到校园里有一对对同学在散步、谈心。我自己就十分积极地参加了这种谈心活动，在我所在的数学一班里，有半数以上的同学都和我单独谈过心，通过这种方式，我也交了很多朋友，对同学们的思想情况也有了较深的了解。我和同学们的谈话的内容十分广泛，有交流业务学习经验的，有交谈大学生应该怎样全面发展的，有谈生活问题，当然也有谈论政治方面问题的。在谈政治问题时，当然免不了会谈大学一二年级时的政治批判以及大跃进时的过左行为，于是就会有当时党团组织认为是错误甚至反动的言论冒出来。这到了两年后又强调阶级斗争时就成了新问题，再次挨批。

就我个人来说，甄别以后虽然对党又恢复了信任，思想也是积极向上的，但由于根深蒂固的坚持独立思考的信念，不愿意做党的驯服工具，就又慢慢离党越来越远，最终又犯了更严重的错误，以至于在毕业前被定为"反动学生"，遭到了更加严厉的批判。那么，我在这政治宽松的两年里到底做了些什么事情呢？今天总结起来，主要有以下三个方面。

第一，在数学学习方面，为了与同学们能互相帮助，共同进步，我倡导组织了"学习小组"。这是三年级初的事，最初有五位同学参加，每周活动一至二次，一共持续了一年。

第二，在和同学们谈话时，涉及比较广泛的政治问题，也如实表达了自己的看法，当然有不少与官方不同的看法。这在后来批判我时被指称为是有意传播和散布反动言论，并且把同学们的思想搞乱，与党离心离德。

第三，更为严重的是，企图并筹备办所谓的反动刊物《青年论坛》，被指称是做反党的舆论准备。

下面，我逐一加以仔细说明。

一、组织学习小组

组织学习小组的背景有三个方面。一是前面提到的在所谓"困难时期"粮食不够吃造成同学们的消极慵懒情绪影响了业务学习，这种情况需要改变；二是在大学头两年由于搞大跃进和其他政治活动使得基础课没有学好，需要补课；三是政治方面出现了新的、有利于学生学习的局面，具体地说即党的知识分子政策有所改变，周恩来总理和陈毅元帅在广州讲话，要为知识分子"脱帽加冕"，史称1961-1962年是所谓知识分子的"小阳春天气"。在这种形势下，一二年级时的革命的狂热已经消退，社会和学校里的风气也渐趋实事求是，从过去把学习等同于"白专"到理性地承认"学生的主要任务是学习"，这都使得同学们敢于理直气壮地搞好业务学习。

就是在这样的形势下，我联络了几个同学在 1962 年 2 月组织了学习小组。为了能搞好这个活动，在小组成立时，进行了充分的酝酿和讨论，并订立了公约，选举我为组长。开始时小组有五名固定组员，到一年后小组停止活动时有 10 名组员。另外，我们还一直采取开放政策，欢迎非组员参加活动，但只听不讲。前后参加过我们活动的有 20 多位同学，他们都对小组的活动表示赞扬。

　　学习的内容首先是补习基础课，每周利用一到两个晚上，由同学轮流讲解指定的参考书，然后进行讨论。我们系统地补习了一二年级时学的解析几何、数学分析、高等代数三门基础课，参加者感到收获很大。另外就是交流学习心得，采取的形式一是讨论，比如针对所学定理的深入理解，较难习题的解法分析，甚至上升到对于学习数学一般性方法的探索、理解和体会等；二是强调培养独立思考能力和自学能力，鼓励写作并报告小论文以开拓知识面。至今我还记得在补数学分析时，我曾对吉米多维奇的习题集中的几道难题做了总结，写成了短文《如何解函数方程》，在小组内报告，并进行了讨论，同学们表示很有启发。另外，对于学习数学的一般方法，我提出了要摆正理论、方法、技巧三者的关系，顺序是先理论，后方法，最次是技巧。要重视做题，但不能陷入题海之中，特别是不能陷入只训练技巧性的题海之中的思想。学了新的东西，首先要从理论上深入分析，知其然要知其所以然，知其所以然要知其不得不然。为了检验是不是理解了理论，才去做题，做难题。我的这种思想，对于我以后的数学学习，带来了很大益处。当然，其他小组组员也谈了不少他们的学习经验和体会。

　　由此看来，可以实事求是地说，这个小组对于当时同学们的课业学习做出了不小的贡献，也创造了同学们在学习上互相帮助的新形式，是应该肯定，并值得提倡和推广的。

　　在小组活动期间，党团组织并没有提出任何异议，只有一次，团支部书记对我说，你们的小组也不要完全搞业务学习，也要学些政治，我同意了他的意见，并且加入了学习《中国青年》杂志上政治文章的内容。

　　我到今天还认为，这个小组是我在大学期间做的一件好事。而且，说良心话,我也没有任何私心,只是想和同学们一起学好数学。然而,到了一年以后,由于我筹办青年论坛的问题受到批判,成了组织上关注的问题同学,这个小组被迫解散了。在后来对我的批判中,这个小组也受到了批判,并被说成是反动组织。当时说我"白专"者有之,说我"想成名成家"者有之,说我向同学"散布白专思想"者也有之,但万万没有想到的是,在最后结论性的批判竟称这个小组是为我在将来"篡夺党的领导权"所做的组织准备,多么荒唐!

二、谈心活动暴露真思想

前面提到,谈心活动本是党团组织号召的,当然希望同学们多和党团干部谈,以暴露思想,向党交心。也确实有很多同学是这样做的,包括我自己。譬如我就经常把自己与党相左的想法和团干部谈,以求他们能帮助指出我的错误,辨明是非,尽管结果常常是不理想的。我为什么这样做呢?一是认为党纠正了大跃进时的错误做法,实行了"调整、巩固、充实、提高"的八字方针;二是在大学前二年对我的批判得到了甄别,组织上承认了那种批判是错误的;三是相信宪法保障的言论自由,不会再因言而获罪;四是因为自己是共青团员,理应响应党团组织的号召,因而"向党交心"是无所顾虑的。

除了和党团干部谈心外,我也和普通同学进行了范围广泛的谈心活动。在谈心中,大家都能畅所欲言,即使谈到政治问题,多数同学也不避讳,能把心里话都说出来。在谈话中,也常有争论,大家互不相让,各抒己见,也使我得益匪浅。那时大家并不懂得,政治问题谈论深了必触犯禁区,这些触犯禁区的谈话也就成了我们后来挨批判的因由。

下面我仅就政治方面与同学们的讨论做一个归纳,而且主要描述一下党团组织认为有问题甚至反动的思想和言论。

1.对于"三面红旗"的看法

对于"三面红旗",归纳一下同学们的言谈和思想,主要有以下几个方面：1. 对浮夸吹牛风的不满和讽刺。2. 对于"一切时间党安排"造成的生活过于紧张，没有休息时间不满。3. 对缺乏科学精神的"敢想敢干"的批评。4. 对农村基层干部胡作非为不满，提出最后面这点的都是农村来的同学。

对于浮夸吹牛风，同学们不仅把矛头指向社会上的"放卫星""大炼钢铁"等不实事求是的现象，而且也批评和讽刺我们自己在大跃进中的所作所为，诸如在本文第一部分中提到的学习大跃进、学生编书以及技术革新、技术革命和试验超声波、半导体的闹剧，并且认为当时所谓右倾机会主义分子（彭德怀等人）提出的"大跃进是小资产阶级狂热性运动"是十分准确的提法。有些思想更深入的同学则进一步认为，这种浮夸吹牛风，诸如"人有多大胆，地有多大产"的提法，在哲学上是主观唯心主义，甚至是"唯意志论"，因此是反马克思主义辩证唯物主义哲学的。这种思潮不仅表现在大跃进运动中，像后来提出的"一切要政治挂帅"，以及过分强调精神对物质的反作用；强调主观能动性，而不尊重客观规律性等等，都是这种哲学思想的反映。

再有，很多同学对于大跃进时期鼓吹的"一天等于二十年""一切时间党安排"并因而造成的生活过于紧张，没有休息时间表示了不满。有的同学说连美国芝加哥工人罢工争取到的八小时工作制都没有。更有甚者，有个同学竟说那时"生活得还不如罗马奴隶"，完全没有个人的自由。他们谈到宪法（1954年）第九十二条明确规定"中华人民共和国劳动者有休息的权利。"作为学生，应该享有和劳动者同样的休息权利。

谈到当时鼓吹的所谓"敢想、敢说、敢干"的精神，谈到要"力争上游"不能甘居中游、下游的宣传造成同学们吹牛撒谎的恶果，多数同学是用嘲讽的口吻。讽刺那时在"学习大跃进""编红书""技术革新和技术革命"出现的可笑的现象。今天看来，这也许就是持续到今天的浮夸吹牛风的根源，说得严重一些，也是今天社会道德沦丧的根源之一。因为人能说谎，道德之堤坝就已溃败，渐渐什么坏事就都能干了。

在当时这场几乎是全民的吹牛大合唱中，对我刺激最深的还是

"编红书"运动。当时一直纠缠于我胸中的主要是两个问题：一是自然科学有没有阶级性，二是创新和继承的关系。前者我在本文第一部分中已经详细谈过，即自然科学没有阶级性，我们只是重蹈了苏联"无产阶级文化派"的覆辙；对后者我的观点是没有继承是不可能有创新的。联系到毛泽东说的"一张白纸没有负担，好写最新最美的文字，好画最新最美的图画"以及"要打破旧世界，破字当头，立也就在其中了"这两句话，我不理解的是，"立"怎么能在"破"之中呢？"破"只能造成一片废墟，要建成高楼大厦（所谓"立"）还要经过艰苦的劳动，这不是很浅显的道理吗？

对于农村基层干部的胡作非为我不了解，对于农民挨饿，以至于饿死人的事，我当时也不知道。这是因为我一直生活在北京，没在农村生活过。但农村同学对这方面的反映是很强烈的。有的同学讲，农村干部不讲道理，对社员态度粗暴，甚至随意打人捆人等等，我也只是听一听。正像王××同学说的，"你从小在北京待，哪里知道农村的事？"但是，饿死人的事从来没人提到过。今天想来，当时同学讲话还是有分寸的。如果说新社会饿死人，那非当反革命抓起来不可。

2.关于教育方针的话题

同学们上大学是为了追求知识，对学习大家都是很重视的。但这和党的教育方针发生了抵触。因为1958年9月，中共中央、国务院在《关于教育工作的指示》中明确提出："党的教育工作方针，是教育为无产阶级的政治服务，教育与生产劳动相结合"；"教育的目的，是培养有社会主义觉悟的有文化的劳动者。"而同学们自己对未来的想法是成为数学家，或者"进步点的"同学是想在将来做红色专家，这中间就有很大的矛盾。虽然经过一年级的"红专辩论"，多数同学都表示要又红又专，但对于什么是"红"也是有不同理解的。我在本文第一部分中提到，我认为所谓"红"就是要有为共产主义奋斗的理想，而所谓"专"就是要有为共产主义奋斗的本领。很多同学是同意我提的"红"的标准的，但这和当时大力提倡的"红"就是"要做党的驯服工具"还有很大的距离。有的同学说：如果党再犯错误，我们做党的驯服工具不是离共产主义理想越来越远了吗？

再有，教育方针明确提出要培养"劳动者"（后来又提出做"普通的劳动者"），尽管专家也是劳动者，但做专家的思想还是受到了严厉的批判。因为你将来做什么样的劳动者是由党来安排的，你自己无权决定。这种批判使得同学们学习的积极性大大降低，甚至出现了"学习好即白专"的舆论，使得同学们不愿学习，不敢学习。这种错误情况在"困难时期"受到同学的批评和揭露。有同学说，既然如此，又何必分专业，何必办大学呢？这个问题问得好，在后来的"文化革命"时期，毛泽东自己也提出了这个问题，并且停办大学多年，造成人才培养的断层。

另外，要"做劳动者"，就要求学生在学习期间参加体力劳动。我个人觉得参加劳动是应该的，有益无害的，它起码能起到锻炼意志的作用，对了解社会也有好处，但体力劳动不可过多过重。而在我们上学的时候，每学期都安排去农村的劳动，总有一两个月吧，显得有些多；也有劳动过重的情况，我印象最深也是最累的一次劳动是二年级初去十三陵分校（时称200号）的修铁路劳动，这在前面已经提及。当时同学们不敢表示不满，可到1961-1962年的困难时期，就有很多同学把这种不满发泄出来了。

同学们谈的最多的还是希望能够正常上课，补上前两年搞革命时耽误掉的基础课。毕竟大家上大学是为了学习知识；考数学系，是因为对数学有兴趣，大家普遍有学好数学的愿望。而且因为经历了大学头两年所谓教育革命的胡闹，都迫切希望能有正常的教学秩序。对这方面，学校满足了我们的要求。大概是在1962年初吧，学校领导传达了上级的指示，"要保证5/6的时间用于业务学习"，而且，从此以后，一直到毕业，业务学习一直没有受到大的干扰。之所以能这样，是因为在1961年9月党中央发布了《高校六十条》，其中第三十条中明文规定了要"严格执行中央关于保证知识分子至少有六分之五的工作日用在业务工作上的决定"。这个使同学们皆大欢喜的《高校六十条》的出台在中央高层是有斗争的，为了理解这一点，要从党的知识分子政策说起。而在阶级斗争主导一切的时代，知识分子政策是与知识分子的阶级定位直接相关的。

具体地说，就是：知识分子属于什么阶级？知识分子是劳动人民中的一分子呢，还是属于资产阶级？这在当时也是同学们谈话中讨论的一个热点话题。官方的说法是不断变化着的。在 1956 年 1 月 14 日周恩来《关于知识分子问题的报告》中明确地指出，"建国后，由于党对知识分子实行了团结教育改造的政策，经过一系列的政治运动，旧社会遗留下来的知识分子的精神面貌已经发生了巨大变化，他们已是社会主义建设事业中一支伟大力量，是工人阶级的一部分。"但这个报告很快被收回。在同年二月二十四日中央政治局会议通过的《中共中央关于知识分子问题的指示》中，说"在现在的知识分子中，一般说来，只有5%左右的反革命分子和其他坏分子，他们已经处于孤立的地位；此外，还有百分之十几的缺乏政治觉悟或者思想反动的分子。"这样一来，就有大约 1/5 的知识分子是反动的。这与周恩来的报告已有很大不同。而到了 1957 年反右派运动后，毛泽东在对知识分子阶级属性的认识上又发生了很大转变，抛弃了民主革命时期对知识分子是"劳动者"的定性而把知识分子归入资产阶级范畴。这样的定位是同学们不能理解的。大家认为，必须有剥削行为才能算作资产阶级，而中国的知识分子除了极少数（大学名教授等）拿高薪外，和工人的薪金水平是极为接近的，是没有剥削行为的。知识分子是脑力劳动者，当然也是劳动者。

谈到毛泽东认为知识分子属于资产阶级，这又联系到阶级斗争和阶级立场问题。

3.关于阶级斗争和政治运动的话题

在整个大学阶段，一直是非常强调阶级斗争的。开始是宣传所谓"报恩思想"，即对于工人和贫下中农出身的同学，宣称没有共产党你们是上不了大学的，因此必须要感谢"党的恩情"，这也把剥削阶级或职员出身的同学们晾在一边，同时造成了贫下中农出身同学的优越感。贫下中农出身的同学学习不好，要学习较好的同学专门辅导，搞所谓"一帮一，一对红"；他们学习不好，还不允许老师批评。前面提过，一年级上学期对程庆民先生的批斗就是因为他在上课宣读考试分数时从高分读到低分，使得一部分没考好的工农同学心中不满，认为他看不起工农同学。再加上程先生当时是脱帽右派，工农同学为表示阶级义愤，竟对他动起手来，以至于系方更换了几何课的授课老师。

那时的政治学习总讲"阶级斗争一抓就灵"（毛泽东1957年讲的话），要加强阶级观点，提高阶级意识。出身好的不能光有报恩思想，要站稳无产阶级立场，和剥削阶级做坚决的不调和的斗争；出身不好的要和家庭划清界限，改造非无产阶级思想。程庆民事件被认为是阶级斗争的胜利。一年级末对重点同学（包括我）的批判是打退了资产阶级对党的总路线的进攻，等等。到了1962年底宣传党的八届十中全会文件时，更强调"阶级斗争要年年讲、月月讲、天天讲"了。

我对于这些做法是很想不通的。为了反驳这种说法，我和一些同学找到了列宁的阶级定义。列宁说："所谓阶级，就是这样一些大的集团，这些集团在历史上一定的社会生产体系中所处的地位不同，对生产资料的占有关系（这种关系大部分是在法律上明文规定了的）不同，在社会劳动组织中所起的作用不同，因而领得自己所支配的那份社会财富的方式和多寡也不同。"（《列宁选集》第四卷第10页。）

对比我国的情况（按照官方说法），1949年已经建立了人民的政权，完成了新民主主义革命，1955年已经在全国范围实现了农村合作化，1956年又完成了公私合营，1957年反右斗争以后，民族资产阶级的定息20年的政策已经取消，也就是说，民族资产阶级也已经消灭，1958年又实现了"人民公社化"，小资产阶级（农民）也已经消灭。这就是说，在我入大学以前，就已经消灭了阶级（列宁意义下的）。为什么还要如此强调阶级斗争呢？我对此很不理解。我的这种思想后来被批判为否定阶级斗争，宣扬超阶级概念。他们的理由是，尽管我国已经实现了社会主义革命和社会主义改造，剥削阶级虽然失去了剥削的手段（生产资料），但他们人还在，心不死，随时都有资产阶级复辟的危险。

我不同意这种说法。我认为，按照列宁的阶级定义，阶级是个经济学的概念，剥削阶级既然已经没有了生产资料，就无法进行剥削了。

因此，列宁定义的剥削阶级已经被消灭，正如毛泽东所说，"革命时期的大规模的疾风暴雨式的群众阶级斗争已经基本结束"。即使原来的剥削阶级人还在，心不死，也只能算是剥削阶级的残余，兴不起大浪。这时还强调"千万不要忘记阶级斗争"，声称"阶级斗争一抓就灵"，只能破坏人民的团结，影响经济发展，是"左倾幼稚病"的表现。由这种认识产生的阶级斗争扩大化，以至于人为制造阶级斗争的现象，就造成了反右斗争以后运动不断，"整人"不断的恶果，使得我国经济发展缓慢，人民之间"内斗"不止。我的这些想法在和部分同学交谈时得到了他们的认可。

更进一步，我觉得反右也是错误的，于是提出了"重新估价反右斗争"的口号。我觉得既然资产阶级已经消灭，还哪里有什么"资产阶级右派分子"呢？反右斗争反的只有两种人：民主党派的头面人物和知识分子。前者是为了建立共产党的绝对领导，后者是基于把知识分子看成是资产阶级的错误认识。诚然，民主党派是资产阶级政党，但资产阶级已经消灭，"皮之不存，毛将焉附"，共产党可以解散这些政党，不必用斗争方式使其归顺，成为共产党的花瓶党。而知识分子是搞经济建设的一批不可或缺的生力军，把他们统统归入资产阶级，不予信任，不予利用，则是造成1958年荒唐的大跃进的重要原因。从长远来说，毁掉大批学有专长、有建树的知识分子实在也是对历史的犯罪，它将使中国的发展倒退数十年。从道德建设上说，它造成了说假话的风气，鼓励"告密风"，使得惯于"窝里斗"的中国人内斗成风。我认为反右斗争无论对人民，还是对共产党来说都没有好处。在当时的所谓"困难时期"反思大跃进错误时，必须同时反思"反右斗争"的错误。我的这些主张也和若干同学谈过，基本上得到了同学们的认可。同学们赞同我的观点还有另一个原因，那就是大家都经历过一年级时左倾同学批判程庆民老师的事件，这个事件使同学们感到反右斗争"不人道""不近人情"，有违人道主义的原则。

作为后来批判我反对阶级观点的言论中，最严重的是，我在1962年提出了"三无政治"的主张，即在大学里实行无政治学习、无政治运动、无政治思想工作。我认为这些活动都是基于中国社会仍然存在严重的阶级斗争的错误认识而产生的。比如毛泽东就说："无产阶级和资产阶级之间（在意识形态方面）的阶级斗争，还是长时期的，曲折的，有时甚至是很激烈的。"但事实并不是这样，因此在政治运动中要制造阶级敌人，这就冤枉了大批好人，走上了"运动，批判，几年后平反；再运动，再批判，几年后又平反"的怪圈，在人力物力上都是巨大的浪费，社会也变得不正常了。而政治思想工作和政治学习无非是灌输错误的阶级斗争思想的方法和手段，它们的目的无非是让每个同学都成为党的驯服工具，这有悖于独立思考的精神。这是我提出"三无政治"主张的原因。当然，我也知道这是不可能实现的，但至少也要减少政治活动的时间。我提出这个主张在当时实在是太过大胆，但也博得了部分同学的共鸣。在毕业时对我进行重点批判时，我的这些言论被冠以"反对阶级斗争理论，宣扬超阶级观点"的帽子，作为我所犯的错误的最主要根源。

4.关于反修的话题

反修，主要是反对苏联修正主义，是1960年代中国政治方面的大事。在困难时期（1960-1962年），中苏并没有公开分裂，比如在一年级我们重点学习的为纪念列宁诞辰九十周年而发表的《列宁主义万岁》三篇文章，其中并没有公开批评苏联，只是强调列宁关于帝国主义、关于无产阶级专政和关于无产阶级暴力革命的思想，影射攻击了所谓"戴维营精神"（赫鲁晓夫于1959年9月访美，与艾森豪威尔在戴维营会谈）是投降美帝国主义；影射攻击苏联放弃无产阶级专政，主张"议会道路"等，但通篇以南斯拉夫共产主义者同盟作为批判的靶子。

中苏公开论战是从1963年开始，最初是中共于1962年12月15日到1963年3月8日发表了七篇批判"现代修正主义"的文章（它们是《全世界无产者联合起来，反对我们的共同敌人》《陶里亚蒂同志同我们的分歧》《列宁主义和现代修正主义》《在莫斯科宣言和莫斯科声明的基础上团结起来》《分歧从何而来？——答多列士等同志》《再论陶里亚蒂同志同我们的分歧——关于列宁主义在当代的若干重大问题》《评美国共产党声明》），然后，1963年3月30日，苏共中央发表了致中共中央的公开信,开始了中苏两党的直接对峙。再以后,1963年6月14日,中共发表了《关于国际共产主义运动总路线的建议》,回答了苏共的公开信,双方唇枪舌剑斗了两个回合,到1963年7月14日,苏共中央又发表了《苏联共产党中央委员会给苏联各级党组织和全体共产党员的公开信》,而中共中央则发表了着名的"九评"(九评苏共中央公开信,1963年9月—1964年8月),两党关系恶化到极点,以至于最终爆发1969年的珍宝岛战争。这些都是后话。

　　回到困难时期同学们对于苏联和反修的看法,主要有以下几点:1.对于赫鲁晓夫在苏共二十大上反斯大林的报告在私下传播和私下议论,对个人崇拜现象的质疑。同学们认为赫鲁晓夫是勇敢的,有人还明确表示:"我不认为赫鲁晓夫是修正主义者,他是共产主义世界的英雄。"2.少数同学对南斯拉夫共产主义者联盟纲领草案的议论,(注:《南共纲领草案》是在1958年正式出版的),认为马列主义是发展着的,不是一成不变的,《南共纲领》有胆量提出"人类创造的一切对我们来说都不是不可逾越的",这说明了南共是反对教条主义的,不能认为南共是修正主义。3.苏共于1961年10月召开了二十二大,通过了第三个党纲,宣布苏联作为无产阶级专政的国家已变成全民的国家,苏共已变成全体人民的党。这个党纲在《人民日报》上是全文发表的。我们对于纲领中提出的人道主义口号很感兴趣,譬如"建立和平、劳动、自由、平等、博爱和幸福的社会""人与人之间是同志、朋友和兄弟""一切为了人,为了人的幸福"等等,这与中共八届十中全会推出的"阶级斗争要年年讲、月月讲、天天讲"有天壤之别。由此我认为,"马列主义基本精神是贯穿着人道主义精神的""革命最终目的就是为了提高人民的物质文化生活水平""一个马列主义者,一个革命者,首先是一个社会上正常生活的人"等等,而我的这些说法得到了很多同学的赞同。

　　由于有了这样的思想基础,在中苏分裂,公开反修时,我们则一边倒地倒向苏联,认为中国共产党犯了路线错误、教条主义和左倾机会主义错误。这种思想也造成了1963年林××逃往苏联在边境被抓的悲剧。(林后来被判九年有期徒刑。)

囿于当时的教育和我们能接触到的书籍、报刊，我没有发现我们同学中间有质疑共产主义的人。我们支持苏修，是认为他们的政策更接近共产主义的理想。其实，谁也没有去过苏联，只是因为对中国当时的政策不满，就认为苏联好，苏联是真正的马列主义。这就像今天的年轻的"毛左"，他们谁都没有经历过毛泽东时代，只是对现行政权不满，特别是反对官员们的贪污腐败，就想当然地认为毛泽东时代好。但真的让他们回到毛泽东时代，恐怕没有几个人愿意。

5. 对社会主义制度的思索

思想深入一些的同学在联想到三面红旗的错误，反右、反右倾运动的偏差时，对于中国的社会制度有很多思考。比如认为中国没有真正的民主，人代会制度不是真正意义下的民主制度。这因为，人大代表候选人是上面指定的，选举只是走形式，这样选出的代表不能代表人民的利益。有的同学说，"竞选"是真正民主的必经途径，首先是基层人民代表必须由竞选产生。可是，党对我们的教育是说，我国的民主制度是远比资本主义国家的所谓民主优越得多，他们有的只是形式上的民主，比如多党制、三权分立、全民选举等，但他们是受大财团控制的；而我国的人代会制度是真正代表人民利益的云云。而同学们说："我们宁要民主的形式，也不要连形式都没有的所谓'社会主义民主'"。

再说"自由"，连"散布反动言论"都可以入罪，最基本的"言论自由"是没有的。结果造成"人人屈从于'政治压力'，不敢讲心里话"，更谈不到"自由发展个性"和"个性解放"了。如果你谈"个性解放"，就是坚持反动立场和宣扬个人主义，"争取自由"就等同于攻击无产阶级专政制度。

还有的同学谈到公平、公正、法治和人权，谈到在农村人民公社当个小官就为所欲为、打骂群众等社会不公现象。可以说，在同学们的谈心活动中，一些同学对于中国当时的社会制度进行了多方面的思索并表达了不满。同学们说，难道到了共产主义社会，也是这样的社会制度吗，没有民主、自由、公平和正义？

为了求得解答，同学们去读马恩列毛的著作。他们看到，马克思和恩格斯在《共产党宣言》中描述了共产主义的图景："代替那存在着阶级和阶级对立的资产阶级旧社会的，将是这样一个联合体，在那里，每个人的自由发展是一切人的自由发展的条件"。事实上，马克思和恩格斯对于人类发展的终极假想是要建立一个"共同自由"的人类联合体。我们是朝着这个方向向前走吗？

他们也看到，马列主义经典作家一再讲："没有民主就没有社会主义"，中共夺取政权时也是说"国民党政府不民主"，孙中山的民主革命是不彻底的，而我们在进行社会主义革命前必须先进行彻底的民主革命，叫作"新民主主义革命"，然而新民主主义革命完成后的"民主"在哪里呢？事实上，马恩早就指出，共产主义和社会主义是在资产阶级民主革命完成后才有实现的可能，否则就会导致专制和独裁，斯大林的错误就是例证。因此，同学们感到，我们离社会主义和共产主义的实现还远着呢。

也有的同学去读法国革命时一些经典作家的著作，比如狄德罗、伏尔泰和卢梭，特别是卢梭的《社会契约论》《人类社会不平等的起源》等。最典型的是同学陈××，他到我们年级以后（原在1958级），几乎所有时间都用于读《资本论》以及卢梭的书，导致数学学习多门不及格，被勒令退学。

今天看来，同学们的这种为国为民积极探索的精神真是可贵。可是，后来这些思索和讨论都被当作反动思想而遭到了批判。

6.关于党的领导的话题

更进一步，在谈心活动中，有些同学也触及了"党的领导"这块我国社会制度最根本的基石，提出了为什么要"党的领导"这个在今天看来也是大逆不道的问题，触碰了中共最主要的政治禁区。尽管多数同学是以书生论政的态度进行理论探讨，但仍有同学尖锐地指出，党在领导国家中所犯的错误基本上是由"外行领导内行"所致，对右派言论表示赞同。更有甚者，一位林姓同学竟然对我说："你想想，解放以后共产党做过一件好事没有？土改、镇反、肃反、反右、三面红旗……"，听得我直出冷汗。当然，这样的同学是极个别的，他就是那位前面提到的因偷越国境被判刑九年的同学。

7.对毛泽东思想提出异议

在我和同学谈话时，特别是在分析大跃进时所犯错误的原因时，大家提出了毛泽东会不会犯错误的问题。其实，提出这个问题是很自然的。因为毛主席是最高领导者嘛！

同学们说，"人有多大胆，地有多大产""只有想不到，没有做不到"的说法与我们政治课学的唯物主义是矛盾的，这已经不是"物质第一性，精神第二性"了。又说，"尽管辩证唯物主义承认精神对物质的反作用"，但这是在"物质第一性"的前提之下的，而没有这个前提，这就成了"唯心主义"，甚至"唯意志论"，这是哲学课堂上老师教的呀。那么毛主席在哲学上是不是犯了错误呢？再有，强调政治挂帅也有同样性质的问题。马列主义既然承认经济基础决定上层建筑，那么，作为上层建筑的政治怎么可以挂帅呢？另外，历史唯物主义是强调社会发展的规律性的，政治经济学也揭示出经济发展的规律性，那么，由15年超英到两年超英有什么依据呢？这不是对经济规律的挑战吗？大家谈来谈去，觉得毛主席在马克思主义的三个组成部分，即哲学、政治经济学、科学社会主义都与马列主义有不同的看法。这是对马列主义的发展呢？还是违背呢？最后，再举一例：关于人民公社问题。毛主席是把人民公社作为实现共产主义的具体道路的。所谓"共产主义是天堂，人民公社是桥梁"不正是反映了他的这个思想吗？但是，政治课上教我们的是，实现共产主义的必要条件是"物质财富极大丰富"呀，可公社还是"一穷二白"呢，这又是发展马列主义，还是违背马列主义呢？今天看来，同学们在议论中所持的观点不一定正确，但这种议论反映了他们敢于独立思考的精神，这是很可贵的。

当然，我和同学关于毛泽东思想的议论在那时并没有形成固定的思想，只是有怀疑、不理解而已。但到后来对我们批判的时候，我们都不得不承认那时就明确认为毛主席在马克思主义的三个组成部分，即哲学、政治经济学、科学社会主义等方面都违背了马列主义，这是无限上纲的结果。

总结一下，在 1961－62 年的政治宽松时期（由于周恩来、陈毅1962年给知识分子"脱帽加冕"，史称这段时期为"知识分子的小阳春天气"），我班部分同学和全国人民，特别是知识分子中政治上较敏感的那部分人一起，对解放后，特别是反右后，党所犯的错误进行了一次反思，从大跃进时的浮夸开始，在多个方面，包括三面红旗、教育方针、红专问题、反修问题、甚至社会制度和党的领导问题进行了思考，有的方面还提出了自己的诉求，这是很难能可贵的。如果党中央正确对待群众的反思，并从而认真克服过去所犯的错误，中国会走上一条正确的发展道路。然而事实却恰恰相反，当毛泽东注意到了这点后，他在 1962 年 9 月召开了中共中央的八届十中全会，提出"千万不要忘记阶级斗争"的号召，指出"阶级斗争要年年讲、月月讲、天天讲"，把群众的这种反思看成是阶级敌人向党的进攻，这就失去了接受意见，改正错误的机会，甚至于几年后发动了所谓的"无产阶级文化大革命"，给国家带来了巨大的灾难。对于反思大跃进错误的人，上至彭德怀、刘少奇，中至邓拓、吴晗、廖沫沙，下至一般百姓和大学生，都遭到了打击和清算。

另一方面，我必须指出，能够反思过去错误的同学还只是一小部分，也许有 1/5，也许还不到，大部分同学受到大学一二年级时强大的政治压力的影响，不敢独立思考，对政治问题浑浑噩噩，这也是确凿的事实。不指出这点是不真实的，也会给读者造成误解。全国的情况也是如此，能反思过去错误的只是少数，否则毛泽东的文化大革命就会受到极大的阻力，甚至搞不起来。

三、我的性格特点及转变

我在这两年又犯错误，以至于毕业时受到全校（寒假）毕业生的严厉批判，除了政治思想上的原因外，与我的性格特点也有关系。主要是指两方面，一是顽固坚持事事都要独立思考，对于任何人的意见，包括党团组织的意见都要首先自己判断其对错，认为对的才听，认为错的就反对,这就被党认为是不听话的人;二是知行合一的生活态度,自己认为是对的事,就义无反顾地去做,不顾及别人以至于组织上怎么想(最突出的事情是 1962 年 10 月开始筹备的《青年论坛》)。这其实是一种求真务实的积极的生活态度,可在当时就很不合时宜。我把自己的这种积极的生活态度叫作"行路精神",主张光有好的思想是不够的,一定要付之以行动才有意义。觉得人活着就要做事,做好事,使自己"到将来回首往事时不会因碌碌无为而羞愧"(这是当时红得发紫的保尔的话)。为什么叫"行路精神"呢?这和我当时推崇的日本哲学家柳田谦十有点关系。柳田就是主张独立思考、探寻真理、修正错误、知行合一的,他为宣传自己的思想曾主办《行路》杂志。记得在对我进行毕业批判以前,1964 年秋我所在的代数拓扑班团支部曾经对我进行了一次"团内帮助",当时曾批判了我的"行路精神"。同学说:"你走在与党背道而驰的道路上,你也坚持要走吗?"我说:"只要我认为是对的,我就要走下去。"同学说:"如果你认为你走的路已经是错误的呢?"我说:"那我马上停下来,走正确的路。"同学又说:"你的学习小组和青年论坛都是和党的要求背道而驰的,你为什么不停下来。"我说:"我还没有认识到它们是错误的。"于是同学们就上纲上线批判我的学习小组和青年论坛,不在这里细说了。

可是,这种坚持真理的精神以及"行路精神"在后两年对我的批判中被彻底摧垮了。在政治高压下,使我逐渐违心承认了很多自认为不是错误的错误,也不敢再有什么行动。为了能够求得组织上的信任,我一反常态,完成放弃了追求真理甚至实事求是的精神,编造了不少自己没有的东西。可以说,对我的两年批判已经把我完全改变了,改变得没有骨气,逆来顺受,不辨是非,叫我承认什么就承认什么。因此,最后对我所做的结论中说,我的"全部主要问题都是自己主动交代的",并被"作为人民内部矛盾处理,持帽不带"。甚至到毕业离校以后我还在主动进行"思想改造",一直到文革初期。

四、筹办《青年论坛》

1962 年 10 月,在学习小组受到同学们的好评的情况下,我得到了更多同学的赞赏,再加上我的所谓"行路精神",感到自己有宣传正确思想的责任,即所谓"我所认识到的真理也要让别人认识到",于是内心萌生办一个刊物的念头。我和几个接触多的同学商量,觉得可以先办一个供同学们讨论问题的壁报,条件成熟后再办油印甚至铅印刊物。先在本班办,如办得好,也可发展到本年级,甚至全系,全校,以至于校外。讨论什么呢?就围绕同学们的学习、修养、生活,以及大家热议的与政治有关的问题。取个刊名,就叫《青年论坛》吧,由我写《发刊词》,说明刊物的宗旨。又组织了编委会,有十人左右参加。并且马上就开始了第一期的组稿工作。

但事与愿违,我们的活动很快就被团支部知道了,他们认为这是一起严重的反动事件,是阶级斗争在同学们中间的反映,一定要不遗余力地阻止它的诞生。他们采取的办法是,先由团支部书记和我谈话了解情况。我说,这是根据同学们的要求建立的一片讨论大家感兴趣问题的园地,目的在于引导同学走又红又专的道路,做共产主义接班人。他说,既然这样,可以和团支部合办,你们现有的编委加上团支部派过去的编委组成联合编委会,再来讨论具体的出刊问题。我说,要和编委们商量一下。但我内心里想,这下完了,我们想强调的"自由讨论"落空了。团支部会严格限制哪些文章可以发表,哪些不能发表,那还怎么自由讨论呢?回去和编委们一说,多数都不同意与团支部合办,还有两人直接要求退出了。我说,咱们好好考虑一下,过几天再开会。

第二天,我找了两个最信任的编委——陈××和张××,去颐和园开会。我们边划船,边讨论,觉得和团支部合办已是势在必行,但怎样才能保证"自由讨论"的宗旨呢?最关键的是审稿权要在我们手里,发表什么文章,不发表什么文章,要由我们决定。可这可能吗?既接受团支部领导,出刊前总得把稿件给团支部看看吧,因此,这种控制审稿权的想法是幼稚的,不可能实现的。那么,我们和团支部的办刊原则究竟会有哪些不同呢?我们分析了一下,主要有两点:一是对党在反右、大跃进时期的错误,同学们做过很多的反思,愿意谈这方面的内容,而党团组织则不希望谈这些内容。事实上,在政治宽松时期,党虽执行了新的政策,比如劳逸结合,比如5/6的时间要用在学习上，也不再有一二年级时的荒唐事情，但对一二年级的错误做法，特别是对三面红旗和大跃进从来没有公开否定过，他们怎么可能容许反对三面红旗或大跃进的言论公开出现在壁报上呢？第二，我们倡导"自由讨论"，倡导"独立思考"，而团支部是不会容许"独立思考"的。他们倡导的是"做党的驯服工具"，这是水火不相容的。讨论来讨论去，也没有想出什么好办法来，会议不欢而散。

接下来的几天，形势陡变。又有编委要求退出，没退出的也精神萎靡，拿不出办法。团支部书记李××找我谈话，态度强硬地说："你是共青团员，不能和团组织讨价还价。团组织没有审稿权，那怎么体现团的领导？"我无言以对。心想，那天和陈、张在颐和园讨论的事情怎么团支部书记都知道了？这时我感到十分孤立，已经找不到一个人站在我这边，我只好投降了。我说："那好，就按你说的办吧！"结局是，和团支部联合只出了一期，发刊词自然是团支部写的，内容自然是如何做无产阶级革命接班人等等，围绕发刊词的宗旨，选了一批稿件，凑成了一期，之后就不欢而散了。（后来知道，陈、张在颐和园开会时就已经是团支部的卧底，可我还把他们当成是我最信任的编委。）

又过了几天，在一个周六的下午，数力系党总支书记陆××在数力系团员大会上，不点名地批评我说："在党提出'千万不要忘记阶级斗争'的时候，还有的团员要搞'自由论坛'，与党唱反调！"这等于给我的《青年论坛》定了性。

今天想来，把《青年论坛》扼杀在摇篮中也不一定是坏事。如果我早办一年，组织上不管，出一两期油印刊物是很容易的事，那不就成了第二个"星火案"了嘛！结局也许就是多少人人头落地了。

（注：《星火》是一本由兰州大学右派学生于1960年创办的杂志，仅印出了一期，因其内容不见容于当时的政府，很快被镇压。造成林昭、张春元、杜映华（中共武山县委副书记）等先后被处决，另有十多人被判无期或有期徒刑。）

五、回望《青年论坛》发刊词

由于毕业前对我进行批判时的主要罪状是筹办《青年论坛》，而且又把发刊词作为我的"反党纲领"来批。我想，今天再回望一下这篇发刊词，便于还历史的本来面目。声明：我没有为自己辩护的意思，也不认为此发刊词没有错误，无论是从现在的观点还是从当时的观点。我只是想展示一下1960年代初一个21岁的青年的梦想与追求。下面是青年论坛发刊词的全文。

"青年论坛"发刊词

"青年论坛"创刊了，让我们欢呼它的诞生！欢呼这一块由我们自己办的，为我们大家自由发表议论的讲坛的出现。它是青年自己的刊物，是青年的喉舌。通过它，我们将共同探明真理，明辨是非，找寻出一条真正正确的生活道路来。当然，这只是我们的愿望，能否实现，还要看大家的努力。

青年时代是热情奔放的时代，有理想、有朝气、有热情、勇于追求真理是青年的本性，青年共同的特点。谁都希望自己能过着一种真正有意义的生活，能为祖国、为人民、为党做出较大的贡献。但是，要把理想同现实结合起来，就首先要解决这样的问题：什么是青年人的理想生活？怎样建立起这种理想生活？青年人应该怎样锻炼自己？……这些问题在我们中间还是有着种种不同的看法的。本刊就是要为青年解决这些问题提供一个方便的条件和场所。

青年时代是刚刚走向生活，或即将走向生活的时代，敢于斗争、敢于思想，不畏邪恶强权是青年的本性，青年共同的特点。但青年应该树立怎样的思想原则，应该以什么标准辨明是非，这确实值得每个人深思的。马克思列宁主义给我们一个强有力的思想武器，但我们应该怎样正确地利用它，以它指导自己的思想和行动呢？这又会有种种不同的意见，又要靠我们共同去探索、去解决。

今天，在"青年论坛"创刊之际，我们也看到，目前还有一些青年人，由于受着种种旧的约束，不敢大胆地思想，不敢大胆地生活。

他们在思想上缺乏原则,在生活中缺乏理想,没有勇气同坏现象做不调和的斗争。因此,在今天我们还有必要提倡青年勇于追求真理,提倡青年积极地思想,自己选择自己的道路,自己把握自己的命运。只要我们全体青年人都在正路上走着,我们团结一致,这就是一种什么也抵御不了的巨大力量。有了它,我们的社会主义事业就一定会一日千里地前进!

"青年论坛"创刊了,它是我们自己的园地,就要靠我们大家共同灌溉、滋育它,使它迅速地成长。党的八届十中全会号召我们既要反对修正主义,也要反对教条主义,这给了我们强大的思想武器。我们号召全体同学在党的思想原则下,以积极地寻求真理、坚持真理的精神,大胆地发表自己的意见,扫掉一切歪风邪气,不管它的外表是丑恶的还是"美丽"的。我们也应该客观地指出,在现今的社会里,真理和谬误不会没有斗争,而是斗争更隐蔽、更复杂、更激烈了。坚持这种斗争,打下邪恶势力的气焰,就是我们义不容辞的责任。让真理之光普照全球,让光明永远照耀着青年人前进的道路吧!

1962 年 10 月 10 日

筹办《青年论坛》失败后,正好赶上我们的数学学习也告一段落,即从基础课的学习转入专业课的学习。原来数学专业的三个班合在一起,再按专业拆成了四个班,即微分方程班、概率统计班、函数论班和代数拓扑班。我被分在代数拓扑班中的代数小班。原来数学一班的 30 多个同学在代数拓扑班的只有四个人,而且都在代数小班。他们是王×、杨××、李××和我。李××是原来一班的团支部书记,现在又做代数拓扑班的团支部书记。

这时已到四年级上学期末,下学期就要按新分的班上课了,一切活动也都按新分的班来进行。

我的大学（三）——最后两年的检查与批判

一、分班后的第一学期

大学四年级的下学期是我在北大近六年生活中最无所事事的半年。到了新的班级，同学们都不熟悉，我虽然努力和大家交朋友，但明显感到同学们不愿意理我，原因应该是我在数一班被入另册，思想反动吧。想埋头学习吧，可课程太少，用不了多少时间。为了填补时间的空白，我又选了高年级的一门课——Lie 代数，还到中文系旁听了王力的"古代汉语"、吴组缃的"小说研究"和段宝林的"民间文学"。其他时间就是看书。数学方面开始读群论，并产生了极大的兴趣，这后来就成了我终其一生的在数学上的研究方向。

其它的书读得也很杂，现在还记得的是我当时迷上了古巴卡斯特罗的《历史将宣判我无罪》和日本柳田谦十的《我的世界观的转变》。我记得，在卡斯特罗反对巴蒂斯塔独裁政权起义失败后，他在法庭上为自己辩护时说："没有经历过类似时刻（注：指起义失败，起义军只剩下十八个人，而敌人又在广播劝降讲话）的人们，是不会懂得什么叫生活中的痛苦和愤慨的。我们不但感到长期怀抱的解放我国人民的希望归于失败，而且看到暴君比以往更加卑鄙无耻、耀武扬威地骑在人民的头上。"为什么这段话给我这么深的印象呢？可能是因为我的《青年论坛》被扼杀的一种联想吧。（注：至于卡斯特罗后来自己也走上独裁道路那是向苏联靠拢的结果。）对柳田谦十前面已有提及，是讲他办《行路》杂志，而我崇尚所谓的"行路精神"。这里是讲他的思想转变。他本信奉西田的唯心主义哲学，是日本西田哲学的台柱子。但在晚年他的思想有了巨大的转变，不但哲学思想转入了唯物主义，而且还加入了日本共产党。我阅读并宣传他那本小书，就是宣扬柳田的积极的生活态度，能独立思考，坚持真理、修正错误，并最终走上了唯物主义的道路。既然人是可以改变的，我也是可以改造思想的。这大概就是所谓共鸣吧，我当时的处境使我与卡斯特罗、柳田谦十有了共鸣。

这个学期官方安排的政治学习主要有两个：一是 1963 年 3 月 5 日毛、刘、周、朱等题词向雷锋同志学习；二是反对苏修公开化，中共中央发表《关于国际共产主义运动总路线的建议》，接着苏共中央发表对各级党组织和苏共党员的公开信，再接着中共中央发表"九评"，开始了长达数年的中苏论战。

现在一提学雷锋，就和"做好事"联系在一起。可那时我们学雷锋，主要是强调两个方面。一是"做党的永不生锈的螺丝钉"，即做党的驯服工具；二是学习他的阶级斗争意识，他有一句名言："对同志要像春天般的温暖；对工作要像夏天一样火热；对错误思想要像秋风扫落叶一样；对敌人要像严冬一样残酷无情。"特别是强调他的第四句话。当然还有他热爱党热爱毛主席，对工作认真负责等等。

学习反修文件在那学期是刚刚开了一个头，因为《关于国际共产主义运动总路线的建议》发表时已临近放暑假，学"九评"已经是五年级上学期的事了。

这学期组织上对我没有任何批评，到了新班，筹办青年论坛的事也不了了之了。我只记得一件小事，仍使我感到政治上的压力。那是一次参观军事博物馆的集体活动，好像是参观被打下的美国 U2 型间谍飞机。就在出发前，团支部书记找到我，说："根据规定你不能参加这项活动。"至于为什么不能，他没说，我也不敢问。即使问了，他也会推到上边。这件小事就是告诉你，你政治上有问题，和别人是不一样的。后来我听别的同学说，他们也碰到过类似的情况。可见这也是当年党组织制造政治压力的一个办法。

二、该来的终于来了

暑假过后，五年级开始了，刚开学就发生了一件事。原数一班现概率统计班的彭××回校后，立即被监督起来，勒令其写检查，不准上课，也不准同学们与他接触。写了不到一周吧，北京市公安局就逮捕了他。至于什么原因，官方是保密的。同时，原数一班现函数论班的林××未到校上课，据说是在东北被逮捕的。对于这样的大事，尽管官方保密，同学们仍然议论纷纷。没有不透风的墙，有的同学说，林××是企图在中苏边境越境未遂被捕的,而彭××和他是一伙的。我虽不知真假,但有些害怕,因为林、彭和我都有比较多的来往。他们都是我筹办《青年论坛》时的编委,听说要和团支部合办就都立即退出了编委会。另外,平时也与我有很多接触,常在一起谈论一些时政问题等等。果然,在彭被捕大约一周以后,团支部书记李××通知我要在那星期的周六晚上去五院379号房间找一位姓杨的老师。我问什么事,他说不知道。

在那个周六的晚上,我如约来到五院的379房。敲门,"进来!"我拧开门把手,看到椅子上坐着一个三十出头的人。他问:"你是徐明曜?"答:"是。"他挥了一下手,意思是让我进来。我问:"您是杨老师?""是,知道我找你为什么吗?"我说:"不知道。"他似乎很生气,说:"你在数一班,搞得同学们思想混乱,还要办'青年论坛',而且你和林××、彭××也有关系。"我说:"是,林、彭都在我们一班。"他点了一根烟,接着说:"你的问题很严重,要好好交代,彻底改造。"我没说话。他又说:"从今以后,我是你的问题的负责人,对你怎样处理,全看你对错误的交代和认识。不要想蒙混过关,人民是不可能让你蒙混过关的。"我说:"那我先和您谈谈吧。"他说:"不用谈,先写一份彻底的检查交代材料,写完交给我。"又说:"一周时间够了吧。"还没等我回答,他又说:"听说你说'学生的主要任务是学习',我告诉你,你现在的主要任务是写检查!一周以后的这个时间拿着检查来见我,还在这个房间。"

这次谈话以后,我苦思苦想,写了一份交代材料。从一年级交心时说的不满大炼钢铁的言论到筹办青年论坛时与团支部的斗争应有尽有,凡是我认为可以算作错误的言论和行动都写了,大概有十多页吧。等待周六晚再去见杨老师。我心想,写得这么多,又很深刻(我认为),杨老师总该表扬几句吧。是不是就能过关了呢?

终于到了约定时间,我又走进杨老师的办公室。杨拿起我的检查看了看,有一两分钟吧,随即很愤怒地摔在桌上,"你不老实!就拿这个来糊弄我。"又说:"学习小组为什么不写?与林××、彭××的关系为什么不写?"我说:"我认为学习小组是好事。""好事?你毒害了多少同学？让他们崇拜你，跟着你走！你通过个别谈心的方式大肆散布反动言论怎么不写？""你以为林××、彭××被逮捕和你没关系，你不说他们在监狱里照样可以揭发你！"我还想说什么，哪知杨说："首先要端正态度，回去后好好想想，把你的问题如实交代出来。不要想蒙混过关，也不要辜负党对你的挽救。"不等我再说什么，他就说："回去吧，下周同样时间再来见我，老实交代你的严重错误和罪行。"他这些话一下把我打懵了，我走出他的办公室，感到十分茫然。

三、越来越"深刻"的检查

离开他的办公室以后，我感到十分沮丧而无助。我自认为把什么都说了，还给自己上了纲，怎么就是不老实呢？我到底怎么写才能过关呢？按杨老师的提示，学习小组要写成引导同学走白专，与同学们的谈心活动要写成与党争夺青少年，筹办青年论坛要写成倡导所谓思想解放运动，攻击党的领导，还要回忆与林、彭的谈话等等……。想了一天一夜，我重新写了检查，这次是在一切事情上都把自己往坏里说，而且逐条进行自我批判，上纲上线。比如组织学习小组是出于自己严重的个人主义思想，与同学谈心时常常有意攻击三面红旗、攻击党的教育方针，筹办青年论坛是代表资产阶级和党进行阶级斗争，和林、彭是臭味相投等等。今天看来，我一个普通大学生怎能代表资产阶级？但心里想，反正这样写，大概就是认识深刻了吧，交上去再说。

又到了周六，我走进杨老师办公室。杨看了看说："有进步。问题交代得多了一些，但还远远不够。你不要这样挤牙膏，一点一点往外说。"顿了一下，又说："现在就上纲上线了，还不是时候，首先要把问题交代清楚，然后才能进行批判。你还有很多问题没有交代，比如对于反对党的领导的言论，对于崇尚资产阶级民主自由的言论，你基本没说。和林、彭的关系也不是那么简单吧。"我说，我都如实讲了，您给我提一下行吗？他又变得十分生气，说："坦白从宽抗拒从严，现在是给你机会坦白交代，是组织对你的挽救，我们对你的情况已经全部掌握，如果我说，能算你坦白吗？现在首先要争取个好态度！"

我无话可说，只好回去再写。就这样你来我往，过了七八个星期，问题还是没交代清楚。说实话，我真不知道该怎么交代了。我苦思苦想，自认为把一切都说了，可还被认为态度不老实，避重就轻。我把自己骂得狗血喷头，甚至妖魔化自己，已经不管是不是实事求是了，可是仍然得不到组织上的认可。怎么办呢？我想到，在大学期间我写了几年日记，从中应该可以看到我的思想，也应该交给组织。于是，我把日记、私人通信、以及旁听中文系课时写的文学习作等等都统统交给了组织，希望能争取个好态度。至于写检查，再做一次最后的努力吧，我把有的、没有的（只要猜想组织上认为是我有的）问题都详详细细按时间顺序写出来，并尽量写出（或编造）所有的细节，增加其真实性，起名叫《对过去的清算》。我事先和杨老师要求给我两周时间，孤注一掷吧，看这回怎么样。

两周后，我拿着整整一厚本的检查交代材料《对过去的清算》去找杨老师，等着再一次地挨骂。可这次他的态度与前不同，他看了一两分钟，说："这次写得好，有进步。让我再仔细看一下，你下周这个时间来找我。"居然没有挨骂！

又过了一周，他对我说："问题的交代就到此为止吧，当然不可能完全彻底，如又想起什么新问题，随时来找我。你下面的任务是进行自我批判，从阶级观点、阶级立场上来批判认识，争取早日回到人民队伍中来。"又说："以后你就不必定期找我了，自己写批判认识，写完，不，写完一部分就交给我。"这时，已经是1964年的1月，交代问题进行了三四个月。

在我离开他的办公室时，感到无比的轻松，总算过了交代问题这一关了。可我又想，《对过去的清算》和以前的检查到底有什么不同呢？当然，这次写得很细致，细节多，在有些事情上使读者如身临其境。可是"干货"呢，并没有增加多少啊。为什么以前过不了关，这次竟然能过关了，我想了很长时间也不得其解。这个谜底的揭开（至少我认为）是在五年之后，那时正是文革清队时期。我已是唐山五中的教师，因为北大读书时的错误正被隔离审查。一天，我接待了两个外调人员，他们是调查1963年被捕的林××的事。我谈了我对林的了解,其间,外调人员问:"你是不是在他叛逃前借过他20块钱?"我说记不清了。他说:"20块钱对于你们学生来说是很大的数目吧,你也记不清了?"我说真的记不清了。另一位外调人员说:"你是借他的,还是给他的?"我说:"我凭什么给他?"第一个外调人员制止他继续问下去。

这件事之后我想,如果20块钱是我给他的,那一定是知道他的叛逃计划,给他的经济支持,那不就是资助叛国投敌了嘛。噢,这时我懂了,1963年杨老师在林、彭被捕之后一周找我,肯定是和这20块钱有关。每次交代都"不老实",是因为我从来没提这20块钱,足足整了我近半年,虽然还是没提,但他们大概通过什么渠道终于相信我不是林××的同伙了,因此才放了我。有人会说,这只是你自己的猜测,但我反复思索,这是唯一可能的解释。

另外,杨老师是什么人?我从别人那里了解到他当时是北大党委宣传部副部长。也听说那时张磐石作为中央工作队队长已经进驻北大,搞城市四清试点。学校上层斗争激烈,杨老师应该正忙,为我的事情耽误他那么多时间,如果不是叛国要案,应该不会由他出面。

交了《对过去的清算》,已经是学期末了。我补了补耽误的业务学习,打算在下学期开始进行自我批判。

四、大学最后一年的事

1964年春节过后,新的学期开始了。这是五年级的下学期,按照规定,学制是五年半,只剩下两个学期了。我想在这最后的一年,要做好两件大事。一是要写好自我批判,政治上要过关;二是要写好毕业论文,完成业务学习上最后一个任务。

在写自我批判方面,我处于基本上没人管的状态。年级认为我的问题上交给学校了,就没人再过问;而杨老师那边,在交了《对过去的清算》后,批判的事情就完全由我自己做主了,也不用每周见面了。他的唯一指示就是"要上升到立场问题来批判"。现在,在我面前,自我批判有两种写法:一是应付差事,按《对过去的清算》中写到的主要问题上纲上线,并不触及思想;二是带着思想改造的愿望,边学习,边认识，边提高，做到思想上有收获。但无论哪种，都要实事求是，都不再妖魔化自己。

因为总的来说我内心里还是承认自己是有错误的，至少是承认在很多问题上我的观点和党的观点是有很大差距的。那么，出于一种道德上自我完善的追求，我决定按第二种方法来写。

于是，我抱着思想改造的新的决心，同时也抱着实事求是的态度，再次分析了自己的思想，把那些不是百分之百相信自己是对的思想归纳了一下，按照杨老师提到的立场问题为先的次序，列出了自我批判的如下大纲，共九个方面：

1. 立场问题。
2. 批判资产阶级人道主义及人性论。
3. 批判资产阶级"民主""自由"的口号。
4. 批判"独立思想""独立人格"论。
5. 关于党的领导，对党的认识。
6. 对三面红旗、教育方针、教改运动的认识。
7. 批判"纯科学"观点。
8. 批判资产阶级个人主义、自由主义。什么是革命理想。
9. 几点教训和今后的方向。

以上九个问题将采取边学理论，边思想交锋；边破旧，边立新的方法。而当思想上有了一定的提高，就写总结予以肯定。但主要的不在写批判，而在思想斗争和理论学习。

想得很好，可真正写的时候并不顺利。以"立场问题"为例来说明我遇到的困难。所谓立场就是指阶级立场，即在阶级斗争中你是站在无产阶级一边还是资产阶级一边？过去检查说我在很多问题上是站在资产阶级一边了，现在应该移到无产阶级这边来。然而，为解决这些问题，要迈出的第一步是，必须承认中国还有资产阶级，而且还有资产阶级和无产阶级的激烈斗争。但正是在这个问题上我是无论如何想不通的。可是，这个问题又无论如何绕不过去。而且，它也无法通过学习文件来"解决"，又不能要求组织上帮我解决，那就只好先承认下来。如果这样，根据我这个学数学的人的思维定式，必然无法继续往下走，来分析我过去的立场错误及今后如何改变立场。有人曾说我是"超阶级观点"，其实是不对的，因为我承认阶级和阶级斗争，只是（1）认为并不是什么事情都有阶级性，即存在没有阶级性的事物，比如数学真理；（2）认为在当时的中国，资产阶级已经基本消灭，要说有也只剩残余。也就是说，我承认在人类历史发展中有阶级和阶级斗争，而根据马列主义理论评估现在的社会，又认为阶级斗争已经基本消灭，这怎么是"超阶级观点"呢。事实上，1956年公私合营已经剥夺了资产阶级的生产资料，定息20年政策的名存实亡已经使得原来的资产阶级没有了剥削，1957年的反右斗争又从政治上（民主党派的花瓶化）思想上（整肃了百万计的右派分子）给了资产阶级残余势力致命性的打击，怎么能认为还存在资产阶级呢？没有了资产阶级，怎么还有和无产阶级的阶级斗争，而且这种斗争还越来越激烈呢？于是，这个问题就无法写下去了。整整用了近两个多月时间，我才写完了这篇言不由衷的关于立场问题的检查。我偷换了概念，把党看成无产阶级，把一切与党的主张相悖的思想观点，包括我自己的，包括苏修的，看成是资产阶级的观点，来进行分析。至于上纲上线倒是好办，多年的政治运动使我早就学会了无限上纲的那几种方法。

写完后，在1964年4月初，我把这份自己都不能信服的批判材料的第一部分，交给了杨老师。结果，杨老师并没有提出任何异议。这样，我原来想的在组织帮助下，批判自己错误，改造思想的良好愿望破灭了。

以后，写其他部分检查批判时也遇到类似的情况。比如"资产阶级的"人道主义、人性论，"资产阶级的"民主与自由，这些东西怎么就是资产阶级的呢？想不通，也采取应付的方法。这样，写自我批判的热情大大降低了，速度也大大减慢。因为无人监督，一直到1964年10月下旬，我才写完了长仅57页的批判，上交给了杨老师。可他对这份检查仍然没有任何反馈性的意见。

批判就算写完了，我原来想边写边改造思想的初衷落空了，这份检查只是对我交代的部分问题的一个言不由衷的上纲上线而已。

从今天的观点来看，我的初衷也是不可能实现的。原因是，我拟批判的"错误"大部分自己就不认为是错误，怎么能够批判得既让党组织看来深刻又让自己心悦诚服呢？而且，还有另一方面，由于多年党的教育和多年的被洗脑，我不敢也不愿坚定地认为党的路线是错误的，总想自己还是有问题的吧！这样，改造的愿望和理性的思维就产生了矛盾，于是我就陷入了长期不能自拔的思想斗争中，这是极为痛苦的事。尽管我还是一贯坚持独立思考的，可经过这段时间的检查和批判，又常常不敢也不愿理直气壮地坚持自己独立思考的结果，内心深处甚至还把自己放在党团组织的"怀抱里"，下意识地认为自己是"党的人"。这种矛盾的心态无异于跪着造反。用今天的话来说，就是犯有一定程度的"斯德哥尔摩综合症"。尽管这是在政治压力下形成的，但也反映了自己思想的不坚定性。由于这种病态心理，我写的检查自然是自己和党组织都不满意的啦。

大学的最后一年还有另一件重要事情是写毕业论文。我一直被年级同学认为是数学学得好的人，虽然这次给党委杨老师写交代、批判耽误了一年多时间，但我仍要求自己一定要努力把论文做好。从六年级上学期开始，我加强了数学学习，增加了写论文的时间，用了三个多月时间，完成了一篇水平较高的文章《关于有限正则 p-群》。这篇论文的结果虽然在文革后才得以发表，但因为结果丰富，从 1976 年到 1991 年份四篇论文发表在国内外数学杂志上。这与本文的主题无关，不在这里赘述。

到了 1965 年 1 月，在大学的五年半学习结束了，我们想该毕业分配了吧。哪知道在最后一个星期，年级主任突然宣布：我们毕业班同学和其他在校生一样放寒假，寒假后回校进行"毕业教育"。同学们虽然不理解，但也只有听从校方要求回家度假了。

五、毕业教育

1965 年 2 月初，同学们陆续返回了学校。了解到，毕业教育主要是进行个人政治评定，要人人写一份在校期间的"个人政治表现总结"，然后以小组为单位，宣读、讨论、修改，最后得到通过。在通过以后最重要的一步,即由党团组织给出每个同学在校期间的政治"个人鉴定",给本人看,还要本人签字,然后放入档案,跟随终生。为了完成这项任务,配套的还有很多其他活动。下面我按时间顺序叙述如下:

2月4日至14日,组织部分同学到石景山钢铁公司劳动,接受革命传统教育。

2月15日,正式开始毕业教育。首先是形势教育,用两周时间学习文件,主要有两个方面:一、国内外政治形势,重点学习了四清工作"二十三条"中第一条描述的国内阶级斗争形势(所谓"二十三条",是1965年1月14日中共中央发出的文件《农村社会主义教育运动中目前提出的一些问题》(中发(65)24号));二、党关于培养无产阶级革命事业接班人的文件,包括毛主席著作《纪念白求恩》《为人民服务》,彭加木先进事迹,接班人的五条标准以及1964年8月3日人民日报社论《培养和造就千百万无产阶级革命事业接班人》。

为了让年轻的读者了解当时官方的政策和主张,我把重点学习的四清工作"二十三条"中第一条原文抄录于下:

"一、形势。一九六二年九月党的八届十中全会以来,由于城市和农村展开了社会主义教育运动,由于全党执行了党中央的一系列的政策,由于人民群众、广大党员、干部的积极努力,我国政治战线上,经济战线上,思想文化战线上,军事战线上,都出现了大好形势。近几个月来,全国有百万以上的干部,深入了城乡基层单位,社会主义革命运动出现了一个新的高潮。我国近年来迅速取得的一切伟大成就,证明党的社会主义建设总路线是正确的,同时,进一步地证明以毛泽东同志为首的中国共产党是光荣的、伟大的、正确的党。我们的党不辜负全国人民和全世界人民的信任和希望。我国城市和农村都存在着严重的、尖锐的阶级斗争。在所有制的社会主义改造基本完成以后,反对社会主义的阶级敌人,企图用"和平演变"的方式,恢复资本主义。这种阶级斗争势必反映到党内。有些社、队、企业、单位的领导,受到腐蚀,或者被篡夺。我们的工作,在前进过程中也存在着许多问题。实践证明,只要全党更深入地、更正确地继续贯彻执行党中央关于社会主义教育运动的各项决定,抓住阶级斗争这个纲,抓住社会主义和资本主义两条道路斗争这个纲,依靠工人阶级、贫下中农、革命干部、革命知识分子和其他革命分子,注意团结百分之九十五以上的群众,团结百分之九十五以上的干部,那么,城乡存在的许多问题,并不难发现,也不难解决。必须把两年多来的社会主义教育运动坚持下去,进行到底,绝对不能松劲。现在的问题,是要总结过去这一时期运动的经验,肯定成绩,克服工作中的缺点,以便取得更大的胜利。"(看看这里对形势的分析和我的思想有多大的差距。)

学习文件之后是端正对待毕业分配的态度。批判了7种态度:1、愿在大城市,不愿到小地方;2、愿在内地,不愿到边疆;3、愿在南方,不愿在北方;4、愿离家近,不愿离家远;5、向往舒适的生活,怕艰苦;6、愿到大单位,不愿到小单位;7、愿搞研究、教大学,不愿教中学。重点批判了不愿教中学的问题,说"每个人都有教中学的可能性"。我记得当时还请了着名数学家吴文俊先生讲了他教中学的经历。

再次是清理思想。要求检查下面几方面问题,并挖思想根源:(1)正确解决红与专、政治与业务的关系问题;(2)正确处理个人利益和党的利益的关系;(3)明确知识分子革命化、劳动化的意义,坚决做无产阶级革命事业的接班人,坚决走社会主义道路。具体安排是,2月22日,党总支负责人李志义做毕业教育动员,要求每个人都要进行"自我革命",谈自己政治思想上存在的问题,做好思想检查和批判,写好"自我总结",并配合组织完成"个人毕业鉴定"。分两个阶段,前面三周是"正面教育"阶段,年级大会与小组会相结合;后面三周是"自我检查"阶段,以小组会为主。(这时他没说最后还有"对敌斗争"阶段,批判"反动学生"。而不幸的是,我正是那个被重点批判的反动学生。)

先说"正面教育"阶段,记得大会有三次。第一次是正确认识家庭影响,会后要求每个人都把来自家庭的不良影响挖出来。第二次是形势报告,强调三面红旗的正确性,会后要求把在"困难时期"的错误看法暴露出来。第三次是讲无产阶级革命接班人的条件,以及实现革命化、劳动化问题，还传达了毛主席关于做无产阶级革命接班人对毛远新的谈话。配合这些活动，又听了藏族女同胞斯旺的报告（以血泪家史控诉西藏的农奴制度），红军老战士王裕寿的报告，谈长征中妇女团的事迹（谈女同学如何树立雄心壮志），以及参观廖初江、丰福生、黄祖示学习毛主席著作经验展览会等等。其间，还组织了几次年级大会，由同学代表谈感想、体会。"正面教育"阶段过后，使同学们增强了阶级斗争意识；承认三面红旗正确，承认党是伟大光荣正确的，人人争做无产阶级革命接班人。

　　3月15日，开始自我检查阶段，即做毕业鉴定的阶段。李志义又做动员报告："为什么要做毕业鉴定？怎么做毕业鉴定？"他要求每个人都要彻底地清理思想，要分阶段地清理，比如：1959年反右倾批判彭德怀时的思想和表现；三年困难时期的思想和表现；1962年提出"千万不要忘记阶级斗争"以及"学习雷锋"期间的思想和表现；1963-64年反修正主义时的思想和表现等。清理后要写思想总结和个人鉴定，供小组会讨论时使用。在总结中还要表明自己是不是愿意服从组织分配。（因此，很多同学都表示要在第一志愿上填"服从国家分配"或"到祖国最需要的地方去"。）李志义动员后，给同学几天时间来写这些材料，然后就是小组讨论了，搞人人过关。程序是，个人宣读思想总结，同学们提意见，自己修改，再讨论，再提意见，再修改，直到通过为止。因此，常常是两个同学同时进行。

　　进行小组讨论时，并不是那么"温良恭俭让"，常常争论得很厉害。有互相揭发的，有疾言厉色的，有要求当面对质的，有哭的，有闹的，常需要主持会议的人严令禁止，甚至休会。我参加的是代数班小组的讨论，有13个同学。一个一个地过关，花了近十天时间。我曾几次要求发言，都被拒绝了。直到小组里的其他同学全部通过了，我又要求发言，这次被允许了。我读完自己的总结，同学们提出零零星星的意见，但不能过关；修改后再要求发言，还是一样的结果。最后，到了3月25日，全年级的毕业鉴定都搞完了，年级政治辅导员焦仲林通知我，全年级同学要对我进行批判，将视我在批判大会后的表现来决定是否过关。[5]

六、批判反动学生

对我的批判是属于"批判反动学生"运动的一部分，我被要求在3月28日（星期日）晚上在年级大会上做检查，以接受同学们的批判。为了过关，我按照写《对过去的清算》的路子写了一份自我检查，把有的、没有的都包揽下来，并做了上纲上线，自以为是十分"深刻"的检查，准备一次过关。

到了3月28日晚上，通知我会议地点是在二教的一个最大的教室（具体是那间记不清了），当我走进会场时，发现教室已经坐满，我奇怪为什么有那么多人？因为我知道，力学专业同学是不参加的，他们还实行六年制，还没毕业。可那间教室至少可以坐250人哪，而数学加计算专业还不到150人。直到宣布开会时我才知道，除了数力系外还有地质地理系的约100名同学参加。也就是这次批判会是号称全校毕业生的批判会，因为当年全校的寒假毕业生只有数力系和地质地理系两个系，这使我感到问题的严重。

主持人宣布开会后，我走上讲台。会场很安静，我根据检查稿讲了一个多小时，其间没有任何干扰。我想，也许这回能过关了吧。还没容我想下去，在我结束检查的几秒钟后，全场突然响起雷鸣般的口号声："徐明曜不老实！""徐明曜必须老实交代！""徐明曜不投降，就叫他灭亡！""打倒徐明曜！"等口号。这是我未曾料到的。我想，连党委杨××都认可的检查怎么还过不去呢？我内心里很害怕。正在这时，主持会议的老师走上讲台，对同学们说："大家已经看到了徐明曜的态度，从明天起，我们分组对他进行揭发批判，徐明曜也要认真听取大家的意见，好好反省、检查自己的严重错误。"又说了时间安排。这时我才知道，对我的批判要进行一周，有全校毕业生大会（像今晚），有年级会，有小组会。对我的问题要逐条来批，分几个方面，大体有反对党的领导，反对三面红旗，反对毛泽东思想，支持苏联现

---

[5] 写本节时，参考了我的同学唐云写的《北京大学数学力学系1959级纪事（修改稿）》一文，特在此致谢。

代修正主义，宣扬资产阶级民主、自由、人道主义和人性论，反对政治运动、要重新评价反右斗争，反对党的教育方针，组织学习小组，筹办青年论坛等。我的大会检查只是揭开了对我进行批判的序幕。这时我也懂得，为什么我检查完同学们要呼口号了，如果不表示义愤，接下来的一周怎么批判呢！

从第二天（星期一）开始，大大小小的会共批判了我五天半，直到星期六的上午。记得全校大会有两次，一头一尾；年级大会至少也有两次，是分问题找了十多个同学有准备地宣读批判稿，小组会就不计其数了。我本以为要开大会轰我的"态度"，因为说我不老实嘛，可是没有。另外小组会（我只能参加代数拓扑班的会）上还要求同学联系自己，检查有没有和我类似的思想。有的同学说起他们也有我的错误思想时，还痛哭流涕。而对于我，已经感受不到批判的火力，只是旁听而已，而且他们也不许我发言。因此关于这次批判，我也没有什么可多写的了。到了星期六上午会后，年级负责人告诉我，下午的会上我要对同学们一周的批判表个态，要感谢同学们和党团组织的帮助，我答应了。

4月3日（周六）下午，年级负责人先讲了话，宣称对我的批判取得了伟大的胜利，这是无产阶级战胜资产阶级的胜利，是马列主义战胜修正主义的胜利，要求全体同学要吸取徐明曜犯错误的教训，今后要听党的话，跟党走，做合格的无产阶级革命事业接班人。最后，他说："经过一周的批判，徐明曜也受到了教育，下面请他发言。"我走上讲台，表示接受大家的批判和帮助，今后一定要继续进行思想改造，脱胎换骨，争取早日回到人民队伍中来。说了有一分钟吧，就下台了，全体同学也没有任何表示。这时，我知道对我的批判结束了，但是否过关，是否能毕业，还不知道。总之，听候处理吧。

就在我下台入座的时候，会场上突然响起严厉的叫声："把反动学生、右派分子张××揪出来！"，接着看见两个同学架着张××上了台，全场又响起"打倒反动学生张××"的喊声，一位同学（我不认识，大概是概率班的吧）上台发言，他读着已经写好的批判稿，大约讲了20分钟左右。内容无非是张的思想如何反动，1957年被定为右派，送电子管厂劳动改造，因为表现较好，学校允许他回校继续读书（到我们年级），以完成学业。但回校后不思悔改，继续散布反动言论云云。他发言后，年级负责人宣布：给张××戴上"反动学生"帽子，劳动改造，以观后效。然后大喝：把张××押下去！张即被带走。后来知道他被送到南口农场劳改，文革中的1969年又被送回北大参加文化革命，后来与1964级同学一起分配工作了。

批完了反动学生张××，年级负责人说，我们请到了北京市人民检察院的×××和×××同志（姓什么，忘记了），请他们介绍林××和彭××的案情。林、彭二人是数一班在1963年秋被捕的两位同学。检察院的同志说，林于63年夏于东北中苏边境企图越境，在边境被捕。他交代，要到苏联学习革命经验，在国外组织新的中国共产党，彭××与他里应外合，企图推翻中国共产党的统治。他们在北京高校中组织了"北京高校反革命集团"，罪行严重等等。（后来得知林××被判九年徒刑，彭××被判三年徒刑，刑满均释放。后来，二人均入党，林在1995年还被评为福建省优秀共产党员；彭曾担任湖南省长沙市环境保护研究所所长。）在检察院同志介绍完林、彭案情，主持人宣布散会，但要求我留下来，检察院同志要找我谈话。

我被带到一个小房间里，他们和我谈的大意如下：1.我的问题很严重，今后要努力进行思想改造；2.林××曾打算把我拉到他们的组织中，如果加入了他们的组织，性质就完全变了，因此我也是非常危险的；3.北大的革命师生坚决要求给我戴反动学生帽子，几上几下，最后是由一位党和国家的高级领导人决定不给我戴帽子，因此，我要感谢党的挽救。

七、批判以后

对我的批判活动在4月3日结束以后，我仍然不知道对我怎么处理，是让毕业，还是不让毕业呢？如不让毕业，是在校劳动，还是到工厂、农村或其他什么地方去呢！应该不会到劳改、劳教单位吧，因为已明确告诉我不戴帽子嘛。接下来的一周还是有不少活动的，如果不明确说，我参加还是不参加呢？另外，我的个人总结和鉴定还没做呢，到底什么时间做呢？也没人找我。

到了4月8日，数学专业同学要举行毕业教育总结大会，这个会通知我去参加。但会上也没说我的事，只是有5位同学发言，谈毕业教育的收获体会。再有，就是系主任段学复讲话，要点是（1）工作岗位是无所谓高低的，主要的是把工作做好。这是国家对大学毕业生的要求；（2）中学数学是仅次于语文的课程，与语文、外语构成三大主课。要注意中学生的全面成长，又要使学生打好数学基础；（3）学习雷锋同志说的"我要把有限的生命投入到无限的为人民服务中去""党需要我做什么我就去做什么"。北大同学在任何岗位上都要谦虚谨慎，不要志大才疏。要既有志，又踏实等等。段的讲话明显的是讲教中学的问题，说这不算屈才，暗示我们的毕业分配方案中将有大量同学去中学工作。（这种情形在文革前我系毕业生中是没有的。）可我早已不管这些了，我关心的是去劳动还是去工作的问题。会后，各班照相留念，使我感到意外的是，班长李生训主动拉我去照相，我说我不去了吧（因为不知道能不能毕业），李生训很诚恳的说，为什么不去，大家都在等你呢！我勉强跟他走过去，站在最后，目光呆滞（现在还存有照片为证）。事后我想，已经有一年多没同学敢理我了，今天李生训找我照相，是不是说明我的问题已经解决了呢？就是说，我已经不被看成阶级敌人了，因而也有被分配工作的可能呢？

大约在4月10日左右，团支部书记李××正式通知我要重新写个人总结，准备做毕业鉴定。又说，4月12日晚将召开代数拓扑班团支部会议，讨论是否要对我进行处分的问题，我必须参加。到了那一天，我参加了团支部会，组织委员张××说："共青团是党的助手，可徐明曜作为团员，不但没有做党的助手，反而做了不少反对党的事情，建议给予团内处分。"接着不少团员都发了言，几乎一致要求给我开除团籍的处分。我知道这已经是早就定好的，我为了争取好态度，以争取毕业，最后发言说："我将行使作为团员的最后一次权利，同意开除我自己的团籍。"会议结束了，以全票同意的结果报请北大团委开除了我的团籍。

4月12日到15日，我重新写了个人总结。说实话，这次我是在一种愤懑的情绪下写的。我想，连那份已经妖魔化自己到无以复加程度的《对过去的清算》也不合你们的意，我就干脆来个"要什么给什么"，按照批判大会的发言，稍微整理一下，怎么批的就怎么写，完全不管自己的真实思想是什么，不管是否实事求是，花了三天时间，写成了《个人总结》，交给了年级负责人。我记得他连看都没看，就给了我一份党组织写的毕业鉴定的草稿，让我看，是否同意，如不同意有什么意见。看来走的程序是和其他同学一样的。我看了看，第一句就是"该生有系统的反动思想，在学期间有一系列反党反社会主义的反动活动。"接着罗列我的反动思想及活动，诸如反对毛主席和党的领导，反对社会主义制度，宣扬资产阶级的民主自由，反对三面红旗、教育方针等党的一系列方针政策，支持现代修正主义等。活动方面有组织学习小组宣扬白专道路，筹办反动的青年论坛，后被组织制止，结交反革命分子林××、彭××，与他们臭味相投，共同散布对党的不满等。最后有一句正面的话：毕业教育时在党团组织和同学们的批判和帮助下，能认识错误，并要求毕业后到艰苦地方锻炼自己。我看了这份大概北大历史上从没有过的对毕业生这样负面的鉴定，一言未发，默默地签上"同意，徐明曜"。从此，一直到离校，再也没有官方负责人找我，毕业批判这一页算正式揭过去了。

八、重读"个人总结"

下面是根据"个人总结"留的底稿重新打印的个人总结全文，重读一下，也是"奇文共欣赏"吧。

个人总结 1965.4.12

我于 1959 年 9 月进入北京大学学习。五年半中，由于坚持资产阶级的反动立场和一整套资产阶级的政治观点，带着个人成名成家的罪恶野心，又拒绝了党团组织的耐心教育，走上了反党反人民的罪恶道路，从 61 年起干了不少反党、反社会主义的坏事。今天，总结五年半来所走的歧路，认真吸取堕落的教训，对于今后的改造是有益的。

入大学前，我已经形成了一整套资产阶级的反动立场和观点。那时的思想情况概述如下：

我出身于高级职员的家庭，父亲在"三反"时因泄露国家经济情报曾被我公安机关逮捕，判处机关管制二年。判决后，他不服罪，多次发泄不满情绪，向我灌输了大量的反党思想，使我受到了深刻的影响。如说："共产党政治上最毒辣，比国民党还坏""中国没有民主、自由""现在还是官向官、民向民"，等等。

57年反右斗争时，我与部分右派言论发生共鸣。如"外行不能领导内行""教授治校""中国不民主、不自由""要求个性解放、个性自由发展"等反动言论。并且很欣赏右派分子谭天荣等的"才能"，从感情上同情右派分子，对党发生了怀疑和不满。

58年，党公布了教育方针，学校里开展了"红专辩论"，这与我当时已经根深蒂固的个人主义成名成家思想发生了巨大的矛盾。但我未能接受党的教育，改造自己的思想。相反地，竟借病休学，后又退学，离开了革命队伍，做了革命事业的逃兵。

58--59年在家养病一年。这一年中，一方面，我的个人主义成名成家思想又有发展，从想当科学家发展到想当"通才"，甚至当"政治家"；另方面，在政治上，由于对现实开始不满，有意追求资产阶级的政治，读了大量的资产阶级哲学、政治书籍。以虚伪的"民主、自由、平等、博爱和人道主义"武装了自己，作为向党进攻的工具。这时，我还想组织"少年毛泽东学会"和"青年真理党"作为理论上、政治上向党进攻的组织形式。

由此可见，在入大学前，我已经有了较自觉的反动立场和明确的资产阶级政治观点，从政治上已经开始了反党的准备。

入大学后，在八中文件学习中，我暴露了一部分反动思想。比如，认为"炼钢是得不偿失""大跃进是小资产阶级狂热性运动""高产卫星都是假的"等对三面红旗的错误看法。同时也暴露了一部分反动的政治观点："民主、自由、平等、博爱"等。我当时暴露这些问题就很难说有什么解决的愿望，因为我并没有把思想全部交给组织。像当时很突出的问题——个人主义成名成家思想，我就避而不谈。而且，批判后，我没有接受同学的帮助，相反地认为这次批判是"无的放矢"，批判的问题都"不是"我真正的问题。自己根本不从立场上去检查，反而对此批判怀恨在心，以后"什么话也不说了"。这样，我就拒绝了组织和同学的帮助，拒绝了思想改造，使我的反动立场和观点隐蔽地发展起来。

在大学头两年的其他运动中，我采取的态度是消极抵抗。会上往往讲些漂亮话，但不暴露思想；会下则消极怠工，不好好干。总的思想情况是对于当时的各项运动有着各种各样的抵触、不满和极端错误的看法，并因此对党产生了强烈的不满，反党思想也急剧地发展起来。这些具体的思想在以后困难时期都暴露出来了，把它放在后面叙述。这里想总结一下，为什么在革命的形势下和革命的集体中，我却发展起反革命的思想呢？这是很值得吸取教训的。今天看来，最根本的一点是我坚持反动立场和思想观点，拒绝思想改造所致。首先，我坚持个人主义成名成家思想不放，认为党妨碍了我的理想，是社会主义革命妨碍了我的自由发展。因此，对党、对社会主义的现实产生不满甚至仇恨，这种不满和仇恨随着运动的发展、革命的深入越来越加深，形成了系统的反党思想。其次，由于我拒绝思想改造，极端的狂妄自大，根本不相信组织与同学们的意见。对于同学的批评恩将仇报，怀恨在心，还搬弄出资产阶级"人道主义"和"自由、平等"等旗号反对知识分子思想改造政策，进一步纵容自己反动思想的发展，以至于堕落到如此地步。

从60年冬天起，我国遭遇了暂时的经济困难。这时我是很高兴的。党公布了一些新的政策，也检查了工作中的一些缺点和错误。我更等待着党从根本上来个改变，放弃掉革命，以解决"我同党的巨大矛盾"。因此，在很长的一段时期，我采取了观望态度。但观望的结果是，我认为党只承认了具体工作中的缺点错误，而不承认路线的错误；61年后党的政策是为了收拾残局而对人民的让步，党从本质上并没有改变。而且这时，特别是甄别工作以后，我还认为群众普遍对党不满，党不能再像过去那样搞了，形势对我有利。所以从61年底起，一方面"恢复了过去的理想"，继续坚持并发展了个人主义成名成家的野心；另一方面，由反动立场所驱使，开始放肆地散布反党言论。又从个人的政治野心出发，从62年起，喊着所谓"为了我的事业"，猖狂地同党"争取群众",组织反动组织,筹办反动刊物,走上了反党、反社会主义的罪恶道路。

下面简述我的反动思想、言论和反动活动。

一、反动思想、言论:

1.反对党和领袖毛主席的思想和言论:

(1)污蔑党不是为人民服务,而是"为害人民"的:我由于站在反动阶级的立场上,只看到解放后自己家庭生活降低了,就不顾事实地污蔑党不顾人民生活。特别是困难时期,认为党坚持搞三面红旗,犯了路线错误,从而使经济遭到破坏,人民无法生活等。我还从自己个人主义的野心得不到满足这点,无中生有地说党不重视科学技术,不重视知识分子。说我国科学发展速度比经济发展速度低得多,知识分子积极性发挥不出来等等。从而否定党在经济建设、安排人民生活和发展科学教育方面的巨大成绩,把党说成是"为害人民"的。另外,这种说法也是为了解脱我的反党的罪行。因为"反党不是反人民",那我也就无罪可讲了。这种思想和言论直到最后的集中批判中还有表露。

(2)污蔑党不能领导新中国:

1962年我就说过,"中国的繁荣富强,是否一定要共产党来领导,这点我还有怀疑。"反右时我同情"外行不能领导内行"等反党言论;公布了教育方针,我就拼命攻击党不能领导教育;还臆造出"发展科学要靠科学家自由的科学研究活动和自由地结成团体的集体工作"的谬论,反对党对科学事业的领导。总之,党不能领导新中国,不能领导科学,不能领导教育……,我是决心彻底反对党的领导的。

从行动上,我也拼命宣扬"青年人要独立思考",要"打破传统观念的束缚""'听党的话'是没头脑"等,企图使青年脱离党的思想领导。至于我所组织的反动组织更是同党的领导对抗的了。

(3)对党和领袖进行污辱和谩骂:

对党:我跟着修正主义的腔调骂党是"教条主义",是"用过左的革命辞藻掩盖着的机会主义"。62年还拼命叫嚷"中国一定要变",胡说什么"党内斗争很尖锐""反教条主义势力在增长",有可能靠党内的修正主义势力改变党的领导等等。

对毛主席:我说"毛主席也搞个人迷信",还说"斯大林是暴君""中国跟着斯大林跑"。对毛泽东思想也进行污蔑和攻击。我说:"毛泽东思想在民主革命阶段是正确的,这已为实践证明(这句话是个幌子),但社会主义革命和建设时期就不行了。"还说:"如果它(毛泽东思想)今天错,那么可以用它在民主革命时期的正确思想反对它今天的错误思想",等等。

对基层组织和干部:骂基层组织"保守""教条""连显然是正确的东西都不支持"(指学习小组)。骂基层干部是"法西斯""叫你干什么,就得干什么",骂干部"没有头脑""教条""笨得不能再笨"等等。

(4)公然号召同学反对党的领导:

特别是在62年下半年筹办《青年论坛》时,在《发刊词》上骂党为"邪恶势力",号召同学反对"邪恶势力""打下邪恶势力的气焰"等。

总起来,我和其他的反动分子一样,首先把矛头指向中国共产党,对它进行攻击、辱骂,甚至号召同学起来推翻党的领导。这充分暴露了我的反动立场,也表现了我对党的刻骨仇恨。其实,我对党的攻击和反党的活动就把我自己置于人民的敌人的地位,置于阻碍历史发展的反动派的地位。我觉得,我必须充分认清这点,才能有决心把立场转过来,也才能有决心痛改前非,为人民赎回自己的罪恶。

2.宣扬资产阶级政治观点,用以反对无产阶级专政,反对社会主义制度:

(1)攻击我国"政治上不民主",人代会是"走形式",选举也是"走形式",上级要选谁就得选谁;还说有的地方连形式上的民主都没有,人们不敢批评党的政策等等。实际上,我要的民主是资产阶级的民主,因为我的根本目的是取消党的领导。在我看来,只要有党的领导,就是"不民主";我所说的"不敢批评党的政策"也不是指善意的批评，而是想根本取消党的政策。

(2) 攻击我国"没有言论自由""人们屈从于'政治压力'，不敢讲心里话"，还要求所谓"个性解放"和"自由发展个性"等等。这里，我所说的"言论自由"就是让反革命言论任意发表的自由，我所说的"个性解放"就是任意发展个人主义。正是因为我坚持着反动立场和个人主义，才处处感到不自由，才用所谓"争取自由"的口号去攻击无产阶级专政制度。

(3) 宣扬"资产阶级人道主义"，攻击党的反右斗争和其他对敌斗争"不人道""不近人情"，为阶级敌人喊冤、鸣不平，甚至要"重新估价反右斗争"，并要为反动的父亲在"三反"时的罪行翻案。

(4) 根本否定我校政治运动和一切政治思想工作的成绩，认为它只是形成了"政治压力"，使得"人与人之间不真诚了"等等。妄图取消无产阶级的政治思想工作，实现"三无政治"的局面（无政治运动，无政治学习，无政治思想工作）。但是我并不是不要一切政治，我自己就无孔不入地做了大量反动的政治思想工作。我只是不要无产阶级政治，而让资产阶级的政治思想渗透到广大同学中去，为复辟资本主义，实现"和平演变"打开门户。

3. 追求修正主义，反对马列主义：

从 62 年底公开反修以来，我就坚定地站在修正主义的立场上，反对马列主义。其实，我支持修正主义是由来已久的。早在反右斗争时，我就跟着右派跑，说"苏共二十大是民主运动"，59 年又找来南共纲领，对于"人类创造的一切对我们来说都不是不可逾越的"等修正主义言论很感兴趣。62 年，我读了苏共新纲领。对比党的政策，对它很有好感。特别是对苏共纲领中虚伪的人道主义口号，发展科学的纲领以及全民党、全民国家的谬论很感兴趣。到 62 年底公开反修时，由于我的反党思想也正发展到高峰，很自然地站在修正主义一边，反对马列主义。我散布了大量的修正主义谬论。除前面提到的跟着赫鲁晓夫的调子辱骂党和毛主席之外，还说过"反修斗争是国际共运中民主派与独裁派的斗争""斯大林是暴君，是独裁者""从来反苏即反共""苏阿关系变坏，错误不在苏联，而在阿尔巴尼亚"等。在 62--63 年间，修正主义猖狂一时、不可一世的时候，我也大受鼓舞。经常收听苏联广播，对于赫鲁晓夫的话更是不加思索地相信，并百般宣扬，认为现在是"民主派占了上风"。苏共宣称二十年建成共产主义，我国国内形势又很困难，用不了几年，修正主义的胜利就要成为定局，我国也"必然要变"。这时，我由于政治上的反动面貌已经暴露，采取了政治上隐蔽，努力学习业务，搞业务上的"实力政策"，盼望着我国修正主义兴起，自己好有出头之日。后来，当我国反修斗争取得了节节胜利，赫鲁晓夫又干了不少明显的蠢事，站在反动立场上的我也感到对他"失去了信心"。苏共新领导上台时，我还认为这反映了苏联的民主制度和集体领导的原则的贯彻。赫鲁晓夫"犯了错误"，就可以把他赶下去。因而，对苏共新领导仍寄予了希望。

4. 反对党领导科学、教育事业，反对教育方针：

(1) 攻击党不能领导科学、教育事业，这在前面已经提到。

(2) 反对教育事业和科学事业为无产阶级政治服务：利用虚伪的"为科学而科学""为教育而教育"等资产阶级的口号，引导青年只专不红。并且广泛宣扬脱离政治的所谓"事业心"，用以抵制教育、科学为无产阶级政治服务。

(3) 反对生产劳动：从自己追求成为资产阶级的"通才"出发，认为学生参加劳动没用。攻击59—60年学生劳动太多，使学习质量大为下降等。

(4) 攻击教改运动：说教改是"严重的不实事求是"，是"根本的方向性错误"；教改"搞糟了""毁灭了科学""毁灭了理论"，教改是"第二次焚书坑儒"等等。

我之所以根本反对教育方针是有着深刻的根源的。我从小就形成了个人主义成名成家的思想，这种思想越发展越严重，到了1958年，已经发展到一意走资产阶级知识分子的道路，非成名成家不可了。教育方针公布了，这对我是个很大的打击。"要使受教育者成为有社会主义觉悟、有文化的劳动者"，这与我想使自己成为骑在人民头上的"万能科学家"，实在是水火不相容的。我的这种个人主义思想在最近六、七年里不但没有去掉，没有接受党的教育，改造自己的思想，相反地，却坚持不放，还有了更进一步的发展。因而我把教育方针看成是阻碍，把党的领导看成是绊脚石，为了实现个人主义的野心，我竟不惜反党、反人民，这就是我为什么特别起劲地反对教育方针的原因。

二、反党、反人民的罪恶活动：

我由于反动思想和个人野心的发展，在 61 年底，开始了反党、反人民的罪恶活动，给党和人民的事业带来了巨大的损失。下面我简单总结一下我的反党活动。

1. 所谓"争取群众"的活动：这是在 61 年底开始的。我当时说，"为了我的事业，我必须争取群众""有了群众，就有了良好的开展活动的环境，也就有了我的事业""我要把自己所认识的真理也告诉群众""要争取群众""教育群众"等等。

什么是我的事业呢？其实，说穿了，就是反党、反人民的"事业"。我的计划是，从政治上，先从宣传反动思想入手，时机成熟时创办刊物，用宣传来达到"团结群众"起来反党的目的，最终实现推翻党的领导，兴起修正主义，复辟资本主义的政治野心；另外，组织学术团体，占领科学阵地，排挤党的领导，而自己成为科学事业的领导者兼科学家、政治家、思想家等。

请看我"争取群众"的活动：

（1）进行调查分析，摸清情况：先进行了解工作，掌握同学的政治思想情况和各方面的情况，然后把班上同学分成几类，决定自己的依靠、团结、争取、打击对象。

（2）抓住弱点，发动进攻：利用同学的弱点，先突破一点。比如有些同学重专轻红，我就大谈学习方法，理想抱负；有人政治上有错误看法，我就对他表示支持、同情，继而散布更多的反动思想；有人生活上有些缺点，我就拉他下馆子、喝酒、抽烟等。

（3）吹捧自己，骗取信任：吹捧自己有才能，学习上工作上都有办法等，使同学盲目崇拜；又把自己装扮成为人民、为祖国、为真理奋斗的斗士，使同学盲目敬仰；这样骗取同学的信任，达到同学相信我的话，爱听我的话，愿意替我办事的目的。

(4) 利用时机，大肆放毒：当同学愿意和我接近了，就利用时机，大肆放毒。往往先讲青年人应该"独立思考"，要"反对盲从"，使其不相信党的话，解除了思想武装；然后才散布各种各样的反动观点。这也要因人而异，投其所好。

(5) 生拉硬骗，参加组织：把一部分自己认为是依靠对象的拉入我所组织的反动组织，如学习小组，"青年论坛"等，使其成为自己活动的工具。

我"争取群众"的活动，由校内到校外，学生到老师，甚至中学生、工人、农民都无所不及。这是我反党、反人民的主要活动，也是我对人民犯下的最大罪恶的活动。因为我的这种活动，影响了很多人，使他们不同程度地脱离了党的领导，受到了资产阶级思想的侵蚀。也有人受的影响深些，严重阻碍了他们的进步。我今天感到特别对不起这些人，感到自己是有罪于人民，有罪于这些受我蒙骗的群众的。另外，我的这种活动也正是当前阶级斗争的突出表现之一。资产阶级不能用暴力反对无产阶级统治，他们主要的斗争形式就是"和平演变"，就是与党争夺青年一代，而我就参与了这种罪恶活动，向无产阶级发动了进攻，也拼命用自己的反动影响去毒害我周围的青年同学。

此外，今天冷静地想一想，我的这种活动怎么可能成功呢？我出于反动阶级的偏见，过低地估计了群众的觉悟，过高地估计了自己的力量。虽然一时迷惑了几个"群众"，但终究是蚍蜉撼树，遭到了可耻的下场。这因为我的活动是同历史潮流相对立的，是违反历史规律的，那就不管使尽了多少花招，也难免失败的命运。我觉得，我必须要认清历史的方向，认清当前的形势，坚决地把立场转过来，才可能有所作为，否则将会遭到更加惨重的失败，以至于最终博得自己的粉身碎骨。

2. 组织学习小组（62.2.--63.1.）：这是组织反动组织的第一步，是个别"争取群众"活动的进一步发展。这个小组无论从主观目的上还是客观效果上都只有两方面坏的作用：其一，从业务上拉拢同学，作为我搞学术团体的准备，此外，还有"物色人才""锻炼工作能力"的作用，还通过小组活动，向组员灌输只专不红的坏影响，以资产阶级知识分子的道路引诱同学；其二，是我"争取群众"，进行反动宣传的阵地。在小组活动内外，我利用个别交谈、集体讨论，散布了大量反动言论，进一步进行了"争取群众"的罪恶活动。在小组存在的短短一年间，我先后发展了十个组员，组织了大小报告会、讨论会三十多次，还有不少活动邀请了组外同学参加。曾经参加过小组活动者，不下二十人。由此可见，它在班内造成的恶劣影响是多么深广，对班内同学特别是小组组员的毒害有多么大！我应该牢牢记住自己在这里给人民欠下的债，今后一定要努力改造自己，为人民做出一些有益的工作，来回答党和人民对自己的宽大。

3.筹办《青年论坛》：这个刊物是学习小组从政治上的进一步发展。62年暑假，我认为自己"争取群众"活动已经"有了成绩"，同学们思想"很活跃"，可以进一步创办反动刊物了。于是自己狂妄地喊出要"提倡思想解放运动""办一个刊物""用它点燃起新运动之火，使其烧遍全国"等。于是从62.9.开始做了一系列准备工作。

(1)准备工作：1)在同学们中间叫嚷"反对盲从""独立思考"等口号，解除同学的思想武装，使他们先去怀疑党，不听党的话。2)强调"自由争论"，以吸引群众，并为反动言论发表打开门户。3)美化这个刊物，说它是"青年自我教育的工具"，以争取更多的群众。以上是群众条件的准备。4)纠集了一批编委，从国庆休假期间在颐和园开会决定办刊物以后，多次开会，做了细致的安排和部署。这是组织上的准备。5)此外，我还写了反动的《发刊词》和一些准备在《论坛》上发表的文章。在《发刊词》上，我公然号召同学反对党的领导，"打下邪恶势力的气焰"，对党进行了各种公开的和隐讳的辱骂和攻击。

(2)筹办过程中与党团组织讲斗争策略，展开了一系列尖锐的阶级斗争。当时有的同志提出要与团支部合办，我考虑到这不会威胁到我的目的，同时还可以争取到一部分进步群众时，就答应合办。但后来感到组织上的意图与自己有矛盾，而再想单独办已经不可能了，(因为否则会失掉群众甚至编委的支持)，于是对组织采取了斗争策略，玩弄起所谓"思想领导"和"组织领导"的花招，要争取"独立性"，实质是拒绝党的领导。直到这一招也失败了，才怨气冲天地放弃了自己的企图。

这个《青年论坛》最终是没有办成，但是它说明了我的反动思想已经走到了多么远。我已经想在全国煽风点火，企图从根本上推翻中国共产党的领导，来实现资本主义复辟和个人的政治野心了。这个刊物虽然没有办成，但仍然是对党、对人民的重大罪行。这不光是从目的看，而且从我对党团组织进行的一系列斗争看，都是向无产阶级的一次最猖狂的进攻。

4. 结交反革命分子林××、彭××及政治上有严重问题的陈××：我由于自己坚持反动立场，拼命寻求反党、反社会主义的同伙。62年初与陈××开始接触后，不久就无话不谈，成了知心朋友。62年底又接近了林××，关系马上就十分亲密了。与彭××的交往更早，由于同宿舍，一直比较密切。我在与他们的交往中，究竟干了些什么呢？

（1）共同发泄对党、对社会主义的不满：和他们在一起谈反动言论是可以"畅所欲言"的，因为彼此的立场都很反动，谁也不用害怕谁。我们在一起攻击过党；攻击过三面红旗，特别是大跃进；攻击过社会主义的现实，把它说成漆黑一团。还追求、向往修正主义，讨论过国内形势，共同盼望党早些垮台，盼望我国也兴起修正主义等等。这些谈话很多，无法一一列举。

（2）共同密谋反党活动：我把自己"争取群众"的计划毫不掩饰地全交给了他们，和他们一起讨论。比如在筹办青年论坛时就曾多次与陈、林商议，他们劝我"要用新的名词写旧的内容"，责备我"旧的口号喊得太响"，在学习小组和《青年论坛》失败后，我也曾在他们面前发泄对组织的不满，攻击和辱骂干部，并表示进一步向他们靠拢。

（3）1963年初，我和他们的关系更为密切。当时，怀疑林有反革命组织。我竟然用诱骗方法想探听他的组织，甚至自己也想参加，与他们同流合污。我还多次向他们表示想投靠修正主义，问他们有没有海外关系。甚至想偷越国境、投敌叛国。这时，我的立场已经极端反动,只要有机会,我就会成为林的反革命组织中的一员,彻底堕落为与人民为敌的反革命分子。

以上简单叙述了我的主要反动思想、言论和反动活动及其发展过程。

1963年8月林、彭相继被捕,陈也被勒令退学以后,我个人的反动活动遭到了彻底失败。国际国内形势都一天天好转,我所向往的修正主义也日暮途穷走下坡路。这种形势对我是极端不利的,使我处于完全孤立的地位。而这时,组织上又反复教育我,要我痛下决心、改造思想,不少党和行政的领导同志耐心地同我谈话,启发我、鼓励我,也给我指出问题的严重性。就在这种形势下,我才交代了一些问题,有些悔改的愿望。但是由于我没有抛弃反动立场(甚至没有真正认识到自己是立场问题),只是纠缠在一些认识问题上,因此我始终没向人民低头认罪,改造的一点愿望不久也消失了,仍然坚持跟党对立的立场。

1964年2月份,由于我认为自己的改造"已经得到组织上的承认",便放松了对问题的检查,而用大部分时间于文学。当时觉得在数学上成不了名了,对数学又失掉了兴趣,于是梦想当文学家,梦想几年后就能写出有水平的作品来。同时,还由于思想上波动比较大,自己觉得有发泄自己情感的要求,想写些东西(我一直爱好),想以自己"思想改造"为素材,写一部"革命的作品"。此外,由于我事实上坚持反动立场,对于当时出现的"话剧革命"很反感,觉得它们简单化、概念化,而自己想用刻画"复杂性格"的作品与它们相抗衡。就在以上这种种思想的支配下,我才加紧了文学学习,并坚持了半年之久。

1964年暑假,特别是64年9月麦××被开除以后,我思想震动很大。因为我意识到组织上并没有相信我的"思想改造",相反地,却向我敲起了警钟。于是我采取了对策。我规定了从那时到毕业的"总方针"是"争取毕业",一方面伪装思想改造,写了不少思想汇报,其中有些就是对组织的欺骗;另方面,也做了各种准备。特别是准备在毕业时批判会上与党团组织辩论,一口咬定我是在"思想改造",而组织不相信我，甚至想闹到团中央。

这一段时间里我的真实思想还是很反动的。我曾经打算，将来无论到哪，都伪装进步，争取入党，甚至想一直往上爬，爬到领导地位，来实现我复辟资本主义的梦想。我也曾打算，将来还要坚持文学学习和写作，用文艺"指出时代发展的方向"，其实是想宣传修正主义。这些打算虽然只在思想上，但说明了我的反动立场并没有根本改变。

1965年3月底到4月初，全校毕业生对我进行了一周的集中批判。党组织把我的问题当做人民内部矛盾处理，本着批评——团结——批评的原则，摆事实、讲道理地同我辩论。在这次批判中，我的思想才有些变化，初步认识了我的问题是立场问题，由于我长期拒绝思想改造，反动立场已十分顽固。与之适应的，还形成了一套唯我主义的世界观，对很多问题我不是认识不清，而是为了维护反动阶级的利益，硬不去认识，也不敢认识；我还初步认识了党和人民是一致的，党是代表了真理的，我反党就是对人民犯下了严重的罪恶，因而我表示了低头认罪，并决心彻底悔改、重新做人；对于今天的形势和群众觉悟我也有了些认识，知道了自己走的是与历史发展方向相反的道路，是一条死路；也知道了党是无比坚强的，群众也是坚决与党站在一起的，我已经处于人民的敌人的地位，因而决心抛掉反动阶级的立场，站到95%以上的人民群众一边来，跟着党走社会主义道路；最后，我还挖掘了三大根源：家庭及社会影响，坚持资产阶级个人主义和拒绝思想改造。对于我在批判中态度的这些转变，党组织又做了充分的肯定，这给我极大的鼓舞。我有决心，从今以后坚决听党的话，跟党走，坚持思想改造，并且在工作中踏踏实实地为人民服务，争取早日回到人民中来。当然，这只是决心，还要靠今后的行动来验证。（4.15写毕。）

以上就是我的《个人总结》全文（一字未改），它至今还保留在我的档案里。相信大家看到的是一个穷凶极恶的反革命分子的自白，难以想象这是一个大学生的思想总结。从中读者可以领略上纲上线的威力，相信也能辨别哪些是真的，哪些是被迫招认的。

1980年，在北大数力系给我平反时，我曾对党总支书记林建祥说，像这样的《个人总结》和组织鉴定中的"该生有系统的反动思想，在学期间有一系列反党反社会主义的反动活动"这第一句话，如果我想调工作，拟调去的单位领导敢要吗？即使要了，会怎么使用呢？再来运动，要不要先整我这样的人呢？林回答："组织上对你是了解的，知道哪些是不实之词，对你不会有影响的。"又说："你还调什么工作呀？难道北大不好吗？"（其时我已通过考研究生，又提前一年毕业留在北大任教。）我无言以对。其实，所谓的"平反"只是撤销了开除团籍的处分，并顺便表示大学毕业时对我的批判是错误的。我写的检查和其他有关材料（如日记、私人书信等），都没有退还，也没有当着我的面销毁，只说这些材料都找不到。后来，直到退休，我曾四次追讨这些材料，给的答复都是"档案里没有你要的材料"。

九、黯然离校

补叙一件大事，大概在 4 月 12 日左右，年级负责人公布了我们年级的毕业分配方案，这是同学们盼望已久的。这次会议也通知我参加，这就是说，我终于能毕业了，而且和大家一起分配工作了。根据宣读的毕业分配方案，数学专业 100 名左右同学，只有 30 名左右分配到高等学校、研究所以及部队保密单位，另外 70 名左右都分配到"×省市教育厅"，这些人将来会再次分配到中学任教。这 70 人分配到的地区只有上海、北京、河北三地。记得大概是上海 40 人，北京 17 人，河北 13 人。最后读的是分配到河北省教育厅的 13 人，最后一名是我。尽管分配到中学的同学多数都不高兴，因为文革前的历届北大数学系毕业生几乎没有到中学的。但我的心情和别人很不一样，我感到很兴奋。因为终于"思想改造"有了结果，没有被送到劳改或劳教场所，而是和别人一样作为毕业生分配了工作，一颗悬着的心终于放下了。而且，同学们对我的态度也改变了，原来不敢和我说话的现在也主动和我搭讪，特别是分配到河北的同学。我们选定 4 月下旬的一天一起去天津报到（那时河北省会在天津），从此将开始新的生活。我们到天津后，一名身体有残疾的同学被留在天津，其余分别被分配到石家庄、廊坊和唐山。我是被分配到唐山的四个人之一。从此以后，我就在唐山工作了 13 年半，直到 1978 年 10 月又回到北大读研究生。而这又是另外一个故事了。

在结束本文时，我想对几件事做个说明，同时也谈谈我的几点感想。

第一，对于前面提到的"处理反动学生"运动，可见王学泰的《文革前的清理"反动学生"事件》一文（载《炎黄春秋》2009 年第 4 期）。这个运动的根据是 1963 年 7 月下发的《中共中央、国务院关于高等学校应届毕业生中政治上反动的学生处理通知》。毛泽东的批示是"这类现象所在多有，这是一批极右分子。"该文件说"据北京市反映，今年高等学校应届毕业生中，有极少数政治上反动的学生……其对我的猖狂进攻的程度已经相当甚至超过反右斗争中的极右分子"，又说"北京市的高等院校有这样的情况，全国高等院校也必然同样有这种情况。对这一小撮政治反动的学生，必须抓紧时机，通过揭露与批判，对他们进行严肃认真的处理"。根据这个文件的精神，教育部经国务院文教办批准制定了《关于高等学校应届毕业生中政治上反动的学生在劳动教养或劳动考察期间的试行管理办法》。第一个被处理的反动学生是北京地质学院物理勘探专业的尚育森（1963 年），北京高校毕业生做政治鉴定的事也始于 1963 年。1964-65 年北京市高校又处理了 100 名左右的反动学生，1966 年文革后此事"无疾而终"。前后在南口农场劳改的反动学生据王学泰上述文章说共有 61 人，根据平乃彬《南口北京高校劳改营纪实（2010 修改版）》有 60 人，另有 2 人在其他部门劳改。平乃彬文原载新浪博客，现已被删除，缩写版《南口北京高校劳改营纪实》载《炎黄春秋》2011 年 06 期。我年级最后批斗的张××就是在南口农场劳改的一员。我则侥幸逃避了。

第二，数一班的一位数学学得最好的同学麦××在 1964 年 10 月借口"与同学打架，属流氓行为"开除学籍，真实原因是"思想反动"。

第三，用压服和恐吓的办法进行思想改造是不可能的。拿我来说，被批判时间最长，组织上下力气最大，而且我个人出于追求真理的天性，在某种程度上还有"改造思想的愿望"，可是今天看来，改造成功了吗？没有！过去认为是对的，现在还认为对；过去认为错的，现在还认为错，思想几乎没有改变。要让人改变思想，必须要以理服人，不能以力压人，否则是没有作用的。

第四，从"困难时期"和同学们的接触感受到，追求自由确是人的天性，而且思想自由也是无法控制的。你可以用强权不让他说，但你无法不让他想。政治上稍微一放松，思想就有要求表达出来的冲动。像在"知识分子小阳春天气"的那两年，过去不敢说的都要说出来。我们班同学是怎样，全国也是怎样。只要读读《燕山夜话》，作者批评大跃进时期的所作所为是何等犀利，不要忘记它的作者可是党的高级干部呀！

第五，在大学的五年半生活中，我感到最痛苦的事是什么？不是挨批时的恐惧，不是筑路劳动时高强度的折磨，也不是"困难时期"挥之不去的饥饿感，而是自己内心中的思想斗争。诚然，挨批判时内心是十分恐惧的，毕竟我只是个没有生活阅历的青年，初次挨批，不会有挨批多次的老运动员世事洞明的坦然。而且，又不知道将来怎样对我处理，要说不害怕那是骗人的。筑路劳动又苦又累，粮食又不够，也不能说不是一种折磨。但是，它们和思想斗争比较起来，就都算不了什么。因为思想斗争是自己心灵之中的斗争，内心里总有两种不同且对立的思想，孰对孰错，何去何从，总思量个不停，无力摆脱。这就使内心一刻不得安宁，从而感到痛苦不堪。如今我活到近八十岁，通常人们所说的痛苦我也经历了不少。比如在文革中挨批斗，坐"喷气式"，体罚挨打，住"黑帮队"，我感到的是皮肉受苦，精神上并不十分痛苦。对于"革命小将"的污辱，骂我是"阶级敌人""牛鬼蛇神"，甚至从楼上往我头顶上吐痰，我也能逆来顺受，想他们只不过是孩子，心中并不十分记恨。这是指政治方面的。疾病带来的痛苦是长达六十年的失眠，每天要靠几种不同的安眠药来维持睡眠，但自认天生是多思少眠人，也就认命。这些痛苦加在一起也抵不上大学时代的思想斗争，那是刻骨铭心、触及灵魂的痛苦。

2019 年 4 月第一稿

2019 年 10 月修改

写在《我的大学》完稿之后

毕业离校以后,我被分配到河北省唐山市第五中学工作。文革前曾教了一年初中的平面几何。和全国大多数单位一样,1966年6月初,五中也开始了文化大革命运动。经历了成立文革小组(代替大单位的派工作组),整"牛鬼蛇神",公布十六条,文革小组解散,革命大串联,成立战斗队,革命大批判,斗批改,群众组织分裂、武斗,再到革命大联合的曲折过程。终于在1968年五六月间成立了"五中革委会",作为新的政权机关代替了五中党支部,行使学校的一切权力。

在我的记忆中,革委会做的第一件事就是"清理阶级队伍",于1968年7月建立了"黑帮队",强迫"有问题"的师生加入"黑帮队"进行隔离审查。计有男女两队,分居在大小两个教室。我是在1968年8月22日进的"黑帮队",原因是北大的问题要重新审查。每个"黑帮"都要在胸前戴一白布黑字牌牌,上面写着你在"黑帮队"的身份,不准摘掉。我的牌牌上写的是"反动学生、漏网大右派"。

我在"黑帮队"待了近一年,于1969年7月1日被"解放"。"黑帮队"里也有很多故事,拟另文叙述。这里只谈在"黑帮队"里继续检查、批判在北大的问题的大概情形。

在五中"黑帮队"里,"黑帮"的主要任务是劳动,晚上还要开"黑帮"互批的会,很少有个人写检查的时间。记得工宣队1968年10月进校以前,"革命小将"热衷于对我们的批斗,没有写过系统的检查。工宣队进校后,安排过一次全体"黑帮"的停工写检查,目的是了解"黑帮"们的政治问题。时间在10月底到11月中。写完后要在全体"黑帮"会上宣读,大家(包括工宣队员)提问题、意见并批判。不过关的要重写或添加补充材料。我写了一份长达20页的交代材料上交,自己保留有4页的提纲。后来又让我写了一份与我班被捕的两个同学关系的补充材料,有4页,也保留了下来。以后就再没找我。

但到了1969年5月,工宣队再次找我写系统交代材料,并告诉我这是为我的问题定案用的，要存档。我知道这意味着要被"解放"了，当然写得很认真。我写了 29 页的检查，后按要求又写了两个补充材料和一份《对问题的认识》。三份检查都留了底稿，《对问题的认识》留了提纲。这些材料附在下面的"资料"里，供大家参考。

1969 年 7 月 1 日革委会宣布解除了对我的审查，并公布了唐山五中革委会的《徐明曜的综合材料》及唐山齿轮厂驻五中工宣队的批示，张贴在五中院墙上。我抄录了下来，也附在下面的资料里。文革后，北大对我的问题进行了复查平反，有关材料也附在下面。特此说明。

2019 年 11 月 25 日

【资料】一、系统交代材料（1969 年 5 月 1 日）

首先敬祝伟大领袖毛主席万寿无疆！万寿无疆！万寿无疆！
最高指示
领导我们事业的核心力量是中国共产党。
指导我们思想的理论基础是马克思列宁主义。
我们现在思想战线上的一个重要任务就是要开展对于修正主义的批判。

一、个人简历

1941 年 9 月生于天津市。

1947 年 9 月—1953 年 7 月：北京锦什坊街第一小学读书。

1953 年 9 月—1954 年 7 月：北京四十二中初一。

1954 年 9 月—1956 年 7 月：集体转学至北京三十八中，初中毕业。

1956 年 9 月—1959 年 5 月：北京四中高中肄业（1958 年 9 月—1959 年 5 月因病休学，1959 年 5 月退学）。

1959年9月—1965年4月：北京大学数力系读书。

1965年4月—1965年7月：待分配，曾参加唐山市园林处建筑工程队义务劳动，共两个月。

1965年8月—现在：唐山五中工作。

二、家庭和社会关系

（一）家庭成员：

父徐光烈：辽宁省新民县人，据他说是中农出身，1935年毕业于东北大学。后在伪中央银行天津分行及北京分行做职员。1942年到44年曾中断了三年，到徐州做买卖，和几个朋友开办"徐州宝来贸易公司"，他担任该公司经理。解放以后留用中国人民银行北京分行做职员。三五反运动中，因查出他在解放初期曾经参加"聚餐会"，泄露国家经济情报，被判处机关管制二年，并调到内蒙古自治区（当时的绥远省）陕坝镇人民银行工作。后因病退职（1954年）回京。1963年被安插在北京天堂河农场工作，任五分场会计。文化革命后，该厂被宣布为"强劳农场"，他被宣布为"强劳人员"。1968年11月，他被定为人民内部矛盾，摘掉"强劳"帽子，成为该厂职工。该厂改名为北京104-1农场。

母周××：56岁，家庭妇女。

兄徐××：内蒙伊克昭盟准格尔旗人民银行职员。

姐徐××：北京马甸中学职员。

弟徐××：北京第二棉纺织厂工人。

（以上四人均无问题。）

妻杨××：上海市南海中学教员。据来信讲，在文化革命清队工作中曾受到审查，1968年11月—1969年1月参加该校的火线学习班，1月中旬即得到解放。

（二）社会关系：

大姑徐××，姑父何××：住沈阳市皇姑区东华山路二段永大里4号。何做搬运工，未听说有什么政历问题。

二姑徐××，哈尔滨第二工具厂工人。二姑父谭××：哈尔滨第二工具厂供销科长。均未听说有什么政治问题。

姨周××（母亲的堂妹），宁夏药品检验所工作，无问题。

嫂王××，北京南梨园中学教员，无问题。

姐夫平×，工作单位不详。

妻弟杨××，北京眼镜一厂工人。

（三）对家庭的认识：

1. 我的家庭是万恶的剥削家庭：

从我父亲的情况看，我的家庭出身是职员或高级职员。但职员这个阶层是比较复杂的。通过对我们家庭的经济状况的具体分析，我认识到我的家庭是个万恶的剥削家庭。

首先，我父亲从国民党中央银行领取的薪金是很高的，这是四大家族搜刮劳动人民血汗的结果。我父亲做了四大家族剥削压迫劳动人民的工具。

其次，1942—1944年在徐州宝来公司期间，直接充当资本家剥削劳动人民的工具，参与了剥削劳动人民的罪恶活动。

第三，从我们家庭经济状况看，解放前很富裕。自己有房十余间，雇着保姆，比一般劳动人民生活不知高出多少倍。这更说明了我们家是剥削家庭。

2. 家庭对我的反动影响：

我的家庭一方面是个剥削阶级家庭，另方面又是个资产阶级知识分子的家庭，对我的反动影响也是多方面的。这是我犯罪的阶级根源。

首先，我自小生长在剥削家庭里，和广大劳动人民隔绝，和劳动隔绝，没有一点劳动人民的思想感情，而沾染了一身剥削阶级思想。如轻视体力劳动，好虚荣，自视高人一等，成名成家等。这些坏思想在我反动思想的发展中起了不小的作用。毛主席教导我们："在阶级社会中，每一个人都在一定的阶级地位中生活，各种思想无不打上阶级的烙印。"我的这些思想一方面是由自己所处的经济地位所决定的；另方面也是由父亲对我的教育分不开的。

我父亲作为剥削阶级营垒中的一员,同时又作为一个受过资产阶级民主主义思想影响的资产阶级知识分子,对我的影响是多方面的。比较突出的是:经常不断地向我灌输个人主义成名成家和个人奋斗的思想。也用他自己的经历,物质引诱和精神鼓励等各种方法对我进行这方面的"教育"。具体实例从略。

三、我在大学阶段所犯的严重罪行

我在大学学习期间,由于资产阶级反动立场,拒绝思想改造,不学习毛主席著作和伟大的毛泽东思想,反而接受资产阶级和苏修的反动思想,使自己的反动思想恶性发展起来,从1959年到1963年,犯了一系列极端严重的反党反社会主义反毛泽东思想的严重罪行。主要罪恶事实系统交代如下:

(一)恶毒攻击党的三面红旗:

1. 1959年反右倾学习时,借向党交心,放了大量的毒:(1)攻击大炼钢铁得不偿失,胡说我们街道炼钢一两也没炼出来。(2)用报纸上右倾机会主义分子的语言攻击大跃进是小资产阶级狂热性运动。(3)攻击大跃进有浮夸现象,放高产卫星不实事求是,学校中体育大跃进不少都不符合标准。

由于以上言论,在1959年12月受到全班同学的重点批判。1961年被陆平黑帮借甄别工作名义平了反。我认为对我的批判是应当的,平反是错误的。

在困难时期,1962—63年初,又借困难时期攻击党的三面红旗。主要言论:

(1)总路线强调政治挂帅,认为政治决定一切,是唯心主义,唯意志论。(这是搬弄苏修的所谓"理论"来攻击总路线);

(2)三面红旗搞糟了,暂时困难是由党的工作中的错误造成的;

(3)三面红旗已经不存在了,"大跃进没有了,人民公社剩下个空架子,除此之外,总路线还有什么呢?"

(4)1963年初,我国经济好转。我由于害怕会处理我的政治问题，说经济好转不是好事，而是坏事。

（二）支持苏修，反对马列主义，反对战无不胜的毛泽东思想：

我从1962年11月到1963年4月间，立场完全倒向苏修。当时正是中苏开始公开论战之时。我支持了苏修，反对伟大的中共的马列主义路线，反对了毛泽东思想。由于立场完全站错了，我对于苏修的言论简直是不假思索地赞同，并加以宣扬，犯了极端严重的政治立场错误。我的主要言论是：

1. 认为修正主义是"不可抗拒的历史潮流"，（当时出于反动立场，把修正主义说成是"共产主义"。）

2. 吹捧《苏共纲领》是"时代的真理""是全面建设共产主义的纲领""是对马列主义的创造性发展"，吹捧苏修头子赫鲁晓夫"创造性发展了马列主义"。

3. 按照赫鲁晓夫的调子攻击伟大的马列主义者斯大林，说斯大林搞个人迷信，是个"暴君"。

4. 攻击伟大的中国共产党犯了路线错误、教条主义和左倾机会主义错误。重复一个同学（施××）的话说，"从来反苏即反共"，攻击中共背叛国际共产主义运动。

5. 宣扬苏修及刘修的"阶级斗争熄灭论"，我当时搬弄列宁关于阶级的定义，胡说什么"阶级在生产资料所有制的社会主义革命完成后就失去其存在的基础"，并说苏联阶级已经消灭，中国剥削阶级还只剩下残余。

从这点出发，我对于苏修宣扬的资产阶级人道主义口号很感兴趣，并为之宣扬。什么"建立和平、劳动、自由、平等、博爱和幸福的社会"，什么"人与人之间是同志、朋友和兄弟"，什么"一切为了人，为了人的幸福"等等，我都把它们奉为圣经，并且加上自己的话加以宣传。我胡说"马列主义基本精神贯穿着人道主义""革命最终目的就是为了提高人民的物质文化生活水平""一个马列主义者，一个革命者，首先是一个社会上正常生活的人"等等，当苏修叛徒集团的吹鼓手。

也是从这点出发,我对苏修宣扬的全民党、全民国家的谬论也很欣赏,并为之吹捧。胡说什么"苏联阶级已经消灭了,党和国家性质就要改变,无产阶级专政也要过渡到全面专政。"并胡说这是对马克思主义建党学说和国家理论的新发展。

6. 苏阿关系破裂后,毫无根据地攻击阿尔巴尼亚,说"苏阿关系的破裂责任不在苏联,而在阿尔巴尼亚。"

7. 读了《南共纲领草案》后(这是反革命分子彭××向我推荐的),宣扬它里面的一句修正主义言论:"人类所创造的一切对于我们来说都不是不可逾越的"。并且说,铁托集团说这样的话"很有勇气"。

8. 在广播苏共中央公开信时,曾说广播员用这种腔调我听不下去。还说"中苏矛盾一个巴掌拍不响,两边都有错误"。(这时对苏修看法有动摇,但立场仍未转变。)

9. 1963年初,由于狂热追求苏修的反动立场,写了一首黑诗《向北方》,把苏修称为"北方的红星""人间的天堂"。并有"我愿意来到这人间的天堂,哪怕是在那美妙的梦乡"的肉麻的诗句。在1963年初,还收听过6—7次苏修广播。

10. 直接反对毛泽东思想,(在检查会上说)"在民主革命阶段,毛泽东思想是正确的,这已被历史事实所证明;但在社会主义革命阶段,毛泽东思想犯了错误,过份强调了阶级斗争。"

(三)反对党的领导,反对政治运动:

我出于反动的资产阶级立场,又受到国内右派分子和国际上苏修的影响,1962年到63年初疯狂反对党的领导,反对无产阶级专政,犯下了一系列极端严重的三反罪行。主要言论如下:

1. 直接反对党的领导,说"没有中国共产党的领导,一样可以搞社会主义革命和社会主义建设。"我还和一个同学说过:"我不明白为什么一切工作都要由党来领导?"我心目中追求的是修正主义的即资产阶级的领导。

2. 追求资产阶级民主自由。主要言论:"我国政治不民主,人大会是走形式""尤其是言论不自由""我班同学多数不敢讲心里话,会上和会下说的话不一致。"还说过："资本主义国家的民主只是形式，但是只有形式上的民主也比连民主的形式都没有要好！"

3. 疯狂为右派翻案：1962年底，叫嚷要"重新估价反右斗争"，并借来右派言论集和反右斗争文件，说"要用一定时间看看这些文件，了解反右斗争到底是怎么回事"，企图为右派翻案。我这样做，虽然不能真正为右派翻案，但吸收了大量的右派思想和言论，自己中了很深的毒。同时也在群众中进行了一定的散布。

4. 反对政治运动，认为"政治运动就是为了整人""欲加之罪，何患无辞"。1959年批判系内右派分子程庆民，我感到有些做法"过份""不人道"。自己甚至于提出要实现一种"无政治学习，无政治思想工作，无政治运动"的所谓"三无政治"的局面。

（四）反对党领导科学事业，反对党的教育方针：

我一方面由于反动立场，另方面由于严重的个人主义成名成家思想，追求资产阶级知识分子的一套，自上大学以后，疯狂攻击党的知识分子政策，攻击党的教育方针，反对党领导科学教育事业，散布了大量的反动言论。主要的有：

1. 攻击党的知识分子政策，认为"知识分子强调思想改造过多会影响工作，影响科研""党不重视知识分子"，认为党的领导"限制了知识分子充分发挥自己的积极性和创造性。"

2. 反对党领导科学事业，胡说什么"科学的发展要靠科学家的自由的科学研究活动和科学家自由结成团体的集体工作""科学和计划发展是矛盾的"。甚至说"党和科学是矛盾的"。污蔑我国科学发展太慢，胡说"我国解放后没有出现真正有贡献的科学家。"还说"双百方针在我国并未真正落实。"

3. 反对党的教育方针：说"学生的主要任务是学习""劳动太多影响学习"，反对党的"教育为无产阶级政治服务，教育与生产劳动相结合"的教育方针。

攻击1958—59年的教育革命，认为"教育革命无成绩"。尤其攻击教学改革运动，说教改"让学生编书是胡闹"，是"第二次焚书坑儒"。

进一步攻击党对"进步"文化遗产态度不慎重。说"有人要创建无产阶级的数学,要砸烂'牛家店',火烧'哥家楼',这是列宁早已批驳了的'无产阶级文化派'的错误主张"。我还说,"我相信共产主义与人类创造出来的文明财富是不矛盾的。"影射攻击党背叛共产主义。

(五)反动活动方面:

我在 1962 年到 63 年初,出于资产阶级反动立场和个人主义目的,搞了一系列反对活动,给党的教育事业造成极大损失,对党,对人民,对伟大领袖毛主席犯下了不可饶恕的罪行。

1. "争取群众"的罪恶活动:

我一直注意群众关系,认为"搞好群众关系"是搞个人事业即反动活动的基础。我在日记上写过:"为了寻找事业上的伴侣,必须争取群众,搞好群众关系。"(不一定是原话。)这是我"争取群众"的原始思想。"争取群众"的活动是与我其他反动活动交织进行的。

具体做法:1962 年全年,我几乎每周都找同学谈话两三次。通过谈话、交朋友、散步、下饭馆等各种方式,针对同学的不同思想情况,进行反动的政治思想工作。甚至我还把班上的同学分类排队,决定哪几个人自己可以依靠,交成知心朋友;哪些人可以团结,交成一般朋友;哪些人不能与之接近。当时和我关系密切的同学有张××、陈××、杨××、温××等。

在与同学谈话中使用的手法:

(1)打着"交朋友"的幌子,宣扬"人与人是同志、朋友和兄弟"的修正主义口号。用"友谊"来迷惑人,拉拢人。标榜自己待人"开诚布公,真诚相见""以心换心"来迷惑、拉拢一部分落后群众。

(2)打着"集体主义"招牌。我说过,"二十世纪的科学发展须靠集体工作""学生时代要交几个事业上的朋友"等迷惑人,拉拢人。

(3)针对同学的不同特点,投其所好,骗取好感,来争取群众。

如同学中的大部分对业务学习很重视,我常与同学谈学习,谈学习方法,谈所谓"理想、抱负"。谈所谓"对数学发展的具体问题的见解"，高谈阔论，夸夸其谈，来拉拢同学。

有些同学政治思想上有些问题，我用所谓"真诚相待""以心换心"来谈自己的反动思想，引导他们更加反动。

有些同学好吃喝，我也与他们一起下饭馆，抽烟、喝酒交成"酒肉朋友"。

（4）打着"思想改造"的招牌，与同学谈自己的思想问题，使得他们中了我的毒。

"争取群众"是我当时使用的反动语言。

它的反动效果：

（1）实质：是资产阶级与无产阶级争夺青年一代的罪恶活动的一个组成部分，是用"和平演变"的形式进行的极其尖锐的阶级斗争。

（2）我确实拉拢了一部分人参加了我的反动活动，如"学习小组""青年论坛"等，使他们的政治成长走了弯路。我对他们犯了罪。

（3）在与同学谈话中，我散布了大量反动的以及错误的言论，把我自己的反动立场和世界观极其充分地暴露出来，对同学产生了极恶劣的影响。

简单的批判（提纲）：

自己作为青年学生是资产阶级和党的争夺对象。但我很快被争夺过去，又代表资产阶级和党争夺青年同学。这就是社会主义时期的阶级斗争的具体表现。

我的所谓"三无政治"的虚伪性，我自己就无孔不入地进行反动的思想政治工作。

2. 组织"学习小组"：1962年3月—62年11月，约一年。

目的：其一，个人主义成名成家目的。想为将来组织团体做准备，物色事业上的伴侣，同时也希望在这里出些"成果"。其二，政治目的。出于反对教改、反对党领导科学事业的想法，想搞小组和1958—59年普遍组织的学习小组相抗衡。由于这个目的，我没有向党组织汇报这个事情。

过程：1962年3月正式成立。共5人：陈××、张××、丁××、赵××和我。成立时，我草拟了《公约》，每个组员在公约上签字。1962年9月发展到10人，赵××退出，又加入李××、于××、马××、杨××、温××、李××。

活动内容：每周1—2次（后期改为每周1次）"专题讨论会"，内容是数学，还有不定期的"读书报告会""学习经验交流会"等，内容也都是数学。

危害性及简单的批判（提纲）：

（1）是为刘修教育路线出了力，效了劳，是复辟资本主义的罪恶活动的一个部分。

（2）组内组外散布了大量反动思想，在政治上给党的教育事业带来极严重的损失。

3. 筹备反动壁报《青年论坛》：1962年10月。

1962年10月。我出于反动思想和个人野心的恶性发展，纠集一伙人，想办一个刊物《青年论坛》，并进行了一定的筹备工作。后来，由于组织及时发现而制止了。这是我的一个很严重的罪行，同时它也反映了不少反动思想。

目的：当时的原始思想是想办个刊物，来自由讨论青年人感兴趣的一系列问题，比如政治、生活、学习等各个方面，来探索出一条正确的人生之路。甚至想办油印刊物和铅印刊物，这可见野心之大。

从我当时的立场、思想来分析，这个刊物是有极反动的政治目的的。我当时反对党的领导，认为它是束缚青年思想的所谓"传统观念"，提出"反对盲从""思想解放"。在这个刊物上，就是要把矛头指向"传统观念"，即党的领导。同时我也极自觉地想在这个刊物上散布反动的资产阶级思想。我狂叫"要教育青年""自己认识了的真理也要让全体青年懂得"，这虽然是极狂妄的叫嚣，但也反映了资产阶级要用自己的世界观改造世界的狂妄野心。

过程：1962年国庆节，我找张××、陈××去颐和园商量办刊物的计划，决定先办壁报，组织一个编辑委员会，并商量了编委的人选。

国庆后，组织了编委会。参加者有陈××、张××、杨××、温××、王×、陈××、彭××等。由于张××提出要向党组织汇报，团支部李××提出这个刊物由团支部领导，和团支部合办。我坚持反动立场，不愿意这样做，展开了一场斗争。我召集几个骨干编委商量，说"要接受团支部的思想领导，但在组织上保持一定的独立性"，实际上是拒绝接受党的领导。后来由于我周围的编委们的分化（陈××、彭××等自动退出，张××、陈××等向组织靠拢），我个人孤立，该刊筹备工作归于失败。

主要罪行：在筹备过程中，纠集一伙人，向他们散布资产阶级反动思想，甚至一度造成全班同学的思想混乱；在决定和团支部合办后，又耍弄花招，和无产阶级进行阶级斗争；并写了极其反动的发刊词。由于我的这些活动，受到了阶级敌人的重视，彭××直接参加了编委会就是明证。具体罪恶如下：

（1）打出"自由讨论"的资产阶级口号：发刊词中写"这是青年人自己办的，为我们大家自由发表议论的讲坛"，与同学谈话中也号召青年"讲心里话"，影射攻击我国"没有言论自由"，为反动思想的自由泛滥提供场所。

（2）公开煽动青年反党、反毛泽东思想：攻击党的领导是"束缚青年成长的传统观念"，号召"打破传统观念的束缚""自己把握自己的命运，自己选择自己的道路"。并提出所谓"提倡理性，反对盲从"的反动口号。攻击党是"邪恶势力"，号召"打下邪恶势力的气焰"，把矛头直接指向了党的领导和毛泽东思想。

（3）歪曲八届十中全会公报，叫嚣"反教条主义"：发刊词中说："党的八届十中全会号召我们既要反对修正主义，也要反对教条主义，这给了我们强大的思想武器。""我们号召青年在党的思想原则下，团结起来，同教条主义和卑劣的左倾之风作不调和的斗争"。

（4）宣扬抽象的"追求真理，坚持真理"，大谈"只要追求真理，就一定能找到真理"的反动谬论，号召青年"不要怕接触毒草，接触错误的东西"，为宣传反动思想打开门户。

简单的认识（提纲）：

毛主席说："要推翻一个政权，必须先做意识形态方面的工作，革命的阶级是这样，反革命的阶级也是这样。"我搞的《青年论坛》就是为复辟资本主义作舆论准备的。

联系当时的时代背景，邓拓的反动言论出在这个时候，各个文化领域都出现了复辟资本主义的逆流。

4. 与反革命分子林××、彭××，思想反动的学生陈××的关系

林××、彭××均系我的同班同学，林自1962年9月与我同班，彭从1959年入学时即在一班。我与彭接触少，主要是和林××的接触。陈自1962年2月与我同班，和他的接触最多。

我与林、彭、陈接触的主要内容是互相散布反动言论。由于思想一致，我在前面交代的主要问题都在他们面前直截了当地谈过。在谈话当中，他们的反动思想也反过来影响我，使自己立场日趋反动。另外，在1962年11月以前，与他们的接触还较少，而在1962年11月以后，当时我搞的《青年论坛》受到党组织的批评，"学习小组"也只剩下空架子，一般同学不愿和我接近，我感到孤立。由于反动立场，就自动地向林、彭、陈靠拢。

下面交代与林、彭之间的一些具体事情：

（1）1962年11月受团内批评后，我找林、彭谈话（地点：二体地下室），发泄对党的不满。我说："《青年论坛》失败了，我是把它当成事业搞的。这明明是想办件好事，不明白他们（指党团组织）为什么还不让办？"林说："过去你和他们关系太好了，你怎么和他们接近，他们也不相信你。今后你应该和他们把关系搞坏。"谈到青年论坛，林说："我根本就不主张搞这种事！"我还说："我已经失去了所有的群众和朋友，今后我要在政治上隐蔽起来。"从此，我曾埋头钻研业务。

（2）11月后，由于我还林接触增多，林曾对我说："你尽量不要公开找我，如果要找，在晚上十点以后，并且在外面谈。"由此可见，林和我的密切关系。

（3）1962年底，一次与林散步，林高谈孙中山的民生主义。我早就猜疑到他是有政治野心的人，讽刺地说："看来你是想当总理，

你要是当上，可不要忘了我，起码给我个文化部长当当。"这虽是讽刺，但也说明我和他的关系。我觉察出他的政治野心，可未向组织进行汇报，直到1963年4月才做了第一次汇报。

（4）1963年初，放寒假时，林有意搬到我宿舍住。两人出于反动立场，谈论中国政治形势。当时正是蒋匪叫嚣反攻大陆的时候。我认为蒋匪守着孤岛，没什么力量。林说不然。他拿了张纸，画了个草图，说：北部有苏、蒙，西南有印度，东南有蒋介石，东部有日本，中国四面受敌，国内矛盾尖锐，已是一堆干柴，一点就着。我也认为中国内外矛盾交困，很快就一定会变！（即实现修正主义的统治。）这些言论已经是反革命言论了。

（5）我由于反动立场的急剧发展，曾经产生在中国生活不如在苏联好的叛国投敌思想，希望到苏联去。甚至我想只要能离开中国就行，就有办法去苏联。我曾和林表达过这种思想，林未表态。我也曾编造自己有法去香港，对林说："你愿意去香港吗？我父亲有个朋友，有办法去香港。我不愿意去，我要想去早就去了。"目的是进一步对林进行试探，林亦未表态。

但是我并未参加林的反革命组织，当时也不了解他的反革命计划和活动。

和陈××的关系：

（1）除了互相散布反动言论外，更多地谈论资产阶级的反动文化、文学艺术、哲学等，并带着欣赏的态度。

（2）关于《青年论坛》，陈听说和团支部合办即退出。后来，他曾对我说："老徐呀，其实你的《青年论坛》不是不能办，只是你旧名词喊得太响了，要多用些新名词。"（这是叫我打着红旗反红旗）

（3）1963年9月，他被勒令退学，我曾和他谈话，劝他回家后要保重自己。他也对我说，要我"尽全力争取毕业"，不要闹个政治不及格，毕不了业。他离校的前一天晚上，请他到海淀喝酒，约定别后不联系，不来往。

（4）他离校后，1963年10月份，他所属的团支部给他留团察看处分。我给他写一信，说："函数班支部对你进行缺席审判，判处留团察看。"他没给我回信。

简单的分析认识（提纲）

（1）已堕落到反革命边缘。堕落到背叛祖国和人民的叛国分子的边缘。

（2）社会主义社会阶级斗争（新生的反革命分子、反动思想的互相影响。）

以上是我在上大学期间所犯的主要罪行。由于这些罪行，在毕业时曾受到全校毕业生（两个系）的批判和开除团籍的处分。当然，陆平黑帮对我的批判是极不彻底的，他们对我是有包庇的。今天我要在文化大革命的群众运动中，重新接受审查，接受批判，进行脱胎换骨的改造。

四、到五中后的情况

到五中后，我对于过去的严重罪行，虽有极肤浅的理论上的认识，但世界观的改造很差，很多反动思想又有所表露。这充分说明毛主席的伟大教导："世界观的转变是一个根本的转变。"不彻底转变资产阶级的反动世界观，问题不能得到彻底地解决。

下面交代到五中后的反动思想和言行。

（一）文化革命以前（1965年8月—1966年6月）

1. 对思想改造的放松，有离开北大无事一身轻的想法。我没有勇气把自己反动历史全部交给群众，让群众监督改造自己。而是把问题包起来，只与少数几个人谈过自己的问题，谈得也不全面彻底。

2. 不安心中学教育工作的思想，特别是在1966年3、4月间闹嗓子时，曾给父亲写一信，说嗓子坏了也许是个好事，会因此调个好工作。另外，也曾和校外专家、教授联系，想找些门路。

3. 关于突出政治：1966年初报上登出介绍南京部队政治工作经验，批判了"突出政治要落实到业务上去"的反动谬论。我心中一闪念，认为这是否有些过"左"，并和组内老师说："看来对这些问题要重新认识啊！"

4. 欣赏反动的旧文化，曾和某老师说："我认为读书本身就是一种享受，我们应享受人类所创造出的一切文明财富。"

5. 吹捧卡斯特罗：在中古关系破裂时，我说："古巴也修了，过去我还很崇拜卡斯特罗呢！"并且吹捧过两个哈瓦那宣言，胡说什么"它不仅在反帝的政治内容方面，就是在使用语言方面都值得我们学习。"

（二）无产阶级文化大革命中的问题

1. 由于运动初期受过冲击，整个文化革命运动中消极，未参加群众组织，有半年左右处于消极状态。

2. 1967年7月30日以后，有一段思想同情矿派，后来看到矿派反军本质，才逐步有所转变。

3. 在批资反路线时，对自己过去的罪行有翻案思想。曾对几个老师讲，我过去的错误只是搞了个《青年论坛》，甚至美化它是反陆平的，好像自己是个造反派。并且说："如果不提我过去的问题便罢，若提，我就把它彻底翻过来。"这是极疯狂的翻案言论。

五、对问题的认识

首先，我的问题必须提到两条路线斗争的纲上来认识。在1962—63年，国内存在着十分激烈复杂的两条路线的斗争。以刘少奇为首的资产阶级黑司令部及其在各地的代理人推行反革命修正主义路线，进行着复辟资本主义的罪恶活动。他们网罗牛鬼蛇神，反对伟大领袖毛主席的无产阶级革命路线，在各个方面同无产阶级进行斗争。在国际上，帝修反趁着我国暂时困难的机会，大搞反华反共的罪恶勾当。尤其是国际共产主义运动中，以苏修为中心的现代修正主义挑起了公开的论战，各方面猖狂反华，国际共运中的两条路线斗争也公开地、彻底地表现出来。在这个国际国内阶级斗争、两条路线斗争最激烈的时候，正是我犯罪的时候。我在两条路线斗争中完全站在了资产阶级方面，站在了苏修和刘少奇方面，站在了国内外一切阶级敌人方面，攻击伟大领袖毛主席，攻击伟大的毛泽东思想，攻击毛主席的无产阶级革命路线，攻击伟大光荣正确的中国共产党及党的各项方针政策。不仅是攻击，而且在同学中间广泛散布，造成极恶劣的影响。还大肆进行反动活动,直接地、积极地参与了复辟资本主义的罪恶活动。从这些方面看,我对党对人民犯下了极端严重的罪行。

单拿我所进行的反动宣传来说,在我班同学中间造成的影响是极其恶劣的。这不仅由于我散布的言论的广泛,而且还由于我使用的手法带有很大的欺骗性,易于蒙蔽群众。我常常打着漂亮的招牌进行反动宣传,比如标榜自己追求信仰共产主义,在共产主义招牌下为苏修当吹鼓手;标榜自己是集体主义者,在集体主义背后宣传最极端的个人主义;有时还打着思想改造的招牌,借互相谈心、帮助自己解决思想问题的名义进行反动思想的宣传。这样做的结果,使不少同学受了我的蒙蔽,他们参加了我搞的一系列反动活动。尤其是对陈××、张××、温××、杨××等。

我虽然这样标榜自己,是不是我就只是认识问题,是好心办坏事,追求真理而走上了歧途呢?不是!我的问题主要是立场问题,是站在顽固的资产阶级反动立场,向社会主义、向党、向毛泽东思想进攻的问题。为什么这样说?就拿支持苏修来说,如果我能站在革命人民的立场客观地看问题的话,这个大是大非问题是很容易认清的。国际上,苏修同美帝勾结,扼杀各国人民革命运动,办尽了坏事。如果我站在受苏修毒害而遭受严重损失的伊拉克共产党人的立场,对于苏修的三和两全不是会深恶痛绝吗?如果我站在我国广大革命人民的立场,对于苏修破坏我国国民经济的严重罪行不是会激起应有的民族义愤吗?如果我站在苏联国内广大劳动人民的立场,对苏修复辟资本主义,残酷剥削压迫劳动人民,同时对人民进行法西斯专政统治的苏修叛徒集团不是会激起阶级仇恨吗?但是我不是站在人民的立场,而是站在苏修特权阶层的立场,自己追求做一个像苏修国内上层知识分子那样的精神贵族,立场当然会站在苏修方面。我对于苏修的宣传都是不假思索地相信,正表明了我的立场。由于立场错了,就不敢正视现实,不敢正视真理,也就不可能认识真理。

当然例子还可以举出很多,比如社会主义社会阶级和阶级斗争的问题,反对党领导科学教育事业的问题,反对党的政治运动的问题,都很清楚地说明了自己的反动立场。

今天，我认识到我的所作所为，我的思想言论是完全错了。这里首先有个转变立场的问题，有个把立脚点移过来的问题。其实认识问题也是立场问题，立场变了，立脚点移过来了，才能认识自己过去的错，也才能正视客观事实，看到党的伟大，毛泽东思想的伟大，认识自己言行错在哪里。

六、犯罪的根源

我生长在新社会，为什么犯这么严重的罪行呢？这是应该认真地总结的。毛主席说："历史的经验值得注意。"对于我来讲，应认真总结犯罪的沉痛的经验教训，深挖犯罪的根源，长期进行自我改造，这才能保证今后不再犯罪。

我犯罪的根源，从世界观上来说，仍然是个"私"字，对我来说就是极端的个人主义。另外，也有阶级根源和社会上的坏影响，以及修正主义教育路线长期的毒害。我的个人主义也是有阶级根源的，这些东西是相互交织的。当然，从主观上来说，长期拒绝思想改造，不认真读毛主席的书，也是极重要的原因。为了更深刻地挖掘自己的犯罪根源，有必要仔细地回忆一下我的思想发展过程，看看在这个过程中哪些是起了决定作用的，以便在找出根源的同时，吸取犯罪的痛苦的教训。

（一）个人主义思想的滋长和发展（1958年7月以前）

我从小形成了极严重的个人主义思想，这首先是与家庭的影响分不开的，是有它极深刻的阶级根源的。

我父亲是个资产阶级知识分子，他有浓厚的向上爬的思想，经常向我散布"万般皆下品，唯有读书高"和"个人奋斗""成名成家"的反动思想。比如在我上小学时，叫我学理工，当工程师。并且从小鼓励我在学校成绩上争第一。母亲在我上小学时就不让我和邻居小孩玩，说他们是"野孩子"（劳动人民出身的孩子），把我关在小屋里，终日读书。我从小就在这样的教育和环境里长大，只知道读书，其余什么事也不过问，抱着一种成名成家的所谓理想，埋头在书堆里。从学校教育来说也是这样。解放前国民党反动派当然是这样，解放以后，修正主义教育路线流毒很深,对我这样的学生是很重视的。我多次得到老师夸奖,学校表扬,亲友也常常鼓励。慢慢地,使我的思想上形成了极不健康的东西,这在我反动思想发展中起了重要的作用。这就是高人一等的思想和自信心,轻视体力劳动和劳动人民。这可以说是剥削阶级从小给我遗留下的烙印,是深深地浸透在血液里的一种精神贵族式的优越感。

上初中以后,除了家庭和学校的毒害之外,书籍的毒害也起了重要的作用。由于我埋头于书籍之中,对它们发生了兴趣,中的毒是很深的。当时我受了纯科学观点的影响,觉得人生应该追求真理,在真理的长河中能前进一步就是最大的快乐和幸福。我羡慕启蒙时代的自然科学家的生活,想终日生活在天文台中,白天研究数学,晚上观测天象。这时对父亲叫我当工程师的话听不进去了,我觉得那还不是最伟大的理想,要在自然界的真理的长河中游泳。同时这时我有计划地把自己培养成那样的人。从初二起,我开始制定生活计划,歪曲理解毛主席的三好号召,按照个人奋斗成名成家的路子培养自己,安排自己的工作学习,把自己培养成所谓"通才"。我的这种极端个人主义的思想在当时不但未受到阻碍和批判,反而受到鼓励。家里当然不会阻碍我,学校和旧北京团市委还用各种形式鼓励我,并把我拉入团内。

上高中后,学校对我这样的个人主义十分严重但是用功、听话、守纪律的学生,不但不加批判,反而十分重视,培养我当干部,鼓励我学习,使我的个人主义思想更急剧发展起来。但是由于自己的个人主义还未和社会发生矛盾,所以我对党没什么不满,表现上还是个相当进步的人。但1958年以后,社会上发生了天翻地覆的变化,我感到和我的个人主义要求有了矛盾,自己的不满情绪就开始产生了。

插一句,反右时,出于我当时的思想,对大学生中的某些右派是有同情的。其一是个人奋斗思想的共鸣,其二是认为他们有才能。但由于当时我处的地位,并未公开发表反动言论。

(二)对党不满的产生和发展(1958年7月—1959年9月)

社会上发生的巨大变化对我影响最大的是教育方针。1957年开始提出红专问题就和我格格不入。附带说一句,当时我在四中团委会里负责抓学习工作,但我不宣传又红又专,反而把学习工作的重点放在搞学生课外小组上,搞了近一千人的课外钻研小组,完全是白专道路!1958年夏天开始勤工俭学,58年4月展开双反运动,反对个人主义,这触动了我的灵魂。58年暑假又搞整团,这些在学校中的深刻变革使我有些不舒服。我知道自己思想和社会的变革很不适应,58年4月也进行过思想检查,但是我最终是逃避了思想斗争。58年7月借病休学,连整团都没参加。后来,1959年5月又退学,就离开了火热的群众斗争,继续发展自己的个人主义和一些反动思想。

大跃进年代里,我躲在家里养病,每天到公园里打太极拳,到图书馆看书,继续做着个人主义成名成家的迷梦。在广大人民群众大炼钢铁改变祖国一穷二白面貌的时候,我却躺在床上,拿着抽象的数学书,幻想揭露质数之谜。在广大劳动人民废寝忘食连夜奋战时,我却感到太紧张,感到太不自由,竟一头扎在18世纪法国的哲学、政治学书籍中,在自由、平等、博爱的虚伪口号里寻找安慰,为自己个人奋斗的野心辩护,找理论根据。当时过着医院、公园、图书馆的生活,完全脱离了现实斗争。1959年5月我又忽然想考大学,到四中退了学。做了一点准备,于是上了北大数力系。我为什么考北大,也可看出我的反动思想。我当时在科大应用数学系和北大数学系中选择,父亲让我选前者,但我觉得应用数学是联系实际的,理论性不强,不愿意考。

(三)猖狂向党进攻和消沉的时期

由于个人主义和反动思想的发展,立场十分反动,在反右倾时,我十分同情彭德怀的言论。于是在向党交心时猖狂向党进攻,这是我反动思想发展的必然结果,是有深刻的阶级根源和思想根源的。1959年向党交心是一次大暴露,矛盾尖锐化了,公开化了。这时,我受到了批判。如果我从这时起认真地进行思想改造,踏踏实实改造世界观,还不晚。但我没有这样做。我只是把不满藏在心里,不说了。实际上对党的不满则发展得更加严重。表面上看是消沉,实际是反动思想继续发展。

这时学校里也发生着一系列重大变革,如反右倾运动,教改运动,编红书运动，技术革新运动以及几次较长时间的生产劳动，我的态度都是消极的。但实际上由于我的反动思想，对这些运动都有不满。这为将来犯更大的罪埋下了种子。这时我又一次失去了改过自新的机会。

（四）平反和再次猖狂向党进攻

1961年，陆平黑帮扼杀了1958—59年教育革命的成果，对于当时轰轰烈烈的革命群众运动的大好形势加以否定，这是尖锐的阶级斗争，是两条路线和两个司令部的尖锐斗争。就在这时，陆平等借甄别工作机会为我平了反，学校里风气骤然转变。不准提"白专"了，钻书本的风气大盛。政治活动减少到几乎没有，强调"小自由"多了，甚至超过了"大集体"。这种环境对我来说是太适合了，和我的反动的资产阶级世界观非常合拍。我当时感到五、六年来从未感到的自由舒畅的感觉。由于我未得到改造的阶级本能，就又蠢蠢欲动了。

首先，个人主义的所谓"理想"恢复了，我订了个人生活计划，得到了党支部的表扬。另外，自己的不满言论敢说了，可以说当时是做了极其充分的表演。自己在所谓搞好群众关系中，散布反动言论，猖狂向党进攻。还搞了不少反动活动，学习小组，《青年论坛》等，使自己反动思想又一次恶性发展起来。

这时，我的反动活动搞得连陆平等都感到有些过分了，于是他给我敲起了警钟，1962年11月对我提出了批评。这使我自觉的反党思想日益严重。恰在这时，苏修的影响和反革命分子林、彭的影响使我的反动思想，尤其是修正主义思想系统化，发展到政治上彻底反动。

由这个过程，应吸取什么教训：

（1）不断进行世界观的改造，学习毛主席著作，树立正确的人生观和世界观，在为什么人服务，为什么而生活这个最根本问题上狠下功夫。学习毛主席著作时要活学活用。

（2）听毛主席的话，跟毛主席走。自己理解的要执行，不理解的也要执行。过去，"抽象地追求真理""寻找正确的人生之路"把我带到什么地方去了？

（3）保持清醒的阶级斗争观念，注意抵制资产阶级毒素的侵蚀。

过去我标榜自己思想是"开放式的",什么东西都吸收,"每天都要吸收新的思想",结果中毒极深。特别是对于苏修和资产阶级的哲学、政治理论,必须要用毛泽东思想彻底批判。

(4)对家庭影响要彻底批判,肃清家庭的影响。

(5)要不断革命,自觉革命,如果能有为人民服务的机会,则为人民服务一辈子,改造一辈子思想。

接受犯罪后的沉痛教训。离开北大后,思想不能说没有转变,没有提高,但世界观问题没有解决。条件、土壤适合又要犯罪。到五中后,文化革命后的问题就是明证。

1969年5月1日晚

【资料】二、对具体问题的认识(提纲)[6]

一、对三面红旗的认识

三面红旗是建设社会主义的法宝,1958年以来取得了辉煌成就。

我攻击三面红旗即反对毛泽东思想。攻击总路线,主要攻击政治挂帅,在理论上和实践上都站不住脚。

认识到自己立场的危害性,配合右倾分子和帝修反反华,帮助了敌人。

我反对三面红旗与追求资产阶级知识分子道路分不开。害怕紧张,站在群众运动之外。

二、对苏修叛徒集团的认识

赫鲁晓夫篡权以后苏联的情况。

---

[6] 本提纲未标注写作时间,从内容分析应该在1969年5月1日到5月10日之间。

我支持苏修的背叛祖国，背叛人民。

认识苏修面目有一个过程，从古巴事件到最近的事件。但也有反复。在赫鲁晓夫统治时，认识苏联有民主。

社会主义阶级斗争问题是立场问题。只要正视现实是不难解决的。我班的情况说明了和平演变。

要认识自己支持苏修的罪恶：（1）是攻击毛主席，背叛中国人民。（2）是在两条路线斗争中支持敌人。

三、对其他反党言论的认识

这些言论的实质，直接反对党的领导，反无产阶级专政，反社会主义制度，和右派一样。

关于党的领导：从党的历史看它的正确性。重弹右派外行不能领导内行的老调，被原子弹成功和其他成就所驳倒。

民主自由问题，主要是立场问题。为谁争民主自由？我为资产阶级包括右派和资产阶级知识分子争民主自由。

文化遗产问题：毛主席一贯正确对待文化遗产。我维护的文化遗产是资产阶级的反动旧文化，这些必须彻底批判，必须"焚书坑儒"，焚资产阶级书籍，坑资产阶级反动文人。

要找出自己攻击党的根源，原因是自己追求成为资产阶级知识分子。这只有在资本主义制度下才能实现。

四、对反动活动的认识

1. "争取群众"：

实质是无产阶级和资产阶级争夺青年。

这说明了我的"三无政治"的虚伪性。我无孔不入地进行资产阶级反动政治思想工作。

2. 学习小组：

业务上搞白专，是复辟资本主义的活动的一部分。政治上散布攻击教育革命、教改的言论，造成损失。

3. 青年论坛：

（1）阶级社会，任何刊物都有阶级性，青年论坛是为资产阶级服务的。

（2）散布反动思想，目的和效果是为资本主义复辟造成舆论。

（3）当时时代背景，邓拓反党杂文，各文化领域中的复辟逆流。

4. 和林彭陈关系：

说明自己走上反革命道路，堕落到反革命泥坑中。

我走上反革命道路与林的影响分不开。记取这个教训。

五、犯罪根源

（一）阶级根源：

父亲的成名成家思想的教育。

家庭经济变化使我自觉不自觉地留恋旧社会，对新社会埋下了不满的种子。

（二）个人主义思想的发展和拒绝思想改造：

犯罪主观原因，世界观上是个"私"字，具体到我是极端个人主义。

从小形成个人主义思想，初中发展到自觉按资产阶级知识分子来发展自己。

1958 年的变化触动了我个人主义的王国。但没有改造，逃避整团，钻进资产阶级反动哲学、政治书籍中。

1959 年猖狂向党进攻，受批判后没有改造自己。1962 年反动思想大暴露。

1962 年受团内批评后又不改造，向反革命靠拢。

这个过程说明犯罪与主观上拒绝改造是分不开的。

（三）资产阶级修正主义的反动思想的毒害：

生活在毛泽东时代，不联系实际地读毛主席著作，反而受资修的影响。

1958年读资产阶级反动书籍,受到资产阶级人道主义,"超阶级"观点影响,自由平等博爱,对社会不满。

1962年读《苏共纲领》和《马克思列宁主义原理》等,受到修正主义系统影响。

1962年还受右派分子影响。

资产阶级文艺作品也是一个原因。

(四)修正主义教育路线的毒害

上中学时鼓励我的个人主义思想。

上大学时,陆平给我平反,又一次鼓励我的个人主义思想。

(五)吸取的教训(五点,同检查草稿)。

【资料】三、补充交代几个问题(一)[7]

首先敬祝伟大领袖毛主席万寿无疆!万寿无疆!万寿无疆!

最高指示

资产阶级,小资产阶级,他们的思想意识是一定要反映出来的。一定要在政治问题和思想问题上,用各种办法顽强地表现他们自己。要他们不反映不表现,是不可能的。

一、关于我写的反动日记及文章

日记:1958年记过很短的一段(顶多一个月),1960年元旦起到1963年初每天都记。1963年8月—64年10月(中间有间断),1965年4月—5月,1965年12月—66年7月(中间有间断),1967年底—67年初,都断断续续地记过日记。

我认为1962年—63年的日记有很多是反动的。1963年8月以后的日记,虽主观上认为是思想改造日记,但仍有不少问题。

---

[7] 本材料未标注写作时间,从内容分析应该在1969年5月1日到5月10日之间。

在1962年—63年的日记中，记载了我当时的一系列反动思想和反动活动，比如学习小组、《青年论坛》等。具体内容能记起的有：

1. 1962年8月一次日记中污蔑革命同学没有头脑，不理解共产主义的起码常识。他们受到了"传统观念"的束缚，"不敢大胆地思想，不敢大胆地生活"。"要提倡新的思想解放运动，提倡理性，反对盲从"。"要办一个刊物，以它为主体，点燃起新运动之火，使其燃遍全国。"

2. 在筹办《青年论坛》时，我还在日记上写过："要在自由的旗帜上书上血红的大字——自己做自己的主人""不把自由的口号提得鲜明些，就不会获得足够数量的群众。"

3. 一次日记上谈到我和陈××的"友谊"时说："政治观点不同的人也能交朋友，观点不同，个人感情还会是很好的。"宣扬资产阶级人性论。

从整个日记的内容上说，大致有以下几个内容：

（1）随时记录自己的读书计划，总结，以及搞学习小组，《青年论坛》的具体活动、打算等。

（2）发抒自己的资产阶级个人主义的所谓"理想、抱负"及不健康的思想感情。

（3）发抒自己的反动思想，尤其是关于资产阶级民主自由和资产阶级人道主义等。

（4）记载我和同学的关系，和同学的谈话及对同学的评论等。

1963年8月以后的日记，自己认为是思想改造日记，但也有问题。其一，反映出自己不健康的小资产阶级情调。其二，反映出对自己罪行不认识，甚至继续标榜自己"一直是追求真理的""只要认识了真理，就会坚定地向它前进"，等等。我还记得的是，1963年9月7日的日记，那是在我22岁生日的时候，虽然表面承认自己走了一条错误的道路，但仍然标榜自己"追求真理""知错就改"，标榜自己22年来的最大收获是所谓"行路精神"，意思是要积极地对待生活，不管走在什么路上，"路还是要走""要奋斗不已"。实质是坚持反动立场的一篇自我表白。我在 1963 年以前的日记都交给了北大党组织，交的时候还撕掉了几页，重编页码，欺骗党组织。

我撕去的几页，根据回忆，内容是：

1. 1963 年初，林××建议我停止记日记，他说记这些东西一点也没有好处，老虎是要吃人的，不要把自己送给它吃（不一定是原话）。于是我在最后一天的日记中写："日记从今天起暂停，因为老虎要吃人了"，这篇我撕掉了。

2. 我偷看过同学温××的日记，里面记载党组织和他的谈话，说对我要警惕。我当时很生气，也很害怕，把这个事情写在日记上，这篇我也撕掉了。

3. 关于我和当时女朋友的一些事情，及我给她写的绝交信的底稿撕掉了，后来考虑没有什么，又把撕掉的部分夹在日记里交了上去。

文章：1958 年在家养病时，在读资产阶级反动哲学、政治书籍后写过笔记，自己叫"哲学思想录"（仿照狄德罗），约十条左右，均已散失。记起的有：（1）对于社会平等的看法，认为一切革命都是为了实现平等，真正的平等只有到共产主义建成后才能实现。自己否认阶级斗争，把阶级斗争归结于争取平等。（2）关于人与人之间关系的看法，认为合理社会的人与人之间关系只能是互相帮助，是博爱，不应有其他任何关系。

此外，写过几篇文章，主要是学习数学的心得。记起来的有两篇是和哲学和政治有些关系的。（1）学习《自然辩证法》以后写的《数的概念的发展》，（2）1959 年暑期写的《苏联对世界文化的贡献》，该文在 1959 年十月革命节时作为壁报贴出。两篇均在万字左右，自己未发现有什么问题。

1963 年初写过几篇反动文章，记起的有

（1）《这是为什么？》文中虚拟一个人物，实际上指的自己。描写这个人如何有理想，有抱负，有能力，想为人民做一番事业。但是他的理想得不到实现，他周围的人也都不理解他。为什么会这样？随即把矛头指向伟大领袖毛主席提出的阶级斗争学说，说有些人人为制造阶级斗争，而他就成为这种政策的牺牲品。

(2)《为了将来印证》,是支持苏修的反动文章。罗列了一些苏修的反动观点,主要是人道主义口号,我是支持、赞同的。但到底对不对,需要历史来考验。"为了将来印证,我写下这些话"等等。

(3)《四·一二有感》,纪念我入团七周年。发抒自己所谓追求共产主义理想的抱负(实际是追求修正主义),但是自己走上弯路,感到迷惘、徘徊。

以上三篇文章写过后不久就烧掉了。并且已向党组织汇报。

1963年夏天及秋天,在筹办《青年论坛》时写过几篇文章,准备在《青年论坛》发表,记起的有:(1)《什么是真理?》主要宣扬所谓"要用积极的寻求真理、探索真理的精神对待生活""马列主义是真理,但我们要弄清它为什么是真理,要真正理解它"等等。(2)《为什么而生活?》实质是宣扬个人主义成名成家思想。我虽然说要为共产主义、为人民贡献终生,但强调说自己应选择自己的为人民服务的具体职业,要有很强的事业心。

1964年上半年,出于想学文学的动机,开始练习写小说、散文、诗歌,实际上当然算不得什么小说、散文、诗歌,只是写着玩的。当时尤其喜欢散文,经常写一些。用当时的话说,"把它当成自己生活的印记"。

写过的"小说"有:《一个阴霾的秋夜》《我们姐儿俩》《我和金大哥》,并企图写长篇《悬崖·徘徊·新生》,写了百页稿纸左右。大概还有一些,记不起来了。这些东西我没感到有什么问题。"诗歌"多是一些短诗,具体篇目都记不起来了。

"散文"也有几篇,记得起来的有《牛虻和蒙泰尼里》,表面上批评,实质上是歌颂牛虻对他的敌人的爱,这是有问题的。《我赞美荷花》,实质是标榜自己像荷花那样纯洁,出淤泥而不染,这也是有问题的。另外,在1964年春节还写过一篇以春为题借题发挥的文章,发了一通小资产阶级的感慨,表示今后要争取生活中的春天的真正到来。肯定还有一些,也都记不起来了。要说明的一点是这些文章使用的语言都很隐晦,用了很多比喻、双关。当时自己是很追求这些的。

以上这些文章,有的丢掉了,有的烧掉了,有的交给专案组了。

二、反对伟大领袖毛主席的言论：

1963年初，从报上看到苏修的文章，称中国是"教条主义和个人迷信统治的国家"，我也说过这样的话。还讲过："中国跟着斯大林跑，毛主席也搞个人迷信"，攻击中国没有民主生活。

在五中和某老师说："我校教师利用业余时间学习毛主席著作的连10%也没有。"这既是攻击革命群众，也是攻击伟大领袖毛主席。

【资料】四、补充交代几个问题（二）(1969年5月10日)

首先敬祝伟大领袖毛主席万寿无疆！万寿无疆！万寿无疆！

最高指示

在拿枪的敌人被消灭以后，不拿枪的敌人依然存在，他们必然地要和我们作拼死的斗争，我们决不可以轻视这些敌人。如果我们现在不是这样地提出问题和认识问题，我们就要犯极大的错误。

一、关于和林××、彭××、陈××等人的关系

1. 1963年初，林搬到我的宿舍住。一天晚上，熄灯以后，我和他谈起班上同学的情况。谈到陈××，我问林对陈如何看法，林不表态。我问为什么？林说："这叫单线原则。"当时我很奇怪，为什么使用这种只有搞反革命秘密活动才使用的语言呢？我甚至怀疑到林是否是有组织的反革命分子。但我当时没有采取正确的途径，汇报给组织解决这个问题，而是用一种愚蠢而幼稚的方法，想诈出他的组织来。我诡称自己也参加了什么反革命组织，对他很了解等等。林听到这些，似乎很激动，坐了起来，说："你说的这些如果是真的，你敢发誓吗？"我当时有些害怕，就故意一笑，说："我说的都是假的，快睡觉吧。"林也一笑了之。后来，我听北京市人民检察院的一位同志说，林当时准备把我当发展对象。这天晚上的事，确实是十分危险的。

2. 1962年底，一次和林在校园里散步，林说："你想想，中国共产党十三年来干过一件好事没有？从解放起，土改，三五反，镇反，

肃反，反右，大跃进……，一件好事也没有。"我当时虽然一惊，但没有及时向组织汇报，并且，后来我还和其他同学重复过林的这段话。（大概是和杨××。）

3. 1963年初，我曾和陈××说："校外有个组织，叫中国共产主义青年同盟"，并说我参加了这个组织。实际上并没有这回事。不过，我说这话反映了自己的反动思想，它是我想组织支持苏修的反动组织的最初的动机。当时我和陈说这话时，陈没说什么。后来在我与他快分别时，我又一次提到这事，说过去说的都是假的，根本就没有这个组织。陈笑了笑说："我早就知道这是假的。"

二、关于《青年论坛》的一些问题

在1962年10月筹办《青年论坛》时，我写了非常反动的《发刊词》，其中把矛头指向所谓"束缚青年思想的传统观念"，指向所谓"邪恶势力"。这些实际上都是指党的领导，指伟大的中国共产党。

在我当时动笔写发刊词的时候，对于所谓"传统观念""邪恶势力"，头脑里是有一个概念的，也就是这些东西都是有所指的。拿"传统观念"来说，我当时反对听党的话，跟着党走，要求自由发展个性，这是我的一贯思想。凡是积极听党的话的同学，我都斥之为"没有头脑""没有理想""受到了传统观念的束缚"。另外，我当时想走资产阶级知识分子的道路，认为有些同学口头上喊又红又专，实际上不读书，头脑空空，他们也是"受了传统观念的束缚"。还有一些同学，受了所谓"左倾之风"的影响，宁左勿右，批判别人无限上纲，自己"却不懂马列主义起码常识"（这是我当时攻击的话）。我认为这些人也是被"传统观念"束缚住了，不能解脱。由此可见，我所谓的"传统观念"是指党的领导，党对青年的教育和党的阶级斗争学说。至于"邪恶势力"，在我的心目中，指的是用"传统观念"束缚青年的势力，也就是指伟大的中国共产党。具体到我生活的圈子里，指那些代表着党的领导的学校干部和学生干部。

由此可见我搞的《青年论坛》的反党性质。

三、攻击伟大领袖毛主席的言论

提过回忆，发现过去交代的一条反动言论并不完整，重新交代如下：

1965年初，我在检查会上说："毛泽东思想在民主革命阶段是正确的，这已为历史所证实。但在社会主义革命阶段犯了错误，过分强调了阶级斗争。"又说："要用他的正确方面反对他的错误方面。"

1969年5月10日

【资料】五、唐山五中革命委员会《徐明曦综合材料》
（1969年6月9—22日）

作者说明：这是我在1969年"七一"被"解放"时唐山五中做的结论，一字不动抄录如下，内有不少污蔑不实之词，最可笑的时说我在"上中学时，曾妄图组织'青年真理党'，想推翻共产党。"其实那时我是北京四中共青团的主要干部，实在不知此话由何说起？

一、本人简历：略

姓名：徐明曦，男，27岁。家庭出身：伪高级职员；本人成分：学生。原籍：北京市。现住河北唐山五中。

二、家庭主要成员和主要社会关系

父亲：徐光烈，56岁，现在北京天堂河农场五分场。解放前任天津伪中央银行高级职员，徐州宝来公司经理，伪中央银行行员。解放后留用中国人民银行。三反时因泄露国家机密被捕，判处机关管制二年。解除管制后因病退职。徐对判决不服，一直对党不满。曾向徐明曦灌输"共产党政治上最毒辣，比国民党还坏"；"中国没有民主自由"等反动言论。

母：周碧波，家庭妇女。

兄、姐、弟、嫂、妻均略。

大姑、大姑父、二姑、二姑父、姨均略。

三、主要政治历史问题

徐明曜1958年上中学时，曾妄图组织"青年真理党"，想推翻共产党。1959年考入北大，在60--63年期间，配合国内外的阶级敌人，散布了大量的反动言论，情节严重，本应严肃处理，但却被陆平黑帮包庇了下来，只给了开除团籍的处分，仍让其毕业并分配了工作。

（一）反对我们的伟大领袖毛主席和战无不胜的毛泽东思想。

（二）反对党的领导。

（三）攻击社会主义制度，向往资本主义制度。

（四）反对三面红旗，吹捧右倾机会主义分子。

（五）攻击57年反右派斗争。

（六）吹捧修正主义。

（七）筹办反动刊物《青年论坛》：

徐明曜在1962年9月--11月积极筹办反动刊物《青年论坛》，徐企图"把这刊物由班级扩大到系，由系扩大到校，由校扩大到全国""用它点燃起新运动之火"。在反动的发刊词中，徐明曜说："在今天我们还有必要提倡青年追求真理，提倡青年积极的思想，自己选定自己的道路，自己把握自己的命运。"该发刊词把党比作"邪恶""强权"，号召青年"打下邪恶势力的气焰"。尤其反动的是，徐将发刊词的日期选定为"双十节"（匪国民党的国庆），以此寄托盼蒋重来的妄想。

徐在策划过程中曾与反革命分子林××、彭××（均被捕在押）以及陈××（后被开除）等多次研究。

四、徐明曜是陆平黑帮包庇下来的右派分子

当时亲身处理徐明曜问题的人认为，徐明曜是被北大旧党委包庇下来的反动学生。

当时系级总支委员，徐明曜所在年级政治辅导员周言恭说：当时数力系总支对徐明曜的意见是："开除团籍，不予毕业，带上反动学生帽子，劳动教育两年。"周言恭和当时数力系总支委员、办公室主任李志义共同将此情况汇报给彭珮云。彭珮云供称：一九六四年冬数力系周言恭等向我汇报徐明曜的问题时曾说：数学系党总支早在一九六三年就提出把徐明曜划为反动学生，要开除他的团籍。报到了旧党委和旧团委，旧党委不批准划为反动学生，旧团委借口要研究，一直没同意开除徐的团籍，包庇了徐明曜。

五、对徐明曜的处理意见

徐明曜，现年28岁，出身于伪高级职员，从小受其父成名成家的资产阶级个人主义的影响很深，资产阶级世界观没有彻底的改造。徐在中学时企图组织"青年真理党"，妄图推翻共产党。在北大上学期间，尤其在62年至63年初，配合苏修反华，在学生中间散布大量攻击社会主义制度，反对三面红旗，妄图为右派翻案，吹捧苏修的言论，反对伟大的领袖毛主席和战无不胜的毛泽东思想。徐还在班内纠集思想反动的学生筹办反动刊物《青年论坛》，徐书写了发刊词，内容极端反动。后被学校制止，才未得逞。但其心怀不满，与反革命分子林××、彭××终日鬼混，互相影响，一起散布反党言论，情节严重。故徐大学毕业前夕曾受到全系师生批判，并受到开除团籍处分。（曾受北大旧党委陆平包庇）

在文化大革命清队学习班中，徐能主动交待问题，对自己的问题认识较好。这阶段没发现新的问题。

根据党的坦白从宽、抗拒从严的政策，虽然徐问题的性质是严重的，思想是反动的，但徐的态度较老实，给予从轻处理：定为严重政治错误，不予处分，并给予适当工作。（劳动锻炼改造思想一阶段）

唐山五中革委会
6月9日

六、齿轮厂革委会对徐明曜问题的处理意见

文化大革命运动中，重新审查未发现新问题。群众批判是正确的。该问题不做重新处理。

唐山齿轮厂革命委员会（章）
1969 年 6 月 22 日

【资料】六、对五中处理意见的一点说明（1969年7月1日）

对五中处理意见的一点说明

首先敬祝伟大领袖毛主席万寿无疆！万寿无疆！万寿无疆！

最高指示

清理阶级队伍，一是要抓紧，二是要注意政策。

在对我的问题的定案材料里，有一个情节需加以说明：

该材料说，我写《"青年论坛"发刊词》，选在"双十节"，是为了寄托盼蒋重来的反动心理。这是不符事实的。1965 年 4 月北大毕业生对我进行批判时，也这样提过，我并没有承认。我认为，在 10 月 10 日写《发刊词》，全是偶然的。因为当时从主观上来检查，并没有盼蒋重来的思想。自己认为对蒋匪帮和美帝国主义基本上还是有所认识的。

徐明耀
1969 年 7 月 1 日

【资料】七、1979年申请平反（1979年9月25日）

数学系总支：

我在 1965 年 4 月大学毕业时曾经受到全系毕业生为时一周的批判，并受开除团籍的处分。由于这次批判，1966 年 6 月在唐山五中又

受到大字报围攻，1968 年 8 月—1969 年 7 月被隔离审查十个多月，受到殴打、侮辱，使身体和精神都遭受到折磨，造成严重的神经官能症，至今未愈，1972—74 年曾不得不在唐山精神病院接受治疗，并休养过近半年。

根据党的实事求是的原则，我认为过去对我的批判和处理有很多不妥之处，希望党组织重新审查，予以平反。为此，特申诉以下几点：

在我的大量"反动言论"中有相当大一部分今天看来是正确的，是对当时的一些事物如实的评价。即使有错误的东西，也是一时的认识问题。

在我的"反动思想和言论"中绝大部分是出于改造思想的目的主动和党组织谈出的，结果都成了我的罪证，这种做法是不妥当的。

在批判中以及我个人被迫写的检查中，由于无限上纲，有很多把无意说成有意，把一时糊涂的想法说成长期固定的看法，把客观效果说成主观动机的地方，甚至还有主观臆断，断章取义，无中生有的东西。由于不按上面的口径说就不能过关，我也写过一些不实事求是的检查，特别是对 1963 年底写的《对过去的清算》和 1965 年 4 月写的《大学五年半的总结》，我正式声明这两份检查是被迫写的，根本不实事求是的，应该作废。

我和林××、彭××反革命集团无丝毫组织上的联系，对其反动纲领、计划及其叛逃行动一无所知，因此应把我的问题和他们的问题区分开来。

"青年论坛"从当时筹办它的主观动机来看是好的，革命的，《青年论坛发刊词》正反映了这种动机，它绝不是反动的，因而不应把《青年论坛》称为反动刊物，并且我认为对于青年人这种自发的探讨真理的活动应给予支持和鼓励。

数学系研究生徐明耀
1979 年 9 月 25 日

【资料】八、对"申诉书"的几点说明

我在1979年9月向数学系党总支写的申诉书中提到的五点申诉过于抽象，为进一步阐明自己的看法，特作以下几点说明。这些说明是根据回忆，就1965年4月全系毕业生对我进行批判时所涉及的主要问题所作的申辩。由于事隔十四年半，我手头又没有文字材料作为依据，因此很可能出现记忆不准确或遗漏重要问题的情况，仅供组织上对我的问题进行复查时的参考。如有情况不清之处，希望组织上能提出来，以帮助我进行回忆。

一、关于"反对党的领导"的问题

"反对党的领导"是当时对我进行批判的主要问题。当时说我"从根本上反对中国共产党，反对党的一系列方针政策，并且公开号召同学反党"等等。我认为这些指责是不实事求是的。因为在当时对我批判的主要依据只有：

1. 我曾经对当时的过左的做法有过怀疑，比如大炼钢铁运动，大跃进中的浮夸现象（放高产卫星），教育革命中的轻视理论，片面强调联系生产实践的倾向，对自然科学理论随意加上"资产阶级的"标签并加以批判的做法，在思想教育中片面强调听党的话而不启发青年独立思考，追求革命真理的错误倾向等。这些只能说是自己看到了当时党在工作中的一些缺点错误，而且又都是在向党交心中说出来的。把这些看法认为是反党是没有根据的。

2. 认为我"有个人野心""组织学习小组（1962年）是反党的组织准备，"这些也毫无根据。诚然，党培养我到北京大学学习数学，我是想把数学学好的，甚至也想在数学上作出些成绩。但是这种愿望和个人野心是根本不同的。为了学好数学，而且不止自己学好，和同学们一起都把数学学好，我才组织了学习小组。这分明是件好事，却被荒唐地指责为"为了将来篡夺党对科学事业领导权做的组织准备。"

3. 认为我筹办《青年论坛》是反党的舆论准备，青年论坛发刊词是反党纲领，是公开号召同学起来反党，这更是缺乏根据。当时办青

年论坛的出发点是是想提供一个同学们互相交流思想、讨论问题的园地，主要讨论青年人感兴趣的政治、生活、学习、修养等方面的问题，而且筹办这个刊物也不是我个人的主张，而是群众自发的产物，这点看和当时参加这个活动的陈××、张××、杨××、温××、王×等人了解。当时特别提倡自由讨论、独立思考，是针对当时青年人中间存在的问题提出的。青年论坛发刊词对于这个刊物的宗旨写得也很清楚，总的前提还是要在党的思想原则指导之下的。但是在批判中（包括我自己的检查中），都不顾事实地说这个刊物是预谋的反动刊物，目的是反对党的领导。并说发刊词中所说的"反对邪恶势力"指的就是反党，"追求真理"指的就是追求资产阶级反动腐朽的东西，可以说这只能是主观臆断！而我本人在党团组织多次谈话后，在无数次无限上纲后，也不得不承认这是一个反动的刊物，这只是为了能过关。

4. 附带提一下关于"恶毒攻击毛主席和毛泽东思想"的问题。记得主要根据大概是我在中苏论战时说过，斯大林搞个人迷信，中国跟着斯大林跑，因此是影射攻击毛主席搞个人迷信。另外，向组织交心时说过，阶级斗争强调得过分是不是会犯错误，后来大会检查时又上纲成"毛泽东思想在民主革命时期是正确的，但在社会主义革命时期是否犯了错误，阶级斗争强调得过分了。"这些话只能反映当时自己对"领袖是绝对正确的，不会犯错误"这点有过一些怀疑，而在把领袖神化的社会风气下就成了"恶毒攻击"了。实际上，我对毛主席一直是非常钦佩的，初中时我就通读了毛选1—3卷（当时第4卷还未出），并且和同学们（包括林××在内）说过，"我认为中国近代现代史上只有孙中山和毛主席可以称得上是伟大的革命家，毛主席对中国历史的贡献是不可估量的。"但在批判时这些正确的话自然无法再提，只强调了在当时看来有问题的话。这样的批判是不能使人心服的。

二、关于"反对社会主义制度，向往资本主义制度"的问题

在对我的批判中，所谓"反对社会主义制度，向往资本主义制度"的内容是很多的，我认为也不切合实际。因为作为社会主义制度基础的生产资料公有制的经济制度和人民民主专政的政治制度我从来没有反对过，而且是十分赞成的。说我"反对社会主义，向往资本主义"

主要是根据下面几条：

1. 我认为当时民主生活不健全，应该扩大社会主义民主。特别是感到在选举时，哪怕是选班长或小组长，也都是先由上级定下来，选举只是走走形式，我认为这种做法不能代表广大群众的意愿。今天看来，这实际上是当时我们的民主生活不健全的一些表现，并不能认为一提民主，就是要求资产阶级民主。

2. 对当时政治运动中的过激行为和扩大化问题有些看法，比如我认为"反右搞得面太大，有的大学里一个班大多数人都是右派""应重新估价反右斗争""反右中伤了一些有才能的好人。"认为反右倾搞得过火了，困难时期以后，可以看出右倾分子的观点是有正确的一面的（是否提了彭德怀我也记不清了）。我还认为，由于"政治运动搞的过火"，造成群众不敢讲真话，怕一讲出来就挨批判等等。这些看法在当时被指责为"为反动阶级鸣不平""鼓吹资产阶级人道主义"和"反对无产阶级专政"，我觉得这是不妥当的。因为不管这些看法是对是错，发表这种看法（而且大部是向党交心时谈的）还只是一种认识问题，而"反对无产阶级专政"必须是有目的的，有行动的，二者不能混为一谈。

3. "向往资本主义制度"主要是指在中苏论战时出现的一些认识问题，尤其是指我当时对于苏共二十二大中通过的苏共新纲领的一些错误认识。我当时看到了苏共纲领中关于发展文化、科学、教育事业的条款，感到提得很正确。另外，也受到它所提出的一些虚伪口号"一切为了人，为了人的幸福""革命的最终目的是提高人民的物质文化生活水平"等的蒙蔽，在1962年底到1963年初产生了对苏修的好感，这个问题后来很快就解决了（可见当时的思想汇报及检查）。我认为这个问题是属于一时的认识模糊问题，是出于不了解苏修的实质，特别是它的虚伪性和欺骗性而出现的，并且我所"向往"的像"发展文化科学事业""革命目的是提高人民生活水平"仍然是正确的，只不过苏修并没有照纲领那样做，这不能看成是"向往资本主义"。

三、关于和林××反革命集团的关系

关于这个问题，我想组织上早已审查清楚，这里我只声明几点：

1. 我与林××集团毫无组织联系，对于他们的纲领、计划及叛逃行动均一无所知。

2. 我与林接触开始于向他学习英语，和他接触的时间是在1962年9月以后至1963年三、四月间。当时我正搞"青年论坛"，但林在"青年论坛"活动中并未曾起到什么作用。1962年11月青年论坛流产以后，确曾在林面前发泄不满，也受到林的一些思想影响。但当我感到林可能是反革命分子以后，立即和林断绝来往，1963年4月曾向李志义同志做了汇报。林对此有所觉察，还曾讽刺地说我"想得一块大奖牌"等等。

3. 文革清队中曾有人提出我"资助林叛逃"的问题，据说我曾给林20元，此事绝对没有。如果我曾借钱给他是有可能的，但我已记不清了。不过即使确曾借钱给他，也谈不到资助叛逃。因为我并不知林要叛逃，怎能谈得到资助呢？

四、妄图组织"青年真理党"，企图推翻中国共产党的问题

这个问题是我在1959年被批判后挖根源时讲出来的。实际情况是：我在1958—59年养病期间，曾有一天坐在月坛公园看《马克思传》，看到马克思年轻时参加"青年黑格尔派"，后来组织"共产主义者同盟"的时候，我当时想我们在今天应该学习毛主席的思想，可以组织一个"少年毛泽东学会"，将来也可能发展成为一个党，譬如叫"青年真理党"。这一切想法只是当时的一闪念，过后也就忘了。我既没有策划如何具体组织这些组织，也没有和第二者谈过此事，只是在挖根源时以批判的态度谈到了这点，就成了"妄图组织青年真理党，企图推翻中国共产党"，这是不切实际的。

五、所谓"争取群众"的问题

在同学的批判和我个人的检查中，曾多次谈到我和同学们的接触，并把它描写成是"有目的、有计划地向同学们散布反动思想""自觉地代表资产阶级和党争夺青年一代"等等，这实际上是不真实的，是在多次批判、检查和无限上纲之后形成的一个虚幻的说法。实际情形是，当时我和同学接触较多，主要有以下几方面：（1）和同学谈心，

谈思想改造。这是当时组织上号召的，可是后来就把我在谈心中说的一些话当成的放毒，而且说成是有意的。（2）和同学们谈学习、学习方法等，后来被说成是有意向同学灌输白专思想。（3）组织学习小组和筹办青年论坛期间和当时这些活动的骨干陈××、张××、杨××等常在一起谈话，在谈到吸收哪些人参加时自然要谈些同学的情况，这在后来被说成是对同学分类排队，有计划地和党"争夺群众"。以后组织上让我交代和同学们谈话的内容和动机，并让我写了多次检查，在这些检查中，逐渐地就把和同学们的正常接触歪曲成了有目的地为资产阶级"争取群众"的活动。关于这方面的具体情况，组织上可和当时与我接触较多的同学了解调查。

【资料】九、共产主义青年团北京大学委员会《对徐明跃一九六五年受开除团籍处分的改正决定》（1980年6月1日）

徐明跃[8]，男、数力系59级学生，共青团员。

徐于一九六五年在进行毕业政治学习期间，被认为在大学学习期间"一贯思想反动，拒绝思想改造，坚持反动立场"，受到批判，并给予开除团籍处分。

根据中共中央【1979】85号文件精神进行了复查，认为原对徐明跃同志所作的结论与实际情况不符，是错误的。现决定撤销对其开除团籍的处分。

共产主义青年团北京大学委员会

一九八〇年六月一日

（加盖公章）

徐明曜 2019 年 11 月 25 日完稿

---

[8] 本文作者注：此件中把徐明曜的名字写成了"徐明跃"，可见平反工作之粗疏。

作者简介：

徐明曜，1941年9月生于天津市，1945年日本投降后随父母定居北平。小、中、大学都是在北京上的。1965年毕业于北京大学数力系数学专业，随即被分配到河北省唐山市五中工作，在唐山经历了文化革命的全过程。1978年考入北大数学系读研究生，1980年提前毕业留校，从事教学、科研工作。1988年提升为教授，后又提升为博士生导师。共培养博士生13名，硕士生多名。2004年在北大退休。2003-2009年受聘为山西师大特聘教授，协助指导研究生。2010年起，自学中国近现代史，数篇习作发表在网刊《记忆》上。主要研究兴趣：1957-1976年中国政治、思想、文化史。

二、文革前期（1966—1969）

关于 7.12 陈必陶大字报[1]

吴乃龙

北京大学文化革命中的一个重要事件是 1966 年 7 月 12 日地球物理系陈必陶等五位同学贴出标题为《把运动推向更高阶段》的大字报。这是北大公开批评张承先工作组的第一张颇有影响的大字报。一些有关的回忆和评论文章出现在书籍和互联网上。作为陈必陶的同班同学，我也来讲述事情的经过和发表自己的看法。

一、大字报的产生

这五位同学中的四位，陈必陶，赵小康，贺玉芳，袁素云与我同班。本班是地球物理系 1964 级 2 班（大气物理专业），共有 25 名同学，其中男生 21 人。文化革命中开会是在男生宿舍。由于宿舍空间大小的限制，一般情况下，全班同学分成两个小组，各组占用一个寝室。这四位同学中，后三位属于同一个小组，组长是贺同学。陈必陶则是属于另一个小组。

这五位同学中的最后一位赵玉亭，与我同年级不同班，来自 1964

---

[1] 此文转载自《华夏文摘增刊》1169 期（2019 年 4 月 7 日），原文题目是：《北大文革回忆——7.12 大字报》

级1班（地球物理专业与高空物理专业）。因为每个寝室住宿六人，本班21名男生中的三人（包括陈必陶）与1班的三位同学（包括赵玉亭）合住一个寝室（39楼505室）。因此，陈、赵两位同学彼此很熟悉。7月12日当天，写大字报的那个小组的会场正好在505室。

我与这后三位同班同学不属于同一个小组，7月12日那天不在505室，没有参与大字报的写作，没有在大字报上签名，但是大字报贴出后，我坚决支持这份大字报。

根据袁同学的回忆，7月10日星期天晚上，陈必陶和她一起坐公共汽车离家返校（两人家在北京，是邻居）。路上陈必陶说，周末他的几位在大学读书的朋友和他聊起当时的文化革命，大家都觉得有些压抑感，有些学校里甚至有学生质疑工作组的所作所为仍是老一套。袁同学当时心有同感，但是转念一想，那些人都是高干子第，天不怕地不怕，说什么话都不要紧，而自己是一介草民，不敢妄议朝政。

第二天7月11日星期一，全班同学照例分成两个小组开会。袁同学的组在505室。依照惯例，开始是读报，大家轮流，每人一段。接着是讨论，每人都得发言。上午完了，下午照样。6.18事件以后，天天如此，有时晚上也要开会。

这天晚上，这组正在505室开会时，赵同学回宿舍拿东西。他推门一看，发现里面正在开会，就连忙退了出去。过了不久，从楼道里传来踢踢踏踏的脚步声和脸盆的磕碰声，这说明就寝时间到了。女同学正准备离开会场，不料陈必陶拉着赵同学开门进来。袁同学听见陈必陶对赵同学说话，重述在星期天晚上返校路上对她说的事，即其他大学的学生对工作组有看法的事。大家一听此事，都来了精神，各抒己见，热烈讨论起来。直到熄灯时间，才各自回自己的宿舍。

7月12日星期二上午，505室。小组会一开始，组长贺同学就说，昨天大家讨论很热烈，都关心国家大事，关心文化大革命。他问大家，是否可以用大字报的形式把大家对当前运动的看法写出来，帮助工作组推动运动深入发展？大家一致同意，把陈必陶从另一个小组请了过来，一起起草大字报。大家你一言我一语，很快就把大字报写出来了。在场的同学中有5位签上了自己的名字。然后，一起去把大字报贴到宿舍楼（39 楼）北面的学生第六食堂的西头的墙上（朝西）。

二、大字报贴出之后

7 月 12 日大字报贴出后，引起不少同学围观和议论。特别是午饭和晚饭时间，不少同学端着饭盆边吃边看大字报。围观的人越来越多，在原大字报（约 2500 字，大概有 6、7 张纸）周围贴了不少大字报，有支持的，有反对的。

本班、本年级和本系的同学立即分成支持和反对的两派。支持的同学认为大字报说的情况是事实，不认为大字报是反对工作组的。反对的人则认为，大字报是反对工作组的。在大字报贴出的几天内，工作组没有公开表态。当然，大字报的作者和支持者是承受着压力的。

大字报贴出几天后（记不得准确日期，但是可以肯定，一定是在 7 月 18 日之前）的一个晚上，我听到学校广播台的高音喇叭广播，呼叫 5 位大字报作者的姓名，要他们立即去燕南园 XX 号。根据袁同学的回忆，她在听到广播呼叫后，心里嘀咕：事儿来了，不知是祸是福，但是心中无愧，也就毫不犹豫去了燕南园。到达后一看，已经有人先到了。除 5 位同学外，还有一位老师向他们介绍坐在她自己旁边的女士。由于当时头有点晕，袁同学没有听得很清楚，好像是李讷。散会后回想，袁同学觉得应该就是李讷，因为她的眉眼和面部与在大街上贴的毛主席像有些相似，而且讲话的语调和气度也不一般。会很快就开完了。主要是询问 7.12 大字报产生的前后情况。5 位同学一一据实回答，说明就是想表达自己当时的观点。

7 月 18 日晚上，即"6.18 事件"一周月之际，校工作组组长张承先在全校广播大会上，很不情愿地宣布，陈必陶等 5 同学的 7.12 大字报是"革命大字报"。我还记得当晚的情景。很多人聚集在学六食堂南面、38 楼和 39 楼北面的马路和空地上听挂在一棵大树上的高音喇叭。当说到该大字报时，张承先停顿了几秒钟，才蹦出"革命大字报"这 5 个字。人群中立即发出一阵掌声。掌声并不响亮，说明原先支持大字报的人并不占多数。

大字报的作者和支持者都松了一口气，原因是，"反对工作组"的帽子没有了，而且被工作组承认为"革命大字报"。请注意，支持大字报的人不是认为，大字报反对工作组而且是反对对了。很多原先反对大字报的同学也转而支持大字报。没有人再说那张大字报是反对工作组的，至少没有人公开说。

7月25日、26日和8月4日三个晚上，中央文革小组和其他中央领导人物在北大东操场召开所谓的"万人大会"。在7月26日的大会上，宣布撤销工作组和成立学校的文化革命委员会。在成立（正式的）文化革命委员会之前，先成立文化革命委员会筹备委员会，每个系选举一名委员。地球物理系进行了相当激烈的"竞选"。两位候选人是：7.12大字报代表人物陈必陶和老牌学生干部、1960级学生王世一。竞选活动在学六食堂南面、38楼和39楼北面的马路和空地上进行。陈必陶本人没有出面竞选，只是他的一些支持者在热情鼓噪。王世一则亲自出马发表演说，加上她的支持者的呐喊。竞选结果，陈必陶当选为地球物理系的委员。当选后他只去参加过一次校文革筹委会会议。据他自己说，不再去开会的原因是（开这种会）"没意思"。后来在校文革筹备委员会的基础上成立校文革委员会，陈必陶不是地球物理系的委员。

1967年7月12日，由新北大公社16团（地球物理系）组织学校的7.12大字报发表一周年纪念大会。其时以聂元梓为首的新北大公社已经发生分裂。16团被"反聂派"主导。当晚纪念大会在五四操场举行，只有"反聂派"参加。主持大会的是地球物理系1962级学生王素菊。我在大会上代表本班（陈必陶所在的班）发言。陈必陶本人也在大会上作了简短发言。

三、讨论

（一）7.12大字报的性质

1966年5月25日下午聂元梓等7人的大字报在大饭厅东墙贴出

后,引发了支持者和反对者的辩论,但是没有影响到学校的教学秩序,第二天我们照常上课。6月1日晚中央人民广播电台广播了这份大字报。第二天开始,学校停课。以张承先为首的工作组随即进校,领导北大的文化革命,斗"黑帮",包括开斗争会和强迫劳动。工作组也把学生分成"左、中、右",准备整学生。6月18日,部分学生甩开工作组,"自发"斗"黑帮"。工作组把它定性为6.18反革命事件,运动从而进入冷清时期,引起一些同学的不满。这就是7.12大字报产生的背景。

张承先在他的文章"文革初期的北大工作组"[2]中说,在陈必陶等五名同学贴出大字报后,"工作组领导小组决定通过这张大字报,进一步贯彻'放'的方针,把运动搞活。"仿佛他对大字报的态度是一贯肯定的。根据其他同学和我的回忆,张承先说的不是事实。

根据北大学生陈焕仁的日记[3],7月17日他到大饭厅听了张承先的报告。报告的题目是:"高举毛泽东思想红旗,把运动推向更高阶段"。报告的内容是:"首先总结了前段运动,然后布置了今后的工作,点名批判了陈必陶等5人大字报,他用了很长时间,对陈必陶大字报罗列的工作组'五大罪状',一一地予以批驳,说陈必陶等人的大字报完全是别有用心,北大的运动只能在工作组的领导之下,坚定不移地按照中央部署和要求进行,决不能让少数别有用心的人去左右,从而走偏方向。"

我不记得张承先作过这样一个报告(可能这个报告根本就不是面向我们这样的普通群众)。但是我记得我们都承受着很大的压力。正如北大学生古樟的看法[4],张承先态度发生过转变;这个转变是北京市委领导李雪峰和吴德一再做工作(批评)的结果。总之,工作组(即组长张承先)对大字报的态度不是一贯不变的。由于上级(北京市委)的压力,由(自主的)否定变成(不自愿的)肯定。

让我们来看大字报的内容,根据当时流行的方法解读。大字报首

---

[2] 张承先,《文革初期的北大工作组》《百年潮》,1998年第5期。
[3] 陈焕仁,《红卫兵日记》,香港中文大学出版社,2006年。
[4] 古樟,浅析张承先的《文革初期的北大工作组》,电子杂志《记忆》,第147期。

先肯定工作组,说工作组领导北大文化革命取得很大成绩。然后,以地球物理系为例,列举运动中存在的四个问题,其间没有提到过工作组。接着,大字报提出进一步搞运动的两条建议,其间提到了工作组,给工作组出主意。最后表示,要在工作组的领导下,把运动推向更高的阶段。

以上是心怀好意,正面解读,得出大字报不是反对工作组的结论。对大字报也可以心怀恶意,负面解读,得出大字报是反对工作组的结论。大字报在开头对工作组抽象肯定,然后对工作组具体否定。大字报列举运动中存在的四个问题。虽然没有提到过工作组,但是运动是在工作组领导下进行的,所以,工作组必须负责,也就是说,这四个问题是由于工作组的错误造成的。大字报提出进一步搞运动的两条建议,趁机攻击工作组"包办代替""怕'乱子'"。最后谎称"要在工作组的领导下,把运动推向更高的阶段",其实就是要抛开工作组,由少数别有用心的人去左右运动,偏离大方向。

没有亲历文革的人很难欣赏当时那种能从鸡蛋里挑出鸡骨头,甚至挑出猪骨头的本事。

依我的看法,7.12大字报不是反对工作组的大字报,顶多能算是对工作组不满的大字报;是工作组把它说成是"反对工作组"的大字报,从而可以给作者和支持者扣上"反工作组"这顶大帽子。须知,工作组自称是党中央、毛主席派来的。因此,"反工作组"就是"反党"。这种"反XXX"就是"反党"的逻辑,一直通行无阻。文革开始后,这是北大第一次出现的这类大字报。因此,工作组必须把它打压下去,才能维护工作组的权威。这顶帽子很好使。

在工作组一统天下的文革初期,写出和贴出这样的对工作组不满的大字报,签上自己的名字,需要很大的勇气。从前面的第一小节"大字报的产生"可以看到,是陈必陶把对运动现状不满的情绪和看法带到在505开会的小组。第二天,是组长贺同学提议写大字报,帮助工作组推动运动深入发展,得到大家的同意。在写大字报过程中,陈必陶起了关键作用,在大字报上第一个签名。根据全班分组方法推断,在场应有10几人,但最后只有5人签名。这说明过半的人不同意或部分不同意大字报的内容,或只是勇气不够。

有意思的是,在工作组表态之前,大字报的作者和支持者都辩称,大字报不是反对工作组的;大字报反对者则说大字报是反对工作组的。在工作组表态、说大字报是革命大字报之后,作者和支持者的说法不变,而反对者则改变说法。总之,大家都说大字报不是反对工作组的。后来,工作组撤出学校,大家批判工作组的"资产阶级反动路线",都转而说那是北大第一张反工作组的大字报。这不是有点滑稽可笑吗?

(二) 7.12 大字报对北大文革的影响

(1) 7.12 大字报贴出后,校园里出现不少支持或反对的大字报,在一定程度上打破了 6.18 事件后的冷清局面。但是,局面在短期(一周)内会发生根本性的转变,迫使工作组承认 7.12 大字报是革命大字报,是因为外力迅速介入的作用。从表面上看,是北京市委(李雪峰、吴德)对张承先的批评。实际上,是更高层的力量在起作用。从逻辑上讲,文革初期的工作组(以及后期的工宣队),是共产党中央派的。因此,工作组的老虎屁股别人摸不得,只有党中央才能摸。只有党中央才能说工作组犯了"路线错误",才能命令他们撤出学校。说工作组是刘少奇派的,不是党中央派的,那是狡辩。难道刘少奇是以个人名义而不是以党中央名义派工作组到学校?何况,有人披露,向北大等单位派工作组是得到毛泽东同意的。更可笑的是,在清算工作组的错误时,说工作组执行了"资产阶级反动路线"。共产党中央派的工作组执行的路线,与资产阶级有什么关系?说工作组执行了"无产阶级反动路线",还靠谱一些。

从事情发展的时间顺序,可以看出外力介入的迅速和巨大作用。7月12日大字报贴出,几天后李讷在燕南园会见大字报作者,7月18日张承先在广播大会上宣布 7.12 大字报为革命大字报,7月25日中央文革小组和其他中央领导人物在东操场召开"万人大会",7月26日的大会上宣布撤销工作组和成立学校的文化革命委员会。前后只有两周的时间。有理由认为,要以工作组的问题为借口向异己发难,是毛泽东早就计谋好的。7.12大字报的出现，提供了一个契机，由中央文革小组出面，启动批判工作组、撤销工作组、清算异己的过程。

（2）当时流行北大文革"先天不足"论，即：把工作组撤走后、北大文革的情况和清华相比较，北大文革不像清华那样轰轰烈烈，是因为北大文革"先天不足"。根据当时流行的说法，"先天不足"的原因有二。

"先天不足"的第一个原因是：北大有个聂元梓。在工作组撤出后，1966年7月28日成立校文革筹委会，主任是聂元梓。9月11日成立（正式的）校文革委员会，主任还是聂元梓。由于聂元梓是毛泽东钦定的"全国第一张马列主义大字报"的作者，在北大无人可以挑战她的地位，无人可以代替她，因而北大"乱"不起来。而只有"乱"，才能"轰轰烈烈"。10月6日物理系学生路远、周闯在学六食堂东头墙上贴出大字报，标题为"搬开聂元梓，北大才能乱"，劝聂元梓自动退位。

"先天不足"的第二个原因是：7.12大字报的问题解决得过快，前后只有一个星期的时间。时间不够长，打压烈度不够，反抗烈度不够，因而北大没有出现清华蒯大富式人物。不过，这里含有猜测成分。如果工作组来得及对7.12大字报作者和支持者进行猛烈打压，谁也不能预料其结果。

附：《把运动推向更高阶段》[5]

自从六月一日党中央和毛主席派来了工作组，我校起了一个翻天复地的变化。伟大的无产阶级文化大革命即刻在我校蓬蓬勃勃地开展起来了，取得了很大成绩。革命形势大好，我系的文化大革命运动也和全校一样，发展很快，取得了巨大成绩。但运动的发展是有些问题的，尤其当前我们觉得问题比较突出。

---

[5] 1966年7月12日北大地球物理系陈必陶等5位同学的大字报：《把运动推向更高阶段》。（引自"地方文革史交流网"。）

一、我们对当前的运动有以下几点估计与意见：

（一）运动在当前发展较慢，几乎停止不前，斗苏士文的辩论会进展极慢，原计划搞两天的干部路线问题，结果搞了四天，收效不大。苏士文没有承认任何实质性问题，而是气焰嚣张，至今还负隅顽抗。敌人是不打不倒的。但为什么苏士文这个顽固分子，我们打了还不倒呢？是因为我们打的不狠，现在大字报质量不高，有许多更深层的材料还没有揭出来，大字报几乎千篇一律，大同小异，没有对立面，而是一边倒，难道大家的看法都如此一致吗？

（二）陶铸同志说："我建议大家串连，班与班串连，系与系串连，甚至可以到校外去，群众运动么，就是要运，就是要动，既不运也不动。几个人蹲在屋子里，你看看我，我看看你是不行的。"现在我们就是既不运也不动。每天早晨七点三十分至十一点三十分是坐在宿舍里，下午二点三十分至四点三十分是坐在宿舍里，晚上还是坐在宿舍里，几乎没有什么串连，班与班，年级与年级，系与系，学校与学校互不通气，甚至同层楼的也是"鸡犬之声相闻，老死不相往来。"整天在宿舍里，东拉西扯，没有讨论出什么东西。交流经验，交流观点是太少太少了，也没有时间。早晚七点三十分、下午二点三十分到宿舍的规定，很多同学感到卡得死死的，憋得慌，满腔热情，一身干劲不能充分发挥。

（三）现在左中右还不分明，糊糊涂涂一锅粥。无产阶级文化大革命是触及人们灵魂的大革命，每个人都要在运动中受到考验，可现在大家几乎都是左派，按理说真正的左派是少数，然而学生中你是左派，我也是左派，中间派在哪里？右派在哪里？这真是奇怪，当然真正的左派在哪儿也就不清楚了。

（四）现在各班的核心小组是核心吗？毛主席说："凡属团结一致，联系群众的领导骨干，必须从群众斗争中逐渐形成，而不是脱离群众斗争所能形成的。"又说："一个百人的学校，如果没有一个从教员中职员中学生中按照实际形成的（不是勉强凑集的）最积极、最正派、最机敏的几个人乃至十几个人的领导骨干，这个学校就一定办不好。"当群众还有种种习惯势力和框框的时候，所选出来的人就不一定能代表真正的革命力量。领导核心应是左派组成的。正如主席所说的是在群众斗争中形成的而不是勉强凑集的，不是一成不变的，左派队伍也会分化，真假左派要靠斗争来检验，必须不断地提拔在斗争中产生的积极分子来替换原来骨干中相形见绌分子或腐化的分子。

现在核心小组还未充分发挥作用，有些干部每天开会太多，脱离群众，核心小组是上头有什么布置就往下传，下头有什么情况就向上反映，一件事作完就要指示，不来就等，没有一点主动性，创造性。说难听点只起传声筒的作用。

二、运动在当前怎样搞，我们认为：

（一）要组织起来真正的左派队伍

上面说过在学生中几乎都是左派，实际上左派队伍还没有真正组织起来，我们建议，真正的左派，要打破班与班的界限，打破级与级的界限，我们大家组织起来，组成革命的核心队伍，团结广大革命师生，向黑帮开火，向资产阶级权威开火。

在教师中，我们认为情况更为严重！领导权是否在真正的左派手中？在斗争苏士文的辩论会上，什么人控制着会场？是什么人总发言，什么人不发言？犯了错误的干部洗手洗澡，轻装上阵了吗？为什么苏士文不倒？这难道和我们的"队伍"无关吗？红旗杂志社论《信任群众，依靠群众》中说："掌握了毛泽东思想的广大人民群众，对牛鬼蛇神战斗得最好，他们瞄得最准，打得最狠。"而我们怎么斗得不够好呢？这个问题值得考虑。我们认为，现在的问题首先不是什么知情不知情的问题，而是敢不敢彻底革命的问题。

（二）要放手发动群众

我们认为，工作组要放手发动群众。就学生来说，广大革命师生蕴藏着极大的革命积极性，不要卡得太死，不要搞清规戒律，要让群众的积极性充分发挥出来。

红旗杂志社论《信任群众，依靠群众》中说到："我们党必须依靠各个地方，各个部门的坚定的革命左派。不要受级别、资历、年龄等错误框框的束缚，把坚定的左派组织起来，作为运动的骨干，大胆放手地让他们在无产阶级文化大革命中发挥带头作用。"

毛主席在《中国共产党在民族战争中的地位》中说："必须善于使用干部。领导者的责任，归结起来，主要地是出主意，用干部两件事。一切计划、决议、命令、指示等等，都属于'出主意'一类。使这一切主意见之实行，必须团结干部，推动他们去做，属于'用干部'一类。"毛主席又说："必须善于爱护干部，爱护的办法：第一，指导他们，这就是让他们放手工作，使他们敢于负责；同时适时地给予指示，使他们能在党的政治路线下，发挥其创造性……。"

我们的工作组，就要"大胆放手"，让坚定的发挥带头作用。我们坚决服从党的领导，服从工作组的领导。但领导不是包办代替。我们服从工作组领导是要让我们放手工作，同时又适时地给予指示，使我们能在党的政治路线下发挥创造性。

我们希望，工作组不要怕"乱子"，搞运动吗，就得"乱"点，不"乱"才不是"正轨"。现在就有点松松散散，稀稀拉拉。比如有的人，游泳、打球，一玩就是一、二小时，有的人一天游泳竟达二、三次之多，有的人读小说，科技书，爱不释手，试问这兴趣哪来的？他们一搞运动就象泄了气的皮球。我们提倡适当锻炼身体。问题是有的人竟达到了疯狂地步，这和对运动的态度形成鲜明对照。在这里就反映着对文化大革命的态度。

要搞运动就不要怕乱，不搞运动当然也就不"乱"。要在乱中求不乱，有点"乱子"才好呢，这样每个人都要接受检验，人们就会分化，各派队伍就会分明起来。左、中、右分明了，我们看，这就比"一锅粥"好搞。"六·一八"不是许多牛鬼蛇神登台表演了吗？一表演就暴露，这岂不是好事。

以上就是我们对当前运动的看法，同志们可以充分发表意见，进行辩论，在工作组的领导下，把运动推向更高的阶段！

地球物理系二年级陈必陶、赵小康、贺玉、袁素云、赵玉亭
一九六六年七月十二日

作者简介：

吴乃龙，1964 年毕业于广东梅州的高中，考入北京大学地球物理系，1970 年 3 月毕业。

1979 年考入中科院北京天文台射电天文专业研究生。

1980 年 7 月被科学院以公派留学生身份赴澳大利亚悉尼大学读博士研究生。1986 年从悉尼大学毕业，取得电机工程博士学位。

1986 年 10 月任北京天文台博士后研究人员兼研究院教师。1988 年 10 月转清华大学无线电系作博士后研究工作。1990 年 10 月转回北京天文台从事研究工作。

1991 年 11 月赴美国参加国际天文学会议，随后参加哈勃空间望远镜处理研究工作。

1994 年技术移民加拿大。

黑帮大院[1]

丁石孙

（袁向东、郭金海访问整理）

访：1966年底，您被放回家后是不是就比较自由了？

丁：是的。因为学生都出去串联，没有人管我，我也不用到学校开会。记得1967年的春节，我们过得还比较愉快，买了很多菜，改善了伙食。那时工资还是照发的，钱并不缺。可是好景不长，1967年春季里有一天，系里来人通知我要继续去劳动。第二天我到系里，看到大概有十二个人参加劳动，其中有系总支书记陆元灼，还有程民德和几个右派。陆元灼是1961年陆平从铁道部带来的。她人品比较好，没有架子，经常找我谈谈话。我在前面讲过，她到数力系后对一些有问题的人进行了甄别，1962年恢复了我的党籍。有一段时间因为陆元灼生病，程民德代理过系总支书记。

访：参加劳动的右派有哪几位？你们的劳动任务是什么？

丁：一位叫程庆民，是党员，当过系总支宣传干事。他人比较好，书也教得不错。反右时，他参加了学生的一次会。后来有人揭发说他同情学生，帮助右派出谋划策。还有一个是我提到过的朱德威，跟桂琳琳在北大同届毕业。

我们这些人的劳动任务，就是拆洗被子和缝被子。外地很多学生串联到北大后，学校买了很多被子给他们用。这些用过的被子都要我们拆洗干净、缝好。被子真是很多，也睡得比较脏。一开始，我们都不会缝被，陆元灼教我们怎么缝。我就是那时学会缝被子的。文革以后很长时间，我们家的被子都由我来缝。我们劳动的地点在红二楼和

---

[1] 本文摘自《有话可说：丁石孙访谈录》，湖南教育出版社，2013年7月。

红三楼之间的一个食堂里,这个食堂有口很大的锅,我们就在锅里洗被子,然后拿出去晒干、缝起来。那段时间过得也还算愉快,没有人管我们。生活也很有规律。每天住在家里,在家里吃饭,到上班时间去干活。

访: 文革期间,全国许多地方打派仗,北大也打派仗,这影响到你们劳动了吗?

丁: 1967年1月发生上海风暴,造反派开始夺权,打派仗。北京的群众分成两个派系,一个是天派,另一个是地派。那时几乎所有的大学、机关单位都分成两派。从表面上看,是因为政治观点不同,但实际上反映了长期积累的人事纠葛。北京的所有派别或属于天派,或属于地派。尽管它们并不都叫这两个名字,同一体系内的派别可能没有组织联系,但它们会互相支援。大概在1967年下半年,北大出现了井冈山和新北大公社。人数多的是新北大公社,属于天派,以聂元梓为首;井冈山属于地派,周培源被推为"寨主"。那时北大就比较乱了,造反派都忙于打派仗,没人管我们这些被打倒的人了。等到1968年初串联停止后,我们也不用洗被子了。

访: 据说,文革期间,北大造反派间的武斗很厉害。有时进攻的一派,举着门板往前冲,防守的一派用石头砸。这特别像古代的攻城。太可怕了!

丁: 是这样的。还有的用皮带做弹弓。更厉害的是活活把人打死。有时打派仗也很滑稽。譬如晚上,一派在地上撒了很多黄豆,由于光线暗,看不见,另一派冲过来,就滑倒了。

访: 到什么时候又有人管你们了?

丁: 到1968年上半年,记得有一天学校突然通知我第二天带铺盖卷到煤厂集合。煤厂就在现在校医院旁边,是烧锅炉堆煤的地方。第二天我去的时候,还不知道要干什么。到了之后,首先看见的是一帮学生把朱光潜当作开玩笑的对象,让他背毛主席语录。他背不出来,学生就打了他几个耳光。当时朱光潜的年纪已经比较大了,看起来很可怜。等我们这些人都到齐后,被带到昌平一个叫太平庄的村子。那儿是1965年历史系开门办学的地方,离200号不太远,有历史系盖的一些房子，还有一些地。我们就住在那儿种地。

访：种了多长时间的地？

丁：不到十天，又让我们回学校，但不让回家，而是把我们关进了黑帮大院。黑帮大院就是所谓的"牛棚"。这时北大已经有了"牛棚"，在民主楼和外文楼之间，以这两栋楼为两堵墙，再用泥巴把另外两边也垒了起来，里面有十几间平房。季羡林写的《牛棚杂记》的"牛棚"就在这里。这些平房是 1950 年代盖的。当时因为学生增加了很多，教室不够用，盖这些房子当作教室。我们就被关在这些平房里，每个房间差不多住二十几个人。

访：是谁搞的黑帮大院？里面总共关了多少人？你们在黑帮大院干什么？

丁：黑帮大院是新北大公社聂元梓他们搞的，大概关了 200 多人。我们在那里主要是劳动。陆平、彭珮云当时也都被关在这里，和我们一起参加劳动。管我们的人有工人、学生，还有"左派"教员。每天有人带我们排队出去，在校园里干各种活。吃饭就在黑帮大院里边，搭了席棚，有人从食堂里把饭送来。"牛棚"里的大部分人，有事可以给几个小时的假。比如让回家拿件衣服什么的，个别问题比较严重的不允许外出。

关在黑帮大院的人，一部分是文革初期被打倒的，还有一部分是打派仗时被抓住的井冈山派的人。管"牛棚"的人最痛恨这些俘虏，经常把他们拉出来打；对我们这些"死老虎"倒是不太管。我印象中，干的时间比较长的活是到仓库里把器材摆整齐，像钢管什么的。干这种活要两个人一组，和我一组的是当年清华同年级的同学汪永铨。他是无线电系的系主任，手比较巧，很会干活。负责管我们的工人，每天把要干什么活、怎么干讲了，就没事了。我们两个干活非常认真，跟那个工人的关系很好。仓库里的活不太重，干活时也比较自由。另外，我和汪永铨的铺位挨着，晚上睡觉时可以说点悄悄话。

在黑帮大院，各人的待遇不一样。陆平和彭珮云没吃很大的苦头，但有的人就不同了。管我们这些人的是生物系低年级的学生，虽然他们年龄很小，但在晚上收完工要把我们集合起来训话，经常还要挑出一两个人来骂一顿。他们在管理黑帮大院时，像电影中集中营里的法西斯，跟你说话时满脸笑容，趁你不备突然打你几个耳光，或突然罚你跑几圈。

访：这就是当时改造人的方法？

丁：实际上，不管这种斗争搞得多么激烈，对人的思想、心灵并没有真正的触动。我们这些人在里边劳动时间长了，一切都习惯了。最有意思的是，居然有人在里边谈恋爱、搞婚外恋。所谓的"思想改造"是没有效果的。

访：在黑帮大院，除劳动之外，你们还干些什么？

丁：晚饭之后，有时要求我们学习毛主席著作。有的工人看你不顺眼，就打你几下。有的人被学生叫出去，挨一顿揍。

访：白天干完活，晚上还挨揍？

丁：对。被打的人还不敢说。当时我们都互相知道这一点。我在黑帮大院时，也经常被学生叫出去，但没挨过揍。这些学生是向我调查一些事情。记得有个叫周铎的人在黑帮大院被打得很厉害，遭遇很惨。在北大读书时，周铎是调干生，对社会上的很多事情了解得比较清楚。反右时，他在西语系开了个控诉会，控诉所谓共产党监狱里的黑暗。可能因为他嘴巴比较硬，不认错，认为自己讲的是事实，就被打成极右分子。文革期间，我看见他时就发现他精神已经有了问题。因为他精神有问题，黑帮大院里负责管教的学生就老拿他开玩笑。他们问他问题，他不知道该怎样回答；叫他做什么事情，他也做不好。晚上，我们经常听见他被打得大喊大叫，后来就死掉了。周铎反右时被整得精神失常，文革期间被活活整死。

生物系的党总支书记胡寿文也挨了很多揍。他跟我同一届在清华毕业，是潘光旦的女婿。可能是因为他过去在群众运动中整过一些人，学生对他意见比较大。他后来告诉我，有一个晚上，学生在黑帮大院里宣布要处死他。两个红卫兵带了长矛，把他带到外头，说要一下捅死他。他做好了死的准备。但红卫兵并没有杀他，而是吓唬他，完了就放他回来了。

文革之后，他又做了生物系的总支书记，重新掌权。由于对文革中反对他的学生很反感，他下决心把其中留校的学生赶走。我劝他不要太怪学生，这些学生也是受害者，要对他们团结，对他们太厉害没好处。由于对文革中整过我的人，我都是团结的，有人说我的手太软。文革中，数力系曾有个低年级的学生打过我耳光。文革后，他的单位来调查。我说在当时的形势下他打我，是可以理解的。

访：黑帮大院是什么时候解散的？里面死的人多吗？黑帮大院解散后，你们干什么去了？

丁：1968年十一前后，大约存在了半年时间。里面死的人很少。北大在文革中相比外地可能还算是文明的。黑帮大院解散后，我们回到各自的系里，集中住在一起，不准回家。当时我不知道已经开始清理阶级队伍。数力系除了进过黑帮大院的人，又添了一个人，和我们关在一起。这个人叫卢崇飞，是我的学生。他一进来，我感到很惊讶。因为他给我的印象一直很"左"。卢崇飞的历史比较复杂，他爸爸是国民党军官。系里把他隔离起来审查，是有人看见他在毛泽东像上画了叉。因此，他被定为现行反革命。

清理阶级队伍时，北大的打击面相当大，死的人比较多。我们住在29楼时，数力系有个年轻教员，叫陈永和，从4楼跳楼自杀。他1952年考进北大，读专修科，两年毕业后和郭悦一起留校，深受程民德赏识。记得陈永和喜欢打桥牌，打牌时常聊聊天，他随便说了点什么，反右时被打成右派。当时还死了一个从美国回来的教授，叫董铁宝，是搞计算数学的，业务很强，英文也好。他在美国军事部门工作过，回国时带回来很多美国的机密材料，对国家是有贡献的，国内搞计算数学的人都很重视他。但文革中，他被扣上了"特务"的帽子。他想不通就自杀了。文革中，数力系教员中自杀的一共有4个人。刚才说了2个，还有前面提到过的董怀允。1965年北大召开国际饭店会议时，董怀允作为组织委员，是特邀"打手"，站在邓小平一边。文革中，邓小平挨批，董怀允不知道自己的下场如何，经受不住打击，就自杀了。

另外，还有一个叫张景昭的女教师自杀。她是教外系课的，全系表扬过她课教得好。在西南联大读书时，她做过美军翻译，文革中就因为这点事把她打成了反革命。她想不通就自杀了。北大化学系有个副系主任，也是因为做过美军翻译而被打成反革命自杀的。这位副系主任死后第二天，他的夫人跳了北大校园内的红湖，也死了，很惨！北大才三千教员，受审查的就有一千人，自杀的人也太多了。

1969年初，上面决定把六十三军派的军宣队撤走，换了8341部队的人。这样北大在政治上发生了变化，收缩了打击面。

8341部队的人来了之后，发现像我这样的人，根本查不出来任何问题，历史上的事情都做过结论。管数力系的大概就是个小排长。他发现我没什么问题，但也不敢给群众泼冷水，就暗示我做个深刻的检讨。管我的两个学生，老是问来问去，好像我还有什么问题没交代。我不知道他们到底要了解什么。他们实在不耐烦了，就告诉桂琳琳，说是想搞清楚卞国琨来北京时，我是否见过他。我这才明白。于是，我明确告诉他们，我没有见过卞国琨，卞国琨来时我已经没有自由了。这样，我就解放了。

访：卞国琨是您提到过的清华同学吗？

丁：是。他跟我是同班同学，毕业后分到军事单位工作，后被开除军职，到西北工学院工作，反右时被打成右派。有人说文革中他来找过我，可能是想要些粮票。但我未见着，因此时我已被看管。1969年上半年，于文革初期停止的党组织活动又恢复了，我们又有了正常的党员身份。以后这段时间比较平静，北大的武斗也停止了。

文革中的一次自我救赎[1]
——废品收购站寻宝记

何子溪

1966年6月，伟大领袖振臂一呼，全国上下便陷入一片狂热和疯癫之中。在中央文革的煽动下，工厂停工，各级党政机关瘫痪，大、中、小学的学生全部停课闹革命，横扫一切牛鬼蛇神。原来的许多当权者一夜之间成了众矢之的，纷纷被拉下马，成了专政的对象，丧失了起码的人格和尊严，被戴上高帽子到处游街示众。与此同时，"破四旧"也如火如荼。除了毛泽东和马、恩、列、斯著作外，其它一切书籍几乎一无例外的都变成了封资修的东西，甚至连男人留的胡子，女人的长发，身上的裙子和高跟鞋也统统成了革命的对象，统统列入到横扫之列。

记得我们北大核物理班的罗泽中同学原来留着很长的山羊胡子，常以美髯公自悦。文革开始以后，他却迟迟不肯把胡须剪去。一天在北大小南门外偶然碰到了一群"破四旧"的红卫兵，十几个人气势汹汹地围着他非要剪掉他的胡子。罗同学一手捂着胡子，一手抵挡众人明晃晃的剪刀，嘴里还不停地辩解说："马克思和恩格斯那么长的胡子还不是一样闹革命嘛！"但中学生们还是不管三七二十一，硬是把他剪成了秃嘴巴。尽管他大喊大叫，极力反抗，但仍然无法抵挡众多红卫兵的强大攻势。

一时间书店关门，图书馆被查封。因为马克思喜欢红色，于是红色便成了革命的象征，举国上下凡是能涂上颜色的地方一律被涂成血红色，神州大地变成了一片红色的海洋。就连那"无产阶级恐怖万

---

[1] 此文原载《记忆》电子杂志第143期2015年11月15日。

岁"的大标语也要在下面滴上几点类似人血的红墨水，以示革命者的无畏与无情，看了都令人毛骨悚然！特别是那些出身不好的同学看到这类标语时总是感到不寒而栗。当郭沫若要求把自己的全部著作统统付之一炬的时候，一些专家、学者和走资派的家藏书籍被抄。更多的人害怕引火烧身，纷纷把自己珍藏的书籍当作废纸送到了废品收购站。

学生们怀揣一本红宝书就可以包打天下，成了自己革命的唯一精神食粮和本钱。专业书是绝对禁止的，否则会给你戴上"白专"的帽子，叫你永世不得翻身。其它文学艺术类的书籍也统统被列为禁书，即使你想看也找不到，这对于渴求知识的青年学生来说无疑是最大的痛苦。偌大个中国竟然放不下一张平静书桌，成千上万的大、中、小学生正处于追求知识的年龄，整天无所事事，无书可读，那滋味实在不好受。当然也有一批天不怕和地不怕的人敢于顶风而上，自谋出路，那就是北大技术物理系放化专业330班的一帮"痞子们"。

在文化革命中，提起技物系的330班，恐怕全北大几乎无人不晓。他们思想活跃，无视各种禁忌，蔑视当时疯狂至极的极左思潮，更不满各种打砸抢的过激行动，敢于直抒自己的意见，顶风而上。大家当然也知道无产阶级专政的厉害，只好采取一种令人哭笑不得的办法来表达自己的意见或发泄自己的情感。

文革前海淀有一个旧书店，是北大穷学生经常光顾的地方。文革不久，八一中学的一帮红卫兵声称是封资修的黑店而要查封它。这下可惹恼了330班的一批旧书店的老主顾，我们班十几个同学主动出击，连续几天与那帮左得可怕的中学生们展开了一场充满火药味的拉锯战。激烈的辩论甚至推推搡搡使一些好心市民们都为我们担心，偷偷地劝我们不要与有组织的红卫兵对抗，但"痞子们"还是据理力争。当然终究还是没能抵挡住穷凶极恶的滔滔洪水，没能挽救旧书店被查封的命运。这使我们认识到，在那个极度疯狂的年代，有组织的极左行动的破坏力是巨大的，为读书我们不得不另辟蹊径。

我们班里外号叫"萝卜"的同学可以算是众多"痞子"中的佼佼者，地地道道的北京油子，调皮捣蛋的高手。因为从小生活在北京，又特别爱交际，所以老北京的大街小巷他都非常熟悉。他为人义气热情，乐善好施，结交的朋友很多，三教九流都有，因此知道的事情也特别多，常常向大家传播各种各样的小道消息。此兄长得五大三粗，像个典型的农民兄弟，但人却非常聪明。他安装的收音机其质量无论是音质或灵敏度，甚至选择性上无人能比。他那无师自通的木工活也相当于五级工的水平。

正当大家因精神匮乏而饥渴难耐的时候，陶令煌和"萝卜"偷偷地告诉我们一个振奋人心的好消息：东直门外的一个废品收购站最近收购了许多"四旧"书籍！问题是我们以什么名义和什么方法才能搞到手。经过一番密谋策划之后，第二天一早在陶令和"萝卜"的带领下，我和程汉良、俞小平五人便直奔东直门外。我们以北京大学为工人同志送中央首长讲话资料的名义，与收购站的领导接上了头。当时北大可谓是文化革命的圣地，聂元梓的第一张大字报威名全国，不仅她本人一时间红得发紫，连北大的学生也跟着老聂沾光，到处受到人们的赞羡和推崇。那位领导看到北大学生亲自将中央文件送到一个废品小站，真是感激涕零，一再表示感激之情。

"假传圣旨"意外成功后，我们提出希望从这里购买一些马列的经典著作，来武装自己的头脑。那领导看来文化程度不高，他本来就对北大的学生充满崇拜之情，又听说要从旧书中选购一些马列的著作，学生爱学习是好事啊！自然是满口答应，慷慨应允我们随意挑选。"阴谋"得逞了，"满怀鬼胎"的我们真是喜出望外，大家来不及道谢，纷纷向那一座座小山一样的书堆冲去，各自寻找自己喜欢的书籍。

这里的各类书籍堆积如山，品种也极多。虽然也有政治书籍，但大部分都属于"禁书"，这使我们欣喜若狂，真想把所有的书都统统带走，这当然是不可能的。于是我们只好拼命从其中翻找自己最喜欢的书籍。我喜欢中国历史、古典文学和诗词，程汉良和陶令煌喜欢西方小说和哲学，俞小平则喜欢欧美和苏联的侦探或科幻小说，"萝卜"只捡些中国武侠类小说和无线电之类的科技书。大家各取所需，都十分珍惜这次难得的机会，一刻不停地在书山中翻找，忙得连午饭都顾不得吃。从早晨八点一直翻捡到下午五点，每个人都挑了一大堆。

虽然个个都累得腰酸背疼，像刚从煤窑里钻出来的矿工一样，身上和脸上都蒙上了一层厚厚的灰尘，但心里还是充满着发现新大陆和如获至宝的喜悦。

书挑好了，下面的问题是如何瞒过收购站领导的眼睛，把我们的辛苦收获顺利带走。又经过一番"密谋策划"之后，在陶令煌的提示下，我们把每本书的书背朝里，再将两摞书背对背地并在一起，这样从外面就看不到书籍的名字。然后又在每一捆书的上下各放上一两本马列的著作以掩人耳目，最后用绳子把它们横七竖八地紧紧捆住。没想到这一招还真灵，那位领导只是简单地看了一下表面，便以每公斤0.27元的收购价过秤交钱。我们每个人都买了几十公斤，匆匆忙忙地扛到门外，由"萝卜"从家里找了一辆地排车，一路谈笑着拉回了学校。

既然是禁书，阅读时也必须特别小心，决不能让不熟悉的人知道或看到。在那个人人自危的年代，看这类书籍是十分危险的，弄不好就会被打成反革命或封资修的孝子贤孙。有多少人只因无意间说了一句错话甚至梦话就被打成现行反革命！又有多少朋友、亲戚、兄弟，甚至父子夫妻因观点不同而反目成仇！我们系一位高年级的学生就因为在梦中含混不清地喊了一声刘少奇的名字，就被打成了现行反革命，受尽了非人的折磨。好在我们班的同学思想比较开放，相互也比较理解、宽容和信任，又善于把政治问题化解成恶作剧式的笑话，就连最革命的人也很难抓到把柄。这批书成了大家争相阅读畅销品。我大概也就是在这个时候开始系统阅读中国古典文学的，并且与好友老郑一块欣赏和评论。如果说十年文化革命还有什么收获的话，那大概就是认真阅读了这些宝贵的书籍，使我们增长了不少知识和阅历，提高了自身的文学素养，也算是一次思想上的自我救赎吧！

后来我们几个兴犹未尽又去了一次那个收购站，仍然如法炮制，很容易地又挑选了一大批优秀的历史、哲学和文艺作品。领略了中国古代文化的精华，很想感受一下异域文化的风味。这一次我挑选了大量外国名著，包括世界历史、西方哲学和文学名著，如俄国大文豪托尔斯泰的《战争与和平》《安娜·卡列林娜》《复活》；屠格涅夫的《罗亭》《猎人笔记》；陀斯妥耶夫斯基的《被侮辱与被损害的》《白痴》；契诃夫的《短篇小说选》；伏尼契的《牛虻》；英国狄更斯的《大卫·科波菲尔》《格列佛游记》；夏绿蒂的《简爱》；莎士比亚的戏曲集；大仲马的《三个火枪手》《基督山伯爵》；小仲马的《茶花女》，巴尔扎克的《欧也妮格兰特》《邦斯舅舅》等；雨果的《巴黎圣母院》《九三年》《悲惨世界》；斯汤达尔的《红与黑》，莫泊桑的小说选等。美国作家德莱塞的《天才三部曲》，海明威的《老人与海》等。另外还找到了几本法国启蒙运动思想家狄德罗、伏尔泰和卢梭的哲学著作等。

从这些西方小说和历史哲学著作中我逐渐理解了科学、民主和自由的含义，领略了西方社会发展的脉络、动力和欧美文学的写作风格。另外，对资本主义文明和西方的价值观也有了一定的了解和认识。后来几次搬家，这些书虽然大部分都丢失了，但从中学到的知识和由此产生的人生感悟却没有丢掉，而且终身受益，这些书籍不仅帮助我渡过了漫长而无聊的文革岁月，而且对我以后研究科学史也起到了至关重要的作用。

文革耗费了我们十年的大好年华，给同学们的身心带来了无法弥补的精神创伤，对我们的一生产生了惨痛的影响。但每当回想起那次买书的经历，仍然感到幸运和高兴。

作者简介：

何子溪，1963年考入北京大学技术物理系放化专业，1970年于文革中毕业，1979年至1981年回炉到北大进修，1981年再次毕业。

文革期间北京市两大派的争斗[1]

胡宗式

内容提要：早就相识的关锋、吴传启等人在文革中形成最大的帮派。"115档案事件"暴露了这一伙行为不端；高教部事件中王力、关锋拉偏架；反击"二月逆流"使群众组织分裂成师大派、北大派。聂元梓、孙蓬一向江青状告王力、关锋结党营私。中央文革对反吴传启的斗争不断施压。王力、关锋倒台后，又限制对他们的批判，还把高校学习班里坚持批判王、关、戚和谢富治的做法，说成是"今春那股为'二月逆流'翻案的邪风"。

关键词：文革、北京、造反派、聂元梓、中央文革

前言

1967年初至1968年8月，北京市的文革中产生了两大派，即现在人们通常所说的"天派""地派"。天地派名称出现以前，就有两派之说——北大派、师大派。师大派的核心表面上是谭厚兰，实际是中国科学院哲学社会科学学部（简称学部）的吴传启。北大派的核心是聂元梓。文革前，关锋、吴传启、林聿时以"撒仁兴"（三人行的谐音）的笔名发表文章，他们的关系密切而久远，关锋和林杰是《红旗》杂志的同事，关系密切。林杰先入师大历史系，后进入《红旗》杂志。谭厚兰作为调干生1961年保送入师大政教系，毕业后分配到《红旗》杂志工作。文革开始时，谭厚兰在师大进修，从而参加师大的文革。高教部（有时称教育部）的卢正义和吴传启同住在西便门国务院宿舍，早就相识。上述这些人结成一伙，在文革中协同配合，成为北京文革

---

[1] 该文转载自美国中文学术季刊《记忆 REMEMBRACE》2019年10月，第1卷第2期，美国《华忆出版社》出版。

中最大最强的派系。他们的一些倒行逆施，遭到北大等社会上许多力量的抵制，促成北大派的形成。若要以一个标准来区分两大派，那就是对待吴传启的态度，但两派的大多数组织并不了解分歧的根本。两派群众都是怀着保卫毛主席、捍卫毛革命路线的愿望参加文化大革命。笔者从 1966 年 12 月期担任北大《动态报》主编，亲历了两大派形成、发展、争斗和结束的全过程，兹将这一过程简述如次。

一、师大派的核心人物吴传启

吴传启、林聿时于 1966 年 5 月 23 日率先在学部贴出批判杨述《青春漫语》的大字报。6 月中旬，吴传启、林聿时推出潘梓年，掌握了学部文革的领导权。6 月 26 日，陶铸向学部派出了以国务院文办主任张际春为首的工作组。这个工作组进驻学部后，即与吴传启、林聿时、潘梓年相结合，共同领导学部的运动。所有的决策吴传启、林聿时、潘梓年都是参与的。可是不久他们就借批判"资反"路线之机大批工作组，说他们与工作组之间一直存在"路线斗争"。1966 年 8 月份，学部出现两支观点对立的红卫兵："学部红卫兵联队"（简称联队）和"学部红卫兵总队"（简称总队），前者支持吴传启，并为其所控制。后者的斗争矛头主要是吴传启。

1966 年 12 月，毛泽东和中央文革小组决定抛出陶铸。最先得到内部信息的人民教育出版社李冠英等人于 12 月 19 日贴出批判陶铸的大字报，指控他"推行资产阶级反动路线"，同样得到内部信息的吴传启、林聿时指使联队到中宣部大院贴出"打倒陶铸"的大标语和大字报。蒙在鼓里的总队到中宣部大院贴出"谁反对陶铸，就砸烂谁的狗头"的大标语，一下子使自己陷于被动。1967 年初，吴传启、林聿时操纵联队，以打、砸、抢、抓、抄的暴力手段，将总队打垮，暂时实现了他们在学部的"一统天下"。

1967 年 4 月 12 月，北大孙蓬一发表讲话，公开向吴传启们宣战。随后，总队的一部分人开始活动，目标对准潘梓年、吴传启。联队中对吴、林不满的人，则成立了以傅崇兰为首的"大批判指挥部"。至此，学部就分成了三大派。因为潘梓年是吴、林的牌位，在学部的副主任中级别最高，影响最大（排名仅在郭沫若之下），若打倒潘梓年，则吴、林就摆脱不了干系。"大批判指挥部"和北大等单位一样，也选择潘梓年作为突破口。

1967年8月26日，毛泽东下令将王力、关锋逮捕监禁，学部红卫兵联队随之垮台。

二、高教部夺权问题上的冲突

1967年1月18日，周总理在一次关于夺权问题的讲话中说："北京市的一些综合性大学，像北京大学、清华大学、人大、师大等在北京的夺权当中要下大的力量。"据此，北京高校纷纷派出夺权大军，其中高教部夺权最引人注目。在北大派出的13路大军去高教部前，已有30多个单位去了，组成联合夺权委员会，负责单位是清华井冈山。高教部延安公社的负责人是卢正义、徐非光。由于叛徒问题，北大不承认延安公社，为延安公社问题，北大和师大矛盾突出。清华大学井冈山驻高教部的代表胡宗华深入了解情况后，发表了一个中立的宣言，不介入北大和师大的矛盾，宣布清华退出高教部夺权。1月19日，高教部北京公社在北大红旗兵团等组织的支持下夺了高教部的权。不久卢正义、谭厚兰等人纠集了数百人搞反夺权，双方发生冲突，多人被打伤，称之为"高教部事件"。2月2日，事件发生后，《红旗》杂志的林杰俨然以中央首长的姿态向师大和延安公社下达四点指示：

（1）我们（师大和延安公社）的行动是革命的行动；（2）解放军参与这一行动是错误的；（3）新北大是错误的；（4）解放军马上撤回去。2月2日下午，关锋、王力电话批评北大，内容如下：

关锋：孙蓬一同志，……你们为什么说徐非光是叛徒？当时大家的水平都那么高吗？要说检查的话，聂元梓也有检查嘛！……师大的同志还是顾大体、识大局的，没有公布聂元梓的材料。你们现在有些做法，恐怕是要考虑的。自己解放自己，但是中央文革的意见还是要听的。王力：在你们的支持下，砸了延安公社，抢了北师大的广播台，然后北师大又去抢回延安公社。你们又调了一两千人，还有军队（注：指在北大军训的解放军）。他们遭到你们的围攻和打骂。据说北大同学还要师大同学承认是反革命事件，师大提出不能这样做。结果你们绑架走了7个人，围攻了三百多人……（孙蓬一说："我们掌握的情况和你了解的情况恰恰相反，是不是我把情况向你汇报一下？"）我们不听了，你们两家打架的情况我都不愿意听了。……

2月4日，关锋、王力又一次打电话给孙蓬一，批评北大要搞什么"三路进军"等等，都是莫须有的罪名。在接到关锋、王力的电话后，北大撤出了高教部，也将在其他单位参与夺权的人马撤回。关锋、王力捏造关于北大的谣言，使聂元梓、孙蓬一及北大的一些人对他们的政治品质产生了怀疑。这场冲突的焦点主要是对卢正义的看法。卢正义是高教部司局级干部，他于1966年5月26日凌晨贴出高教部的第一张大字报而成为"左派"。但很快卢正义被揭发来历史上有问题，是叛徒。卢正义是"延安公社"的头头（与延安公社对立的群众组织是"北京公社"），北大坚决反对卢正义，但他受到关锋、王力、戚本禹、林杰、吴传启和北师大井冈山的保护和支持。

北大动态报1967.5.10登了一篇报道《奇文共欣赏——卢氏叛徒哲学》（摘自延安公社的大字报）（1）"越是叛徒，越是左派"（2）"卢正义同志是鲁迅的形象"（3）"卢正义是第二号马克思"（4）"30年代卢正义犯了政治错误，60年代卢正义在无产阶级文化大革命中坚持了无产阶级革命路线，是坚定的革命左派"（5）"即使三十年代犯了错误，难道六十年代就不能变化吗？……他至今是革命者，而不是什么叛徒。"（6）"卢正义同志第一次被捕，还没有确立毛主席为党中央领导。"在北大等单位向吴传启公开宣战以后，卢正义很快就隐藏起来并且失踪了，生不见人，死不见尸。直到1970年，公安部还向全国发布通缉令，追捕卢正义，但没有结果。

三、在陶铸问题上的分裂

1966年6月，陶铸由广东调任中央书记处常务书记、中央宣传部部长，8月选为政治局常委，兼任中央文革小组顾问，成为"第四号人物"。他在许多问题上和中央文革发生分歧，其中关于对吴传启的评价更是针锋相对。1966年12月19日，人民教育出版社的李冠英等五人贴出《陶铸同志贯彻执行的是什么路线》的大字报。大字报贴出前受到戚本禹、阎长贵（时任江青机要秘书）的怂恿，而大字报19日贴出，戚本禹20日就写信支持。因为卢正义贴了支持李冠英等人大字报的大字报，于是就闹了个"反陶英雄"的桂冠。1967年1月4日，陈伯达、江青公开宣布打倒陶铸。1967年1月，许多组织集中在中宣部，成立了一个联合批判陶铸的组织，对高教部延安公社是否能加入该组织的问题，发生分歧。吴传启、谭厚兰等人支持延安公社加入，北大等单位反对延安公社加入。林杰也来过问，和北大的代表聂向前顶起来。林杰说："凭聂元梓的权威，不能把延安公社排除在外。"聂向前把桌子一拍，说："凭你林杰的权威，也不能把卢正义拉进来"。经过大多数组织的坚持，延安公社没能参加第一次批陶大会。但是，"批陶"组织从此分裂。后来吴传启、卢正义、谭厚兰等人又召开了批陶大会，在学部外的橱窗里，还展览了他们三人在主席台上的照片，可见"师大派"的核心早已形成。需要说明的是，北大当时对陶铸和吴传启的关系还没有深入了解，在一些场合曾称吴传启是"陶保派和保陶派"，这是不对的。

四、"1·15事件"：北京两派初具规模

1967年1月15日凌晨1时15分，刘郤（统战部宗教处副处长、国务院宗教局第一副局长）和学部民族研究所洪涛，调集了"红色联络站"二百余人，把政协委员会自建国以来的全部机密档案（包括人事档案）洗劫一空。2时20分，"红色联络站"原班人马又跑到统战部，将统战部1949年以来的全部机密档案一百多柜，以及大批资料、文件抢劫一空。当天，民族学院红卫兵总部（即后来的民院抗大）和统战部的部分群众把洪涛、刘郤扭送到公安部。下午，公安部副部长严佑民，中央办公厅秘书局副局长曹幼明亲临现场。严佑民说："我

们来是总理指示的,总理很关心,怕国家机密被弄走。"并指出:"这个事件是建国以来最严重的抢档案事件""这是严重的政治事件"。但是第二天,刘郧、洪涛却被公安部释放了。1月17日,公安部办公厅秘书处印发了三千份《公安部某负责人就一月十五日"红色联络站"接管中央统战部档案问题的讲话》。称"接管了中央统战部一批档案并封存,这完全是革命行动,大方向是正确的。""拘留中国科学院民族研究所洪涛、中央统战部《东方红公社》刘郧、林祉成等革命同志。这是犯法行为,是直接破坏无产阶级文化大革命的行为。"公安部释放刘郧、洪涛以后,民族学院总部的人到公安部论理。对立派以冲公安部和打击左派的名义,将民院红卫兵总部的头头郑仲兵扭送到公安部,公安部竟然将郑仲兵关押了13天。

因对"1·15"事件的不同看法,民族学院两派发生多次武力冲突,许多单位到民院支持"造反红卫兵"(对立派是郑仲兵为首的民院红卫兵总部)。这些单位除了统战、民委系统外,还有师大、学部、高级党校、马列主义研究院,公安部支持抢档案的一派,红代会核心组把民院红卫兵总部开除出红代会。种种迹象表明,"师大派"有了雏形。民族学院红卫兵总部发表声明,认为红代会的这一决定是非法的。(注1)北大校文革站在民院红卫兵总部一边,成为师大和学部等单位联合反对的"北大派"。"1·15"事件不但使统战、民委分裂成两派,而且使北京高校也分裂成两大派。

五、反击"二月逆流",多个系统分裂

"二月逆流"事件的本质,是老帅们和几位副总理在会议上表示对文化大革命的不满和怀疑,引起了毛主席的震怒,被扣上"二月资本主义复辟逆流"的帽子。1967年1月北农大东方红曾经发动过一次"炮打谭震林"。1月7日,周总理接见七机部"915""916"两派代表时说:"一向拥护毛主席的谭震林说成是农林战线最大的黑帮,非要揪,还要揪李富春,这怎么行?把毛主席身边都揪了,这怎么保卫党中央呢?"1月8日,戚本禹在政协礼堂接见北京农业大学师生

时说:"我是同意总理意见的。……首先,在刘邓反动路线问题上谭震林过去有些错误,但是在农业走什么道路上谭震林是跟着毛主席走的。"听了上述讲话,农大东方红贴出"向谭震林同志请罪"的大标语。3月7日,由师大井冈山、学部联队、新人大公社、石油学院北京公社、钢铁学院919、民族学院东方红这六个单位,提出"打倒谭震林""坚决反击二月资本主义复辟逆流"。这些单位没有一个是农口的,其中的五所高校,除师大井冈山,其他四所高校组织,还不是"红代会"[2]的单位。当时绝大多数院校的组织,也都是晕头转向。农大东方红的人到北大的动态组了解情况,对笔者说:"师大真不够意思。我们到师大去,师大的人说你们先表态,再给材料。"动态组全力调查,当时得到的情况是:中央开了会,谭震林说了话。就这么几个字。我们不知道毛主席为"二月逆流"定了性。另外还了解到,他们下一步还要打李富春、李先念、陈毅、余秋里,最后反总理。新北大总部态度明确:不能反总理,由于反击"二月逆流"的背景可疑,公社总部三天对谭震林问题没有表态。3月11日戚本禹提出收回他1月份保谭震林的讲话后,公社总部才正式表态,先是提出"炮轰谭震林!",再升调为"打倒谭震林!"

在"打倒谭震林"后,某些单位开始攻击几位副总理和老帅,提出揪副总理后台的口号,矛头指向总理。周总理说"余秋里是毛主席司令部的人",第二天师大等单位就开广播车到计委门前狂呼:"余秋里决不是毛主席司令部的人""说余秋里是毛主席司令部的人是混蛋逻辑"。洪涛到地质学院说:"谭震林、余秋里是'二月逆流'的哼哈二将。"民族研究所的洪涛和统战部的刘郅贴了题为"就统战民委系统文化大革命中的问题与李富春同志大辩论"的大字报。同时,在经委,一派通过反薛暮桥来反李富春,进而把矛头指向总理。在反击"二月逆流"中,北京市分成了"打倒派"和"炮轰派"。打倒派认为谭震林、李先念、陈毅、余秋里等是敌我矛盾,并要揪出他们的后台;炮轰派认为李先念、陈毅、余秋里等是人民内部矛盾,反对炮打周总理。

---

[2] 红代会的开除决定和民院红卫兵总部的声明,详见北大《动态报》1967年5月3日第121期。

北大是炮轰派。

六、民族宫 4·8 事件：两大派亮相

文革前，在北京民族宫有民族工作展览。1967 年初，民委系统的两派都在争夺对展览的批判权，一些高校也介入其中。1967 年 4 月 4 日，民族宫二·七兵团和新北大公社等 19 个单位组成"批判展览联委会"，并于 4 月 5 日召开《批判刘邓反革命修正主义路线大会》。这个大会受到对立派的冲击。4 月 8 日上午，双方和民族宫警卫排一起商定：双方各自分时派人进入展览会场。9 点半左右我方人员按时来到会场，但把门的人是对立派，不叫进入，协商不成，我方强行进入。11 点半对立派调来 300 来人，说"你们是保守组织，无权批判展览"，强行把我们的人赶出去。按说事件到此可以结束，但是对立派得寸进尺，要把我方人员全部赶走。冲突的现场已不是民族宫了，而在民委的大院内。公社总部接到学校协助批判展览人员的告急电话后，公社总部头头卢平于晚饭后带领 50 余人乘一辆大轿车去民族宫（我恰好在总部，也跟着车前往）。

笔者和卢平曾去谈判，未果。在谈判过程中，由红代会核心组组长聂元梓、副组长蒯大富签发的"经戚本禹同志同意"的两项命令传到：1. 红代会所属单位之间发生矛盾，绝对不准武斗，目前双方离开民族宫、民委，不得接触（包括所有矛盾双方，而本机关除外）。2. 双方掌握的材料不准转移，不准销毁，暂时保留在材料持有者手中。矛盾由红代会主持协商解决。对此，地质东方红当即发表严正声明：1. 红代会委员聂元梓、蒯大富发表的两项命令根本没有经过全体常委的讨论，更没有经过全体委员的讨论，丝毫没有是非观点，没有两条路线斗争观念。此命令是完全错误的，也是完全非法的。2. 我公社革命委员会研究决定，完全不承认此命令，也根本不执行这项命令。3. 此命令所引起的一切严重后果，由聂元梓、蒯大富两人负责。凌晨两点半，中央文革小组派戚本禹的秘书和吴德在民族宫召集双方开会，传达中央文革小组的指示，要求双方"马上撤出民族宫、民委"。但对立

派一心要把北大等单位赶走，吴德等的讲话不起作用。到了后半夜，对立派的总攻开始。他们采取各个击破的办法，从楼门口到大门外，排起两行，组成一个夹道，他们四人一组（都是男生），从每间屋子里把人拽出来，送到夹道的首端，夹道的人则你一把我一把地拽着你往前走（顺便也打你几下），送出大门外。我到了门外，上了学校的汽车。一位女同学把新北大公社的旗帜缠在身上带出现场。4月9日，双方都发表声明指责对方。直接参与这次事件的单位并不多，但在声明上签字的单位却各有几十个，向社会表明了存在两大派。

第二天，聂元梓和孙蓬一到钓鱼台向江青汇报情况，陈伯达、戚本禹也在场，聂、孙谈了高教部事件，谈了林杰、周景芳、潘梓年、吴传启、卢正义、徐非光。指出他们这一伙人许多人都有历史问题。认为王力、关锋是在搞新的招降纳叛、结党营私。江青耐心地听汇报，戚本禹则不断地为王、关辩护。临走时，江青嘱咐聂孙："今天谈的事，出去不要讲，特别不要损害了王、关的威信。"[3] 这次告状，对北大有利的只有江青的一句话："不是早就打过招呼不和他们（指潘梓年、吴传启）联系吗？"而对告状的主要内容，中央文革是否定的。4月14日在人民大会堂接见红代会各院校代表的会议上，中央文革成员都对聂元梓、孙蓬一的观点、对炮打谢富治进行了批判。

七、炮打谢富治：地院东方红要打倒孙蓬一

1967年4月11日晚，地质、邮电、农机、农大、工大、民院等6院校开了6辆广播车到北大来，他们高喊着："聂元梓无权进入市革委会！""聂元梓从红代会滚出去！""揪出聂元梓当红代会核心组长的后台！"北大同学将他们的广播车推出了南校门。4月12日晚，北大召开大会，孙蓬一发表讲话，公开向吴传启们宣战。[4] 4月13日，谢副总理在人民大会堂接见红代会核心组，解决这一场冲突。聂元梓、孙蓬一和笔者参加了会议。谢一开始说："今天召集红代会核心组开

---

[3] 详见孙蓬一1977年1月3日给笔者的信。
[4] 1967年4月13日的《新北大》上，刊载了孙讲话的全文。

会，解决北大和地质之间的矛盾。先听听别的院校的意见，你们两家不必发言。"会场上有人质疑我的身份，谢富治问聂元梓，聂元梓答道：已经和会议的组织者说明了。会议开始后地质虽然没能发言，但是参与事件的其他五个学校都可以发言攻击北大。几个人发言之后，聂元梓说："谢副总理，我讲两句。"谢把手一挥，说："你不要讲，你们两家，我谁也不听。"我在聂元梓的身后，看到她流下眼泪。这时，会议室的大门开了，一下进来20来人，其中一位女的我认得，她是地质学院动态组负责跑北大的。他们一看屋里有那么多人，就嚷着："不是单独接见我们吗？"说着就要往外走，会议组织者一拦，他们又都回来坐在后排，嘴里还不停地说着什么。经过这一折腾，会议没有办法进行下去了。谢富治起身到边上的小房间，地质的人随后进去。过了一会儿他们过来，围着我们说："谢副总理说了，找聂元梓来解决。"聂元梓起身到小房间去，我和孙蓬一到大会堂门口，一会儿聂元梓出来，地质的人围上。聂元梓问会议组织者："会议还开不开？"答曰："不开了。"我们便走下台阶，地质的人一直追到我们的汽车旁，骂的是老保、挑起武斗之类话。汽车开动后，孙蓬一问："谢副总理怎么说的？"聂元梓说："武斗是北大挑起的。"停了一会，孙蓬一说："回去以后要把接见的情况原原本本地对群众讲。"聂元梓说："不能讲。"我说："讲了会引起炮打谢富治。"因为都很生气，一路无话。晚上，石油学院大庆公社来北大，就北大"4.11事件"表示声援，在大饭厅，已聚集了不少北大同学，孙蓬一即席讲话。他讲了下午的接见和"1·15事件"等情况，他说：处理"1·15事件"，把抢档案的说成英雄，是左派，而把保护档案的人关进监狱，这是什么逻辑？！在名义上是解决北大和地质的矛盾的会议上，不叫我们说一句话，就下结论，说武斗是我们挑起来的，不是没有调查就没有发言权吗？是他们打到我们家里来的，而不是我们打到他们那里的。是非是如此明显，却视而不见？我们多去了一个人，谢富治便问，地质多去20多人，什么话都不讲。孙蓬一还讲了吴传启之类是真正的摘桃派以及和他斗争的性质等。群众的情绪被煽动起来，新北大公社总部决定派人到公安部和谢富治辩论，队伍在马路上集合了，有些积极的人先跑到前面贴大标语。聂元梓、李清崑闻讯赶到现场，制止了下步行动。总部马上派人分几路，把先走的人叫回来，并把贴的大标语盖上。当晚，聂元梓口头向驻北大的中央文革记者承认错误，并写了书面检查连夜送到中央文革。1967 年 4 月 16 日，地质学院革委会和东方红公社发表《关于目前北京市无产阶级文化大革命形势的几点声明》，主要内容：1. 孙蓬一是现行反革命，其罪行是为刘邓翻案，把矛头指向中央文革和解放军。因此必须将孙揪出来批斗。2. 一小撮人操纵了北大校文革，执行了一条新的资反路线。3. 新北大公社不是造反组织，而是校文革的御用工具，它成了反动保守势力的庇护所。因此，新北大公社必须从红代会滚出去！4. 聂元梓有负于毛主席和中央文革的信任和培养，在近几个月的工作中犯了一系列的严重错误。聂元梓根本没有资格代表红代会进入北京市革命委员会。5. 地院东方红等组织与新北大公社的争端说明北京市两种势力、两条路线、两种命运、两个前途的全面决战开始了。

八、对潘梓年、吴传启宣战

4·13 炮打谢富治的事平息后，1967 年 4 月下旬，北大联合"北大派"，正式向"潘、吴"开战了。为了政治上的主动，聂元梓指示不提关、王的名，并说是不反王、关的，"关锋就是关锋，吴传启就是吴传启""吴传启的后台"解释为陶铸。清华蒯大富在"4·8事件"和"4·11 事件"中支持地质，和北大的关系很僵。蒯大富后来发现有人支持"414"搞他，使他两边都孤立，便向北大靠拢，请民院抗大说情和北大搞关系。1967 年 5 月，清华蒯大富、北航韩爱晶参加反吴传启的斗争。

关于北大揭批潘梓年的材料，由冯定证明，1926 年组织上曾通知潘梓年参加他们的小组生活，证明潘已是党员。但是 1927 年恐怖时期，他发表了大量的吹捧蒋介石、骂共产党的文章，说明在政治上他已经叛党（这是第一批材料）。67 年 5 月在批刘少奇吹捧《武训传》时，"除隐患"战斗队收到一封匿名信，揭发潘梓年在某杂志某期上发表吹捧武训的文章。战斗队一查果真如此，并公布之（这是第二批材料)。第三批材料是潘在 1933 年组织上叛党(这是当时的看法)。搞吴传启的问题,潘梓年要更困难些。1967 年 4 月 3 日,周总理在孙蓬一的一份请示报告上批示同意北大搞二机部的一个叛徒的调查,战斗队借这个名义到武汉档案馆,终于查清了吴传启以前是国民党员,并查出了他的党证号码。1967 年 5 月中,周总理驻交通部的联络员想了解北大对交通部运动的看法,约北大交通部问题调查组去中南海谈情况,笔者也随同去了。调查组谈完情况以后,笔者向联络员汇报了,反总理集团的组成和他们在 3、4 月份的活动,点了潘梓年、吴传启、谭厚兰三人的名。谈到他们在余秋里、李富春、李先念问题上的做法,名义上是反这几个人,实际是和总理对着干。

九、聂元梓和北大校文革成为被打击对象

北京市革委会是 1967 年 4 月 20 日成立的,主任谢富治、副主任:吴德、郑维山、傅崇碧、聂元梓。令人想不到的是:在谢富治的小圈子里,当时,把聂元梓列为主要矛盾。王乃英(林杰之妻)1968 年初接受审查期间写的材料中,有这样的内容:"革委会成立不久,一次周景芳让我给谭厚兰谈谈革委会内部的形势,即:聂元梓野心很大,新市委干部不敢站出来,部队同志不了解情况等。其主要矛盾是与聂的矛盾。让她便于起作用。我答应了。后来,金吾伦带着谭厚兰到我办公室,让我与她谈。我就周的上述意见给谭说了,后来王世宽也说过。"[5] 吴德的回忆录也谈到:"新进来的人大都是王、关、戚支持的那一派,约有二十多人。哲学所的造反派头头周景芳担任了市革委会的秘书长,杨远担任了办事组的组长。办事组等于市委的办公厅,一切机要都由杨远控制。当时,各部口都取消了,新成立的各组都被学部来的人把持。……革委会成立后,《北京日报》恢复出版,学部派来的屠武生控制了《北京日报》。实际上真正控制的是吴传启,吴传启背后操纵屠武生,所有的社论、消息都要经过吴传启看。"[6] 被吴传

---

[5] 详见 2016 年 4 月 30 日电子杂志《昨天》第 67 期。
[6] 吴德:《十年风雨记事——我在北京工作的一些经历》北京,当代中国出版社,

启等人控制的《北京日报》5月28日发表社论,提出"现在特别要批判革命队伍中存在的无政府主义思潮和分裂主义倾向"。其矛头显然指向的是聂孙、北大校文革和新北大公社。北航红旗的《红旗》报1967年5月30日第42期刊登的观察员文章《〈北京日报〉近来在为谁说话?》"我们要问:《北京日报》到底掌握在谁手里?是谁把黑手伸进了《北京日报》?"在那个时代,要写出这样的文字,不仅需要深刻的观察力,更需要有足够的勇气。清华《井冈山》、北京体育学院《体育战线》、北航《红旗》、矿业学院《东方红》四家报纸1967年6月3日合刊,发表了这篇评论员文章。

1967年6月2日,多家单位在学部大院召开批判潘梓年大会,这是北大派活动的最高潮。

十、反吴传启受到中央文革的打压

1967年5月27日中午,聂元梓接到电话,要她在两点之前到达钓鱼台。陈伯达、关锋、戚本禹找聂元梓谈话。[7] 陈伯达说:"我们是受江青委托和你谈话的。江青同志本来是要来的,她身体不好,还有别的事情,不能来了。你是有水平的,你是市革委会副主任,又是红代会的,北大文化革命委员会主任。以后有许多事情需要你和我们共同来做。我们非常希望和你合作。你写的大字报和你在北大校文革的行动,为文化大革命立下了汗马功劳,希望以后好好地合作。你不要反对吴传启了,更不要把我们和他联系起来。陶铸反关锋就是从反吴传启开始的。"聂元梓说:"就是吴传启在搞两大派,到处伸手,制造分裂。清华、北航直到5月中旬才开串联会搞吴传启。"关锋插话:"真的那么晚吗?"陈伯达接着又说:"吴传启已经不在了。你知道吗?两大派你要负责。"关锋说:"北京分出两大派,你要负责,你要揪出一个大后台,要叫大家吓一跳。"(聂元梓解释:这都是谣言。)关锋说:"你态度不好。"在谈到谭震林问题时,关锋说:"你们要揪出揪

2013,第36页。
[7] 聂元梓:《聂元梓回忆录》香港,时代国际出版有限公司,2005,第219页。

谭震林的后台，如果是那样，我们就奉陪。你们还要保余秋里，提醒你们，不要再犯错误，再犯大错误就可能爬不起来了。"聂元梓说：你们满耳都是谣言。1967年6月3日，陈伯达、江青、康生等接见外事口时，陈伯达说："最近街上有这样一些标语，是反对谢富治的标语：'打倒谢富治！''谢富治算老几！'现在谢富治是北京市的首长，我投他一票，你们也有一份。这种标语是乱来，属于联动一类。写这种标语的人算老大吗？老子天下第一。自己来当革委会主任。革委会主任不是自封的，是大家推选的。"6月5日，陈伯达、谢富治在红代会核心组扩大会议上（傅崇碧主持会议），公开批聂元梓和校文革批吴传启等人，公开批判北京日报，是打内战，搞分裂，是代表资产阶级向无产阶级夺权。陈伯达"6·5讲话"的作用，就是打击了轰轰烈烈的反潘、吴的斗争。凡是参加这一斗争的单位都受到了压制，北大的"反聂"势力一下子拉出4000多人的队伍，外校的一些组织也不断来北大进行游行示威。

当时在地院等高校传说北京有四大保守组织，即新北大公社、民院抗大、石油大庆和人大三红。北航、清华、矿院要抛开这四大保守组织，把"北大派"其余单位拉到自己的一边，重组一派。由于有北航取"航空"之意，就叫"天派"，另一方有"地质"对应的叫"地派"。这就是天地派名称的由来。"天派"的名称出现以后，并没有一个统一的行动。

十一、王力、关锋垮台后两派的变化

1967年夏，全国形势动荡，由武汉7·20事件引发"揪军内一小撮"，同时在外交上发生一系列重大事件，国际影响很坏。是年8月26日，毛泽东对关锋、王力问题做出指示。9月1日以王、关不出席会议的形式，宣布了他们的倒台。中央文革非但不号召批判王力、关锋，反而压制对他们的批判。最典型的是北师大的"97"事件——谭厚兰的亲信樊立耀成立专政委员会，批斗了谭厚兰。蒯大富和韩爱晶等人也头脑发胀，支持谭厚兰的对立面师大造反团公开活动。没想到，

9月7日当天下午，市革委会就发文件保谭厚兰，同时抓了樊立耀等人——谭厚兰是反击"二月逆流"的急先锋，这块牌子是要保的。面对错综复杂的形势，聂元梓表现出了出奇的冷静。她要求北大"不许上街游行庆祝，不许贴大标语。"告诫北大学生："王力、关锋无论如何是中央文革的人。"中央文革对批判王、关的弹压，使所谓的"大联合"成了空喊。《北京日报》的通栏标题是：旧话不再提，旧账不再算，责任不再追，共同朝前看。

1967年9月16日，江青在接见"天派"代表的会议上说："你们何必来干扰党中央领导的内部生活呢？我们是一致的，你们胡说乱猜是胡闹，是干扰我们的领导，是不能得逞的。"她接着传达了毛泽东的指示："告诉小将，现在轮到他们犯错误的时候了。"但是，被王、关倒台搞得十分兴奋的学生们，没有意识到：红卫兵该退出历史舞台了！清华大学井冈山兵团414曾参与火烧英代办。王力、关锋倒台以后，他们反思前一段的作为，观点发生了变化，其"九七战团"（谐音"揪戚战团"）全力来搞戚本禹和谢富治。414在68年3月高校学习班中大反谢富治。414的这种表现被团派戏称为"变天派"。

十二、高校学习班，北京两派的最后表演

1968年1月27日，市革委会和卫戍区联合发出《关于分期分批组织大学革命群众组织负责人开办毛泽东思想学习班的通知》，要求"以'斗私批修'为纲，打倒资产阶级、小资产阶级派性，增强无产阶级党性，实现和巩固革命的大联合和革命的三结合，搞好本单位的斗、批、改。"学习班于1968年2月5日开学，根据上级要求，增加了北大、北师大、地质学院、北航四所院校。北大被要求参加的有聂、孙，新北大公社和井冈山兵团各选派了五个人，笔者也忝列其中。学习班领导宣称"一碗水端平"，实际上是回避王、关、戚问题。他们认为提出批判王、关、戚，就是"派性"发作，就是破坏学习班。然而，盖子是捂不住的。3月6日新北大公社在学习班上首先贴出了《是解决高校问题的时候了！》的大字报，主旨是通过批判王、关、戚，找出

高校分裂的根源，以便实现大联合。3月6日晚，中央首长接见学习班代表。聂元梓在会上作了两次发言，说："井冈山要砸烂校文革，二次夺权，他们口号是"一切权利归井冈山"。学习班指导思想不清楚，不明晰，什么是大联合的基础，不是把两派捏在一起就算联合。学习班里解放军不相信群众，还偷听我们的谈话，不准串连。高校如何分成两大派，要揭派性盖子，把坏人揪出来，就能实现北大内部以及高校的大联合。……孙蓬一是个好同志。孙蓬一有严重错误，但是整孙蓬一我是不同意的。卫戍区现在有他的专案组，据说再有两个问题调查清楚就可以抓起来了。不能把孙蓬一当敌人看，整他的材料是错误的。"

1968年初，北大校文革主要领导人认为：社会上存在右倾的情绪和走向，并以"傲霜雪"和"独立寒秋"两个战斗队的名义，整理了一份材料上报中央首长。1968年3月7日中央开会，江青需要这份上报的材料，叫谢富治派人到北大要一份。谢把这件事交给傅崇碧办，傅崇碧派他的部下哈斯到北大来要材料，以卫戍区的名义要。办公室的聂向前说："这材料都已上报。"哈斯要底稿，聂向前说："底稿也没有了。"哈斯无礼地问："把这材料都上报给哪些首长了？"还拿走了写有毛主席名字的上报名单。为此事，聂元梓当即打电话给江青，说有紧急情况要向中央反映。江青于3月8日凌晨在钓鱼台接见了聂元梓（在场的还有陈伯达）。江青问聂元梓"你们为什么老是抓住王、关、戚不放呢，王、关、戚的后面还有大的嘛。刘少奇吗！"江青说"王、关、戚的后面还有大的嘛！"这显然不是指刘少奇。又不指明是谁，聂元梓就定了一个方针：打死的，看活的（就是打王、关、戚，看形势的发展）。

3月9日聂元梓打破学习班不许串连的规定，到一些学校进行串连。同日"新北大公社总勤务组"在学习班内贴出了《揭开派性斗争的盖子，将路线斗争进行到底》的大字报。在学习班里，新北大公社、人大三红等组织提出：高校的分裂是由王、关、戚的黑手造成的，应该通过批判王、关、戚来澄清是非，才能在革命的原则上实现大联合。但是，这种坚持批判王、关、戚的方针，没有得到学习班领导的支持。

3月11日，中央首长在人民大会堂听取学习班汇报，周恩来、陈伯达、康生、江青、姚文元、谢富治、叶群、汪东兴、吴法宪出席会议。会上，中央首长对北京石油学院大庆公社在"二月逆流"问题上的表现进行了严厉的指责。3月11日，新北大井冈山兵团发表《关于目前形势的第一号严正声明》。声明说："在中央文革的亲切关怀和指导下，在以谢副总理为首的北京市革命委员会和北京卫戍区直接领导下的首都高校毛泽东思想学习班始终按照毛主席的最新指示办事，取得了很大成绩，大方向完全正确！"

3月13日、15日，由人大三红、新人大革命造反联络站、轻工红鹰、新北大公社、北师大造反兵团等十几所院校的红卫兵组织发起召开了两次串联会。聂元梓出席了串联会。大家普遍认为：学习班的指导思想、方针、方法都有问题，不解决学习班的问题，就会影响揭开北京市两大派斗争的盖子。人大三红代表在发言中说："可是学习班，刘邓陶没有了，关王戚林反党集团没有了，剩下来的就是整群众的派性。学习班大搞调和、折中，不准讲分歧，对矛盾能掩盖就掩盖，否则就是派性发作。北外红旗代表在发言中说："前几天还有这种论调：火烧英国代办处是百年以来反帝斗争的创举。有人说，关、王、戚、林问题没见过报，两派联合声明中不准讲，一讲你为什么就心里难受呢？就如丧考妣呢？"在提到学习班到底执行了什么路线的问题后，"反谢"的问题开始露面。师大造反团、人大三红、清华414等单位先后贴出针对谢富治的大字报或大标语。新北大公社当然对谢富治有看法，但鉴于67年4月13日"反谢"的教训，没有贴大字报。清华井冈山兵团和北航红旗持观望的态度。

3月18日在接见浙江省赴京代表团时，江青说："现在有人要替去年的'二月逆流'翻案"康生说："什么叫文化革命？文化大革命是无产阶级政治革命，也是国内战争的继续，国民党与共产党阶级斗争的继续，资产阶级与无产阶级斗争的继续。"（江青插话：这是毛主席讲的。）

3月19日北京地质学院东方红公社发表对目前形势的严正声明。主要内容有二：第一、王、关、戚是江青搞出来，利用关、王、戚来炮打无产阶级司令部的绝没好下场。第二，谢富治是无产阶级司令部的人，北京市革委会是红色政权。把矛头指向谢，是企图颠覆市革委会。这些人也没有好下场。

从3月22日开始，众多"地派"组织分别到学习班驻地、天安门广场、市革委会等处游行集会，散发、张贴传单标语口号，表示坚决支持以谢富治为首的市革委会，坚决反击为"二月逆流"翻案。他们提出的口号有"聂孙之流是不折不扣的'二月逆流'派""揪出聂元梓，打倒孙蓬一"。

迫于压力，新北大公社于3月23日发表声明，表示"坚决支持以谢富治同志为首的北京市革命委员会"。但北大井冈山、地质东方红等组织则揪住"反谢"问题不放。地质东方红、邮电东方红、石油北京公社等组织不断组织队伍到北大示威，高呼"打倒聂元梓"的口号。

3月24日中央宣布了对杨成武、余立金、傅崇碧反党集团的处理决定，并把杨、余、傅说成是"天派"的后台。于是，在高校学习班里坚持批判王、关、戚和批判谢富治的做法，被说成是"今春那股为'二月逆流'翻案的邪风"。一场空前规模的反聂元梓浪潮在北京展开。

3月25日地院东方红总部发表《关于目前形势的声明》。《声明》说："坚决揪出在其黑后台操纵下，为"二月逆流"翻案、炮打谢副总理、颠覆北京市革命委员会的反革命小丑聂元梓！聂元梓必须交待与杨成武之流的黑关系。"同日下午，校外组织上万人来到北大，其中有的人头戴柳条帽，手持大铁棍，还有人说"到北大来看斗聂元梓"。在大规模武斗一触即发的严峻时刻，聂元梓强拉住谢富治到北大制止武斗。外校万余人准时准点到北大校园里闹事，显然是有组织有领导的行动。但时至今日，其内幕也没有被揭示。

3月27日，首都军民10万人在北京工人体育场召开"彻底粉碎'二月逆流'新反扑，夺取无产阶级文化大革命全面胜利誓师大会"，向广大群众公布了"杨余傅事件"。江青在讲话中说："聂元梓是有缺点错误的，要批评她，但要保她！（总理：一批二保）为'二月逆流'

翻案是错误的。""杨、余、傅事件"出来以后，学习班不可能再办下去了。

3月30日，李钟奇代表学习班领导小组作检讨，承认学习班"没有抓紧两个阶级、两条路线、两条道路的阶级斗争。我们的错误就是只斗私没有批修。""杨、余、傅事件"扑朔迷离。在"彻底粉碎'二月逆流'新反扑"的声浪中，北京两派的争斗非但没有减弱，反而更加激化，直至发生了北大、清华、师大等一些院校的大规模武斗。

7月27日，毛泽东派大批工人和解放军进入清华大学，用血的代价来制止两派的武斗。

7月28日凌晨，毛泽东召见"五大领袖"，标志着以学生为主体的文化大革命退出历史舞台，北京的两派斗争也随之结束。

作者简介：

胡宗式，1941年生，1960年考入北京大学物理系，文革中任造反组织"新北大公社"动态组组长。《北京大学文革史榷》的主编之一。详见本文集《回顾暴风雨年代》第一集，红色中国出版社（香港）2018年3月出版第251页。

北大文革史中的几个问题

王复兴

一、关于两派的两个口号

文革结束后，北大学生在反思北大文革中两派打派仗的历史时，一部分人批评"新北大公社"有个错误口号"反聂即反动"，另一部分人批评"井岗山"有个"错误口号"反聂即革命"。这两个对立的口号当然都很荒谬，不正确。实际情况是，在当年的现实中，这二个口号并没有真正出现过。两派头头和群众都没有公开提出过这种口号。这是文革结束后，人们在反思北大文革两派打派仗的历史时，对两派极端分子当年思想、行为的一种高度概括。

关于"反聂即反动"的口号，是文革后个别校友硬加到"新北大公社"头上的，没有任何证据。相反，聂元梓在1966年11、12月时曾几次针对"井""红"反校文革、反聂元梓，对校文革常委和"红旗兵团"骨干讲：炮打中央文革以上的无产阶级司令部成员是反动，炮打聂元梓不能叫做反动。"但在打派仗时，以孙蓬一为代表的校文革强硬派，把"井岗山"反校文革视为错误路线、政敌，称反对派为"反动逆流"，其思想深处有着"反聂即反动"的意识。这与"校文革""公社"一派中有较多文革前师生中的党、团干部这种成份有关。北大的运动在文革初期没有充分地分化，这与清华明显不同。"5、25"大字报贴出后，对陆平党委的保、反两派刚开始辩论、分化，仅仅8天，6月1日晚中央广播电台就广播了大字报，6月2日《人民日报》全文刊登聂等七人的大字报并发表评论员文章表示支持。于是全体师生都紧跟毛主席的革命路线，一下子所有人都一边倒地成了反陆平的造反派。全校师生中99%的人成了造反派。在反工作组时期，从7月

12日陈必陶贴出第一张给工作组提意见的大字报，到7月25、26日中央文革到北大召开万人大会。保、反工作组两派的争论、分化刚刚展开，才仅仅半个月，中央文革一表态，工作组被撤走，全校99%的师生又一下子都成了反工作组的造反派。北大的保守派始终没有时间形成大气候。由于北大没有充分分化并形成明显的"造反派"和"保守派"的分野，更没出现组织上的分裂与对立，因此在1966年8月以后便阵线不清。保守派的社会基础，原陆平体制中师生里的党团干部两派都有，但在支持校文革的一派中这种成份多一些。

1957年反右以后，中国社会形成一种政治风气，谁反对基层某个党的领导谁就是反党的右派。这种观点在1966年的8、9月被《红旗》杂志和《人民日报》多次批判、否定，推动了风起云涌的造反大潮。1966年8月《红旗》11期公布了毛泽东的一个批注："对一切危害革命的错误领导，不应当无条件接受，而应当坚决抵制。"而后《人民日报》反复宣传这一观点。从而开始扭转人们的57年反右思维。但在部分文革前的党团骨干头脑中，这种思维习惯很难一下子根除。北大支持聂元梓的一派中，少数人（原来的党团干部）仍具有这种思维模式，并以这种思维对待对立面。但应客观指出，"红旗兵团"总部及后来的"新北大公社"总部成员从来没有认同过"反聂即反动"这一观点，他们只是不接受"井岗山"搞"二次革命"这种过左的做法。

关于"反聂即革命"，文革中"井岗山"虽没有公开提出这种口号，但少数头头确曾公开提出类似的口号，如："彻底砸烂校文革！""进行二次革命！""井岗山是真正造反派！""新北大公社是老保！""一切权力归井岗山！"等左的口号来做为行动纲领。当时"井岗山"的这些口号的大标语曾充满校园，"井岗山"的广播电台经常高喊这些口号。少数"井岗山"人思想深处，有着"反聂即革命"的意识。聂元梓在文革中是造反派的代表，是站在左的方面。"井岗山"的个别头头却把聂当做"保守派"来攻，当做右的代表来攻，嫌聂不够左，声明自己才是"真正的造反派"，这恰恰表明他们的立场更左，是以极左反左。这即是个别人"反聂即革命"观念的荒谬之处。北大在文革初期的特点是什么？在中央的直接干预下，北大运动走的太快，陆平很快倒了，工作组很快就挨批被撤了。按当时毛泽东的战略部署，北大校内暂时不存在革命的新目标。正如 1966 年 11 月 13 日李讷在北大对聂元梓传达毛泽东的讲话时所说：毛主席说"北大运动不好再进一步做什么，北大的运动要等一等，现在主要是推动全国运动的发展。"毛泽东表示支持聂元梓去上海串联。[1] 但北大的某些反聂的激进派，比毛泽东跑的还快。毛说"北大的运动不好再进一步做什么，北大的运动要等一等。"但"井、红"却偏偏要做些什么，他们要在北大再掀新的造反浪潮。可是要再造反，造谁的反，革谁的命呢？1966 年底至 1967 年时，造反已成为一种时髦，造反派的身份成了一种荣誉。当时陆平党委已倒了，工作组也被撤走了。那么还造反，造谁的反呢？当权派只有一个校文革。于是北大的个别人便形而上地把斗争矛头指向校文革、聂元梓，认为这才是"继续革命"。当时在北大校内，没什么政权机构可反的了，只有一个校文革，于是造反就只能反校文革，从而取得"造反派"身份，从而表明自己是革命派。其实这种"造反""革命"不但在当年与批资反路线风马牛不相及，而且在今天来审视，则更是过左的表现，迎合了极左路线，与"反文革"是沾不上边的，更提不上是什么"发扬了北大科学与民主的传统"。"井岗山"的绝大多数校友对此早已有所认识。

当年北大两派争论的焦点，从来不是上述的两个口号，而是聂元梓、校文革执行了什么路线？"井岗山"执行了什么路线？这是当时实际争论的焦点，打嘴仗的焦点，即当时所谓的路线之争。两派各自认为自己代表了正确路线，对方代表了错误路线。都认为"路线斗争不可调合。"要斗个你死我活，不分胜负不罢休。此盖因中了毛泽东"以阶级斗争为纲"之毒太深之故。

以上即笔者对北大所谓两派两个口号的历史回顾与评论。

二、关于派性

北大在 1966 年 10 月至 12 月，曾陷入短暂的分裂和两派斗争。

---

[1] 《聂元梓回忆录》时代国际出版社 2005 年版第十章第 1 节 183 页至 186 页。

一派是校文革、"红旗兵团""东风兵团""北京公社"等，对立派是"井岗山""红联军"等。1967年6月至1968年8月，发生了第二次分裂，陷入了第二次派性斗争。一派是校文革、"新北大公社"，对立派是"井、红、团、零、飘"，后来合并成"新北大井岗山兵团"。第二次分裂与两派斗争，旷日持久，并发展至武斗，极大地伤害了师生之间的友谊与感情。以前要好的同学、朋友如不在一派，见了面，都视若没见，不再讲话。亲不亲，要看是那派。

北大两派的所谓"路线斗争"是假宗派载体而进行。当年的派性泛溢于全国，派斗漫延至各大专院校、中学、工厂、机关、医院、街道，甚至农村各个生产队。部队除做战单位之外，各总部、军事院校、文工团也分派，打派仗。派仗遍布全国，派性十分顽固。个别人甚至几十年后都没彻底消除当年的派性。这是中共建国以来从未见过的现象。"派性"这东西实在是个怪物，对"派性"这东西有必要认真研究。

派性能突然高涨的条件是：毛泽东为着利用群众，打倒政敌，文革前二年暂时实行了大民主。在文革开始后的前二年，中共一党专政的体制突然被打乱、打散、瘫痪，原来的社会控制系统解体、散架，例如学校的校、系、专业、年级、班的行政、教学系统消失，党、团组织瘫痪。中共号召群众自己解放自己。毛泽东、党中央对群众松绑了，于是群雄并起，造成了派性大泛滥。这是外部条件。内在原因是什么？

当年派仗的硝烟弥漫全国各地。北大、清华这两个最高学府，都曾陷入长期的派性斗争，并发展至武斗。这种情景是毛泽东所始料不及的。这种社会现象暴露出在中国社会的传统文化中，深藏着宗派性质的文化因子。在两千多年的封建社会中，中国农村基层存在着源远流长的家族宗法关系。一村、一族、一姓，被宗法关系所连结。流行着家族寺堂崇拜文化。社会广泛存在的民间宗教团体，更是强化着草根民众的帮派性。民间的哥老会、袍哥等各种帮会盛行，普通成员抱团取暖，帮派头头则抢地盘，要保护费，争利益，具有黑社会的性质。城市中盛行着手工业者的行会制，尤以糟运中的糟帮最为显赫。社会上层的科举选仕制，形成每期中举的新科仕子们与主考官之间的同学、师生关系网。官场、朝庭更是盛行朋党之风，一党一派，一兴俱兴，一衰俱衰。在中共革命的发展过程中，形成了某某方面军出身，某某野战军出身，红区、白区出身，不同根据地出身，留苏国际派、国内游击派，等等，山头，帮派林立。以至于在中共的组织原则中，"照顾山头"成了理所当然的潜规则。在中国的历史文化中，蕴藏着帮派主义、山头主义、小团体主义、宗派主义、人身依附、哥们义气、小圈圈，以人划线、抱团争利的传统。在一党专治的高压下，它们隐蔽地存在着。一旦松绑，能量巨大，便会泛滥。在文革高层的权力斗争中，人们看到：一个倒下，一倒一大片；一个站起来，一站一大帮。文革初期，群众中流传着毛泽东的一句话：党内无党，帝王思想；党外无派，千奇百怪。群众视此为至理名言。文革中严重而又顽固的派性，有着深厚的中华文化传统上的根源。

派性或曰宗派性，是瓦解社会、反和谐、反开放、反团结、反安定、反文明、反进步，破坏正常社会秩序的极其落后的思想意识。它落后并腐朽。它的根源与中国长期是农业大国，有着汪洋大海般的小农经济有关。既使到了上世纪五十年代及六十年代上半叶，中国的国民经济仍是以农业为基础，国民经济以农、轻、重排序，尚未跨入以工业为主体的时代。中国的民主革命则是共产党领导下的农民起义、农民革命。中国农民的特点是什么？是吃苦耐劳、淳朴善良、勤俭、勇敢。但自耕农的眼界只及几亩土地。他们远看世界，只有一个村、一个县那么大。因此他们同时又狭隘、自私、封闭、保守。在人际关系上，他们喜欢亲者互助、抱团取暖，不信外人。自耕农的经济形态是自给自足的自然经济，男耕女织即可生存，与商品经济隔绝，无需商品交换，生活于狭小的地域和人群中。而地主阶级则是雇佣长工并坐拥大片土地的地头蛇，他们躲在土围子里自成天地。从农民到乡绅阶层均天然具有排他性。义和团的排外主义是典型的表现。这应是中国传统文化中派性因子的社会、经济基础。

1967年6月至1968年8月，北大两派打内战，派性恶性膨胀，还有个极其重要的原因，是由于中央文革、陈伯达在北大制造分裂，挑动派性，挑动群众斗群众，以便扑灭北京以新北大（校文革和"新北大公社")为主力的反极左,反吴传启,反林杰,反王、关、戚、谢的烈火。陈伯达在1967年"6.5"清晨在北大的大饭厅讲话,对群众说北大是"一潭死水",对聂元梓说"你们学校越乱越好,你们校文革摇摇欲坠才好呢。"² 接着陈伯达当天晚上在红代会批聂是"代表资产阶级知识分子向无产阶级夺权。"³ 紧接着在北大发生了什么?陈的"6.5"讲话之后,从6号至8号三天,北大出现了三个对立派组织:"井、团、零"。此前的5月底曾出现两个人数极少的反对派组织"东方红""红旗飘",且5月时这两个战斗队影响不大。但是"6.5"之后,"井、红、团、零、飘"联手反校文革,突然壮大,搞"二次革命"。"6.5"之后北大反对派的产生与发展,是陈伯达直接在北大挑动派性,挑动内战的产物。在北大造成了派性的恶性膨胀。北大第二次分裂,形成两派恶斗,始于1967年6月5日陈伯达讲话,这是铁一样的历史实事。

　　北大分裂后,陈伯达于1967年7月10日凌晨再次到北大的大饭厅煽风点火,挑动派仗,支持"井岗山"学生查封北大保卫部的所谓"黑材料"。其实北大保卫部有纪律规定,不得参加学校运动,不许参加群众组织,业务受公安部和市公安局领导,从未整过也不可能整师生的"黑材料",但保存有刑事案件的调查资料(如排查笔迹等材料)。7月10日后,"井、红、团、飘、零"的大字报铺天盖地说校文革整了师生"黑材料",要公布"黑材料"。结果始终什么真正的"黑材料"也没公布出来。⁴ 陈伯达唯恐北大乱的不够,7月10日亲临北大煽动派性,煽动打、砸、抢、抄、封,扩大内战。中央文革、陈伯达对1967年6月5日之后北大的分裂及旷日持久的两派内战,对派性的恶性膨胀,对派斗发展至武斗,有着不可推卸的责任。追责到此不能止。陈伯达插手北大运动的所做所为,是秉承了谁的旨意?1966年12月26日,毛泽东在生日家宴上,举杯对中央文革全体成员祝

---

² 编者谢冀亮:《聂元梓口述自传》第十五、十六章。刊于《博讯文坛》。
³ 陈伯达1967年6月5晚在人大会堂对首都红代会代表讲话,刊于《记忆》143期。
⁴ 蓝绍江:《我亲历的北大文革中的保卫组和"7.10"事件》刊于《华夏文摘》增刊931期。

酒，为 1967 年"开展全国全面内战干杯！"随后，1967 年的《红旗》元旦社论号召：新的一年要"展开全国全面的阶级斗争！"于是在 1967 年，不单是北大，全国都陷入了内战、派斗、阶级斗争的乱局之中。陈伯达的"6.5 讲话"即是贯彻毛泽东"全国全面内战"的指示，成为北大内乱之源。

中共建政后的前 17 年，一切财产归国家，没有私人产权。青年学生的人生前途、个人利益主要将决定于政治立场、政治表现、政治身份、政治地位。如列宁所说的"政治是经济的集中表现。"青年学生们的利益、人生前途取决于、政治表现、政治地位。因此北大学生谁也不想在文革中站错队，谁都想在大革命中表现自己是紧跟毛泽东的革命派。谁都想当运动结束时，自己有着好的政治表现与评语，这是集体潜意识。在文革中阶级斗争观念泛滥的条件下，两派互视对方是错误路线、是政敌，而自己是政治正确，于是斗个你死我活，誓要分出胜负。当两派群众全被毛泽东抛弃，被当做没有改造好资产阶级世界观的青年知识分子，发配到工厂、农村、基层、边疆，去"四个面向"，进行思想改造，谁也没落着好，于是人们才逐渐醒悟，知道上当受骗了，从而绝大多数人逐渐走出了文革的派性阴影。

1971 年 4 月，在由迟群起草，张春桥、姚文元定稿的《全国教育工作会议纪要》中，称："解放后 17 年，……教师和 17 年培养出来的学生中的大多数""世界观基本上是资产阶级的。"北大两派学生打派仗时，死活要争个对、错，结果呢？结果让四人帮、迟群一棒子全都打入了另册，"大多数""基本上"，都成了"资产阶级"一边的人，成了"臭老九"，于是许多校友大梦方醒。

2013 年 8 月北大原两派校友共同编辑、书写、出版了文集《告别未名湖——北大老五届行迹》。该书有 60 多位文革期间毕业的北大老五届校友所书写的毕业、下放后的人生艰难经历及精神的磨练与升华过程。2014 年 9 月出版了第 2 集，有 80 多位校友书写了毕业后的回忆文章。2015 年 12 月该书出版了第 3 集，又有 80 多位校友的回忆性的锦绣文章。老五届是指理科 1960 年至 1965 入大学，文科 1961 年至 1965 年入大学，在文革中毕业的北大学生。钱理群先生在该书第一集《序》中写道:"'文革'后期北大老五届作为'九千多人的青年知识分子群体'集体下放,他们也书写了一段可歌可泣的历史。""老五届也以一种'原罪'发配农场和基层改造。"在新的人生历练中,老五届们不甘沉沦,不甘碌碌无为,各自在平凡的岗位上闪闪发光。他们早已告别了文革,埋葬了派性,在逆境中追求知识,思考普世价值,力求对社会有所贡献。现在原两派校友见面,自然是相逢一笑泯恩仇,笑谈暴风雨,携手向未来。

聂元梓于1986年假释出狱,被告知恢复公民权力及行动自由。此后,聂一直想和老朋友孔繁见面。文革前,二人在北大哲学系共事,一直相处很好。在北大社教中,他们都曾给陆平党委提意见而被称为"社教积极分子"。社教后期,二人又在"国际饭店会议"中共同挨整。文革中,两人分别成了对立派的头头,尖锐对立。文革后,孔繁任职社会科学院宗教研究所所长、《文史哲》主编。聂的《回忆录》出版后,她和孔繁见了面。两人握手言欢,相互道歉,冰释前嫌。孔繁叮嘱聂元梓好好保重身体,并以资金相援助。聂元梓赠送孔繁贺卡,赠语:"孔繁不凡之人其可谓至德也已矣。"

以上,是笔者今天对文革中曾泛滥成灾的派性之回顾与反思。

三、校文革、公社内部的思想斗争

1967年8月底王、关倒台后,校文革、公社内部围绕两派大联合和制止武斗的问题,曾发生过激烈的思想斗争。这应是北大文革史的重要内容。

1967年10月至12月期间,"公社"负责文攻任务的"作战部"一批人,对北大无休止的派斗,越来越厌倦,觉得这样下去,看不到运动的前途和出路。在10、11、12这三个月,《人民日报》《红旗》杂志发表了一系列文章,批评群众组织的派性、无政府主义,宣传大联合、三结合、解放干部、制止武斗,进行斗、批、改。"公社作战部"的成员很注意学习中央党报、党刊的这些指导性的文章,经常讨论,寻找运动的出路。头脑日益清醒并主张停止派斗,实现大联合。

10月1日，《人民日报》《红旗》杂志、《解放军报》发表了"编辑部社论"，号召学习、执行"毛主席视察华北、中南、华东地区的重要指示。"社论指出"在工人阶级内部，没有根本的利害冲突，更没有理由一定要分裂为势不两立的两大派组织。""革命的红卫兵和革命的学生组织要实现革命的大联合，只要两派都是革命的群众组织，就要在革命的原则下实现革命的大联合。"当时"公社"负责文攻的"作战部"人员反复讨论，觉得毛主席的指示非常符合北大的实际。北大两派师生，那有什么根本的利害冲突？两派都是革命的群众。本来都同在北大生活、学习，又共同响应中央号召投入运动，现在仅仅由于对于运动的认识有分歧，就相互把对方视为"敌对阶级"。两派师生本应相互尊重，却相互仇视；本应平等相处，却要压倒对方；本应相互合作，却要残酷斗争。这本来是很简单、明白的道理，但两派群众的大脑都被阶级斗争日益尖锐的观念搞乱了。"作战部"的陈双基（化学系一年级学生）早在当年6月11日就曾以"起风雷"战斗队的名义贴大字报，批评本派的领导孙蓬一"用主观唯心主义的东西来夸大阶级斗争的严重性。"表现出"'左'的可爱""进而打击不同意见"。其实"夸大阶级斗争的严重性""进而打击不同意见"，两派同样存在，但人家的缺点错误应由人家自己讲。"公社作战部"成员到了10月更坚定了"反对夸大阶级斗争严重性"的立场和认识，但受历史条件局限，他们还认识不到应否定"以阶级斗争为纲"的路线，否定文化大革命。

10月7日，中共中央下达通知：号召认真学习毛主席视察大江南北的讲话。指出，要实现大联合，"两派要互相少讲别人的缺点、错误，别人的缺点、错误，让人家自己讲，各自多做自我批评，求大同，存小异，这样才有利于革命的大联合。""对受蒙蔽的群众，不能压。""要告诉造反派头头和红卫兵小将们，现在是他们可能犯错误的时候。""作战部"认真学习、讨论了毛主席的最新指示，认识到要实现与"井岗山"的联合，有两个关键问题，第一是必须承认对方是"革命群众组织"，当时在"公社"内部，这很难被大多数人接受。既使"井岗山"极个别头头跟着王、关、戚跑了，那也是"受蒙蔽""不能压"，一"压"就没法联合。第二是必须多做自我批评，批评本派的缺点、错误。这是促进联合,双方走到一起的唯一途径。一味指责对方,还是"打内战",八百年也坐不到一块儿。从这一认识出发,"公社作战部"逐渐把批评的重点指向了校文革打"内战"的强硬派领导孙蓬一。以至于到了68年初,负责文攻的"公社作战部"被"公社"内部许多人指责为"策略派""机派"。所谓"策略派"是指一味讲究"策略",缺乏斗争性,这是好听的说法。难听的说法是所谓的"机派""机"是指"右倾机会主义"的"机"字。指责他们放弃了对"井岗山"的路线斗争,"右倾",是"机会主义"。他们在"公社"内是少数派,这一派有:负责文攻任务的"作战部"的几个人索世晖、王复兴、陈双基、扬子浪、任瑚琏等。有直属"作战部"的"新北大人"写作组的曾镇南、张绍清、刘庆柱、王渊涛、俞政等。在公社总部有:李文、阎志胜、李长啸、沈永友,及"公社"驻首都红代会的代表马云龙。李文是这一派的召集人与代表。"公社"总部主要负责人孙月才较为中立。在聂元梓周围她比较依重的人中有几名教师:宋一秀、魏杞文、赵建文等,与"公社策略派"一致。"公社"内部两派斗争发展到68年,"策略派"与孙蓬一的矛盾达到很激烈的程度。但两派始终处于"斗而不破"的局面,始终控制在内部不同意见的争论和思想斗争的范围内。公社内部两派斗争之所以始终"斗而不破",因为在重大问题是一致的,对外都反对王、关、戚、谢,保总理;对内都支持校文革,不同意"二次革命"。

关于"公社"内部这种派系的分野和思想斗争,"公社"总部主要负责人孙月才在他发表的《文革十年日记》[5]这部书中,第260页的第81条注释关于"李文"的条目中,有清楚的记载。此条目写道:"李文,生物系学生,干部子弟。新北大公社总部委员。他以'策略派'着称,和孙蓬一观点相左。其人好思,对文革较早取批判态度。1985年3月29日,《人民日报》社居然还派人来上海社会科学院找我调查李文在文革中的活动情况。"孙月才在回复《人民日报》的材料的"附言"中写道:"当李文对文革已有所觉醒时,你们《人民日报》还尽在放屁,文革结束后,《人民日报》有像样的检查吗?"

---

[5] 孙月才:《文革十年日记》香港中文大学出版社2012年版。

1967年底,"公社""新北大人"写作组的曾镇南(中文系二年级学生)曾起草一篇长篇大字报,批判本派的派性,论述实现大联合的必要性,主张承认"井岗山"是"革命群众组织"。文中批评了本派在大联合问题上的各种错误观点。当时"公社"内的大多数人还接受不了这些意见。"作战部"负责人犹豫再三,因担心引起内部激辩导至分裂,便没有贴出此大字报。可见要实现大联合,"公社"内部阻力之大。

1967年底,在"大联合"的问题上,聂元梓、孙蓬一产生了分歧。聂元梓主张承认对方是"革命群众组织",反对"压服",反对武斗,主张大联合。孙蓬一则坚决反对聂的意见,主张"摧毁""井岗山",认为与"井岗山"的斗争是路线斗争,而"路线斗争是不能调合的",搞大联合是"右倾"。两人在内部小范围内,发生多次激烈争吵。聂元梓在一次"公社"战斗队队长联席会议上,提出"承认'井岗山'是'革命群众组织,实现两派大联合"的主张。结果遭到绝大多数战斗队的否定和"炮轰"。当时的氛围就是这个样子。"井岗山"的一些人流传"公社"分裂为"聂派"和"孙派"。但"文攻作战部"这批人从未承认自己是"聂派",只承认在内部,更多地支持聂元梓。因为聂比较摇摆,她在"井岗山"的攻击、谩骂(要打倒她)及"公社"内部孙派指责其"右倾"这种双重压力下,不能始终如一地坚持反对派性,促进大联合的主张,后来甚至卷入了两派武斗。聂元梓被派性所绑架,骑虎难下,始终没能以无比的勇气和智慧挣脱出来,那么她做为处于主导地位的校文革(权力机构)主任,便只能在文革后期吞下苦果,承担打派仗、搞武斗的重要领导之责。

1967年10月至12月时,聂元梓收集了《红旗》杂志、《人民日报》的许多文章、"社论"反复阅读、琢磨毛主席的最新指示,认为实现大联合是正确的出路。聂想承认"井岗山"是"革命群众组织",与"井岗山"谈判,但遭到以孙蓬一为首的强硬派的坚决反对。魏祀文则在校文革坚决支持聂元梓。有一次聂、孙二人去高等军事学院的"红高联"军队首长那里串联、吃饭,在饭局上,聂、孙对大联合问题发生激烈争论,孙蓬一勃然大怒,当着客人面,把饭桌掀翻。当时是三个人去的"红高联",魏祀文(历史系教师、校文革成员)也去了并在场。魏与孙当场大吵了一架。孙骂魏是"井岗山内奸"。此事发生于67年底68年初，反映出当时校文革和"公社"内部两派思想斗争之激烈。魏杞文夫人丁始琪（美籍华人物理学家丁肇中堂妹，文革前北大国政系教师、现居美国加州）在2016年与笔者一次电话交谈北大文革时，曾详谈并确定此事。魏杞文于1981年因病去世。

到了67年12月，"井岗山"也有一部分人主张有条件地"承认校文革"，实现两派联合。"井岗山"有个"天安门论坛"的组织就持这种主张，负责文攻任务的"公社作战部"的王复兴、杨子浪曾多次与他们接触、谈判，并于12月25日双方达成联合举办两派的学习班，商讨两派怎样实现大联合的共识。双方签署了协议书，关键内容是："井岗山"方面承认"校文革"为权力机构，"公社"方面承认"井岗山"是"革命群众组织"。当时"天安门论坛"告诉"公社"王、扬二人，陈醒迈（"井岗山"总部成员）下次将参加两派联合学习班的活动。随后，"井岗山"广播站广播了杨克明起草的"评论员"文章，支持两派的联合学习班，表示承认校文革的领导，但要求"改组校文革"。（他们"改组校文革"的要求，"公社文攻作战部"并不认为不合理。）由下而上的大联合露出了曙光。但到了12月28日，风云突变，"井岗山"的"天安门论坛"突然撕毁了协议，举办联合学习班之事功败垂成。看来"井岗山"方面的"大联合派"陈醒迈、杨克明等人在"井"中也是少数派，且压力极大，他们卡在"井岗山"大部分人不同意承认"校文革"是权力机构。当时的现状是：两派大多数人互不承认对方的合法性。不承认对方，怎么联合？"井岗山天安门论坛"撕毁协议二天之后，12月30日"井冈山"的强硬派绑架了新成立的中共北大党领导小组副组长、校文革斗、批、改负责人崔雄崑（文革前任北大教务长），当天校文革召开抗议"井冈山"绑架革命干部崔雄崑全校大会。两派对立情绪骤然升温，大联合的希望最后破灭。这便是当时的局面。以上相互关联的两件事，发生在一个关键的时间节点：1967年12月下旬，此后跨入68年初，两派武斗不断升级，一发不可收拾。

1968年3月25日谢富治策动地派七院校万人到北大支持北大"井岗山"，要挑起大规模武斗，聂元梓逼迫谢富治到北大制止了大武斗。到 3 月 25 日晚 9 时，北大回归风平浪静。一场大规模武斗被制止。校文革、"公社"总部该收手时不收手，反而要出手。25 号深夜和 26 号，孙蓬一控制的"公社"武斗队主动出击，攻打井岗山，造成武斗升级。25 号深夜，"公社"武斗队"钢一连"攻打"井岗山"广播站。此事被"公社"驻"红代会"代表马云龙（中文系三年级学生）看见，他无法制止。第二天 26 号"钢一连"占领了 29 楼，赶走了"井岗山"的学生。三天之后，马云龙在北大三角地贴出大字报，声明反对本派的校文革、公社总部搞武斗，声明辞去"公社"驻"首都红代会"代表身份，声明退出"新北大公社"，以示抗议。马云龙对朋友讲，"'钢一连'胡来，孙蓬一昏了头。武斗会死人的，我才不会去替校文革背黑锅呢。" 26 号"公社作战部"开会，一致认为孙蓬一、"钢一连"挑起武斗升级是绝对错误，决定不参加武斗，反对武斗。此后负责文攻任务的"公社作战部"便成了"不作战部"，由于对孙蓬一指挥武斗无可奈何，他们便成了逍遥派，以消极方式抵制武斗。孙蓬一太强势，于是"作战部"形同取消，被"公社""武卫指挥部"取代。

  北大的两派斗争是全国的一个缩影。从 1967 年下半年至 1968 年上半年，全国各地都陷入了派别斗争，进而武斗，不断升级，运动严重失控。这并非毛泽东的愿望。这证明文革并非始终如一的"毛泽东的文革"，毛不是神，他没料到全国会出现如此大混乱局面。运动失控，毛穷于应付。他在 9 月 16 日视察抗州时说，"一个工厂，一个学校，分两派，我想不通。"他想不通了，蹦出这么一句大白话，他是真的想不通了，觉得不应该是这样的局面。因为文革初期 1966 年下半年至 1967 年初的全国各地两派斗争与后来不同，运动初期是造反派与保守派的斗争，斗争的焦点是反基层党委、反省、市委，还是保本单位党委、保省、市委。而到了 1967 年上半年，保守派垮了，造反派翻身成为主流之后，重新分裂成新的两派，两派之前都曾共同批省、市委和刘邓的资反路线，而现在却因为结合不同的干部，或者是斗争策略的分歧，或是争座次，互不服气等原因，便重新分裂成两派。而军队却支一派，压一派，造成两派冲突激化，武斗升级。群众组织中的无政府主义、山头主义、风头主义、小团体主义、宗派主义泛滥成灾。这时的两派斗争虽没什么大原则方面的分歧，都共同反刘邓路线，都紧跟中央文革，却比66年的派斗激烈的多得多。北大校友扬子浪在1967年11月19日的《日记》[6]中写道："文化大革命中，由于无政府主义的影响，产生了很多偏激的东西，对立面的两派有时各执一词，闹的不可开交。"扬子浪的这段"日记"，记述了当时的普遍情景。群众运动离开了毛泽东的旨意，按照自己的规律发展，走入歧途。"群众运动"并非天然正确。那段时间的"群众运动"是个错误的潮流，是破坏社会的反进步的潮流。这一潮流同时也脱离了毛泽东的文革轨道，毛泽东对文革运动已失控。当时的群众运动显然不属于毛泽东的文革，而属于"人民的文革"，但其性质在那个时段，显然属于负面的，是反社会的错误的群众性的潮流。

毛泽东于1967年夏、秋，视察大江南北时多次说，"文化大革命搞了一年多了，不能再搞了，明年春天一定结束。""接着召开'九大'。"但事与愿违，想结束却结束不了。群众运动脱离了他的轨道，不按他的意志行进。毛泽东的历史观是"阶级斗争是推动历史前进的根本动力。"他在文革之初，把"阶级斗争"从"潘多拉"魔盒中放了出来，而后便一发不可收拾。到了1967年下半年至1968年上半年，运动严重失控，到了8月，毛泽东不得不采取了全国军管及工军宣队进驻高校的手段，才控制了局势。军管及工军宣队比之刘邓的工作组，对群众的控制厉害得多。毛泽东不是不要党的领导，也不是不要工作队领导运动，只不过是要看那个司令部的党领导，那个司令部的工作队。"九大"的召开，比毛泽东预计的时间整整推迟了一年。"九大"结束后，毛泽东又展开了新一轮的路线斗争，文革仍无法结束。

四、批评本派错误，促进两派联合

工军宣队进校后，1968年9月1日北大原两派头头集中食宿，办毛泽东思想学习班。学习班宗旨为：消除派性，清除二个独立王国，

---

[6] 扬子浪：《一个北大学生的文革日记》2015年6月15日《记忆》132期。

实现大联合，服从、巩固工军宣队领导。校文革的聂元梓、孙蓬一、姜同光及"公社"总部的孙月才、卢平、沈永友、李文、丁建华、宫香政、黄树田、阎志胜、黄元庄等人及驻红代会代表马云龙、"除隐患战斗队"队长赵建文等，都被指定参加了学习班；"井岗山"的牛辉林、徐运朴、候汉青、孔繁、杨克明、郭罗基、陈醒迈、靳枫毅等人也被指定参加了学习班。同时，各系两派头头、活跃分子也在各系宿舍楼集中住宿，开办各系的学习班。

9月上旬，当时北大两派组织上联合了，但思想上联合不了，双方派性仍很顽固。原"公社"负责文攻的"作战部"的索世晖等人便与原"公社总部"的李文、马云龙及教师宋一秀、魏杞文串联。大家认为有必要以自我批评为武器，批判本派领导聂元梓、孙蓬一打派仗、指挥武斗的极左思想和行为，促进两派消除派性，真正联合。大家决定公开贴一张大字报，清算本派领导的错误。经讨论，大字报题目定为《历史的教训——致聂元梓、孙蓬一的公开信》。大字报由任瑚琏起草，而后由马云龙、魏杞文、宋一秀先后做了修改。大字报回顾了北大两派斗争的过程，揭露、批评了聂、孙反对大联合、指挥武斗、不满工军宣队领导的错误言行，指出他们陷入了极左思潮的泥坑，犯了夸大阶级斗争严重性、混淆了两类不同性质矛盾的错误。错误的根源在于他们用唯心主义、形而上学的世界观来观察世界，对待运动。大约在1968年9月12日，大字报贴在靠近大饭厅南部的小饭厅的东墙上。签名人有：宋一秀、魏杞文、李文、马云龙、索世晖、王复兴、陈双基、任瑚琏。那时校园里已没有大字报。这张大字报贴出后，轰动全校，从早到晚许多人围观、抄记，到晚上还有人打着手电筒高声唸，其他人在路灯下记。如此连续了三、四天。那几天，各系各班开会，几乎都是谈论这张大字报，许多原"公社"的同学表示受到很大启发和教育。卢平、沈永友在两派头头学习班上，私下对李文表示，同意宋一秀等人大字报观点，问怎么没找他们签名。但有个别原"井岗山"的同学却利用这张大字报揭露的本派头头聂、孙错误言行，攻击校文革和"公社"，而不做自我批评，不批评本派的错误，令人十分遗憾。当时与"公社"相比较，"井岗山"比较缺乏自我批评，派性更顽固些。大字报贴出后孙蓬一很不满，对人说有的内容不符合事实。

孙月才在1969年9月14日的日记中，也记载了他本人和聂元梓对宋一秀等人大字的不满。孙月才和聂元梓认为"大字报客观上为敌人破坏大联合开脱。"聂元梓想公开表态反击，被孙月才劝阻。[7] 大约在同一时间，历史系工军宣队对魏杞文讲，要他准备好与孙蓬一公开辩论，魏杞文做了准备。后来这个辩论大会并没有召开。过了几天，《红旗》杂志记者（实为中央文革联络员）找宋一秀要大字报底稿。魏杞文连夜用毛笔抄写了一份底稿送交"记者"，这应是要上报中央的。1969年"九大"召开前，周恩来、江青找聂元梓谈话，告知她准备以代表身份参加"九大"，谈话中特别向聂元梓了解宋一秀的情况，这应是与那张大字报有关。

孙蓬一对这张大字报耿耿于怀，他曾在大饭厅踫见笔者时，愤愤地笔者说，"你们那张大字报有许多不符合事实！"大约在1968年年底的清队运动中，孙蓬一在校园贴出大字报批判魏杞文，进行报复，孙反过来说魏杞文是聂元梓的"坏助手"，还揭发魏的历史问题。文革后赵建文告诉笔者，孙蓬一在八十年代末从青海回到北京，生活很困难，赵建文曾资助孙蓬一，并曾当面批评孙蓬一当年不该贴魏杞文大字报。孙蓬一对赵承认了错误。这是赵建文生前亲自告知笔者的。

这张大字报《历史的教训》的出现，是原校文革与"公社"内部所谓的"机派"与强硬派"孙派"之间，两种思想长期斗争的继续与延伸。它是在文革转折时期，造反派、红卫兵进行自我批评的一篇有代表性的文章。

王复兴 2016 年 6 月 10 日初稿

2019 年 9 月 3 日定稿

于美国德州奥斯汀寓中

---

[7] 见孙月才：《文革十年日记》香港中文大学出版社 2012 年版 329、330 页。

"胜利团"简史

任瑚琏

前言

"新北大公社人民战争胜利万岁战斗团",初期简称"万岁团",后来更多地简称"胜利团",是1967年8月5日至1968年8月28日活跃在北大、乃至整个首都文革舞台上的一支文艺队伍,在那个文化荒漠时期,不仅在校内,而且应邀到北京市内以至河北邯郸许多单位、各种场合演出60余场(仅为有明确记载的。详见附录:胜利团演出时间、地点列表),产生过广泛影响。胜利团的节目丰富多样。对口词、锣鼓词、三句半、相声、小品、小合唱、表演唱、舞蹈、小话剧、样板戏(京剧《红灯记》《沙家浜》、芭蕾舞剧《白毛女》)选段等大量中、小节目活泼灵巧,一部分紧跟形势,或者根据演出对象单位的特点,随时编创或更新;大节目有毛泽东诗词组歌《人民战争胜利万岁》、自创四场歌舞剧《抗大的道路》,以及组歌《祝毛主席万寿无疆》(此组歌很少演出),宏大厚重。一场演出通常由上半场一组小节目、下半场一个大节目组成。由于全团一心、通力配合、出于对艺术的热爱和责任心,满怀激情地认真对待每一次排练和演出,并且不断总结经验、弥补缺陷、学习提高和追求创新,加之校广播台、仪器厂的亲密协作,以及广大观众的热情鼓励,胜利团的演出多次在校内外引起轰动。这样的演出,对于有机会观看的人们不啻难得的精神盛宴;这样的团体,堪称乱世中一朵绚丽的文艺之花。

胜利团只有一年历史,但这段历史是北大文革史的一部分,而且是独具特色的一个部分,不应任其随着时光的流逝和当事人的离去而永远消失。我参与组建胜利团,并且从成立之日起到1968年3月28

日担任团长，责无旁贷应该承担起写出这段历史的任务。以下所记，从筹备成立到1968年3月29日退出，我都亲身经历，但许多细节，如日期、事件经过等等的叙述，采用了王传璋、陈景贵的日记和其他团友的回忆。3月29日以及其后部分完全依靠团友们的记录和回忆。在此谨向王、陈二友及全体团友致以诚挚的谢意！

一、在风浪中诞生

1、建团缘由

凄风苦雨的1966年冬天过去了，1967年1-2月，在解放军63军和装甲兵部队官兵进校对师生进行军训的背景下，北大呈现出大联合局面。2月1日，红旗兵团、东风兵团、红教工兵团、北京公社等支持校文革的组织联合组成新北大公社筹备小组，2月15日正式成立了全校统一的群众组织——新北大公社。

可是树欲静而风不止。高层斗争波澜迭起，在全国、全市，群众组织一再被当枪使，抢旗子、拉山头，各地、各系统、各单位重新形成两派对立，北大的大联合局面也很快夭折。从3月初开始，以反对还是支持聂元梓、校文革为分界，北大师生逐渐向两派方向分化。随着北京市所谓天派、地派的斗争加剧，频繁出现校外组织闯入北大干涉运动，甚至挑起武斗、搞打砸抢的事件。6月5日陈伯达指责聂元梓的讲话，使新北大公社内部产生动荡、反校文革派大受鼓舞。反校文革组织从5月中、下旬的两个（新北大东方红公社、红旗飘战斗队）一下子变成5个（6月6-8日从新北大公社分裂出3个：新北大井冈山公社、新北大公社革命造反总部、新北大北京公社），人们将其统称为"井""红""团""零""飘"。从此燕园大乱，陷入长期"内战"，直至1968年3月25-29日爆发大规模武斗。

8月17日，5个反校文革组织合并成立"井冈山兵团"，但在合并之前的6、7月份，就组织队伍排练出《长征组歌》（解放军总政治部主任肖华作词，北京军区战友文工团晨耕、生茂、唐诃、遇秋作曲）

在校内外演出，引起反响。合并之后，这支队伍得名"井冈山兵团毛主席万岁纵队"，简称"万岁纵"。面对这个形势，公社总部作战部的王复兴、索世晖和我建议公社方面也组建一支队伍排演大节目来与之竞争，并且将大节目确定为北京军区战友文工团谱曲的毛泽东诗词组歌《人民战争胜利万岁》。

2、筹备经过

在此之前，校文革领导下已有一个文艺小分队，于军训后的2月25日成立，名称是"新北大毛泽东思想宣传队"，成员有黄蕾、苏联菊、韩乐琴、程致靖、袁晋芳、刘从梦、张秀利、张继增、杜永春、孙增、柏永生、陈应复、郑根生、詹成樊、胡元璋……后来又抽调了物理系宣传队骨干李耀纶和朱伟利加入。到8月初为止，除了为校内重大活动演出外，足迹遍及北京市内、河北省石家庄、邢台、蓟县、徐水、白洋淀地区的许多机关、工厂、农村、解放军连队、大中学校，以及天安门广场"五一"联欢晚会和中南海北门外的"揪刘（少奇）火线"。但这个小分队只有20人左右，承担不了排演大型诗词组歌的任务。于是，以它为基础组建大型专业文工团的工作紧锣密鼓地展开。

公社总部指示各系战斗团，把散落在各系（战斗团）的原北大校文工团（以及体操队等）人员集中起来，并在师生员工中广泛吸收新人，组成一个包括合唱、表演（舞蹈）、乐队三大块，编创、导演、指挥，建制齐全，将近200人的队伍。物理系三年级学生金龙焕文革前是校文工团管弦乐队成员，后担任军乐队指挥，当时在校文革外联组，此时受命组建管弦乐队并担任指挥。合唱指挥由数力系青年教师蒋定华担任。合唱用的歌单已经有了，但乐队伴奏谱没有，只有一盘"不知从哪里搞来的"（金龙焕语）演唱录音磁带。金龙焕便从北大广播台借来一台老式的鹦鹉牌录音机，无数遍地反复听，边听边记，大致整理出来后开始写总谱。白天排练，晚上写第二天要用的总谱。这是个很费时间、很辛苦的工作，要给每一个（管乐部）或每一种（弦乐部）乐器写出它们的分谱。这也就是所谓的"配器"（顺便说一句，万岁纵缺少会配器的人，所以虽然有各种乐器，但合起来基本上就是个

"大齐奏")。10月1日国庆节以后,要排练演出新版诗词组歌,不能再用听录音写总谱的笨办法(何况也没有录音可听),但战友文工团的总谱不准外借,只允许去人抄录,金龙焕就和乐队的刘鑫、杜百川、张元凯、郑根生(年龄最小的队员,顶呱呱的竹笛手)、王缉慈(乐队唯一的女将、手风琴手)……一起骑车去抄。郑根生不会骑车,王缉慈就骑车带他。但这样手抄很慢,于是求校刊摄影组帮忙。他们答应了,几个人又陪校刊的人去,用135相机在户外太阳光下拍摄。拍下来至少有一百多页,回到学校冲洗成黑白底片。先是在生物楼实验室借用显微胶片阅读器(类似显微镜)阅读,再抄写到总谱纸上,仍然非常慢,人也特别累,于是又求校刊摄影组把底片洗印成4乘6吋照片。那时照相纸很贵,一百多张6吋照片得花不少钱。不过这样一来,抄谱容易多了。总谱抄好后,每个队员再抄自己的分谱。

紧赶慢赶,一切准备就绪。1967年8月5日下午,在哲学楼101(大阶梯教室)举行全体大会,宣告文工团成立。因为是为了排演组歌《人民战争胜利万岁》而组建的,大家决定就命名为"人民战争胜利万岁战斗团"("战斗团"意为"捍卫毛泽东思想和毛主席革命路线"而"战斗"的团队,是公社内称呼系一级建制单位的通例,"胜利团"则是跨系的组织了,也用"战斗团"的称呼)。记得很清楚的是索世晖讲了一番相当于建团宣言和战斗总动员的话,慷慨激昂的。王复兴参加成立大会但没有讲话。索世晖讲完话的那一刻,是他建团使命的结束,也是我任职"团长"(公社总部指派,非选举产生)的开始。我同时也是合唱队的一员,此外并不具体管业务上的事情。业务总管兼舞台监督是东语系四年级学生王传璋,总导演是化学系二年级学生徐铭玉(女);乐队和合唱队的排练分别由两位指挥负责;表演队队长是东语系二年级的刘从梦;合唱队分4个声部,各有一个负责人,分声部练习时分别带领各自声部练习。

既然是"战斗团",照例应该下属若干"战斗队",于是在8月17日以后,基本上按照自由组合原则,建立了"飒爽英姿"(表演队全体)"全民皆兵""平原游击队""劲松""捉鳖"等8个战斗队,都设立了队长。

二、关于诗词组歌《人民战争胜利万岁》

1、诗词组歌与胜利团的演绎

胜利团一成立，立即投入到诗词组歌的排练。紧张排练的同时，也配合校内外活动演出小节目。前面说过，这个组歌有新老两个版本，此时排练和演出的是老版，新版出来后即改排和演出了新版。新版较之老版，增加了两三首歌曲，个别歌曲的旋律有所改动，这里按演唱顺序列出的是新版的全部歌名：《西江月·井冈山》《渔家傲·反第一次大围剿和反第二次大围剿》《菩萨蛮·大柏地》《忆秦娥·娄山关》《七律·长征》《念奴娇·昆仑》《沁园春·雪》《七律·人民解放军占领南京》《七绝·为女民兵题照》《七律·和郭沫若同志》《满江红·和郭沫若同志》。顾名思义，歌词都是毛泽东诗词；作曲者除增加一位竹林之外，与《长征组歌》相同。但很不相同的是，《长征组歌》已由战友文工团及其他歌唱团体多次演出，这部诗词组歌则未见公开演出记录。可资借鉴的只有前面提到的那盘录音磁带（老版），以及《沁园春·雪》和《念奴娇·昆仑》（分别由战友文工团马玉涛和贾世骏演唱）两首单曲的演唱。

在这种情况下，我们凭借自身条件，对诗词组歌作出了富有创意的演绎。

首先，为了加深对有关诗词的理解，胜利团成立后即请中文系专攻诗歌的谢冕老师来哲学楼 101 给全团作了专题演讲。也是天缘凑巧，胜利团成立刚 3 天，8 月 8 日晚，就得到去人民大会堂观看"三军无产阶级革命派"盛大文艺演出的机会。这次演出，全校各战斗团都分配到一些票。但经过我去公社总部办公室争取，保证了全团一个不落地都得到了票。演出前，由蒋定华老师引见，我有幸拜识了作曲家生茂。

我们的创意主要是发挥表演队人才济济、能编会创、艺术水平高的优势，紧扣诗词内容，给每一首歌曲编配上舞蹈，形成声、乐、舞三位一体的表演形式。后来的演出实践证明，这种形式雅俗共赏，为各界各层次观众所喜闻乐见。其中给人印象最深的是《七律·长征》的前奏部分，音乐和舞蹈水乳交融的演绎，把红军过雪山草地、艰难跋涉的情景表现得淋漓尽致。诗词组歌的表演还有一个亮点，就是每首歌演唱前的朗诵。胜利团的两位朗诵者是历史系二年级的窦春起（男）和俄语系二年级的佟玉珍（女），可以毫不夸张地说，他们的朗诵水平完全不亚于今天的所谓央视一哥一姐，文化素质更是有所过之。正因为如此，还没等到毕业，两人就被中央新闻电影制片厂点名要去做了影片解说员（窦春起后来成为电影界权威并担任领导职务）。

2、北京军区机关演出简记

经过紧张奋斗，组歌很快排成，于8月16日晚在北大大饭厅成功首演，第二天再次演出（前半场均为小节目）。在胜利团成立初期，像这样配搭的演出，最值得大书一笔的是9月9日晚在北京军区礼堂的那一次。诗词组歌的谱曲完成后，战友文工团应该是排练好了（否则不会有录音），但似乎就一直没有公开演出过，反倒是我们把它排练出来付诸公演，而且第一次校外演出就是回它的娘家作汇报，意义自然不同寻常。这次演出，气氛非常热烈，宾主之间始终洋溢着亲人般的感情，结果是大获成功。演出结束前，主人整治了丰盛的菜肴，在餐厅里摆放停当，单等我们演出完毕前去用餐。可是多数团员坚守"不拿群众一针一线"的原则，表示心意领受，饭不能吃，纷纷走向军区接送我们的大客车。几位军人把住车门不让上车。僵持了一会儿，我发令（我做过班上的体育委员，喊口令轻车熟路）："全团集合！立正！向右看齐！向前看！向左转！目标餐厅，齐步走！"解决了问题。

三、十三陵分校集训

1、再接再厉，以新的面貌迎接国庆

开局顺利，初战连捷，加之大气候方面，压制、打击新北大的关锋等人倒台，胜利团士气高涨。公社总部也希望再接再厉，以新的面

貌迎接"十·一"。为此，胜利团于9月20—28日进行了集训。为了集中精力、避免干扰，地点选在了位于昌平县（今昌平区）西北4公里的天寿山脚下、十三陵西山口、距离校本部40多公里的十三陵分校（别称"200号"，现为北京大学昌平校区）。

集训前，中文系二年级学生陈景贵加入胜利团，成为业务组的头号笔杆儿，外号"杆儿"（我当时的理解是因为他个子又高又瘦，但也许身为专业笔杆儿也是一个原因？）。9月20日下午，全团乘车前往十三陵分校，当时那里的环境，陈景贵的日记是这样描写的："汽车跑了一个多小时，天擦黑才到十三陵。这里气温较低，衣服穿得少，感到凉。这里几乎四面环山，几座校舍坐落在荒郊野外，没有围墙，只是用铁丝网围着。东面是颇为雄伟壮观的教学大楼，坐西朝东十分漂亮；西面是楼房和饭厅，大楼的红砖裸露着，还没有完工。杂草丛生，树木丰茂，表面上很荒凉，然而内部设施极好，据说无论教学设备、学习条件还是生活条件都比本校高级。分校的学生早回北大了，听说只有30来个老头看房子。"第二天早晨，"朝阳东升，晨曦中群山无比地清晰，有一种开阔的意境和峥嵘的气势。"

新的面貌，作为文工团，最直接的标志就是新节目。因此，集训的核心任务是排练新版诗词组歌和创作、排练一批新的小节目。但是，在那个年头，如果就这样提出集训任务，那就是资产阶级的"单纯军事观点"（对部队而言）、"单纯业务观点"（对各种业务单位而言），因此必须提出思想政治上的要求：通过集训加强队伍的"革命性、科学性、纪律性、战斗性"。另外，为了适应多排中、小节目和增加演出灵活性的需要，组织上要有所调整。

2、团结紧张，连续奋战，圆满完成任务

8天的集训就按照前述3项任务的要求进行，整个过程团结、紧张、干劲十足。下面择要叙述活动情况：

首先是"政治挂帅，思想先行"。20日傍晚到达以后，照例讲了情况和注意事项，然后到各自的宿舍打扫卫生，并办理伙食（之前已有一个叫做"财贸尖兵"的单位300人在那里集训，因此伙食是现成

的)。准备完毕,便各组开会,谈思想,谈打算。9月21日早晨,吹号集合,集体出操。早饭后又开了个誓师会,各队表决心,互相挑战竞赛,要以战斗的姿态迎国庆。

誓师会后,全团即各司其职,投入创作和排练,一时乐曲声、歌声响成一片,十分热闹。自此,除去开会、学习、演出等活动,创作和排练贯穿集训的全过程。

22日抽了一批合唱队员到演出队搞紧跟形势的中小节目,称作"二组"(相应地,原表演队有时就被称为"一组")。

23日应邀到建工部情报系统演出。

24日早上"天天读"学毛泽东论文艺的语录,讨论服务方向。有人说胜利团向文工团发展,方向不对。必须面向工农,大小节目并重。单搞大节目,干脆就解散。全搞小节目,拉这么多人也没用。有人谈到必须下到工农中去,必须演工农兵喜闻乐见的节目……

25日下午,编创与导演、演员"三结合",进行场面、动作的设计。

26日排练,诗词组歌重点加强和改进合唱与乐队、舞蹈的配合。

27日,公社总部沈永友(哲学系高年级学生)来到分校,讲大联合斗争中的事件。

28日是充分发扬"不怕疲劳、连续作战"精神的一天。上午彩排,下午总结(肯定成绩,表扬好人好事,讨论中大家提了不少意见和建议,进行了批评和自我批评),晚上到装甲兵4637部队演出。演出结束后,午夜12点半乘三台大客车回校,到校本部已近凌晨两点。

到装甲兵4637部队的演出是一次拥军爱民活动,演出前双方有简短致词。这支部队到北大搞过军训,所以双方感情特别深,演出时气氛也特别热烈。演出后座谈,官兵们一片赞誉,认为我们的节目跟形势跟得紧。

总的说来,这次集训是富有成果的。除完成新版诗词组歌的排练外,还赶排出了锣鼓词《报喜路上》和《大联合战歌》《大批判专栏就是好》等新的小型歌舞节目;组建了表演队二组,加强了表演队的力量；开启了每次演出或彩排之后必进行总结的传统。这就在思想上、组织上、业务上进一步夯实了胜利团的基础。

四、9 月 29 日－11 月 5 日活动

北大的第二尊毛泽东塑像（位于东校门内 5、6 百米、哲学楼以北、第一教学楼以南的一块开阔台地，文革后拆除。原址西边是现在的新图书馆）落成，9 月 30 日上午要举行庆典。胜利团奉命于 28 日深夜赶回校本部，就是为了准备庆典后在大饭厅作汇报演出。

这样一来，原定 29 日在十三陵分校进行的集训分组总结，就改在哲学楼 101 进行了。在这个分组总结会上，一些团员尖锐地指出：团内思想工作没跟上，某些头头业务第一、不突出政治。9 月 24 日"天天读"提出的服务方向、办团方针问题也被再一次提出。这些问题，在此后的团内大、小会上又被一再提出。对此我和王传璋等"头头"当时是如何认识和对待的？要在下面一节里说一说。29 日之后的一个月零几天，演出较建团之初增加很多，下面择要介绍几次。关于其他活动，也作个简单的罗列。

1、关于思想政治工作和服务方向、建团方针问题

关于 9 月 29 日下午全团分组讨论集训情况时对团里工作提出的批评意见，陈景贵日记有详细记录，引用如下："大家指出思想工作没有跟上。当头头的对思想问题不敢碰，不敢揭，生怕触怒了哪位老爷太太之后，整个领导班子就会砸锅似的。所以总是哄着捧着，无关痛痒地搔两下，这反倒纵容了歪风的发展。也指出当头头的有时做点工作也是为了演出。为了搞几个动作以应付一时的需要，而不是从长远做打算，不是从思想上打基础。这种政治思想工作为业务服务的做法，到关键时刻一定用不上，因为他的思想根本不过硬。同时也指出某些头头业务第一，不突出政治，而且建团思想也是一切趋于正规化。还指出没抓活思想，思想工作不及时，也是没有发动群众做思想工作……"

"讨论会上对演出队吃梨（笔者按：吃梨是怎么回事不清楚）很不满，认为演到哪儿吃到哪儿，就应该吃的想法和做法是不对的。"（实际上，28日上午彩排和下午总结，表演队都被提了意见，说他们一些人缺乏劳动人民感情。）

这些问题在此后的团内大小会上被一再提出，例如：10月7日总结两天前到高等军事学院的演出，从正面提到"经验是突出政治、责任心强"，不少人想发起串联会，研究胜利团的前途。10月11日上午讨论，二组在勺园食堂，还是说思想政治工作跟不上，大批判也没搞，有人提出劳动回来后化整为零，需要时再化零为整，下午布置下乡，爆发大争吵。11月6日上午哲学楼101开会，又大吵一场，明显两大派，乐队演出队—合唱队，一些人表示对演出队的某些行为很不满。赴邯郸演出期间的1968年2月22日，上午生活会，指出：1、突出政治不够，对当地军民给予的关怀有理所当然之感；2、对节目要求不高，有恩赐之意、应付之心。大家都认为政治思想工作没抓。直到1968年3月2日下午全团大会讨论今后活动方式，团领导班子成员刘从梦还批评说："领导分工太明确，突出了管业务的了，光看到王传章一个人跑前跑后，忙得不可开交；而管政工的只在大会上才露面。"

对这些问题，不记得是否与王传璋和其他业务负责人正式交换过意见，但事实上有共识和默契。对于大家在会上畅所欲言，直言不讳地批评"头头"的工作，我们认为，这是大家热爱胜利团，关心胜利团的一种积极表现，是胜利团通过自我鞭策不断前进的内生动力，应该鼓励而不能泼冷水。但对于"突出政治""抓思想工作"等等，我们还是有自己的看法。

首先，作为一个演出团体，胜利团的使命是用自己的演出"宣传毛泽东思想和毛主席的革命路线"，编节目要注意"紧跟毛主席的伟大战略部署"，对内鼓舞人心，对外展示新北大的精神风貌和充当友好使者。我们演出的所有节目，内容都符合当时的政治标准（对此没有人提出过异议），这就是最好的突出政治。作为个人，编好、练好、演好每一个节目，与团友、队友齐心协力，完成好每一次演出任务，就是实实在在的思想好。拿这个标准衡量，没有人不合格。再说，胜利团成员在团里的一切活动都是无私奉献。乐队自己抄乐谱、拿谱架、扛乐器（唯有姚妙新的大贝司太大，一个人拿不了，才总有一个人帮着抬）；表演队自己背服装、拿道具；因为演出时间不规则，大家常常顾不上正常吃饭，也不存在什么周末休息……思想不好能这样吗？至于个人性格、习惯，以至缺点，只要无碍大局，就没必要干涉。表演队（主要是"一组"）挨批最多，主要原因还是对他们了解和体谅不够。认真注意就会看到，表演队演出环境特殊、压力大。演出中，表演队常常处在最前沿，会直接面对对立面在台下的哄骂，会因为在舞台上的出现成为别人指点的目标，他们的歌舞有时会被视作为某某涂脂抹粉……因为连续演出，那时的劣质油彩长时间涂在脸上会损害皮肤，排练和演出中的腾跃滚翻和舞刀弄枪会导致受伤……对他们应该多一些宽容。因此，对于前面提到的批评意见，我们口头上接受，实际上我行我素，在争论面前往往是"抹稀泥"。事实证明，团内无论出现什么样的意见分歧、发生多么激烈的争吵，最终都能在共同目标下顾全大局、保持团结，演好节目，不需要另外突出什么政治，抓什么思想工作。

关于演出后是否接受邀请单位招待、吃他们预备的食物，即"演到哪儿吃到哪儿"，曾经是胜利团全部活动中一个不大不小的事情。在那个讲究"思想革命化"的年月，我们把吃邀请单位的东西看成贪图享受和占便宜，往往表示谢绝。9月9日晚北京军区那一次经历算是"迫不得已"。可是，后来大家对表演队的难处——演出前不能吃饭，否则演出中剧烈的体力活动会引起呕吐——有了了解，态度就不那么僵硬了。于是到团队演出后吃面条、到司令部演出后吃"席桌"……都比较自然地接受下来。同时，每次演出后表演队的额外辛苦——到伙房为无法观看演出的炊事人员表演几个节目，也就成为惯例（奇怪的是，时至1968年1月19日，在这个问题上我竟然有过一次不近人情的偏执表现——王传璋那天的日记这样写道："晚上，去高教部给'北京公社'演出，气氛很好。临走，他们给我们准备了面包。我认为可以吃，任瑚琏不同意，有小争论，最后还是按他的意见办了。"今天看来，我这个表现只能说是莫名其妙）。

其次，关于胜利团的前途、办团方向、方针，团内虽然有过各种意见，但胜利团始终沿着建团时铺下的轨道前行。这其实是当时的形势使然。尽管有些团员的原单位有人认为胜利团是"（阶级斗争的）避风港"，发出要求这些团员回班级"参加运动"的声音，有些团员自己觉得长期脱离原单位不好，也提出回系"闹革命"的主张，但只要胜利团仍然"使命在肩"，这就只能是临时的和局部的，例如：11月23日通过全团大讨论，决定要回系闹革命的可以回去，召之即来。留下的重新组成战斗队投入教育革命。第二天，11月24日，重组了战斗队。但不久《抗大的道路》上马，回系的人就又归队了。因为团内大多数团员并不热衷于回系，他们构成的"基本盘"始终非常稳定，全面回系（即王传璋11月19日曾打算建议的"休眠"）根本行不通。说到解散，公社内更是从上到下都一再表示不同意。在组织规模上，既然大、中、小节目相结合的演出模式无法改变，总体上就还得保持文工团的格局，小分队下农村到贫下中农中间去演出（例如1968年1月22日下午全团大会宣布"开始修整、留下人组织宣传队担负一般任务"之后，部分团员26、27两天下乡与"抗大班"和农民联欢）只能是偶然的、短期的。

胜利团的演出对象，除高校师生外，都是工农兵（文后所附"演出时、地列表"可证）。这个方向是正确的。

搞大批判、参加教育革命等等，说起来都很好，但当时北大处于两派分裂、校文革根本无法统一号令全校师生的混乱局面，上面按"毛主席的战略部署"布置下来、校文革具体安排的"复课闹革命"等等都很快流产，胜利团更不可能做成。退一万步说，即使做成了，以今天的眼光看也毫无价值。

2、演出活动摘记

成立后仅50多天，胜利团在社会上就有了一定知名度，因而校外演出也多了起来。这里列举9月29日—11月2日期间除单纯演出外还有其他内容的几次，其中10月20日的一大一小两次在下一章《5 关于校外演出两次遇袭》中另行介绍。

3、10月1日参加天安门联欢晚会。北大被安排在西华表以西，农大后面。不少人表示不理解,有的说是派性表现。胜利团为了避免在音乐声中演出效果不好,就提前演出,还应邀到兄弟院校圈子里去演出。节目中,欢快活泼的"草原红卫兵见到毛主席"和情绪激昂的"亚非拉人民要解放"两个舞蹈特别受欢迎。结束前乐队自己奏乐跳舞,结束后互相送行,深夜方回。晚会照例放了烟火,打出了探照灯柱。参加单位和人都很多,可是气氛不够热烈。集体舞跳不起来,看的人多,跳的人少,不成气候。我佩戴了"领队"胸标,得以在广场内较自由地行动。借此便利窜了一些地方,印象最深的是跑到战友文工团圈子里看见了马玉涛领唱的合唱队(站在搭起的梯台上)英武的队列和乐队雄壮的阵容,并听了演唱片段。

4、10月5日晚上到高等军事学院给三个单位(红联)的解放军演出。聂元梓、孙蓬一也去了。回校后请孙蓬一到哲学楼101讲话。讲话末了,说胜利团起到很大作用,要坚持下去,要更好地干起来,并对某些问题表示了关心。

5、10月9日下午3点,到第三工程兵学校(在昌平)演出。先分组座谈。晚饭和学员们同吃,米饭馒头两个菜,演出后吃面条汤,给了钱和粮票。演出后共同听"毛主席视察大江南北最新指示"。等传达人时,兵、学互相拉歌,演出队跳语录舞。夜间返回学校途中寒风刺骨。

6、11月2日晚上到首都剧场为外交部演出。不知道首都剧场在当时算不算除大会堂外最顶级的剧场?舞台之大、还能转旋换布景就不说了,令人叹为观止的是后台。走廊里摆着沙发、茶几,高大的休息室中穿衣镜成排。每4个人一个化妆室,台阶灯、大镜子……一应俱全。后台还有喇叭,可以即时听到舞台上的演出情况。在这样豪华的化妆室里化妆,在这样气派的舞台上表演,感觉自然超好。

7、其他活动(业务的和非业务的)

9月29日晚上排练,准备第二天的节目。

9月30日下午在哲学楼101总结上午的汇报演出,讨论第二天去天安门带什么节目。

10月6日二组恢复工作。

10月7日总结会,讨论中谈及下乡劳动的组织与宣传工作。

10月11日下午布置下乡劳动事宜。

10月12日下午听"八一兵团"曹广志介绍"三军革命派"。

10月15日在哲学楼101讨论创作十月革命主题的节目。

10月16日下乡劳动的团员在哲学楼前开誓师会,随即出发。创作组为下乡团员送行后,到哲学楼308讨论走十月革命道路剧本。

10月19日—21日下乡劳动,顺带到七机部一院及附近农村演出,遭遇暴力袭击(详见下一章《5 关于校外演出两次遇袭》)。

10月23日在哲学楼101开全体会,讲怎样复课、今后如何活动等事情。

10月27日上午在哲学楼101开全体会,我汇报昨晚战斗团负责人会议情况。下午分组讨论节目,并定下创作任务。近日发生武斗,形势比较紧张,晚上把乐器分散转移,以防井冈山打砸抢。

10月28日上午9点半,请来北京军区通讯团李副参谋长作"永远忠于毛主席"的报告。下午练节目、编节目。

10月29日—11月1日每天下午排练节目。

11月3日排练节目。

11月5日全天练节目,晚上彩排。

五、关于校外演出两次遇袭

虽然胜利团生逢乱世,活动在全社会两派冲突激烈、武斗此伏彼起的时期,但校外演出总的说来还是安全的。然而天有不测风云,仍然遭遇到两次暴力袭击。

1、为什么要记述两次遇袭

平心而论,胜利团的创作和演出始终坚持正面宣传"毛泽东思想"

和"毛主席的革命路线"的原则，按照当时上面的要求"把握斗争大方向""批判资产阶级反动路线"等等，从不在节目中批评、攻击对立面组织或个人。在这一点上，井冈山兵团的万岁纵有过教训。时间大约是1967年12月，一次大饭厅的演出，万岁纵一位相声和快板儿书说得呱呱叫的演员（中文系二年级与我不同班的同学）表演的快板儿书指名攻击新北大公社，当即招来台下本派观众的一片嘘声。精心准备的一台演出，就因为这个败笔显得格调低了许多。胜利团在校内是支持校文革的，因为它是工作组撤销后按照上面的指示由全校师生员工选举产生的，具有合法性，但我们并没有因此而编演任何歌颂校文革或聂元梓个人的节目。诚然，我们创作过一首合唱《日照公社大旗红》，请作曲家石夫谱的曲，大约在1967年底－1968年初公开演唱了几次。还把本团所有战斗队的名称串起来编成对口词表演过。但这些充其量不过是自我表扬，不带攻击性，不危害任何人。对这样一个文艺团体使用杀伤性手段进行攻击，并且致人重伤，称之为丧心病狂也不为过。遭到这种丧心病狂的暴力袭击，胜利团员们临危不乱，从容应对，相互救助，这样的表现值得记下一笔。

两次遇袭时间相隔较远，因为是同类事件，所以放到一起叙述。

2、第一次遇袭：1967年10月19日，七机部一院

那次原本是按校文革安排下乡劳动，正好七机部"9·15"邀请我们去一院（第一研究院）演出，我们就选择了一院附近的农村（具体公社、大队等名称失记，只记得有南北两个奶牛场），以便劳动、演出两不误。此前东、西语系下乡劳动的同学已经到了那里，住在小学校。没想到19日下午先头部队一下车就遭到与"9·15"对立的"9·16"派围攻。表演队朱伟利回忆当时的情况说："我们排着两路纵队前行，走走停停，反对派夹道漫骂。我们大气不敢出，不理他们，他们拼命挑衅，骂得很难听。我手里拿着一大把道具——红缨枪、大刀、长矛等等，他们居然来我手中抢夺，我反抗还遭了几拳头，结果我们的宝贝大刀被抢走了，气得我直掉眼泪……"针对这个情况，我们决定反客为主，面向两派邀请工人、贫下中农观看演出。可是，当天晚上

"9·16"派仍然手持器械发起攻击，我们汽车被劫，人员被打，合唱队金大成等3人伤势较重住进医院。

第二天（20日）上午九点半，胜利团留校人员闻讯乘车赶到西语系驻地。经过长安街时看见沿街等候欢迎毛里塔尼亚总统的人很多。到七机部一院时，看到"9·16"倒打一耙的大标语"新北大公社一小撮挑起武斗罪责难逃"，路边行人投来两种截然相反的目光：疑惑、仇视的和友好、慰问的。学校门口围了一堆人，辩论还在进行。轻伤员扎着绷带，小学教员中的一些人也出来与北大学生争论。很明显，这个地方"9·16"势力强大（当天晚上果然听到消息："9·16"抄了"9·15"的家），连农民也是"9·16"观点的居多。

尽管多人被打甚至受伤，团员中有人反映"根本就不该到这个地方来劳动"，有人遗憾没有还手，但大家情绪基本没受影响，相反，意外遭遇使大家团结得更加紧密。当天晚上，大部队在北牛场（生产大队队部所在地）演出全台大小节目组合，二组在南牛场演出感谢专场小节目集锦，都圆满完成任务，受到社员群众的热烈欢迎。

3、第二次遇袭：1968年6月7日，北京医学院

那一次，胜利团是到北京医学院（现北京大学医学院）演出，大节目是歌舞剧《抗大的道路》。正演到抗大教员（中文系二年级学生郭瑞饰）唱"毛主席每次来讲课……"，突然从后台窗户飞进来许多砖头、石块。有的落在舞台上，有的飞到乐队中间，砸伤一名合唱队女队员，打折乐队一支长号。据观察，这些砖石是从远处北京钢铁学院（现北京科技大学）用大弹弓"发射"过来的，弹弓手只能是钢铁学院"延安公社"（属"地派"）武斗队。大家没有慌乱，业务总管兼舞台监督王传璋沉着冷静地张罗立刻拉大幕、撤人，演出被迫中断。因故中断演出，这是建团以来第一次。这时，乐队奏起了语录歌"下定决心，不怕牺牲，排除万难去争取胜利"，一些北医同学对伤员实施救护。不愧是医学院的学生，做起救护来动作十分麻利。

受伤的合唱队员是赵籍九（数力系三年级学生，团领导班子勤务组成员），被一大块石片打在了面部人中部位，上嘴唇翻裂，上牙掉

了5颗，流了很多血，顿时人事不省，醒来时已被送到北医三院。那里的医生拒绝收治，后来是北医的同学把她和陪同的团员带到城里的北大医院，从牛棚里请来一位老大夫给做了手术。老先生一边做还一边说："哎呀，这麼年轻可得做好点，不然以后还怎麼上舞台！"最后上嘴唇缝了17针。回忆这件事的时候，赵籍九说："幸亏大夫手艺好，恢复后一点也看不出来，不然成豁嘴就麻烦了。真是不幸中的万幸。"被打掉的牙虽然后来用假牙代替了，但终究是一种终身的不便。

六、自制幻灯布景，舞台大放异彩

胜利团自成立之日起，一直坚持学习、提高、创新，这固然是因为有外力推动，即校内观众（主要是广大新北大公社群众）的要求和期待，更重要的是胜利团人有一种精神，就是不甘平庸、不满足现状，因而能够自我鞭策，不断进取，追求卓越。

1、幻灯布景助力，演出盛况空前

国庆节已经过去，接下来的重要纪念日就是11月7日的"十月革命节"。在那时的苏联，这一天照例是要庆祝和阅兵的。但中国共产党认为苏共是十月革命的叛徒，自己才是真正的继承者，是正统，所以肯定会有纪念的行动。果然，11月6日两报一刊（《人民日报》《解放军报》《红旗》杂志）发表了社论，下午人民大会堂开了纪念会，"副统帅"林彪讲了话。为准备纪念演出，胜利团创作了独幕话剧《走一九一七之路》（俄语系五年级学生刘岩饰老布尔什维克，中文系二年级学生郭瑞饰革命青年，东语系教师吕学德饰修正主义分子）、舞蹈《山鹰之歌》《富士山风暴》、表演唱《光辉灿烂老三篇》《四个老婆婆学毛选》《工农兵联合起来》，排练了男声合唱《斯大林颂》……特别是在舞台美术上做了一个大动作——自制幻灯机，实现了后部天幕全景幻灯布景。

纪念演出于11月8日晚在大饭厅举行（7日晚上井冈山万岁纵

演出）。下午排练的时候，各战斗团来信鼓励，给大家增添不少劲头。演出开始，舞台底部天幕上打出色彩鲜艳的全景幻灯布景，顿时光华四射，演员和观众一起进入兴奋状态。幻灯布景使重排的新版诗词组歌如虎添翼，与节目内容契合的生动画面使人产生身临其境的感觉。随着节目一个接一个地推出，台上台下的情绪相互感染，共同把气氛推向近乎白热化。整个过程，台下掌声、笑声不断，最后达到狂欢的程度，不少人站起来鼓掌。想想直到昨天，11月7日，很晚还在大饭厅排练，可是因为效果不怎么好，人们担心"这样的节目怎么拿出去"，谁知今天正式演出竟获得空前成功！应该说幻灯天幕布景的登场起了很大作用。

　　幻灯布景的效果，演员们是怎样感受的呢？表演队卢晓林（西语系四年级学生）回忆说："记得我第一次看到背景屏幕上打出领袖画像、井岗山水、长城白雪、延安宝塔……我激动得流下了眼泪。真不敢相信站在台上的竟是我们，不敢相信就是我们演绎了这样的美景！我当时毫不惭愧地认为我们一点也不比音乐舞蹈史诗《东方红》差！"乐队马达弟（单簧管手，和下面要说到的张元凯、李升平均为技术物理系二年级学生）也说："当我们的演出第一次使用几部幻灯机同时工作，在巨大的布幕上投射出美妙的图画时，全场爆发出经久不息的掌声，连我们自己也惊呆了。许多年后我还在琢磨：这几部幻灯机是如何能在那么近的距离同时在布幕上完成一幅完整的背景图画而看不出连接缝的。"天幕幻灯布景的首次登场，效果确实是震撼性的。

2、天幕全景幻灯布景诞生记

　　是谁提出自制幻灯机打全景天幕布景这个创意的？现在似乎没人记得起来了。但整个制作过程的主导者和操作者是乐队的张元凯（长号手）和无线电系实验员张光华，这是清楚的。当时不少正规文艺团体（包括部队文工团）已经使用幻灯布景，他俩便骑车到北京军区战友文工团，参观了他们的幻灯机，测绘了幻灯机的结构、尺寸，了解了幻灯片的制作方法。

　　回校后第一件事就是制造幻灯机。他们找到北大仪器厂，几位师傅出了大力气，一共造了七台，六台打布景，一台做特技用，就是打出放光芒的效果。幻灯机是光学仪器，制造精度要求很高。多亏了这几位手艺高超的工人师傅（遗憾的是当时没有记下他们的名字），造出的机器台台合格。透镜是张元凯他们去城里买回来的。每台需要两块六英寸的凸透镜，凸面向内装在车削好的铸铝镜筒内作为投射镜头。另外要一块八英寸的凸透镜放在光源前聚光用，它和灯泡之间还有一块隔热镜，防止大透镜过热炸裂。一块六英寸的凹面镜放在光源大灯泡后向前反光，提高光的利用率。光源装在上部圆弧形的灯箱内，有风扇给灯泡散热。灯箱下面是两条圆管形轨道，一直延伸到投射镜头支架下，投射镜在轨道上前后移动就可以调节焦距。

幻灯机有了，制作幻灯片可不是件简单的事。全景幕布是由六台幻灯机打出的图像拼接而成，要保证拼接好的画面天衣无缝看不出分界。而且幻灯机是放在舞台地板上成 45 度角向上斜打，打出来的图像会变形，所以幻灯片不能按正常图像绘制。正确的制作过程大致是这样的：按一定比例画好正常的天幕全景，令相机和天幕成 45 度角，通过针孔拍照（以保证成像清晰），得到一个变形图像的底片，然后按照这个变形的图像描画成大约八英寸大的幻灯片。这样，幻灯片投射到幕上就还原成正常的景象了。全部幻灯片都是大才女葛晓音（中文系三年级学生，后成为北大中文系知名古典文学教授）画的。

放光芒的特技比较简单：在放幻灯片的地方放一块不透光的金属板定片，上面开好放射状的光芒直线，再用一块圆形动片，上面开出等距的圆的渐开线（螺旋线），圆心固定在定片中心的轴上。动片用低速电机带动，打到幕上就是放光芒的效果。

设备有了，演出前还得装台，这也有学问。由于天幕宽度和高度各场地不一样，六台幻灯机的位置需要因地制宜。天幕大的高的，幻灯机之间的距离要等距拉大，与天幕距离也稍大；天幕小的相反。人们常常看到幻灯组演出前在台上忙来忙去，就是忙的这事儿。幻灯组负责人是张光华（现仍在北大，已退休），组员有李升平等。另外，几乎每次演出总有合唱队队员帮着搬运、装台。

幻灯布景设备制成后，在 11 月 6 日下午到晚上的排练中试用成功，8日晚演出正式投入使用，11日晚大饭厅演出再次使用。幻灯布景自制成功，标志着胜利团的舞美上了一个新的台阶。此后，所有较大型演出都使用了幻灯布景。

七、《抗大的道路》，铸就辉煌

1、歌舞剧《抗大的道路》简介

创新，尤其是节目和表演的创新，是一个艺术团体的灵魂，是她生存和发展的根本。这一点，胜利团人深深懂得，并且努力践行，在不断"与时俱进"地编演中小节目的同时，始终"雄心勃勃"，念念不忘创作大节目。功夫不负有心人，在自制天幕幻灯布景，令舞台大放异彩之后不到两个月，一个更为重大的成果诞生了，这就是四场歌舞剧《抗大的道路》。这个歌舞剧由《序幕向延安》《第一场毛主席给咱指方向》《第二场阶级教育是根本》《第三场一面学习，一面生产》《第四场向着斗争来学习》《尾声奔赴前线》组成。在观众安静的等待中，序曲突然奏响，开头那组气势磅礴的乐句，仿佛在宣示中华民族不甘忍受日本帝国主义侵略、决心抗战到底、夺取最后胜利的钢铁意志。序曲随后转为叙述日寇铁蹄践踏祖国大地、中华儿女吹响战斗号角、抗日烽火遍地燃烧、抗日军政大学诞生……的历程；一段语调深沉的朗诵伴着音乐进行。序曲和朗诵结束，大幕徐徐开启，舞台上出现一群热血青年冒死突破日寇封锁来到延安的场景。随着剧情的进展，这群青年由成为抗大学员开始，经历学习、训练、阶级教育、大生产、实战杀敌……最后奔赴前线。全剧（包含幕间）时长约75分钟。

这样一个剧情丰富的歌舞剧，对语言、音乐、歌唱、舞蹈、表演、服装、舞美、各方面的协调配合、舞台监督都提出了更高要求，同时也为胜利团人尽其才、共铸辉煌提供了更大的施展空间。

2、创作动机：呼应时代的声音

毛泽东原计划文革半年结束，可是潘多拉的盒子一旦打开，局势的发展就不以人的意志为转移。已经过去了将近 3 个半年，全国仍然是一团乱局。试过了各种办法收拾局面，什么大批判，什么斗私批修……都不见效，于是 1967 年 10 月 18 日中央台广播了中共中央、国务院、中央军委、中央文革关于按系统、班级大联合的通知，一时"大联合"呼声再起。又传毛泽东说："早就该开学了。"于是纷纷议论联合复课、搞教育革命。关于教育革命，11 月初校内还展开了论战，新北大公社提出"要抗大，不要燕京"，井冈山兵团接着提出"要周培源，不要陆平、彭佩云、张学书"，不一而足。

正是这样一个政治气候，催生出胜利团创作一个大型歌舞剧来宣传"继承抗大精神、学习抗大榜样、走抗大道路"的构想。

3、辉煌是怎样铸成的

（1）创作团队一瞥

要把构想付诸实施，首先得写出文学剧本，同时做好作曲、编舞等方面的准备。关于剧本，业务组讨论了指导思想，提出了大致框架，执笔的任务理所当然交给了笔杆子陈景贵。这一天是 1967 年 11 月 28 日。为歌舞剧作曲是很专业的事，全靠本团自己的力量不是绝对不可能，但写作速度、音乐质量都会有问题。幸运的是，我们请到了专业作曲者——中央芭蕾舞团的石夫和刘廷禹。石夫那时已经是着名作曲家，写了很多旋律优美、脍炙人口的歌曲，其中《我骑着马儿过草原》《解放军同志请你停一停》等等几乎家喻户晓，我从少年时代起就一直喜爱。刘廷禹后来也成为着名作曲家、舞剧音乐大师，创作了《沂蒙颂》等多部舞剧音乐。要不是那个特殊的时代环境，请到他们那样的大牌来给我们的节目作曲根本想都不要想。舞蹈，基本上由表演队群策群力编创完成，但也请中央芭蕾舞团专业演员来指导过（例如 4 个鬼子兵，我客串扮演其中一个出场，双脚交叉跳跃后成马步面向台下，平端着上了刺刀的步枪左右缓缓扫动这组动作，就是中芭一个小伙子来教的。我还记得，在和他们商谈的时候，我说了"希望舞蹈语言尽可能丰富一些"的话，引来本团导演徐铭玉等内行善意的笑）。

（2）剧本：彩笔绘出集体智慧之花

为了写好文学剧本，真实再现当年的抗大，业务组没少做功课。他们查阅资料，走访老战士，到高等军事学院请教研究人员……这就使集体讨论和陈景贵执笔写作有了充足的底气。但写作仍然艰苦。

先看看陈景贵当时的日记是怎么记录的："1967.11.29，在万岁团讨论节目创作。""1967.12.1，上午，讨论抗大节目。下午，我写节目。晚上有演出，我没有去。""1967.12.6，这几天都在写节目，搞抗大的歌舞剧。""1967.12.13，一个星期没有记日记了。没有时间，整天忙于万岁团的抗大歌舞剧，写了讨论，讨论了再写，老是不能满意，一直不能脱稿……谢天谢地，昨天总算通过了……不过以后配曲时还得推敲歌词，那就好办了。创作就是如此，有时感情一来，挥笔而就，基本的东西很快就出来了，只要稍加润色，便大功告成。有时感情上不来，冥思苦想，搞得头昏脑胀，结果是越急越苦思，越出不来东西。灵感是需要，但必须有实际生活和大量的材料作为基础，没有这个最根本的东西就不会来灵感。有了生活和素材，那就靠你了，那就需要你的匠心了。"

再看看他的同屋、团勤务组成员钟嘉陵（中文系四年级学生）的记述："从67年11月（28日）起，景贵就把主要精力投入《抗大的道路》文学本的创作……在宿舍哪怕是休息时间，也沉思默想。他经常的一个动作，就是手里拿着一卷稿纸，在房间里踱来踱去，苦思冥想。想到好思路了，他会轻轻叫一声：'对，就这样！'那个高兴劲儿！"从这里可以看到，《抗大的道路》创作组（业务组）是以高度的责任感和对质量的严格要求对待剧本编写的，剧本汇集了创作组集体的智慧。不仅如此，在随后的排练中，还参考和吸收了团内外其他人的意见。执笔人也不负众望，通过艰苦劳动，运用个人的才能和匠心，将集体智慧凝聚于笔端。可以说，《抗大的道路》文学剧本是集体智慧与个人匠心的结晶。

（3）音乐：名家手笔，倾情之作

作曲者石夫和刘廷禹是哪一天到的北大，现在查不到准确记录，但一定不晚于 1967 年 12 月 9 日,因为 12 月 10 日晚胜利团去铁道兵部队直属机关礼堂演出,石夫一同去观看了。他们来北大时金龙焕、我,还有几个人到哲学楼前的道上迎接,然后送他们到未名湖北边的专家招待所。那是个两层楼房,房间不大,在二楼给了他们一人一间。招待所里有食堂。

作曲需要钢琴。北大文工团钢琴队有很多钢琴,问题是怎样搬到他们的房间里。招待所楼里没有电梯,金龙焕等几个人费九牛二虎之力顺楼梯抬上了二楼。后来金龙焕又去过那里多次,有时是开会讨论剧本或音乐,有时是去取他们写好的总谱。他们要的总谱纸,那时只有王府井百货大楼(还是在它旁边的文化用品商店?)才有卖的,金龙焕去买过至少两次,共六百多张。四分钱一张,那时算是很贵的。作曲结束时还剩很多,金龙焕想留给乐队用,可是有人作主全部送给了石夫他们。金龙焕当时还觉得挺可惜的。关于钢琴,我的印象是后来并没用上,原因是搬动后音准不够好,又找不到人调音。一次在哲学楼 101 看温路生(东语系二年级学生)她们练"春播舞",放的录音就是手风琴拉出来的。

写音乐,石夫、刘廷禹有分工,每人写几场。序曲、主题歌("抗大的教育方针是……")、"打仗"、终曲等由刘廷禹写,石夫写"突破封锁线""到延安""大生产""边区好风光""阶级教育"等。他们写的音乐非常出色,恰到好处地表达了《抗》剧要表达的内容。曲子写好后,他们还到乐队排练场所(哲学楼二楼一间教室)帮助排练了两三次。石夫年龄较大,也比较能体谅业余乐团的难处。开始时乐队用中音号代替圆号,弦乐(提琴类)人数不够,用民乐二胡、中胡来补充,没有大管(巴松管),双簧管只有一支。石夫的态度是因陋就简,利用现有条件尽量做好,帮助排练时很有耐心。他为"大生产"写了一段板胡独奏,排练时发现效果不理想,试用高胡,还是不满意。正在犹豫不决怎么办的时候,竹笛郑根生自告奋勇吹起那段独奏,石夫当即决定把那段音乐改为笛子独奏。相比之下,刘廷禹年轻,刚从学校毕业不久,对业余乐团的水平和条件不大适应,有时发脾气。

12 月 20 日晚《抗》剧第一次乐队、表演、合唱、朗诵合排,石夫、刘廷禹到场观看了。那一次，由于许多细节没弄好，显得乱糟糟的，非常业余。他们没有等到正式彩排就走了（具体日期失记，但不会早于 12 月 24 日，因为 23 日晚上王传璋还找石夫商量了给一个合唱谱曲的事），为他们送行的时候，我们感觉他们对这个节目似乎并不抱太大希望。可是 1968 年 1 月 5 日晚的首次演出，给了他们一个惊喜。金龙焕的回忆这样写道："第一次正式演出是在大饭厅。石夫和刘廷禹都被请来观看，坐在第一排我身后。那次演出效果极佳，至少从音乐的角度看是很成功的。平常我们常有乐器音对不准的问题，即使对好了也会随着演出逐渐偏离。场次之间衔接紧凑没有时间仔细调整，（所以）往往越到后面越严重。那次演出没有出现这个问题，平常难以做到的铜管部准确和声也似乎都做到了。演出结束时观众全体起立鼓掌欢呼，我从指挥台下来转身见到他俩，石夫与我握手祝贺演出成功，刘廷禹显得非常兴奋和高兴，跟我说：'我真正体会到我们专业文艺工作者应当来到广大人民群众之中，走与人民群众相结合的道路。你们演出成功给了我们一个很好的教育……'他大概没有想到我们在他们离开北大之后那么短的时间内把整个节目弄好了。"

(4) 舞蹈：群策群力，各展其长，求精创优

舞蹈创作（同时也是局部排练）的情况，当然是舞蹈队员最清楚，下面是两位舞蹈队员的回忆：

黄蕾（化学系三年级学生，刘鑫在回忆中称赞她具有"优美舞姿与天才的编舞才能"）："《抗大的道路》中几乎没有独舞，都是集体舞蹈。那时刘从梦担任舞蹈队长，我也参与舞蹈动作的设计和编排，边排边改，群策群力，所以应该说基本属于集体创作。卢晓林、张秀利、李耀伦、朱伟利等也各尽所能。"

李耀伦："《抗大的道路》开始创作的时候，我参与的是舞蹈创作。当时我们舞蹈队的创作主要在大饭厅旁边的小饭厅里进行，时间大都选择在晚上，因为白天饭厅里人多干扰大，把饭桌搬开腾出创作的空间还会影响同学吃饭。晚上创作排练常常到深夜。那时革命的干劲真是十足，根本不知道什麽叫累。几乎没人有手表，也不知道夜里几点了，只有感觉创作或排练告一段落，肚子饿了，这才回宿舍睡觉。那

时要想吃上一碗面简直是一种奢望，记得才旦卓玛来学校演出（按：时间1968年1月16日晚，地点办公楼礼堂，李耀纶去联系来的西藏"大联指"的"农奴戟"歌舞团演出，才旦卓玛的独唱把演出推向高潮），想吃一碗面都没有吃成。

"《抗大的道路》的舞蹈创作没有主创，差不多都是集体创作，没有感到很难。当时的创作班底主要是这麼几个人：刘从梦、张秀利、李耀纶、高树茂、黄蕾等，还有谁记不清楚了。只记得朱伟利、黄虹坚（中文系一年级学生）常常想出一些很好的动作和组合。当时大家都比较尊重刘从梦的意见，所以常常是以他的思路为主去修正、延伸。当然，有时候刘从梦的方案也被推翻。

"在那个年代，我们都没有名利的欲望，创作时谁的好就用谁的，没有人表现出不高兴。郭瑞的舞蹈动作不多，需要时来一下。小栢（栢永生，东语系二年级学生）基本演反派，和我们配合的场次也不多，但由于他幽默滑稽，他若不在现场大家总感到缺点什麼，因此我们在排练时常常把他叫来，他也常常会提出一些很好的建议。我们这个创作集体中大部分都是原学校舞蹈队的，文革前都去中国舞蹈学校（和北京芭蕾舞蹈学校是两块牌子一套班子）培训过，还算是有一些功底，七弄八搞一套舞蹈就出来了。也没有场记，就靠脑子记住，第二天大家再一边排练，一边回忆，一边修改，就这麼折腾一两天，一场舞蹈就创作、排练完成了。

"那个年代排练舞蹈没有录音机，大家一边哼哼，一边创作，好像朱伟利、黄蕾的乐感比较好，她们常常是在边上用嘴哼哼着曲谱，我们跟着她们的节奏一边跳一边创作。现在想起来那才叫和谐。"

（5）角色扮演：入戏，求真

歌舞剧是剧，所以有情节、有角色，要按戏剧的要求来表演。《抗》剧里的角色有：教员、众学员、小战士甲、小战士乙、小战士丙、女战士、男战士、陈大爷、儿童团员、陈妻、陈子、地主、狗腿子、战士丁、战士戊、通讯员、民兵队长。演员们对自己的一致要求是进入剧情、满怀真情、演得逼真。他们做到了。举一个例子：扮演儿童团员的朱伟利是怎样使自己在听陈大爷忆苦时流下眼泪的（详见后面《11 胜利团——永久的记忆》章）。

（6）排练：不辞辛劳，边排边改，力臻完美

文学剧本于 12 月 12 日基本讨论通过之后，《抗大的道路》进入排练阶段，但还不能全力以赴，因为还要排练合唱《〈毛主席语录〉再版前言》（12 月 16 日上午全校大会上演唱）、组歌《祝毛主席万寿无疆》（12 月 26 日晚演出）和一些小节目。此外，还准备编一个歌颂李文忠（解放军某部排长，1967 年 8 月为救沉船落水群众牺牲）的节目，考虑排一个《毛主席是咱社里人》的大合唱，还有 22 日全天在七一五厂的演出等活动和 1968 年元旦与本校工人师傅的联欢。

下面是《抗》剧的排练进程一览（讨论修改剧本、分组开会征求意见、分头排练等等未列出）：

12 月 20 日晚上合乐、合舞，准备不足，效率不高。

12 月 27 日晚，先去办公楼礼堂为法律系毕业生演出。九点，去俄文楼 201，《抗大的道路》序幕、尾声合舞合乐，导演认为舞蹈表达得还不理想，还得改。

12 月 30 日（星期六）晚，留学生食堂，《抗》剧一、四场合舞、合乐。

12 月 31 日（星期日）晚，《抗大的道路》在留学生食堂连排。全团在欢呼声中度过了 1967 年的最后几分钟，迎来了新的一年——1968 年。在这个新年的除夕之夜，大家还一起听了两报一刊元旦社论，开了个团结的批评与自我批评会。

1968 年 1 月 3 日上午在俄文楼 201 排练，晚上又一直练到深夜，大家精神面貌很好。

1 月 4 日晚上 10 点，《抗大的道路》彩排，排完已经 12 点半了。大家劲头很足，要立刻纠正不足的地方，于是又彩排一遍，结束时已凌晨 3 点。勤务组开会。

（7）协同、拼搏，首演展现辉煌

1968年1月5日，正好是胜利团建团5周月的日子。当晚，《抗大的道路》在大饭厅首次演出。这天，从下午三、四点钟开始，就有学生拿凳子在大饭厅占位子，开演前场地已经完全爆满。演出自始至终气氛极其热烈，获得超乎意料的成功。

《抗大的道路》创作和演出成功，标志着胜利团在艺术创造上登上了又一个高峰。从后来的情况看，这实际上就是胜利团的艺术巅峰，因为后来的几个月里演出的节目虽然也有新的内容和形式，例如京剧《红灯记》《沙家浜》和芭蕾舞剧《白毛女》的片段，但毕竟是引进而非自创。黄蕾评论说："（《抗大的道路》）完全是自编、自导、自演，将多种艺术形式（包括朗诵、歌唱、舞蹈、器乐、舞台、灯光等）综合在一起，也将北大的各个文艺社团（包括舞蹈、歌唱、话剧、戏剧、器乐等）的精英集合在一起，可以说是开创了北大文艺活动的新阶段。"又说："文革中……两派的对立和竞争也将北大的文艺演出推向了一个登峰造极的阶段。"《抗大的道路》的成功就是最好的体现。

关于演出成功的原因，卢晓林有句话说得好："当时合唱队、乐队、舞蹈队、后勤、舞美等各部门之间的那种团结、默契，真是从未有过的。"这种各部门的配合协同对于《抗大的道路》这样比较复杂的节目尤其重要。之所以能够如此配合协同，是因为演出当前，人人心往一处想，劲往一处使，并且人人力图做到最好，在台上呈现出最好的自己，从而使个人的、部门的拼力一搏汇聚成整体的拼力一搏。也许这就是文艺界所说的"业余团体排练出七分，却能演到十分"的原因。

配合协同的各部门中，前面关于直接参与表演的说得较多，对幻灯布景也有具体介绍，这里必须专门说一说音响和服装。舞台演出（哑剧之类除外）没有音响是不可想象的，音响配置不好，对于要求苛刻的胜利团来说，不仅影响台下的气氛，而且直接影响到台上演员的情绪。在音响方面为胜利团服务的是新北大广播台机务组。机务组的同学物理系、无线电系的居多，他们是一批无名英雄。那时，广播台设在大饭厅后壁背后的屋子里，得从外面上下，阶梯很高。无论在学校还是到校外，每次演出，机务组同学都得把器材搬下来（演出后再搬上去），然后提前到演出场地装台。为了保证舞台任何位置上的声音都能够清楚、响亮、均衡地播放出来，他们总要台前台后忙上一阵，非常辛苦。

服装属于后勤保障，当年由朱秀琴（东语系二年级学生）总负责，大家亲切地称她为"服装总理"。这个工作并不是分派给她的，仅仅因为当时需要而又没有人做，她就自然而然地去做了。

胜利团节目多，所以演出服装用量很大。不过，小节目的服装一般都是演员自己解决，自己携带，自己保管。但是，像诗词组歌《人民战争胜利万岁》这样的大节目，需要大量的红军军装和少数民族服装，演员个人就没有办法了。于是朱秀琴和王传璋等人想到了去八一电影制片厂借，因为它跟军队沾边，理应各种军装都有。不出所料，虽然当时跟八一厂没有任何公、私关系，他们却如愿借来了所有需要的服装，并且使用了很长时间。这批服装起初由朱秀琴统一保管，后来红军服就由演员自己保管了。但少数民族服装还是一直由她负责保管。《抗大的道路》需要的八路军军服等，也是王传璋和朱秀琴等人去八一厂借来的。当然，其他服装也找过其他单位支援。

因此，胜利团的演出得以次次成功，负责音响和服装的同学功不可没。

1月9日晚全校拥军大会，《抗大的道路》第二次演出，各方面配合得不错，气氛也很热烈，效果非常好。

此后的演出，胜利团就有诗词组歌《人民战争胜利万岁》和歌舞剧《抗大的道路》两个大节目可以轮换了。

八、鱼水情深邯郸行

1968年2月16日至2月25日，胜利团应河北省邯郸地区军民的邀请，前去参加邯郸地区和邯郸市革命委员会成立的庆祝活动，在邯郸为部队、单位、学生和各界群众约7万8千人演出，受到盛情款待,感受到鱼水般的深情。在今天看来,这就是胜利团一次大规模的行动,给邯郸军民送去了艺术盛宴,自己也收获了满满的温暖,此外没有更多的意义。因此,对整个过程做一个叙述即可。叙述之前,先简单交待《抗大的道路》首演后到邯郸之行前胜利团的活动情况。

1、1968 年 1 月 6 日-2 月 10 日活动述要

这一个月正处在春节前后,因此 1 月 22 日下午全团大会决定休整,留下的人组织宣传队,担负一般任务。

之前,1 月 6 日上午,勤务组、业务组开会,下午全团大会。晚上,井冈山万岁纵在大饭厅演出,王传璋去看了,认为他们最后的大歌舞《世界人民热爱毛主席》无法和《抗大的道路》相比。1 月 7 日晚上,团里又开会,围绕办团方向、政工问题、办毛泽东思想学习班等进行了讨论。

1 月 8 日到 21 日,在校内外进行 8 场演出(详见附录:胜利团演出时间、地点列表)。其间

1 月 10 日傍晚,万岁纵向胜利团发出邀请信,希望同台演出欢迎即将进校的解放军。我们认为,校文革是权力机构,欢迎任务应由它统一安排,没有接受万岁纵的邀请。

1 月 11 日下午,"胜利团毛泽东思想学习班"开学典礼。由于没全通知到或有事,参加的人不多,会场气氛差一些。王传璋首先发言。公社的几个代表发言都说"胜利团不能解散,只能办好不能办坏"。

1 月 12 日,学习班分组学习、讨论。

1 月 13 日下午,团里布置工作。到会人不多,许多人想回家。

1 月 16 日,上午 11 点多钟,在留学生食堂排练"抗大"。下午,全团开串连会,谈团里存在的问题。晚上,看西藏大联指"农奴戟"歌舞团演出。

1 月 20 日上午,全团去民族文化宫参观"纪念伟大的共产主义战士白求恩"展览。

1 月 23 日下午,团里研究工作,确定:1、准备节目,等队员回

来后大干；2、下乡宣传，但要看大家的热情，时间不宜长，应在春节前结束。

1月24日，团里几个人去五道口看红代会"拥军爱民大会"将演出的节目。

1月25日上午，团里研究了一些具体问题。

1月26日晚，王传璋回沈阳探亲。下午，高树茂、王明美和我在他宿舍里一起吃元宵，算是给他饯行。

2、冲破阻力，一波三折终成行

2月10日上午王传璋从沈阳回来，下午参加团里会议。我大概是"自动离职"了，没参加。12日下午，他找到我，商量团里的事情。在他的动员劝说下，我决定继续参加团里领导工作，并一起商定了明天开队长会议。

这时正有一件事摆在我们面前：邯郸地、市革委会邀请我们去联欢。为请示此事，已经有人（是谁？现在无人记得）跑了不少地方。找到公社头头，先同意，后来又否了；找到聂元梓，她同意了；又找姜同光（校文革常委），他说明天常委会研究后决定。

对这件事，我的看法是：解放军进校在即，大联合形势迫在眉睫，这时候拉出一、二百人的队伍去外地演出不妥当。王传璋觉得有道理。

13日上午各队长及部门负责人开会，商量近期工作。下午全校欢迎解放军进校。我在全团大会上讲了准备赴邯郸演出的事，也说了我的态度：不想去，但不吹冷风。王传璋和我的态度一样，积极组织。

14日下午又开全团大会，来的人比较多，正式宣布16日去邯郸演出。我和王传璋交换意见，觉得去外地演出麻烦事儿不少，我们可以保留自己的看法，但众命难违，我们还是应该去。晚上，各部门负责人开会研究了赴邯郸的准备工作。

15日晚上的全团大会，公社总部有人到场，对去邯郸表示同意，但采取"不知道"的态度。干部会上选出核心组：我，王传璋，顾炎晴（中文系一年级学生，因为是"捉鳖"战斗队队长，所以荣获别名

"捉鳖")和窦春起。

16日上午8点半,第一批赴邯郸人员(大部队)在哲学楼101集合,公社总部孙月才(哲学系研究生)赶来通知说不同意去了。王传璋在大会上发言,把孙顶了回去。随后闫志胜(中文系二年级学生)又来推卸责任说,反正阻止过了,是你们不听。我们当然不听,邯郸之行已经箭在弦上,势在必发了。

大家分队乘公交车出发,陆续到达北京站。灯光器材托运,道具、乐器等自带。下午1点40分,我们乘坐的天津—邯郸97次列车开车,夜里10点抵达古城邯郸。该市革委会副主任、委员均到车站迎接,非常热情。有专车把我们送到招待所,部队首长前来看望,完全是到家的感觉。住宿条件和伙食都非常好,大家感到很不好意思。分战斗队小结后,休息。

3、难忘的邯郸八日

(1)、2月17—20日,学习、参观、编创、排练

2月17日早晨出操列队时,邯郸市革委会主任(军分区司令员)、副主任前来看望。副主任介绍了当地情况。业务组创作节目,为了跟形势配合邯郸斗争,请市革委常委王生根介绍了斗争史。文教局李同志来商谈演出具体事宜。晚饭后开生活小会,检查平原游击队存在骄傲情绪。队长开会。部分团员去"工农兵会堂"(工人剧场)参加欢送新兵大会,看4695部队的节目,被请上主席台。大会第一项就是报告我们来的消息。回来后业务组讨论创作的新节目到半夜。

2月18日编节目、练节目。晚上转移住地到条件更好的交际处。转移后开生活会,指出要搞好与当地的关系,要求搞好天天读。队长会讨论交流活思想工作经验。王传璋和徐铭玉去接"三军无产阶级革命派"的代表。当地不少单位送来贺信、慰问信。

2月19日排练新老节目和《抗大的道路》。下午有人到平调落子剧团学习,受到热烈欢迎。晚上胜利团第二批人员到达。

2月20日上午到邯郸剧场彩排,看的人出乎意外地多。下午两点才回住地。接来三军体工队、军乐队。晚上,邯郸地、市革委会为

欢迎我们和三军体工队、军乐队举行联欢会，当地几个剧团演出节目。

（2）、2月21—24日，密集演出，回报邯郸军民

2月21日中午，全团在邯郸市人民体育场参加地、市革命委员会成立大会。与三军体工队、军乐队联合演出，观众人山人海。朱伟利和苏联菊的对口词大受欢迎，当地群众认为说出了革命派的心声。

下午五点化妆到邯郸剧场演出，气氛很好。演出结束，演员们下台送观众。晚上在邯郸剧场演出，掌声雷鸣。

这里要专门说一说两位对口词演员——朱伟利（物理系三年级学生）和苏联菊（化学系一年级学生）。她俩本身是表演队员，合作编、说对口词又堪称天才，即兴、即景和紧跟形势编排对口词倚马可待，表演时动作言语完美融合，成为胜利团一绝。也正是因为有她们这一对绝佳搭档，胜利团的演出可以不采取通常的报幕形式，节目之间全部用对口词进行"无缝"衔接，因而十分紧凑，保证了自始至终气氛热烈。

2月22日上午开会，公社总部的人要回去，讲这几天成绩不小，提出要谦虚、学习。接着开生活会，没开完便集合去拜谒烈士陵园。下午继续开会，还是轰一些事情。王传章发言表示委屈，说这些事本来是为大家着想，如果无限上纲，是打击干部积极性，干部没法做工作。对王传章的发言，大家觉得应该看到群众这种积极性，要感到高兴，至于具体情况可以具体解决，打好这一仗是大家共同的目标。晚上到948部队演出，露天剧场，但效果很好。

2月23日上午到国棉三厂参观学习，先演几个小节目。当地群众对我们感情极深，说我们是毛主席身边来的。晚上为4691英雄部队演出。

2月24日上午原计划与"铁代会"代表座谈，他们提出要看我们的节目，于是改变计划在邯郸剧场进行了演出。

中午全团大会，我宣布明天返回北京。原因是在河北省"抓革命，促生产"会议上，北京军区郑维山代司令员批评"有的地方还在搞庆祝活动"，点了邯郸的名。据说郑维山代司令员在电话里说了"北京在蕴育着一场更大的斗争"这样的话。校文革也打来电话让我们回去。

下午，邯郸市革委会副主任刘相友等领导来看望我们，讲情况，算是欢送会。他说，生产下降一定赶上去，请同学们放心。向我们赠送了礼品：匾、像章、纪念章、毛主席塑像。说实话，同学们都不同意提前回去，感到没有报答好邯郸人民的热情招待，现在走对不起他们，决定晚上连演两场以弥补遗憾。

晚上先为当地领导和各界战友演出，第二场为中学"红代会"小将们演出，凌晨两点结束。这样高强度的连台演出，舞台监督王传璋劳累过度，到第二场的时候，头昏眼花差点晕倒。第二天回京的火车上，他的胃又疼了，到京后吐了一场才舒服了些。

（3）告别邯郸，两情依依

2月25日返校。早上7点起床，8点半整队出发。三军体工队、军乐队和一些群众送我们走出交际处。一路上欢送的人特别多。站台上，火车站工人列队欢送，车窗外全是人头和语录本，一片再见声。双方难分难舍，不少人都哭了。列车缓缓离开站台，车厢里沉寂多时才逐渐活跃起来。晚上7点多到达北京站，学校没派车，自己乘车回校、回家。

九、我为什么离开胜利团

1、新的形势，新的认识

前面7.2节提到，1967年10月18日中央台广播了中共中央、国务院、中央军委、中央文革关于按系统、班级大联合的通知，"大联合"呼声再起。到了1967年12月31日晚上，中央台广播了两报一刊1968年元旦社论，大联合更是全篇的基调。"中央精神"如此明确，我和新北大公社66串联会核心成员的朋友们清醒地认识到，实现两派大联合是"无产阶级司令部"的"最新战略部署"（时代用语），必须遵行。既然如此，一派压倒一派的想法和做法就是错误的，也是绝对行不通的。66的核心伙伴们已厌倦了打派仗，感到这样下去看不到光明，没有出路。有了这样的认识，我本人对胜利团的工作不像过去那样满腔热情了。因为胜利团虽然不宣扬派性,而且强调是校文革领导的,但它毕竟是新北大公社的一个战斗团,实质上还是属于一派。66串联会的观点是与孙蓬一为代表的公社"主流派"背道而驰的,因此我没有在胜利团内公开宣示过,只是在行动上淡出胜利团的工作,这就是春节休整过后、胜利团恢复运转的2月10日团务会我缺席的原因。

2月14日晚,公社总部召集战斗团长及骨干战争斗队会议,在办公楼传达北京卫戍区副司令员李钟奇在市委学习班上的报告,总的精神是围剿派性、迅速实现大联合。传达后立即就公社内部有分歧的问题展开了讨论,这几个问题是:应该怎样给井冈山兵团定性?目前大联合的阻力究竟在哪里?新北大公社的派性是存在于指导思想上,还是表现在方法上?任喜贵(中文系四年级学生,原北大学生会副主席)等发言认为,形势发生了变化,新形势下要采取新的政策,以适应新的需要。他说大联合的阻力主要在校文革,主要表现是对井冈山的看法和措施不对。认为孙蓬一派性很大。另一派认为阻力在井冈山兵团,在于坏头头挑动派性,在于他们的政治纲领(推翻校文革)没有变。

发言中,不少人检查了自己的派性,找出的问题是对井冈山兵团的广大战士没有好感和以派性对派性。遗憾的是,公社方面的主流看法仍然是:阻力来自井冈山兵团,他们不按无产阶级司令部的指示办事,大方向错了。

我当时的认识与任喜贵相同。我的观点是,公社和校文革坚持必须在校文革领导下实现大联合,井冈山又坚决不接受,僵局就无法打破,大联合也就无从谈起。只能是公社、校文革采取妥协态度,搁置校文革领导这一条,公社和井冈山坐下来平等协商、实现大联合,然后共同解决校文革地位问题。其实,当时的"天下大势"已经到了两派联合建立革命委员会的阶段,校文革的历史使命事实上已经终结,应该走下舞台了。我认为校文革应该主动这样做才能取得主动权,否则前景不容乐观。

但是,孙蓬一等强硬派认定与井冈山之间是两个阶级、两条路线的斗争，也就是你死我活的斗争，自己是无产阶级革命路线在北大的代表，因此对井冈山只能摧垮。实际上，孙蓬一所想的远远不止北大，他认为自己的所作所为是在为"无产阶级司令部"冲锋陷阵，受到的打压都是来自与"无产阶级司令部"相敌对的阵营或势力，因此常以斗士姿态出现，表现出某种悲愤或悲壮的情绪。他刚愎自用，一意孤行，连聂元梓的一些明智的主张、言论和行动都不买账，甚至公然顶撞或表示轻蔑。很明显，其他人想要改变他的观点和态度更是根本不可能的。

诚然，公社和井冈山两个组织在人员构成和思想观点上都有复杂性，但共同点都是强硬派占主导，再加上大的政治背景方面的因素，就决定了两个组织中明智派（被本组织称作右倾机会主义者——"老机"）的努力和事实上的大联合必然以失败告终（其他高校也一样）。

那段时间，我参加公社战斗团长会的时候笔记做得比较详细，下来后把内容告诉任喜贵（其他朋友不需要，因为他们有的是总部委员，有的是战斗团长，有的在作战部或其他机构），也就是帮助他了解情况而已。但因此就被强硬派视作"内奸"，遭到怒目而视，后来干脆被拒之门外（最后一次参加战斗团长会应该是在3月5日，因为3月6日上午团内少数人在26楼开会，我传达了团长会议精神）。既然如此，我也就没有必要继续顶着个"团长"的名头了。

2、情非得已，告别胜利团

王传璋和我在胜利团一直合作默契、相处愉快，因此他2月12日找到我，劝说我回团勤务组，我接受了。邯郸之行我尽了领队的职责，可是回校后，就和胜利团处于若即若离状态。离，是本心，所以2月28日晚上，团里干部开会研究排练纪念"三七批示"（毛泽东上一年3月7日的一个批示，大家都不知道是什么内容）的节目，我又没参加。即，主要是因为王传璋拉着我，例如他的日记有这样一个记录："3月16日中饭后，与小刘（刘从梦）、小九（赵籍九）、朱刚（朱秀琴）等人去医院探望了卢晓琳，她小腿感染发烧住院（按：详情见本章后面"小注"）。回来后，到胡头（任瑚琏）处开了勤务组扩大会，会议开得很团结。"4个头头特意到我宿舍来开会，足见他们挽留我的诚意。说实话，我对胜利团感情也很深厚，无奈当时与孙蓬一们的分歧和关系已经形同水火，不可能再合作下去了。

何况在胜利团内部，我的观点也已经很不合时宜。不妨看看陈景贵日记3月5日的记录：

"晚上，正没事可干，听说万岁团（注：即胜利团，有些同学习惯叫万岁团）一些积极分子在一院开会，我就跑去了。到会的有20多人，发言很热烈，顾炎晴、赵籍九等参加。都认为要提高路线斗争觉悟，增强阶级斗争观念，用阶级观点分析一切问题。我知道这一切问题指的是与井冈山兵团的分歧。还指出'主战派'的观点就是出于对阶级斗争形势的分析，'主和派'就是忘记了阶级斗争。要永远搞阶级斗争，不能说一提阶级斗争就是过火斗争，就是草木皆兵。而且要从组织上落实。"

"对于万岁团，指出不突出政治，结果出了乱子。指出要紧跟形势，纠正某些头头（任瑚琏）的思想问题。说任瑚琏喝酒后与"火车头"成员醉后滥言。任说自己就是调和派，调和矛盾以使万岁团维持下去。"

他们"纠正"不了我，我更不可能改变他们。在这样的环境里，遇事该怎么表态？例如业务组3月18日前后已经写好一个小话剧，并且和演员讨论过了。小话剧的内容是公社战士说服井冈山兵团战士下山。对这个节目我应该赞成还是反对？所以离开是唯一选择。

3月中旬以来，北大时有小规模武斗发生。进入下旬，武斗气氛渐浓。22日，不少外校到北大游行示威，喊"打倒孙蓬一""揪出聂元梓"；25日下午，地院、钢院、人大的地派组织到北大游行，声援"井岗山"，喊"打倒聂元梓"，并挑起武斗。到了28日，空气越发紧张，大规模武斗一触即发。

3月28日晚上大约9点多钟，我和同样是住在26楼的同班同学李恩江被召到32楼（中文、法律、图书馆3个系的男生宿舍楼）集合，然后随红7团（中文系战斗团）的队伍到了31楼。从一层的南门进了楼，才知道是去袭击住在里面的井冈山兵团学生。我俩赤手空拳，只能跟在手执长矛的人后面看。刚开始很顺利，"公社战士"挨个房间敲开门,把屋里的井冈山成员赶出来。但很快对方就组织起了反击,一时间装满石灰的玻璃墨水瓶横空乱飞。我和李恩江见事不好,反身一口气跑回了26楼。当晚"井冈山"把不设防的32楼一锅端,令公社派学生净身出户,并攻下东、西、俄语系男生宿舍40楼,抓走一些公社派学生,打伤胜利团王传璋、王明美等人。

我反对武斗。如今北大陷入全面武斗,我正好彻底退出胜利团,当了公社内的逍遥派。

【小注】 卢晓林忆小腿受伤至发烧的经过:那次从邯郸演出回到北京,天色已晚,疲倦然而兴奋的我,下火车时腿一软,左腿便跪在了冰冷坚硬的水泥站台上了。当时只是觉得一阵剧痛,但没太在意。从北京站出来已经没有公交车了。兴高采烈地互道再见后,我背着一大包演出服装,从北京站一直步行回到鼓楼附近的家里。脱下裤子一看,我和我妈都吓了一大跳:整个裤腿从棉毛裤、毛裤到外裤全浸透了血,小腿的迎门横开了一个一寸多长的口子。在医院工作了一辈子的妈妈一边找出消炎粉抹到伤口上,一边狠嘚嘚地骂道:"我叫你再跳!你怎么不把腿跳断了哇!"

第二天回到学校,依然排练、上台,照旧往红肿的腿上紧紧地打上八路军的灰色绑腿。直到一个星期后的彩排,我一如既往,雄赳赳地一个箭步冲上台,却一个跟斗栽倒在地,不知人事了。等我醒来,已经躺在了校医院。医生说是创口感染引起高烧。等医生拿起手术刀清创,一刀下去,我第一次知道一个小小的伤口居然能藏得下那末多的脓,我也第一次看见了白骨的模样……但是我至今没有后悔过!

十、胜利团的后半程

1、2月26日—3月28日

从邯郸返回北大后,2月26日到3月28日,大的政治气候可谓风云变幻。就北京市来说,市委办的高校学习班没能促成团结,天地两派仍然针锋相对。市革命委员会委常委会上聂元梓被围攻,说她想搞垮市革委会，打倒谢富治，自己当主任。3月22日，不少外校组织到北大游行示威，喊"打倒孙蓬一""揪出聂元梓"。杨、余、傅（杨成武、余立金、傅崇碧）突然被"揪出来"，地院、钢院、人大的地派组织到北大游行，喊"打倒聂元梓"，挑起武斗。3月25日夜，谢富治、吴德、丁国钰紧急到北大讲话，制止外校到北大武斗，支持校文革。

北大内部依然是乱局，两派互相彻底否定之外，"公社"写作组"新北大人"提出反左防右，使新北大公社内部的分歧更加明朗化，并且反映到胜利团内。在这种形势下，胜利团暂停了大的演出（包括三机部因另一派不同意而撤回演出邀请），只在某些场合演几个小节目。但其他的日常活动仍在进行，主要有下面一些：

（1）、了解形势：3月18日下午全团听公社总部刘存哲关于最近形势的介绍。3月22日下午开串联会，公社总部卢平发言。

（2）、节目录音：3月13日晚上，北大广播台为诗词组歌《人民战争胜利万岁》录音，一直到10点半，大家劲头足，录音效果也好。

（3）、创作、排练、集体讨论：陈景贵执笔写了个小话剧，内容是公社战士说服井冈山兵团战士下山；王传璋和陈景贵创作出下周演出用的对联，以及《口号对口词》；3月18日，在留学生食堂连排《诗词组歌》；21日晚，在留学生食堂连排《抗大的道路》和小节目；28日下午，合唱队合乐。

（4）、团务会：28日上午，顾炎晴、赵籍九、刘从梦、王传璋研究工作，决定合唱队继续排练新节目。

这应该就是当时胜利团勤务组的主要成员，团长为顾炎晴。我已自动退出勤务组

2、3月29日—8月17日

3月28日—29日夜间，北大武斗全面爆发，40楼被井冈山兵团攻陷，东语系十多名公社社员被抓到28楼关押，其中有胜利团的王传璋和王明美，二人都因头部遭铁棒重击负伤。另外还有部分团员卷入武斗，有人在冲突中受伤。胜利团的活动一时陷于停滞，但秉持3

月 5 日晚校文革宣传组的人在北大一院胜利团积极分子自发串联会上讲的——胜利团不能解散，要占领舞台，为斗争服务，我们目前面临一场疾风暴雨的斗争，北京市的派系问题不解决，各学校问题就不好解决，因此要战斗下去，要打出去——的精神，在上面派武装部队临时进入北大巡逻，北大形成占楼割据局面后，很快又重上正轨。

概而言之，常规活动仍然不外乎开会、创作、排练、演出、下乡劳动、派人去北京军区祝贺"八·一"建军节、校摄影组来团拍《抗大的道路》剧照至深夜等等。但毕竟形势发生了很大的变化，这 5 个月胜利团在活动频次、规模和成效方面都逊于前几个月，这里只择要叙述一下创作和演出的情况。

先说创作。业务组王传璋、陈景贵、郭瑞、徐铭玉等和表演队做了很大努力，编了不少配合形势的小节目付诸演出。也编写、策划了大节目。其中一个是组歌（内容不详）。经过多次讨论之后，歌词由陈景贵执笔完成，先后找了刘廷禹和石夫，请他们帮忙谱曲，都因为忙（又要得急）而未果。另一个是用了几个通宵策划出来大型歌舞剧《重走一九一七年的路》（暂定名），最后也没有完成。还有一个大节目，7 月 16 日说起，19 日就说基本创作完成，26 日开排，8 月 3 日又说定稿，8 月 16 日彩排、17 日演出。王传璋日记言之凿凿，但谁也记不起究竟是个什么节目。姑录于此待考。

但是，有一件事做得非常成功，那就是做了一期北京大学《文化批判》增刊，也是歌舞剧《抗大的道路》专刊，刊登了《抗大的道路》文学剧本（附选曲）和两篇文章：《大学生要走与工农相结合的道路——北京市中阿友好公社贫下中农与解放军座谈<抗大的道路>》《毛主席的革命文艺思想指挥我们战斗——创作、演出革命歌舞剧<抗大的道路>体会》。

这件事是 6 月 27 日提出来的。那天上午，团勤务组扩大会决定近日把演出搞完，成立战地宣传队及两个战斗队。晚上，开创作班子会，准备搞一期《文化批判》增刊，围绕革命歌舞剧《抗大的道路》做文章。随后，7 月 1 日到 10 日之后几天，创作组和执笔人讨论、修改剧本不下 5 次，并撰写相关文章。其间，7 月 4 日晚，胜利团去中阿友好公社为向阳大队农民及附近驻军演出。第二天上午，王传璋、陈景贵等与解放军座谈，他们对《抗》剧评价很高。晚上，同贫下中农座谈，他们提出了中肯意见。8月3日，《文化批判》增刊校样出来，陈景贵校对剧本和文章，与郭瑞共同校对其中的毛主席语录，并签了名字，于是大功告成。因此一举，加上顾炎晴将其与诗词组歌合并编印赠送，当年的胜利团员如今得以人手一册。

再说演出。总的情况见《附录：胜利团演出时间、地点列表》，这里补充两桩因时、地信息不确切未列入表中的。

第一桩，1968年"公社"大搞"挖山运动"期间，胜利团排了一些小节目在办公楼礼堂专门为对立派里的干部们（都是老师和文革前的低层党政干部）演出，算是"攻心战"。朱伟利和苏联菊的对口词比较容易紧跟形势，因而被放在重要位置。不料朱伟利一个跳跃落地时扭伤了右脚脖子，疼得跪在地上几十秒钟站不起来。苏联菊此时站在她的右前方，没发现这个情况，以为她一时忘词，已经替她把该说的台词连说了三句。一位队友迅速从舞台一侧冲出来把她扶起。她强忍疼痛接着说词，但右脚却动弹不得。她知道伤得不轻，心想一定要把该说的词说完，尽管不做动作。但当结尾说到"下定决心，不怕牺牲，排除万难，去争取胜利"时，为了增强舞台效果，一咬牙，一瘸一拐地完成了预定的四个大十字步，台下爆发出震耳的掌声。此时她浑身大汗淋漓，好不容易敬完礼向右转，用一条左腿蹦下台，便无力地一头栽倒在台侧的地毯卷上。

队友们迅速围拢过来（演出继续进行）……几分钟后，有人把许多纸条递到她手里，纸条都是台下的对立派观众写给她的，她颤抖着手把一张张条子打开，就着后台微弱的亮光，看到了纸条上一句句滚烫的话语，强忍了许久的眼泪一下子夺眶而出……

第二桩，大约在1968年7月下旬8月上旬，胜利团把京剧《红灯记》《沙家浜》和芭蕾舞剧《白毛女》的片断搬上了自己的舞台。《红灯记》的李铁梅由张敏（西语系二年级学生，原北大文工团京剧队女一号，现在是王复兴的夫人）饰演，《白毛女》的喜儿由孙玉兰（刚从北京体育学院体操系毕业分配到北大的青年教师）饰演。

3、最后的日子

1968年7月28日凌晨,毛泽东召见北京高校红卫兵"5大领袖",严厉地批评北大、清华"一不斗,二不批,三不改。斗是斗,搞武斗。断然终止了文革的群众运动。

29日上午,新北大公社开始拆除工事、上缴武器,北大武斗终止。

8月19日第一批工宣队进校,校文革事实上靠边站。

8月20日24点,北大广播台广播新北大公社与井冈山兵团第一份协议。

8月23日,革命工人大联合委员会正式成立。

8月27日,胜利团在毛主席塑像广场合影,留下珍贵纪念。不知是没通知到我还是通知了我没去,合影里没有我。

8月28日下午,欢迎第二批宣传队进校。晚上,在大饭厅举行了新北大公社倒旗大会。胜利团会前会后唱歌。这是胜利团最后一次演出。

胜利团随即解散,留下少部分人成立毛泽东思想宣传队。

十一、胜利团:永久的记忆

1、历久弥醇的友情

1968年4月、9月、12月,陆续有五年级(理科六年级)、四年级、三年级的胜利团团员毕业离校。到1970年3月,余下的团员全部毕业,原胜利团成员风流云散,许多人天各一方、音讯断绝。

40年后,2008年底、2009年初,定居加拿大的金龙焕发起一个行动——寻找和联络原胜利团乐队成员,重续旧谊。在此之前,一些团友一直有、或者已经恢复了联系,金龙焕行动首先联络到了他们。这已经不限于乐队队员。很快地,这个行动发展为全团范围的寻找。

在大家的共同努力、特别是朱伟利那样的超级爱心人锲而不舍的努力下，找到和联络上的团友越来越多。尘封的记忆清晰起来，蛰伏的友情苏醒过来，大家在金龙焕创建的胜利团网站上问候、忆旧、倾诉，无比兴奋、喜悦。但这远远不够，人人渴望着相聚重逢，一吐衷肠，良辰美景同游共赏。于是有了 2009 年和 2010 年两次北京团聚和 2011 年 4 月南昌、9 月西安，2012 年成都，2013 年杭州，2015 年大连、沈阳，2016 年长沙，2017 年珠海、广州，2018 年南京、苏州的 8 次团聚，一次比一次人多，每次一周左右的盛大聚会，在北大校友中传为佳话。

为什么能够这样？四十年的分离，胜似亲情的友情不但没有被岁月冲淡，相反，如同陈年佳酿，历久弥醇。此无他，如卢晓林所说，在胜利团相处的那段日子，对每个团友都是刻骨铭心的日子。那段经历对于我们的意义与政治正确与否无关，从中获益、受到深远影响的是我们的人生。关于这一点，团友们在胜利团网站上的回忆文字，夸张点说，汗牛充栋。把大家的意思归纳起来就是：胜利团是一个温暖的大家庭，一个坚强的战斗队，一个多能的大学校。下面就主要撷取团友们的话来分别说明。

2、胜利团：温暖的大家庭

物理系教师程本培（男低音合唱队员）的话最有代表性。他说："四十多年前那纷乱的年代，我们每个人都带着虽有差异但又近乎相同的故事走进了胜利团这片小小的天地，也许是这些难以言表而且是不能言表的故事使我们这些人心心相印。已经不记得我是怎样加入胜利团的（似乎那时入团并不需要什么人介绍推荐，也不需要通过审批，来去自由），我只记得那时我心情忧郁、彷徨、茫然，我完全不能理解运动为什么会是那个样子，处处跟不上形势。我没有写过一张大字报（只在全教研室第一次写的集体表态性大字报上签了个名），我不忍心去看那些揪斗会，我甚至想在遇到那些被揪斗对象时和他们点点头以示意他们要坚强，暗示他们不是所有人都要打倒他们的。在那你不斗人就要被斗的畸形年代里真是度日如年。我只是个小老百姓，也没有什么出身问题，真不知道为什么会是那样。

当我加入胜利团时，似乎抓到了宝贵的救命稻草，它带我到达了另一个境地，使我获得了内心的解放。我很惊奇，表面看来胜利团是一个很松散的群体：从成员上看它包揽了几乎各个系各个不同年级的学生和教工；从年令上看起码有十七、八到三十儿岁的落差，最大的可能是我们敬爱的大烟斗、数力系黄老师，最小的可能是东语系一年级小尾巴雷航；从性格上看就差别更大了，有青春活泼可爱型，有沉稳的富于思想的成熟型，也有像我这神比较拘谨幼稚的古板型，还有像小钢炮（按：名叫胡爱贞，生物系学生）那种冲动锋利型。我记得小钢炮（对不起，忘记她的姓名了，但任我记得很清楚）连珠炮式发言时的神态，现在想起来也很可爱。但就是这样一个看似松散的临时性团体却有胜过大家庭的和谐、团结和温暖。团友之间、团部和团友之间、团部各领导之间都像兄弟姐妹似的亲密，使我的心情豁然开朗，像获得了二次生命似的度过了那一段虽然短暂却永远值得回忆的幸福时光。"

"我没有什么文艺细胞，对胜利团的贡献很小，唯一做过的事是在武斗升级时把胜利团的灯光、道具或许还有乐器和服装藏存在物理楼我所负责的实验室。也许有些照片在我们的暗室洗印。仅此而已。但胜利团给予我的却很多很多。我也有一种感恩的心，虽然付之以行动也许只能是我梦境中的幻影了。"

再看看卢晓林说的："我们在那段日子朝夕相处，互相无猜无忌、亲密无间。有很多人我到现在也对不上号，但却觉得比同班同学还有话说。我不会忘记，我因为小腿创伤感染晕倒在台上那次，是'总统'等几位男生背我去的校医院；我不会忘记，外出演出坐车，男同学总是让女同学先坐；偶尔排练中有了口角，总会有人'抹稀泥'，让矫情的人心服口服，让流泪的人破涕而笑。"

他们说的是在胜利团里时时、处处都能得到的感受。一旦有了伤病，家的感受就更强烈。看几个例子：

王传璋："3月29日凌晨，我被井冈山兵团当人质从40斋抓走，因被人认出是'万岁团的头头'，头部多挨了几铁棒子。被押进28楼后，我因此职务，被'提审'三次，后两次让我'交代'万岁团（注：

即胜利团）的活动。因我拒绝写'认罪书'，右手食指被铁锤敲折。3月31日凌晨，在上级干预下，我和遭关押的东语系十多名新北大公社社员被放出。

"在我住院疗伤期间，几乎天天有"万岁团"的战友看望我，我整天被友情包围着。"

朱伟利：那次办公楼礼堂演对口词右脚踝扭伤，"演出结束后，队友们都关心地询问我的伤情，记得郭瑞缓缓地走到我身边，说他会按摩，也许能把我的脚治好，问我愿不愿意试试。我欣然接受了他的诚意。当晚，他如约来到35楼311我的宿舍，为我做了第一次按摩。以后十几天，他只要晚上没重要演出，总是按时来为我治疗，直到我能够参加正常演出为止。真是妙手回春啊！"

其他团友，如王明美、雷航……遭遇伤病，无一例外都得到团友们无微不至的关怀。

3、胜利团：坚强的战斗队

胜利团把每一次演出都看做一场战斗，出发前或者演出前都有战斗动员，列队、行进都保持战斗姿态。下面这次从人大步行回校，就典型地展示了这种战斗姿态：1968年1月20日上午，全团去民族文化宫参观"纪念伟大的共产主义战士白求恩"展览。晚上，给"人大三红"演出，气氛热烈，效果空前。演出后全团列队步行回校，一路上步伐整齐、士气高昂。至哲学楼前解散。

看看程本培老师对这种姿态的感受："那时候，除了演出我们还有很多集体活动。记得到农村支援夏收是胜利团集体去的。那次是步行前往，大家排着整齐的队伍，走着非常整齐的步伐，唱着非常动听的革命歌曲，浩浩荡荡好带劲啊！"

特别是排练和演出，人人要求自己以良好的精神面貌投入。卢晓林写道："白天黑夜，台上台下，校内校外，城市乡村，学校机关，工厂、广场，到处都留下了我们的歌声和身影。有时一天要连续演三、四场，经常奔波到深夜都不觉得累，第二天照样编排新节目。我的记忆中，没有人因为累或苦离队，很少有人因为伤病影响演出任务。那时每个演员绝不仅仅是一个萝卜一个坑,而是经常一赶三、一赶四。那时没有甚么拉杆箱,四五套演出服装,连同各种鞋靴、绑腿、皮带、帽子、臂章、毛巾,还要加上毛主席语录本、步枪、手枪、大刀、手榴弹、手鼓、萨巴依等等琳琅满目的行头、道具,全靠自己一样一样鼓鼓囊囊塞进大挎包里,肩扛手提。就连当时最年幼最小个的王启丽之辈都不敢造次,不敢露出半点娇气——怕的是交给别人万一弄错了影响演出!"

对于演出遭到暴力袭击,本培老师说:"它给了我们坚强。我不记得我们那时有谁退却了,既使在现场也没有人害怕,我们的胆量来自这个集体,对这个集体的爱给了我们坚强的力量。"

所有这些表现,是崇高使命感、集体荣誉感、个人成功感融为一体的结果。那些年月、这些人,扬溢着一种理想主义和集体英雄主义的精神。焕发着一种为追求极美境界而拼搏的斗志。作为一种可贵的精神素质,它当然属于思想文化发展史上闪光的正能量。正因为如此,对"胜利团"的记忆,成为了大家共同珍惜的精神遗产。

4、胜利团:多能的大学校

当许多人要幺无所事事,要幺在为今天看来毫无意义的事情耗费光阴的时候,团友们在胜利团干实事,长才干。几乎每位团友日后都事业有成,在胜利团里的实践和提高应该是原因之一。下面还是让团友们的回忆来说话:

王传璋:"参加万岁团以后,抓业务,时间紧,生活单调:天天读→开会讨论→排练→演出。但组织能力、创作能力大有提高。"

马达弟:"初到胜利团乐队排练,我发现我们是一群乌合之众。各个系送来一些玩过乐器的人,大多数人没有参加过乐队,每人都只会摆弄自己手头的乐器,不懂得如何去配合,不懂得和弦,不懂得主旋律与副旋律的区别。指挥金龙焕一抬手,大家就使劲地吹号,用力去拉琴,各人只顾完成自己的乐谱演奏,结果是一片噪音,根本听不出主旋律是什么,响声完全盖过了合唱队的声音。金龙焕费了好大劲才向我们讲清楚了乐队演奏及伴奏与自己玩乐器的区别。为了训练这群门外汉,他专程去了解放军乐队看专业乐队的排练。记得他回来向我们描述专业号手几个人一组练习和音的情景,他眯着眼睛学别人练习吹号,从小声到大声的和音。他自己陶醉在这种和音的美妙回忆中,把我们也带入了他的音乐世界中。乐队的每个成员开始逐渐明白自己扮演的角色,演奏排练一天天有起色。我们也越来越喜欢这个团体。"

朱伟利:"我知道,演情景剧可不是一件容易的事,要入戏演出真感情,更是要下大功夫的。要说真正入戏演出真感情,还是在参加了胜利团演出《抗大的道路》的那个阶段。在《抗》剧中,有一场戏是'请贫农陈大爷给抗大战士上阶级教育课',我扮演一个儿童团员。当大家围坐在'陈大爷'身边听他讲过去的事时,我的位置是蹲在'母亲'身前,一手托下巴,胳臂肘支在大爷的膝盖上,仰着头双眼注视着大爷的脸。由于处在舞台最前边,离观众很近,我的表情观众一定是看得很清楚的,因此我在设计自己姿势的同时,也努力设计着自己的表情。随着剧情发展,舞台暗转到回忆中的情景,于是出现了地主老财抓走陈大爷儿子的打斗场面。当舞台再次暗转回来时,我们应立即恢复原来的姿势,但表情必须和暗转前不同。作为战士,应该表现得义愤填膺,可我作为一个小孩,似应流着眼泪才合情理,至少也要'热泪盈眶'。

"但是,要在那么短短几分钟时间里让自己流出眼泪,对于我这个没有真正学过表演的人来说,的确有点难。然而,在我的心目中,剧情的要求是第一位的,是压倒一切的,在规定时间里若流不出眼泪,就意味着我的角色演得不成功,对不起观众——我当时给自己加了这样的压力。"

"怎样让自己迅速入戏呢?我必须寻找外部的刺激。还得感谢扮演'母亲'的卢晓林和扮演'儿子'的张秀利,是他们精湛的演技让我入戏。第一次舞台暗转后,我迅速退到台侧,全神贯注地注视着台上几个人的一举一动,努力让感情随着剧情走。当地主狗腿子绑走儿子时,母亲一声长长的凄厉的惨叫:'儿子啊……'此时的我已经热血奔涌,两眼发热。当母亲冲向大门,被'狗腿子'一脚踢倒在地,儿子猛回头惨叫一声:'娘……'我的眼泪一涌而上。此时恰到好处舞台又暗转回来，我以百米冲刺速度跑到我的位置，完成仰头、手托下巴、注视着'陈大爷'的脸等一套动作，眼泪正在眼眶里转时，灯光亮了。第一次的成功让我十分欣喜，也增强了信心，以后每次演出，我都以同样的方式培养感情，站在台侧一动不动地注视着舞台，不和身边的任何人说话。如此这般，养成了习惯，差不多每场演出都能'制造'出眼泪。"

卢晓林：胜利团"人人一心一意为演出效果着想。那时没有前排后排、主角配角、领舞群舞之分。只要剧情需要，刚下场的红军指挥员扒下军装、扣上瓜皮帽就演地主；从老战士腿上跳下来的小红军，半分钟后再出场就成了头扎白毛巾、手捧语录本的老大妈。也正是在这样一片相对纯洁的天地中，我们得以充分发挥每个人的才能，充分挖掘每个人的潜能，造就了一种各显其能、各司其职的和谐气氛。很多团员原本并不曾在北大的舞台上露过面，也不是原校文工团的成员，却在胜利团的节目中像模像样挑起了大梁，以致在后来中国乃至国际的文艺领域做出了成绩。这真是值得思考的一种现象。"

事实上，胜利团的每个人都和他们一样，在胜利团这所学校里通过自己的实践学习、提高。

附录：胜利团演出时间、地点列表

- 1967年8月16日，北大大饭厅，诗词组歌排成后的校内汇报演出。
- 1967年8月17日，大饭厅，第二场校内汇报演出。
- 1967年8月27日晚，北大办公楼，新北大公社召开的掀起革命大批判新高潮大会后演出小节目，赢得喝彩。
- 1967年9月9日晚，北京军区礼堂，诗词组歌首次校外演出。
- 1967年9月23日上午，建工部情报系统。
- 1967年9月28日晚，装甲兵4637部队。
- 1967年9月30日上午，大饭厅，第二尊毛泽东塑像落成典礼后，十三陵集训的汇报演出。

- 1967年10月1日晚，天安门广场国庆联欢晚会，演出舞蹈。
- 1967年10月5日晚，高等军事学院。
- 1967年10月6日晚，大饭厅开会传达谢富治讲话，会后演出小节目，有临时编排的三句半"打倒戈华"等。
- 1967年10月9日下午3点，第三工程兵学校（昌平）。
- 1967年10月10日，通信兵司令部。
- 1967年10月14日上午，祝贺本校毛泽东思想首届干部学习班开学，演两个小节目。
- 下午5点，解放军防化研究院。
- 1967年10月20日晚，七机部一院附近农村，分两处演出。
- 1967年10月23日晚，防化兵工厂6901部队。
- 1967年10月29日晚，中央民族学院。
- 1967年10月30日晚，装甲兵司令部。
- 1967年11月4日晚，首都剧场，为外交部演出。
- 1967年11月8日晚7：30，大饭厅，新版诗词组歌重排后汇报演出，首次使用天幕幻灯布景。
- 1967年11月11日晚，大饭厅。
- 1967年11月13日下午，北京航空学院，为首都红代会演出。
- 1967年11月13日晚，防化兵司令部。
- 1967年11月14日晚，新华社礼堂，为新华公社演出。
- 1967年11月17日晚，工代会。
- 1967年11月28日下午5点，北京光华木材厂。
- 1967年12月1日晚，有演出，地点失记。
- 1967年12月10日晚，铁道兵部队直属机关礼堂。
- 1967年12月16日上午，全校大会，演出《再版前言》大合唱。
- 1967年12月22日，上午去七一五厂，中午与工人一起吃糠菜窝头忆苦饭，下午演出。
- 1967年12月26日晚，大饭厅，毛泽东诞辰演出。
- 1967年12月28日晚，办公楼礼堂，为法律系毕业生演出小节目。

- 1968年1月1日晚，办公楼礼堂，与工人师傅的联欢晚会，胜利团演小节目，工人师傅演京剧《智取威虎山》片断等。
- 1968年1月5日晚，大饭厅，歌舞剧《抗大的道路》首演，盛况空前。
- 1968年1月8日晚，宣武区工人俱乐部，为市钟表厂演出。
- 1968年1月9日晚，大饭厅，全校"拥军大会"，第二次演出《抗大的道路》。
- 1968年1月15日晚，北京火车站候车室，在车站临时搭建的舞台上为工人演出。
- 1968年1月17日晚，北京化工学院、河北北京师范学院。
- 1968年1月18日晚，北京外语学院。
- 1968年1月19日晚，高教部，为高教部"北京公社"演出。
- 1968年1月20日晚，中国人民大学，为"人大三红"演出，气氛热烈，效果空前。
- 1968年1月21日晚，北京石油学院，为"大庆公社"演出，震动极大。
- 1968年1月26日、27日，留团人员下乡与"抗大班"和农民联欢。
- 1968年2月16日—25日，参加河北省邯郸地区、邯郸市革命委员会成立庆祝活动。在此期间：
- 2月16日下午，赴邯郸火车上，组织了宣传队到各车厢演出；
- 2月18日晚，住地由招待所转移到交际处，行前在招待所作告别演出；
- 2月21日中午，在邯郸市人民体育场与北京军区军乐队联合公演，观众人山人海。
- 下午五点化妆到邯郸剧场演出，气氛很好。演出结束，演员们下台送观众。
- 晚上，在邯郸剧场演出，掌声雷鸣。
- 2月22日晚，948部队露天剧场，约5000人观看演出。
- 2月23日上午，参观邯郸国棉三厂，参观前演小节目；
- 晚上为4691英雄部队演出，约4000人观看；

"胜利团"简史

- 2月24日上午,邯郸剧场,为"铁代会"演出;
- 晚上两场:第一场为当地领导和各界群众演出,第二场为中学"红代会"演出。
- 2月25日,回京的火车上,临时组织小分队,在车厢里为旅客们演了一路。
- 1968年3月4日晚,办公楼礼堂,为来校烧锅炉的农村社员演出。
- 1968年3月15日下午,学生三食堂,接临时任务演出组歌《祝毛主席万寿无疆》。
- 1968年3月16日上午,在全校"反复辟,反保守,夺取文化大革命全面胜利"誓师大会前后演小节目。
- 1968年3月20日,新北大公社游行到天安门集会声讨"杨、余、傅",组织两支宣传鼓动队在行进中演出。
- 1968年3月25日晚,谢富治、吴德、丁国钰到北大广播台讲话,制止外校到北大武斗,支持校文革。会前演出新排的大合唱《反修战歌》,虽无乐队伴奏,但达到预期效果。
- 1968年5月1日晚,天安门广场,在庆祝"五一国际劳动节"焰火晚会上表演。
- 1968年5月28日晚,办公楼礼堂,会后演出小节目。
- 1968年6月1日下午,政协礼堂,首都红代会纪念第一张马列主义大字报两周年。会后演出。
- 6月1日前后,先后为"四代会"、中学"红代会"等单位,以及欢迎坦桑尼亚总统尼雷尔访华的活动演出。
- 1968年6月7日晚,北京医学院,遭砖石"飞弹"袭击,演员被砸伤,演出被迫中断(详情见正文5.3节)。
- 1968年6月8日,为全国化工橡胶产品供应衔接会议演出。
- 1968年6月19日—23日,胜利团75人在东北旺公社韩家川大队劳动,在此期间:
- 6月21日,劳动休息时给社员演节目。
- 6月23日晚,与解放军战士、大队农民及聋哑学校学生联合演出将近两个半小时。
- 1968年6月28日晚,北京体育学院演出。

- 1968年7月4日晚，中阿友好公社向阳大队，为农民和附近驻军演出。
- 1968年7月12日上午，校内，会后演出新排的小节目，反应热烈。
- 1968年8月17日上午，全校大会纪念毛主席题词"新北大"和首次接见红卫兵两周年。晚上，胜利团演出。
- 1968年8月28日晚，新北大公社倒旗（解散）大会，胜利团会前会后唱歌。这是胜利团的最后一次演出。

任瑚琏 2020年1月27日

作者任瑚琏简介，见本文集《回顾暴风雨年代》（第二集）美国南方出版社2019年3月版261页。

评一份史料：《号外》
——兼议文革时期北大武斗[1]

王复兴

1968年3月29日，文革中的北京大学发生了两派学生的大武斗，简称"3.29武斗"，一周之后，4月5日"新北大井冈山兵团"的"平型关纵队"等三个战斗队发表并在北京市散发了关于该日北大武斗的《号外》。《记忆》第260期于2019年7月30日刊发了此份史料。此份史料受当年派性影响，错、谬之处极多。但该份史料却也鲜明地反映了当年北大学生的思想状态以及发生荒诞之极的派性武斗的原因。下面，笔者对这份史料进行点评，并对当年北大的派斗、武斗，进行实事求是的历史回顾与反思。

一、关于该材料的可靠性

该《号外》的主题是揭发、控诉对立派的聂元梓、"校文革""新北大公社"挑起了北大"3.29"大规模武斗，说他们"一手制造了反革命流血惨案。"该《号外》的结尾部分，为了证明所述对立派挑起武斗罪行的真实可信，附录了几份"校文革""公社"重成员的"揭发材料"。但经核实，却恰恰证明了这些材料是杜撰和伪造的。例如：材料之二，揭发人署名是"公社红七团勤务员"的"杜xx"。为此笔者询问了四位当年"红七团"的校友，包括当年曾在中文系"红七团"担任过"勤务员"、战斗团团长的索世晖同学。四位校友共同回忆、证

---

[1] 本文首发于电子杂志《记忆》第267期2019年11月30日。转载于此书前，作者有少许修改、补充。

实：当年中文系又叫 07 系，在"新北大公社"的全系组织确实叫"红七团"。但该团几任勤务员从来没有一位姓杜的，1968 年武斗期间的勤务员姓夏。"揭发材料"之三，该揭发人署名："新北大公社总部负责人郑 X"。1967 年 7 月 28 日"新北大公社总部"重组，笔者当年做为"公社 66 串连会"负责人参与了总部重组工作，笔者清楚地记得，总部成员没有姓郑的。后来公社总部增加了几名成员，也没有姓郑的。"揭发材料"之四，"东语系文革主任于 xx"的证词也是伪造的，东语系文革负责人有陈影、徐昌华，从来没有姓于的文革主任。起码三份"揭发材料"的"揭发人"都不存在，那么这些"材料"是谁写的？怎么写出来的？人们完全有理由质疑其真、假。

以上三例说明《号外》的真实、可靠性有严重问题。这在当年的派性泛滥、武斗升级的大环境之下，双方以莫须有的罪名抹黑对方，甚至造谣，可谓十分平常、司空见惯。无论是"井冈山"还是"公社"都有这种毛病。因此对当年的派性小报、传单、号外这类流传至今的"史料"，当作为"史料"进行探索和研究时，应小心谨慎地辨别真伪，多方考证，"去伪存真"，切不可以伪当真！

《号外》在描述"3.29"武斗的过程中，严重失实，特别表现于刻意回避了"井冈山"于 28 日晚至 29 日清晨，攻占 40 楼和 32 楼的实事，特别是首先动手占领了 40 楼这个重要实事。

"公社"总部成员、武斗指挥之一宫香政同学在《文革中我所经历的北大武斗》一文中（刊于王复兴主编《回顾暴风雨年代——北大文革亲历者文集》第一集，美国南方出版社 2018 年 3 月版）125 页至 143 页指出："3 月 28 日晚饭后，公社总部接到报告：井冈山兵团在 40 楼动用武斗工具驱赶公社的同学（后来证实井冈山兵团抓走公社三十名赤手空拳的男同学，包括红十团团长）。于是，公社头头在总部办公室召开紧急会议，商量对策。……为了打乱井冈山的计划，我们不与他们去争夺 40 楼，我们必须占据 31 楼，才能稳住阵脚。"随后，"公社"用武力错误地驱赶了在 31 楼居住的"井冈山"同学，这确是事实。但关于谁先动手的问题，宫香政所述真确，此事已得到其他 40 楼攻防战亲历者佐证。40 楼当时是东、俄、西语三个系男生的宿

评一份史料：《号外》——兼议文革时期北大武斗

舍楼，两派学生混住。在王复兴主编的《回顾暴风雨年代（第二集）》中，北大东语系校友王明美在他的回忆文章《难忘的胜利团情谊》一文中指出：

"大概在前一天（3月28日）夜晚九点多钟，住在留学生楼的我们被召回到40楼（东、西、俄三个外语系的男生宿舍）集中，说是要防备对立派井冈山兵团可能发动的武斗……当时，我们被困在二楼以上……被困在40楼的我等"红九团"战士，扼守在楼内苦等援军到来，用掐秒数来形容一点也不为过。然而，时间一分一秒地过去，援军没能盼到，却等来了对立派的猛攻。后来得知，井冈山兵团将40楼列为主攻目标，调集了手中大部'武装力量'围攻'红九团'。在'敌我'力量对比十分悬殊的情势之下，40楼终于楼门失守，几十个'红九团'战士光荣而不幸地成了对方的俘虏。"王明美说，他当时也成了"俘虏"，被"井冈山"关押在28楼某层。他趴在水泥地上因为动了动身体，而被看守他们的"井冈山"武斗队员用铁棍打破了后脑勺，血流不止，以至于对方不得不于天亮之后，送他到积水潭医院包扎、救治。在医院时，他被本派同学抢回了学校。

3.28夜至3.29凌晨，确实是"井冈山"首先动手挑起武斗，首先攻占了40楼（后来又放弃了40楼）。但笔者并不认为凭上述史料，就可断定北大武斗是"井冈山"挑起的。因为早在3.29之前四、五个月，从1967年年底至1968年头三个月，两派小规模冲突、磨擦、武斗就频繁地发生，对立情绪日益严重，冲突不断升级。终于"水到渠成"，于"3.29"爆发了大规模武斗。武斗是双方共同挑起的。争论武斗是那派挑起的毫无意义，这绝不是对文革灾难的正确反思。当年两派武斗队，人性丢失，敌我不分，同胞相拼，骨肉相残，两派皆然。大方向皆错！争论那派武斗有理，有何意义呢？非要把错误推给别人，千方百计要证明自己投身武斗是正当的、正义的，这只能说明如此之个别人仍没走出文革的阴影，也说明文革对人性的歪曲、毒害太重、太深！没有任何理由可以为破坏法制，对人民内部实施暴力的行径辩护。去问问今天二十一世纪的北大学弟、学妹们，他们能认可当年两派武斗这种荒谬绝伦之行径的任何合理性吗？个别校友的思维还停留在五十多年前呀！

3月29日，"公社"一派确实占领了31楼，《号外》对此指控属实。但随后"井冈山"占领了中文系两派学生混住的32楼，《号外》却又回避了。被从31楼赶走的"井冈山"同学，为了报复，也为有个新的宿舍，在"井岗山"总部的指挥下，于29日清晨占领了32楼，赶走了32楼"公社"派的同学。如此这样怨怨相报。原"井冈山"校友樊能廷在《燕园风云录（三）》第6、7页证实，他自己于3.29深夜被"公社"人员从31楼赶走之后，根据"根据井冈山总部的安排意见"，原31楼"井冈山"战士"一窝蜂进了32斋的楼房""整理房间，以便安身。"他们赶走了"公社"同学，占据了32楼。原住32楼的中文系"公社"同学索世晖向笔者证实，他便是于29日清晨被"井冈山"赶出了32楼的。

"3.29"还发生了一件重要的暴力袭击事件。29日天亮以后，聂元梓陪同北京卫戍区副司令李钟奇视察武斗现场，以便制止武斗。当他们走到32楼前面时，有人从聂的侧后方，用铁器击刺聂的头部，聂的头、脸部被刺伤，血染衬衫，她跌倒时被李司令扶住。同时，李司令的头部也被打了一个大包。后来卫戍区宣布要追查凶手，但校文革并没有认真追查，此事不了了之。《号外》也承认有聂遇刺一事，只是轻描淡写地说，聂在"一片混乱"中，"她脸被打破了皮，受了轻伤。"

以3.29真实的过程与《号外》对照，可看出《号外》对3.29武斗的描述是很不客观的，是严重失真的。《号外》的特点是，凡对本派不利的事一律不提或少提，凡对本派有利的事，则大肆宣染、极力夸张。这正是当年派性膨胀后的一种恶劣学风。

二、关于3.25武斗风暴之悬案

对《号外》这类可信度较差的派性作品，要在其中查寻有用、可信的史料，须认真地花些功夫进行去粗取精、由此及彼、由表及里的工作。例如《号外》在第二页第3、4二段，提到了3月25日。仔细

评一份史料:《号外》——兼议文革时期北大武斗

一看,它提到了 3.25 下午"公社几十名暴徒又无理毒打并扣押了地质学院东方红公社到我校刷'打倒杨、余、付反党集团'大标语的两名战士。"《号外》透露的这条信息便有其价值。这 2 名地院学生有没有被打一事已很难考证。重要的信息是,地院东方红的"战士"于 3.25 又闯到北大挑衅。然而当年地院东方红的头头之一聂树人在他写的回忆录《北京天、地两派的争斗》中于第 12 章说,聂元梓在《回忆录》所说 1968 年 3 月 25 日下午七院校地派学生到北大搞武斗一事,是聂"编造"的"假话",断然否认有此行动。然而《号外》提供的这条信息,便反驳了聂树人的失忆。

1968 年 3 月 25 日下午,在北大 3.29 大武斗前 4 天,到底有没有上万名地派武斗人号手持铁棍、木棍闯入北大,造成大规模武斗一触即发之势?3.25 与 3.29 两天所发生之事,有何内在联系?聂元梓在《回忆录》中指控 3.25 之事有很深的背景,在中央上层有人搞阴谋,挑动群众斗群众,企图在北大造成大规模流血事件后,把罪责推到聂头上,一举拔掉"聂元梓这个钉子"。

聂元梓的指控是否存在?先看看 3.25 到底有没有发生七院校闯北大要武斗之事。3.25 到底发生了什么?此事笔者在《抢救记忆——一个北大学生的文革回忆录》一书中,于 218 页至 220 页对 3.25 发生的事,已有详细描述,并列举了三项史料来源作为证据。引述如下:

3 月 25 日下午,地院"东方红"等七个高等院校"地派"的学生近万人,人人手持铁棍,从北大各校门涌进校园,与北大"井岗山"武斗队汇合,要挑起大规模武斗。"新北大公社师生"见状,纷纷加筑工事,准备一战。聂元梓在《回忆录》中说,她得到情报,即将在北大发生大规模武斗,后台是支持"地派"的谢富治。目的是一旦北大发生大规模武斗,出现人员伤亡,就可以把罪名扣到聂元梓头上,从而拔掉聂元梓这颗"钉子"。聂元梓得知紧急状态后,立即赶往市革委会面见谢富治,强烈要求谢富治到北大制止武斗发生,否则有事谢须负责。谢只好随聂在傍晚赶到北大,谢富治到北大广播台,在大喇叭里讲:"外校学生都离开北大,回自己学校去。北大师生在聂元梓为首的校文革领导下闹革命。"聂说谢富治讲完话以后"外校学生呼拉一下子全走了。"[2]

孙月才公开发表的《文革十年日记》(出版人"香港中文大学出版社"存有孙月才日记的影印件。)该日记第 298 页也记载了 3.25 所发生之事。该日记在"1968 年 3 月 25 日星期一"这一天记载了:"下午形势紧张,井岗山联合外校、农大东方红、新人大公社,准备对我新北大公社搞大规模打、砸、抢。新人大、农大东方红进校了,并打伤了我们不少人。新北大公社为了自卫,大运石头,筑工事,空气紧张异常。晚 7 点左右,谢副总理、吴德同志、丁国钰同志亲临北大广播台作重要广播讲话。谢副总理指出:一、希望北大的两派在校文革的领导下,在聂元梓领导下联合起来。二、'打倒聂元梓'的口号是完全错误的。三、外地、外校的学生到北大来搞武斗是错误的。"孙月才是"新北大公社"负责人,他当年当天所记的日记,日记本仍在,出版社存有影印件,其可信性不容置疑。

关于 3 月 25 日所发生之事,《北京大学纪事》(2008 年版)在 1968 年 3 月 25 日这一日期的条目下,有以下三段记载:

3 月 25 日:"地院东方红""新人大公社"等造反组织近万人聚集北大,进行反聂、孙游行,并发生武斗。

同日,地院、农大、北邮等院校红卫兵开广播车到北大校内宣传,声援北大"井岗山兵团"。

晚,谢富治、吴德、丁国钰赶到北大讲话,制止武斗,要求"所有外校外地学生一律退出北京大学。"说:"到北大来武斗是错误的。"

以上《纪事》对 3 月 25 日的三段记载,与孙月才的《日记》及《聂元梓回忆录》的回忆基本一致。聂元梓曾在文革后的法庭审讯时,指控这是有高层人士有组织、有计划,有予谋的一场由校外到北大校内的大规模武斗。幸而在聂元梓强烈要求下,谢富治及时赶到北大化解了危机。聂元梓在《回忆录》中,谈到在法庭予审时,她详细申辩了不是她挑起武斗,而是在 1968 年 3 月 25 日谢富治策动地派万人到北大支持北大"井岗山",要挑起大规模武斗,而她逼迫谢富治到北

---

[2] 《聂元梓回忆录》时代国际出版社 2005 年 1 月版第十三章 7、8 节。

大制止了大武斗。为此，法庭的予审进行不下去，进行调查。而后，一位姓陈的予审员告诉聂："在制止武斗的问题上，你是立了一功的，你给党中央写一个关于制止武斗的情况报告吧。"这样，聂向党中央写了一份报告交给了陈予审员。[3]

以上列举了三项史料证据：《聂元梓回忆录》有关章节；孙有才《文革十年日记》1968年3月25日的日记；《北京大学纪事》1968年3月25日条目。其中最重要的证据是《北大百年纪事》所记录谢富治于3.25晚在北大广播台的讲话。铁的证据证明，3.25确有地院东方红等大批武斗人员涌入北大，支援北大"井冈山"武斗，企图挑起大规模武斗流血事件，但未实现。

2018年9月于北京在一次北大校友聚会时，我碰上一位3.25事件的目击证人。中文系校友索世晖告诉笔者："3.25那天，在学校南门大门内，我亲眼看见地院等学校汽车开进北大，车上坐着一排排手拿木棍、铁棍的武斗人员……"

3.25那天七个大专院校成千上万地派学生涌入北大，手持凶器，准备大武斗。如果无人策划、组织并统一指挥，是绝不可能的。那么聂元梓所指控的上层背景，到底是怎么回事？内幕是什么？聂在回忆录中提供了一条重要线索。聂在她的第二本回忆录《我在文革漩中》第十二章第4节252页中说：

> 经济系有个学生叫刘新民，她的父亲刘福，是北京市卫戍区的副司令员。一天夜晚谢富治在卫戍区召集市有关领导人的会议，刘福也参加了。开会途中休息时刘福出来，对他女儿刘新民讲，今天夜晚开会，是谢副总理召集的，要搞你们北大啦，从今天开始，不允许你回学校。刘福是怕第二天学校出事情，怕他的女儿赶上，发生什么危险。刘新民对她爸爸说，好，我不再回学校去了。等刘福夜里开完会，睡觉的时候，刘新民一早起来，赶回学校，急忙对经济系的老师王茂湘讲了这件事情，说上边要搞北大了，王茂湘把消息告诉了我。我叮嘱王茂湘，此事不要对任何人讲。

---

[3] 《聂元梓回忆录》第十六章第4节347、348页。

以上这件事，发生于 3.25 之前一、二天，因此聂元梓心里有准备，于 25 日那天逼着谢富治去北大表态，制止武斗。并对谢说，"你必须跟我一块去制止武斗，否则你要对武斗负责！"如此一"将军"，谢才不得不去北大，从而避免了一场大规模流血武斗。

对此事的内幕，聂元梓有她的分析、判断。她在上述箸作第 259 页指出：

文革初期，北大一张大字报被利用，成为发动"文化大革命"的据点，现在，北大早已不跟着他们了，成了反中央文革的据点。他们要把我除掉，然后派别的人来北大，这样就能领着学生跟他们走，照他们的指示办了。后来林彪垮台了，迟群、谢静宜整我的时候，我也不能讲，那时候谢富治还没有倒，江青还在台上，而且 8341 是毛泽东派的啊。

这前前后后足以证明，正是谢富治和上级领导搞的阴谋，挑动武斗嘛！但后来往监狱抓我的时候，在北大召开的全校大会上，却宣布说是我搞武斗，我是武斗的后台。我搞武斗，还能把外校的上万学生召到北大打我们自己？我为什么不叫北大学生到别的学校去砸他们的广播台？不到他们的学校搞武斗？

聂接着指出：

吴德口述《十年风雨纪事》（2013 年第 3 版第 39 页）写到："百货大楼、西单商场的武斗，清华、北大的武斗，民族文化宫等一系列的武斗，内幕我不知道，但我知道这一定是中央文革小组的某些人布置的。我曾问过谢富治怎么处理？他说这个要请示中央文革小组。谢富治那时根本没有要去制止武斗的积极态度。"

吴德这段话还是没有把实话完全讲出来，既然你"知道这一定是中央文革小组的某些人布置的"，为什么不把你知道"一定"的根据讲出来。不过这段话也已经说明了问题。大家都知道那时中央文革的人有谁？王力、关锋、戚本禹、周景芳早已经打倒了，难道中央文革江青、陈伯达、康生还能下到各群众组织中去活动、作指示吗？很明显，就是通过北京市革委会谢富治那一帮人，所以吴德不敢讲，就是也怕牵连到自己。

笔者赞同聂元梓以上的看法。1967年8月王、关倒了，68年1月戚本禹倒了，毛泽东抛出王关戚是不得已而采取的措施。但此举江青不会高兴，最高领袖也不会高兴。聂、孙、新北大公社反吴传启、反林杰、反王关戚，炮轰谢富治是被中央文革派记了一笔帐的，3.25事件就是他们企图拨掉北大这个钉子的一次部署。据北京市卫戍区副司令刘福对他女儿刘新民透露的情报，此事件的策划者起码有谢富治。还有什么更高层的策划者？还有什么更深更黑的内幕？这就有待于将来刘福说的那个会议的档案解密才能揭开秘底。此外，还有待于另一个重要档案解密，即文革后1982、1983年北京市人民检察院和北京市中级人民法院开始起诉而后来却取消对聂元梓策划、指挥武斗控罪的相关档案资料。

历史的真相必须用证据证明。在有关档案解密之前，3.25武斗的内幕与真相，仍是一个悬案。

三、关于"二月逆流派"

《号外》认为北大武斗的政治背景是所谓两派对"二月逆流"的分歧，这确实道出了一些实情。《号外》在结尾倒数第二段指出：

"聂孙之流所精心策划的这场大规模屠杀事件决不是偶然的、孤立的，而是有其深刻的政治背景的。长期以来，小爬虫聂元梓在杨、余、付反党集团的操纵下，疯狂炮打无产阶级司令部，为二月逆流翻案，颠覆以谢付总理为首的北京市革命委员会，犯下了滔天罪行。……目前，我兵团战士响应最高无产阶级司令部的号召，揭发杨余付反党集团及其乏走狗聂元梓的滔天罪行。"请看，《号外》揭批聂元梓要"为二月逆流翻案"，并认为这是两派斗争的"深刻背景"。当年"井冈山"把北大校文革、新北大公社打成了"二月逆流派"，要与之"血战到底"。

《号外》在结尾最后一段说，"我们仍将一如既往地痛击为二月资本主义复辟逆流翻案的黑风,打退杨、余、付反党集团向无产阶级司令部发动的猖狂进攻,揪出他们更大的黑后台,把无产阶级文化大革命进行到底,夺取无产阶级文化大革命的全面胜利!"

"二月逆流"指的是什么?是指:1967年2月11日和16日在怀仁堂召开的两次中共中央政治局碰头会。会议上,三位副总理、四位元帅即"三老四帅"(谭震林、陈毅、叶剑英、李富春、李先念、徐向前、聂荣臻等)与被毛泽东所支持的中央文革派康生、陈伯达、江青、张春桥、谢富治等进行的斗争。周恩来主持了这两次会议。此事,当时被称为"二月逆流",后被中共称为"文革"初期一次党内高层对文革的公开抗争,即"二月抗争"。斗争的实质是中共的老干部派集体抵制文革对他们权力、利益甚至是人身安全的侵害。反对"打倒一切"的文革极左路线。

毛泽东听取了这两次怀仁堂会议的汇报之后,表态支持中央文革,痛斥了"三老四帅"。2月18日晚,毛泽东亲自召开政治局会议,严厉指责了谭震林、陈毅、叶剑英等人,并说:"'中央文革小组'执行八届十一中全会精神,错误是百分之一、二、三,百分之九十七是正确的,谁反对'中央文革',我就坚决反对谁!你们要否定'文化大革命',办不到!"毛责令谭、陈、徐停职检查。此后从2月22日至3月18日,中央召开了七次会议,对"三老四帅"进行批判。江青、康生、陈伯达把"三老四帅"大闹怀仁堂的罪名定为"二月逆流"。

毛泽东曾指示"这件事只限制在中央内部小范围进行批判。"但"中央文革"的江青、陈伯达、康生、王、关、戚却违背毛的指示,通过《红旗》杂志林杰至北师大谭厚兰和学部吴传启这条线,在北京至全国,掀起"反击复辟资本主义的二月逆流"的风潮。1967年3月7日,首先由师大井冈山、学部联队、新人大公社、石油学院的"北京公社"、钢铁学院的"919"、民族学院"东方红"等单位,同日发表声明并在本校、本单位贴出大标语,提出:"打倒谭震林!""揪出谭震林的后台!""坚决反击二月资本主义复辟逆流!"。但这些单位没有一个是农口的。(谭震林当时主管农业。)

在红代会讨论当时的形势时,谭厚兰对他们掀起"打倒谭震林"

浪潮的背景，守口如瓶，什么都没有说。但大家都知道他们这样做是有后台的。在对待二月逆属流态度上，北京分为"炮轰派"和"打倒派"。

北大由开始跟风提"打倒"，后来倒退至只"炮轰"。主张对"三老四帅"一批二保，而不是打倒。于是北大成了"炮轰派"的主要代表。由于聂元梓、"新北大公社"对反击"二月逆流"持消极态度，而被北师大"井冈山"和北大"井冈山"攻击为"二月逆流派""为二月逆流翻案"。

以上即《号外》所指 3.29 武斗围绕"二月逆流"问题的"政治背景。《号外》企图以此解释武斗的根源是由于聂元梓、"新北大公社"的政治不正确。

《号外》反映出当年北大两派在对待"二月逆流"问题上，双方在认识方面的分歧。聂、孙、"公社"无疑在"二月逆流"问题上属于先知先觉的正义之师，并因此被"井冈山"错误地批判为"二月逆流派""最大的保守派"，并被认为是自己进行派斗和武斗的正当理由。当时聂、孙、"公社"在"二月逆流"问题上，斗争的矛头主要是向上，针对林杰、王、关、戚，对外主要是与学部吴传启、北师大谭厚兰有分歧和斗争。与北大"井冈山"的分歧应是认识范畴内的先知先觉与后知后觉的区别。笔者不同意把当年北大两派在认识上的分歧上升为"路线斗争"，把"井冈山"群众视为错误路线的敌人。不可这样扩大化，以阶级斗争观来进行解释。但也不能反过来，否定当年聂元梓、孙蓬一、北大校文革、"新北大公社"广大师生反左，反吴传启，反林杰，反王、关、戚斗争的正义性。这正是北大文革的一个亮点。但如果今天仍有个别校友坚持《号外》的观点，认为自己是"反二月逆流"的"英雄，而当年的聂元梓、"公社"群众都是"老保"，政治立场错误。那就太可悲并令人遗憾了。

四、《号外》所反映出的极左激进思潮

从《号外》的政治立场、思维模式、激进的革命话语，可以看出

当年《号外》的作者所代表的北大"井冈山"个别骨干,已完全被"阶级斗争理论"所俘虏、所左右,把对立派师生、干部当作"敌人",恨得咬牙切齿,完全颠倒了敌我关系。《号外》一开篇,就把"校文革""公社"师生说成是"杨、余、付反党集团的乏走狗",把本派说成是"新北大革命派"。并表示,"五千多名井冈山战士怒火万丈,决心紧跟毛主席,与杨余付反党集团及其黑后台血战到底。"看看这情绪,"怒火万丈",要"血战到底"呀!

《号外》出于这样一种尖锐对立的派别立场和敌情观,把本校的师生和工人师傅,只因分属不同派别的群众组织,便打成"敌人"。《号外》把几百名工人、学生说成是"暴徒",说"北大公社工人兵团和钢一连数百名暴徒"如何、如何了。又在第一页最后一段,说公社的头头黄元庄、贾传喜、丁建华等人是"大流氓大工贼"。黄元庄是后勤部的工人、丁建华是历史系二年级学生,被《号外》点名污辱为"工贼、流氓",视为"敌人"。

当年泛滥成灾的泛阶级斗争观,把人群撕裂成不同阵营,流行仇恨思维、斗争哲学,狼性取代了人性。这种泛阶级斗争思潮成为北大打派仗时,学生中的主流意识形态。《号外》很鲜明地反映了当年学生的这种思想状态。

这种激进的极左思潮,从 1967 年 6 月至 1968 年 7 月,愈演愈烈。早在 1968 年 3.29 武斗前一年,1967 年 3 月时,自从郭罗基贴出给聂元梓整风的大字报,"公社"内部以 0363 "北京公社"战斗队为核心,形成批评聂元梓、孙蓬一的整风派。整风派当时只是提意见,整风,是正当、正确的。校文革实行"开门整风",聂、孙也多次作了公开检讨。当时"公社"有个别战斗队(后来称为"联战派"),对批评者实行压制,反批评批评者是"砍新北大红旗",是"逆流"。这时聂、孙有个重大失误,没有及时阻止这种阻碍批评、压制整风的歪风。整风派不服这种攻击,于是批评校文革、聂、孙的调门也越来越高。师生间产生了对立情绪,但总体上还是斗而不破的统一局面。形势突变发生于 1967 年 6 月 5 日。

1967 年 6 月 5 日,陈伯达为阻止聂、孙、"新北大公社"明反吴

评一份史料:《号外》——兼议文革时期北大武斗

传启、暗反王关戚的势头,发表两次讲话,蓄意挑动北大分裂,让"新北大"后院起火,牵制新北大反吴传启的斗争。陈伯达6.5清晨在北大大饭厅对学生和聂元梓说,"北大是一潭死水……没有波浪有什么意思?""你们校文革摇摇欲坠才好呢!""聂元梓执行了资产阶级反动路线。"当晚深夜陈伯达在人大会堂又对大专院校红卫兵代表发表讲话,针对聂元梓说"你们要用吴传启这个名字来作内战口实,一定要垮台。"斥责聂、孙,说"你们现在是资产阶级知识分子想夺无产阶级的权。"(引自《记忆》第143期)陈伯达的这个6.5讲话,严重混淆敌我关系,挑动北大分裂,挑动内斗,挑动群众斗群众,造成"井、红、团、零、飘"公开分裂,成为北大打派仗及尔后武斗的源头。陈伯达"6.5讲话"是北大内战、武斗的根源。反对派于"6.5"之后,对权力机构校文革,放弃了整风方针,由整风变为"打倒""砸烂""革命"。从而形成:真理向前迈一步,变成了谬误。最终由内斗发展为武斗。"整风"变了质,"整风"变为内战、武斗。

1967年8月17日,北大反对派"井冈山"正式成立,其纲领就是在北大实践"在无产阶级专政下继续革命"的理论与路线。正如其成立宣言中说:"我们革命造反派,大造了陆平、彭珮云的反,大造了张承先坏工作组的反,大造了刘少奇、邓小平的反,今天我们又大造聂元梓、孙蓬一执行资产阶级反动路线的反,……去完成彻底摧毁资产阶级司令部的伟大历史任务。"当时"井冈山"在校园四处张贴大标语:"二次革命!""全面夺权!"请注意,这就是当年"井岗山"骨干力量的激进革命思潮。他们要反,反,反,一反到底,不停顿地摧毁旧的国家机器,左得很!他们在实践列宁"国家与革命"的理论,绝"不能简单地掌握现成的国家机器",而要将它"彻底摧毁"。他们满怀着激进的革命情感,这里那有什么个别校友反思所说,自己当年是争自由,反暴政?这样离谱的反思,也太脱离历史的实际了吧?你那时就有"普世价值"观?没有受"阶级斗争""继续革命"论影响?可笑!

当年北大两派都把派斗视为阶级斗争,并把斗争焦点视为政权。"井岗山"要夺权,"校文革""公社"要"捍卫红色政权"。夺权与反夺权的斗争由文斗发展到武斗。斗争的焦点是权力。其中崔雄崑的遭遇很有典型意义。《号外》在第二页称崔雄崑是"三分子",即反党反社会主义反毛泽东思想的反革命分子。给崔雄崑扣这么大的帽子不是偶然的。崔在文革前是校党委常委、教务主任。1967 年底,校文革建立三结合的权力机构,聂、孙首先结合了曾反对过陆平的老干部崔雄崑。1967 年 11 月 30 日,聂元梓在党员大会上宣布北大恢复校一级党的领导小组,由谢富治、吴德审批了新北大领导小组名单,其中:组长聂元梓;副组长孙蓬一、崔雄崑。这显然是聂、孙为巩固权力采取的重要一步。新的北京大学中共领导小组名单是清一色的一派人马,没有一名"井冈山"山成员,是个"派性整党"。"井冈山"马上反制。一个月后,12 月 30 日"井岗山"把崔雄崑从家中抓走,绑架。1968 年 1 月 6 日,"井冈山"小报《新北大报》发表《坚决打倒崔雄崑,深挖 17 年黑线》的文章。自崔被绑架,两派的斗争骤然升温,小规模磨查、武斗不断,且不断升级……从两派对崔雄崑的结合与打倒,可看到北大两派在毛泽东思想的共同旗帜下,围绕着权力,展开了激烈的派斗,竞争谁是真正的革命派。史实表明:两派斗争的实质是争权夺利。两派激烈地争夺对北大的领导权,最终由文斗走上了骨肉同胞相残的武斗。这是原两派校友应共同记取的历史教训。

结束语

美国华人文革史专家、社会学博士乔晞华先生于 2019 年 4 月出版了《文革群众运动的动员、分裂与灭亡》一书(美国《世界华语出版社》2019 年 4 月出版)该书以社会运动学的视角,分析、总结了文革群众运动的发动、分裂、灭亡的三个阶段。其所指群众运动是指区别于党的运动,例如土改、反右、大跃进、四清等等;而指以群众的诉求、抗争为主体并有广大人群参与的社会运动。主要指文革前三年群众反官僚的造反派运动,包括其后阶段的内斗与被整肃;但不包括文革初期老红卫兵扫四旧、抄家及文革中、后期工军宣队领导的"一打三反"及"斗、批、改"运动。

乔先生在这本著作中提出一个重要论点:文革的"群众运动是被

评一份史料：《号外》——兼议文革时期北大武斗

自己内讧打败的。"作者在全书开篇的《内省》一章指出：

"轰轰烈烈的文革群众运动以失败而告终。群众运动是被自己的内讧打败的。认真地总结文革中群众运动失败的教训，对于未来的中国社会运动不无益处。被歪曲的文革群众运动史，使我们不能正确地理解文革群众运动与其他中国社会运动之间的联系。文革后的多次社会运动，依然继续在犯先驱们同样的错误。我们希望本书能为中国未来的社会运动提供启示和借鉴。"

据说此书被权贵查禁，原因应与此书的中心论点有关，这或许更说明了这个论点所表达的历史经验之重要。笔者赞同乔先生的这一论点，认为这一历史教训极其重要，它涵盖了大量信息，包括中国传统文化中的糟粕、中国民族性中的缺陷，未来民主运动的运作，等等。从文革群众造反运动本身的政治历史进程来看，群众运动为什么分裂？内讧、内斗的原因是什么？作者在《绪论》第XX1X页指出：

"由于中共当局对造反派的丑化，很少有人能够认真地总结他们失败的教训，为中国今后的群众运动提供借鉴。文革中，造反派一次又一次地分裂。每当造反派获得一个大的胜利，他们立即分裂，陷入内战，造反派的能量在内战中消耗殆尽。……造反派没有能够联合有多种原因，归根结底是因为他们对形势的误判。他们没有分清真正的敌友，以为保守派已经完败。在对权力贪婪的驱动下，把曾经同一战壕的战友当成了敌人，试图独霸天下。正是由于这一错误的策略，出现了造反派的分裂。如果造反派在保守派失败后能够迅速地联合，共享胜利果实，中国的历史也许会改写。认真总结他们失败的教训，对今后的中国社会运动有着重要的意义。"

乔先生分析了文革中12个省市包括北大、清华的群众造反运动，总结出其普遍性的规律是：文革群众运动一旦翻身成为主流，便分裂，开展派斗，直至武斗。而分裂的原因，始终围绕一个"权"字，而在争夺权力的背后，则是人们藏于内心的一个"利"字。简言之，打派仗、内斗的原因是为着争权夺利。谁能证明自己是真正的革命派并掌大权，谁就能主牵文革后的命运并避免被对立派"秋后算账"。

1967年6月至1968年7月，北大两派的派斗、武斗，是理想之争吗？是信仰之争吗？是路线之争吗？当然不是！

校园内武装割据，激烈地武斗，是什么性质的武斗？是革命夺权战争吗？是反侵略的正义战争吗？是民族解放战争吗？当然不是！

群众组织之间的派性武斗，是争权夺利的内讧。有个别文革亲历者在反思文革的派斗、武斗时，总要为当年荒唐的"全面内战"包装一层美丽的外衣，为自己当年的荒谬行径寻找一个正当、正义的理由。这只能表明这些个别朋友还没走出文革的迷雾。同时也说明派性这种愚昧、落后、腐朽、反人性、反文明、反社会的思想意识，十分顽固，对人性具有极大的腐蚀性，对社会有极大的破坏性。派性实在是一头怪兽，有必要对其进行深入分析、批判，进行清除。

文革中得以充分暴露的派性，为什么会泛滥成灾？为什么极其顽固？其深层原因有五点。

一是，在当年"阶级斗争""斗争哲学""仇恨思维"这种价值观和主流意识形态的毒害之下，对立派同学仅仅因为对形势的不同认识，而把对方视为"敌人"，展开激烈的内斗，直至武斗。

二是，中国是个内陆国家，有史以来王朝轮替，都是争夺内陆地盘，占土为王。中国不是古希腊那样海洋性的城邦国家，自古以来人们缺乏对外开放、拓展的眼光。既使在明朝郑和率领强大船队下西洋，也没发展国际贸易并对外殖民。甚至到了大清，仍长期实行"禁海"政策。正如《诗经．小雅．北山》所云："溥天之下，莫非王土，率土之滨，莫非王臣。"统治者从来是占土为王，掌控众生。社会的思想即统治阶级的思想，由此而形成了"窝里斗"的民族性格。这是中国国民性的一大弱点。

三是，在改革开放之前，中国一直是个农业大国。文革中及文革前，中国只有微弱的商品经济。仅在农村有小型集市贸易、城市有少量的手工业者，而这些还被视为资本主义自发势力，时不时要打击、扫荡一下。市场经济的规则是公平交易。交易双方只能都有利可图才会成交。即所谓互利互惠才能合作共赢。因此人们便养成了协商、妥协、让步、互利的习惯。但中国人没有这种习惯，小农经济的狭猾眼光占据着人们的心灵，流行不是我吃掉你，就是你灭掉我的"窝里斗"。看看清华团派和老四关于革委会的组成之争执，谁也不肯让步，最后发展成了武斗。

四是，中国民间传统文化的糟粕影响深远。中国广大农村有着源远流长的宗族文化、祠堂崇拜、同姓相助、老乡最亲，排斥异己。城镇的行邦、漕邦、民间宗教，都浸透着强烈的宗派性与排他性。加上科举制度中流行的同师同门，也是拉邦结伙。官场更是流行派别之争，党同伐异。这些中国人的派性基因，在文革中得到充分表演和暴露。

五是，山头主义是很突出的中共党文化。在中国革命的发展过程中，形成了与莫斯科亲近的国际派；在国内开展土地革命的根据地派；各根据地又各有山头；在红军发展过程中，形成了各方面军、各野战军不同派系。中共在权力分配、组织建构中，从来讲究照顾山头，这是同志间心知肚明的潜规则。人们看到：文革中党内展开了激烈的权力斗争，一个倒下，一倒一大片；一个上去，一上一大帮。党内流行谁是谁的人这种人身依附文化。记得文革初期我在北大看大字报，看到大字报中揭露中央党校领导林枫与战友通电话，林枫在电话里说："刘公有没有事？刘公没事我就没事！"后来刘少奇倒了，林枫也垮了。此事给我留下极深印象。原来党内权力斗争与派别斗争竟是如此紧密相连！这种党文化在文革中也深深影响了群众运动。

由于以上种种原因，文革中的派性，尤其在 1967、1698 这两年得到了充分表演和暴露，形成了全面内战、天下大乱，很多地方甚至动枪、动炮、动军舰。社会正常秩序遭到了极大破坏。全国如此，清华、北大也如此。群众运动因内战而丧尽人心，终于走到了终点。1968 年 7 月 28 日，毛泽东召见北京造反派五大学生领袖，批评他们："一不斗、二不批、三不改，斗是斗，搞武斗。"把造反派赶下了历史舞台，派工人解放军宣传队进驻清华、北大和一切上层建筑领域，终止了文革群众运动。

有一种意见认为，文革群众运动灭亡的原因在于领袖的意志与决定，关键因素是 "7.28 召见"。笔者认为毛泽东 "7.28 们召见" 固然是文革群众运动结束的决定性条件，但这必竟不是内因。内因是造反派走到 7.28 时，已失去了存在下去的合法性与合理性，已成为社会前进的绊脚石，势必"寿终正寝"。当时北大的武斗，不但海淀居民反感，北京的工人、市民和郊区农民也讨厌，甚至北大两派的大部分学生也反感武斗，躲避武斗，成了逍遥派。两派坚持武斗的人员，各派仅剩下几百号人了。可谓是已丧尽人心。

北大两派真正参加武斗队的人员其实很少。根据后来工军宣队进校后，两派分别上缴的武斗工具推测，按主要凶器的 80%计（20%库存、备用），那么估计"井冈山"的武斗人员大约有 700 人左右，"公社"的武斗人员大约有 900 人左右。据"井冈山"中文系的一位武骨干写回忆文章说，他们坚持到最后的武斗人员仅 200 人左右；公社的武斗人员也是越到后来人数越少，仅剩 3、4 百人了。两派的消遥派共有 10000 人左右，也就是说消遥派占全校师生的 86%以上。他们厌恶武斗，躲避武斗，反对武斗，不参加武斗，许多人都回家了。相对而言，这绝大部分师生在当时的态度是正确的，代表了正确的方向，但他们对武斗的局面却无可奈何，形势被两派激进的头头所控制。在清华的武斗中，当时处于广大中间地带的两派消遥派，曾联合起来倡议老团、老四同时放下武器，停止内战、进行谈判，但没有成功。此事具有典型意义，北大也有类似事件。在派仗正酣时，历史系两派教师就曾议论，"学校上面不联合，咱们历史系教师先联合。"历史系"井"派教师领头人李源，曾到系文革委员魏纪文老师家里开会，商议联合，但他们的努力终究还是被学校大形势冲掉。形势比人强，中间力量虽然代表了大多数人的愿望，但他们左右不了局势，终归失败。两派热衷以武斗击垮对方的激进的头头们掌控了局势，他们不踫南墙不回头。到"7.28"，两派日益激进化的头头被最高领袖同时赶下历史舞台，这才终于老实了。

工军宣队进校后，两派头头谁也没落着好果子吃，在肃清 516 反革命集团的运动中，全都被整肃……全国如此，北大、清华也如此。

王复兴 2019 年 8 月 4 日完稿

三、文革中后期（1970—1976）

我在北大保卫组处理翦伯赞之死[1]

谢甲林

1968 年 12 月 18 日，翦伯赞夫妇含冤去世

1966 年 6 月，我受组织安排，离开最高检察院到北大保卫组工作，翦伯赞是当时保卫组的重点保护对象。1968 年 12 月 18 日，发生了翦伯赞服毒自杀事件。翦伯赞自杀事件是在领袖的最高指示"对资产阶级的学术权威也要给出路"前提下发生的，因此引发了更多人的关注和深思。以往对翦伯赞之死记述的文章已经比较多，本文将我在北大保卫组所知道的翦伯赞自杀前后的一些情况介绍如下，以使人们了解其中更多的一些细节和缘由。

翦伯赞成为保卫组重点保护对象

"文化大革命"开始后，1966 年 6 月 16 日，最高检察院党委书记李放通知我说："中共中央组织部给高检院来函通知要你去北京大学做保卫工作。"我说："服从组织，要求不要留在北大。"随后，我马

---

[1] 本文原载于《百年潮》2012 年第 5 期。

上开始交待工作，22 日持高检院的介绍信赴北大工作组报到。先在图书馆工作几天后，工作组副组长、中组部副部长杨以希找我谈话，要我到二组（保卫组）任副组长，组长是蔡润田。全组 36 人，都是海军保卫部的在职人员。

"文化大革命"前，毛主席曾讲过：北大有个翦伯赞，你要知道什么是帝王将相、才子佳人，就去问翦伯赞；北大有个冯友兰，你要知道什么是唯心主义，就去问冯友兰。经翻阅有关材料再加上组长介绍，了解到"文化大革命"一开始，周总理指示：周培源、翦伯赞、冯友兰、饶毓泰、闻家驷和温特（美国教授）六人为国家级重点保护对象。

1966 年 8 月 4 日，"中央文革"宣布撤销北大工作组，决定二组人员全部留校，继续承担保卫工作，改称保卫组；北大"校文革"成立后，保卫组受其领导，并给增加了 3 人，仍由海军的蔡润田任组长，我任副组长。经总政批准，1966 年 12 月海军人员全部撤离，因高检院被砸烂无法报批，我不能撤离，仍留在北大，继任保卫组组长。

1968 年 8 月 19 日，首都工人、解放军毛泽东思想宣传队（以下简称宣传队）进驻北大，宣布"校文革"及各个组均停止工作，唯独留下保卫组，仍让我任组长继续工作，由军代表李志刚主管保卫组。

从 1968 年 9 月初开始，宣传队首先组织批斗陆平、彭珮云大会。不久开始在全校清理阶级队伍。他们认为"北大王八多得腿碰腿"。全校先后有 900 多人受审查，共揭发出够敌我矛盾的 500 多人。当时，所有清查对象，包括翦伯赞、冯友兰等几名重点保护对象，都集中食宿，不准自由回家。对此，我向宣传队总部明确提出：翦伯赞、冯友兰等是周总理指示的重点保护对象，隔离审查、限制自由，是违背指示的。

1968 年 10 月 16 日夜，周总理指示的重点保护对象饶毓泰上吊身亡，我带领保卫组的干部联合市公安局的干部勘查现场，结论是"自缢"。我遂到宣传队总指挥部全面汇报，送上"结论"。同时，又提出要加强对翦伯赞、冯友兰的重点保护，亡羊补牢。

宣传队接受我的意见，把翦、冯二人放回家。当时，翦伯赞家住燕东园 28 号，在大院外，不便保护，我提出建议后，宣传队把他夫妻二人搬到燕南园 64 号（保卫组原址 63 号），每月发生活费 120 元，白天有历史系的学生值班，夜间雇用了退休工人杜师傅伺候。并明确要求，非经宣传队总指挥部批准，不准外来人员接触。

服毒自杀事件发生及现场查验

1968 年 12 月 18 日早晨，天还没亮，伺候翦伯赞、戴淑婉夫妻的退休工人杜师傅泪流满面地跑到保卫组，扑通跪倒在地上向我哭诉：两条人命，翦伯赞老两口都死了。我马上电话报告了宣传队总指挥部，然后立即带领萧祖德、蓝绍江和苑世男赶赴现场。在燕南园 64 号翦伯赞夫妻的卧室内，有南北向的两张单人床。在左边的床上，头南脚北仰卧着翦伯赞，在右边的床上，头南脚北仰卧着戴淑婉，两人面色安详，衣着整洁，均穿鞋袜。一摸两人的体温，早已冰凉，没有脉搏了，但尚无尸斑出现。我们立即电话报告了北京市公安局。

报告完公安局之后，我们继续勘查现场。首先搜查翦伯赞遗体的上衣双兜，左兜里有一张纸，上写："伟大领袖毛主席万岁，万岁，万万岁！"右兜里有一张纸，上写："我实在交不出了，才走上这条绝路。我走上这条绝路，杜师傅不知道。"我内心感动了，多么好的品质啊！一个身陷"囹圄"的人，在受到逼迫的时候，没有违心地交代；而且，在他决定要离开人世的时候，还生怕连累别人，因此，在遗嘱中说明自己的死是与别人毫无关系的。接着，搜查翦伯赞的床铺，在枕头右下方，发现了一个服药袋，内装两粒进口的速可眠胶囊。这让我再次涌起了一阵感动，他这是明确地告诉我们自己是怎么死的，不给我们勘查现场添麻烦。再搜查，没有发现其他任何异物。又搜查戴淑婉的床铺，任何异物也未出现，由于是女同志我们不便翻身，也不好翻外面的兜，就没有翻出任何东西。我们的初步结论：可能是服安眠药自杀。

为了将事情进一步弄清楚，我们问伺候他们夫妻二人住在外屋的杜师傅：夜间有什么动静没有？杜师傅说：快午夜 12 点了，听到炉子响声，我问有事吗？翦伯赞的老伴说：翦先生饿了，我给他热点牛奶喝，你就睡吧，不用管了。据此，我们初步断定，服毒时间是在夜晚11点半到12点之间。

问完杜师傅话之后，历史系在翦伯赞住处值班的学生来了，我们把他们堵在外屋，询问他们昨天的情况。他们说：昨天下午中央第一专案组的巫某等人，持介绍信经宣传队总指挥部批准，来找翦伯赞调查刘少奇的问题，听到他们一再追问刘少奇的有关历史，翦先生一再回答"记不起来了"。双方僵持一会儿后，调查人对翦先生说：你明白，这关系到刘少奇的问题，你必须好好想想，把他的问题交代清楚。我们明天再来，你一定要把问题说清楚，交代清楚，交代不清楚，是要坐牢的，并一再强调。

上午7时许，我把翦伯赞的两纸"遗书"亲自送到宣传队总指挥部，拍照留底，由指挥部把原件直接上报毛主席。其他情况，查明后上报。我回到现场，同保卫组的其他同志继续勘查。

上午8时许，我们还未勘查完现场，中央第一专案组的巫某等人又来了，被我堵在门外。我说：今天不准找翦伯赞。他们说：我们是刘少奇专案组的。我说：什么专案组也不行，你们可以去找宣传队总指挥部嘛！他们才离开了。

专案组的人一走，北京市公安局的人（包括赵法医）就来了。我们把勘查现场的情况向他们作了汇报，要求他们进行复查，通知家属，进行尸体解剖。经电话通知，家属不来，给出的答复是，已经划清了界线。我们把家属的回答记录在案。

死因确定及相关处理

12月18日下午，我们从翦伯赞的住处把最需要的东西取了出来，考虑到目标太大，当时没有查封。我们招呼历史系的学生，让他们将屋门锁好，并认真看管。接着，经我引领，市公安局的人员与宣传队总指挥部商量，由我始终跟随，将翦伯赞夫妻的遗体送到北医三院地下解剖室。

到了北医三院之后，由赵法医主刀，对翦的遗体做了全身解剖，有关部位做了切片、取液等；对戴的遗体做了局部解剖，只取了部分胃液。肉眼发现两遗体的胃里均有尚未溶解完的进口速可眠胶囊。法医的最后结论是：翦伯赞、戴淑婉夫妻均为速可眠中毒死亡。

为了把翦伯赞夫妻自杀案情全部弄清楚，12月19日上午，我手持宣传队总指挥部的介绍信，乘坐专车，亲自到北京医院调查毒源。北京医院院部的负责人说：翦伯赞的病历，依照有关规定，属保密范围，非经特批，不准查阅。我马上到市委吴德办公室汇报情况，提出要求，吴德的秘书立即打电话给北京医院院长说明了情况，于是我又赶回北京医院。

回到北京医院后，他们已把翦伯赞的病历拿出来，摆在桌子上。我到后，由专人帮助我查阅，把大夫的处方、翦伯赞派人去取药的时间，一一列出清单。其中进口速可眠胶囊按间隔日期，依照规定数量，每次付给20粒，多年以来，没有变化。

我在北京医院查清楚情况以后，便返回北大，又询问值班学生。值班学生说：翦先生夫妻年岁老，行动不便，都是委托我们到北京医院给他取药。每次都取有速可眠胶囊。有一次，我们还对翦先生开玩笑说："您可别一次吃了。"他笑着回答："不会的，我不想死，要活着报恩毛主席、周总理啊！"

在做了以上一些调查取证之后，保卫组通过宣传队总指挥部把翦伯赞夫妻自杀的调查材料全部上报。宣传队总指挥部让后勤部门把翦伯赞夫妻的两具遗体运送火葬场，匿名火化，不留骨灰。短短两天，对翦伯赞夫妻自杀一案的处理，比较顺利地完成。

过后听说，谢富治对中央第一专案组调查、审问翦伯赞的巫某，当面予以批评指责说：翦伯赞是毛主席、周总理指令保护的人，你有什么权力要他去坐牢。因此，巫某受到了党纪处分。

"文化大革命"结束后，党中央及时进行了拨乱反正，翦伯赞也得到平反。北京大学校方决定给他举行追悼会，找到我问骨灰的事情。我跟他们说：保卫组没有管，我给你们出个主意，你们到八宝山去查，哪年哪月建的档案。他们一开始没有查到，因为用的是化名。后来又去查了一遍，火葬场工作人员按火化时间一查，这才弄清楚了。北大校方又问我要当时的证据材料，原件当时已经报毛主席了，只有拍的照片，我就给他们了。事后想想，觉得很后悔，自己亲自经历的这样一个重大事件，现在手里什么一手的材料都没有了！

作者谢甲林简介见《回顾暴风雨年代——北大文革亲历者文集》（第一集，红色中国出版社2018年3月版）112页。

"文化大革命"中的"梁效"顾问冯友兰[1]

（节选）

郭罗基

目录

序言

一，一生文章应帝王

二，靠聪明的唯心主义度过"文革"劫难

三，检讨标兵

四，表态高手

五，"当代孔子"向古代孔子宣战

六，"批林批孔"大开张

七，"批林批孔"中出世的怪胎——"梁效"

八，"梁效"顾问叫谁"敢于作皇帝"？

九，"梁效"的萧条

十，"梁效"的疯狂

十一，"梁效"的覆灭

十二，"梁效"的后事

十三，一场代理人的战争

十四，道术多变迁，平生不老实

冯友兰年谱

参考文献

---

[1] 本文节选自郭罗基著作：《"文化大革命"中的"梁效"顾问冯友兰》（美国华忆出版社2020年3月出版）。

【编者按：以上是此书《"文化大革命"中的"梁效"顾问冯友兰》的目录，因此书是郭罗基先生的长篇著作，本文集因受篇幅所限，只节选其个别章节，以飨读者。本文集只节选了以上目录中的：序言；第七；第十一；第十二章的主要内容。特此说明】

序言

我本来打算写两本书，一本是《冯友兰在"文革"中》，一本是《"梁效"的兴亡》。在构思提纲的时候，发觉两者的内容交集，写起来重复必多。不如将两者合一，以《"文化大革命"中的"梁效"顾问冯友兰》为题。这个题目是一箭三雕。本书的关键词是三个："冯友兰""梁效""文化大革命"。论说"文化大革命"中的冯友兰，不能不涉及冯友兰与"梁效"的关系；论说"梁效"，不能不涉及"梁效"与"四人帮"的关系；论说"四人帮"，不能不涉及"四人帮"与毛泽东的关系。所以，研究冯友兰这个人物，可以窥知宏大历史的一个侧面、一个片段。冯友兰是我的前辈，也是北大哲学系的同事，我对他有切近的观察。从冯友兰这一滴水也可以映照出"文化大革命"的海洋。

冯友兰初为"反动学术权威"，后为"批林批孔"的革命权威；阶下囚翻作座上宾。他是一个值得研究的典型人物。冯友兰的发达是因为攀上了"梁效"。

现在的80后、90后年轻人，恐怕很多人不知道什么是"梁效"。

"梁效"是两校大批判组的诨名，两校即北京大学、清华大学。这是古今中外从未出现过的特殊的写作班子，曾经独霸文坛，呼风唤雨，控制思想，左右舆论。"梁效"的成员是一伙"四人帮"的御用文人。叙述"梁效"的兴亡，首先是为了明真相、存史实。同时也是为了探究产生"梁效"的条件，以及如何消除这些条件，防止再生"梁效"。

我亲身体验到"梁效"的猖狂，终于又见证了"梁效"的灭亡。

我是有资格评论冯友兰和"梁效"的。在"文化大革命"的浊浪

"文化大革命"中的"梁效"顾问冯友兰（节选）

中，我就批了冯友兰，批了"梁效"。我也有条件系统地评论冯友兰和"梁效"。粉碎"四人帮"以后，我在哲学系掌权，积累了揭批"梁效"和审查"梁效"的系统材料。但是，这本书的写作和出版已经晚了。

"文化大革命"中，1973年邓小平复出以后，各方面大力整顿，扭转乱局，使人们看到了希望。1975年下半年，形势忽然逆转。11月，从清华、北大开始，发动"反击右倾翻案风"运动，邓小平的"整顿"戛然而止。"梁效"是急先锋。我为中国的时局忧虑，心中十分愤慨。当时正在课堂上讲授列宁的《唯物主义和经验批判主义》。我对这本书很不喜欢，教学小组的教师们大多不愿讲这本书，推来推去，推到我头上。我是教学小组组长，推不掉了。这本书是批唯心主义的，好在可以借题发挥。果然，机会来了。我在批唯心主义时联系实际，批了冯友兰的唯心主义。冯友兰在"批林批孔"中风头正健，但他的唯心主义是众所周知的。冯友兰是"梁效"的顾问，我就说冯友兰把唯心主义带进了"梁效"。其实不能这样说。我是以冯友兰为跳板，跳到"梁效"头上。有一点困难，列宁批的是主观唯心主义，冯友兰的哲学是客观唯心主义，联系起来不大贴切。工农兵学员是不难对付的，没有人从哲学上提出问题。但他们从政治上提出问题，向领导检举揭发。哲学系工宣队头头张某在全系大会上疾言厉色地说："郭罗基，不批刘（冰），不批周（荣鑫），批起梁效来了。我们要跟他辩论！""梁效"是碰不得的。那时节"大批判"改称"大辩论"了。我成了"大辩论"的对象。我被赶下了讲坛，由黄枬森接替。我担任大学里最小的官职——教学小组组长，也被撤职了。

工农兵学员参与的"大辩论"是大吼大叫。我不说话，逼着我"表态"；我一说话，又"打态度"，指责我"极不老实"。反正我在历次运动中总是态度不好的，我也不指望他们说我态度好。那种辩论是靠取消对方的发言权取胜的。我说："我不愿意跟你们辩论了，行不行？"工农兵学员说："不行，就是不行！我们要跟你辩论到底！"那种辩论又是强加于人的。

迟群在一次办公楼礼堂的干部大会上气势汹汹地喊叫："有人批

梁效，你是好汉站出来！"我早已被剥夺了参加会议的权利，不在场，故没有人站出来，说明批梁效的不是好汉。

历次运动，不管是什么主题，对批判对象总是要从头到脚、从古到今全面揭发，叫做"搞臭"战术。最有效的"搞臭"材料是男女关系、贪污腐化等等。在我身上找不到这些材料，有人挖空心思地提出："他给儿子、女儿取名都包含反动思想，要他交待。"我给儿子的取名是郭听雷，我给女儿的取名是刘观云。按当时的标准，确是有点"反动思想"。儿子出生于1967年9月，正当"文化大革命"的高潮，"听雷"意为"于无声处听惊雷"，是诅咒"文化大革命"的。1976年，敲响"四人帮"丧钟的四五运动中，有人写了一个剧本，剧名就是《于无声处听惊雷》。女儿出生于1971年6月，当时我凭直觉感到政坛将有风云变幻，果然三个月后发生了林彪葬身沙漠的"九一三"事件。"观云"的意思是"坐看风云变幻"。有朋友调侃说："你们家是'政治气象台'。"这一切都不能说。挨整的人往往是自证其罪。承认了就会戴上"思想反动"的帽子，所以不能承认。我忽然急中生智："给儿子、女儿取名是什么意思？听，'五洲震荡风雷激'，所以儿子叫'听雷'；看，'四海翻腾云水怒'，所以女儿叫'观云'。你们说，'包含反动思想'吗？"那两句是毛的诗，谁敢说"包含反动思想"？全场都哑了。我心中暗自好笑。

"四人帮"利用清华、北大两校搞事。从清华大学批刘冰点火，北京大学继之而起，将"反击右倾翻案风"的战火往上烧。批刘冰，提出"追风源"，追到教育部长周荣鑫，又从周荣鑫追到邓小平。然后策划"点名批邓"，最后打倒邓小平。

"点名批邓"完全是阴谋。先是从清华开始，北大紧接，制造舆论，似乎"点名批邓"是群众的要求，向政治局施加压力，作出在全国范围内公开批邓的决定。运动的名称改为"批邓、反击右倾翻案风"。

在清华、北大，"点名批邓"先从小范围暗中开始，逐步升级，层层扩大，从秘密到公开。

1976年1月27日中午，周培源差他的大孙子到我家，说："爷爷请你马上去一趟，有急事。"还有周老手书一纸。我立即骑上车，跟他

"文化大革命"中的"梁效"顾问冯友兰(节选)

到周家。周老坐在客厅等我,说:"今天上午,党委常委开扩大会,搞'点名批邓',气氛很紧张。我没有发言,下午还要接着开,怎么表态?"周老是北大革委会副主任、党委常委。我说:"你怎么表态都不得体。拥护批邓吧,讲点不痛不痒的话,是言不由衷;反对批邓吧,立即成为'大辩论'的对象,又寡不敌众。你还像上午一样,不表态。不讲话,叫人莫测高深。来一个徐庶进曹营,一言不发。"由于周老在会上一言不发,第二天,党委派简报组的两个人,手持纸笔,到周家。说:"你在会上没有表态,可能时间不够。你补一个表态,我们可以写进简报上送。"周老说:"我有话在会上就讲了,会上不讲就是无话可讲。"那两个人轮番威胁利诱:你表态,对你和家人如何如何有利;你不表态,对你和家人如何如何不利。周老依然一言不发。那两个人猛抽烟,满屋子乌烟瘴气。僵持了一个小时,他俩只好告辞。

党委常委开了7次扩大会议,一次比一次扩大,最后扩大到两千人。

3月4日,召开全校大会,进行"点名批邓"。尔后,人人必须表态;谁不表态就同谁进行"大辩论"。我在与人谈论中朗诵了南宋陈亮的词,他在一片妥协苟安声中沉痛地喊道:"尧之都,舜之壤,禹之封,于中应有一个半个耻臣戎!"我说,20世纪的中国人也应有一个半个耻于向权势屈服的吧?我从"反击右倾翻案风"以来就是"大辩论"的对象,"点名批邓"不表态,又罪加一等。本来是每天"辩论"一次,现在是每天"辩论"两次。

中共中央发出1976年五号文件,号召在全国范围内公开"批邓"。在清华、北大,五号文件没有向群众传达,因为两校的运动早已超过五号文件了,但特地向我一个人单独传达。那时我因情绪愤激,导致胃出血,住在医院里。哲学系工宣队拿着文件到病床前向我传达,要我表态。我说:"知道了。""没有了?""没有了。"工宣队警告:对中央文件的态度,是个严重的问题,你要好好考虑。工宣队传出去,郭罗基对"批邓"的表态只有三个字"知道了"。一个"批邓"积极分子对工宣队说:"郭罗基讲的'知道了'这三个字是有来历的,你们知道吗?""什么来历?""过去皇上批奏折就是用这三个字。"工宣队恨恨地说:"郭罗基,这家伙反动透顶!"

党委书记王连龙在一次干部会上点名:"北大批邓不表态的,只有两个人,一个周培源,一个郭罗基。"言下有罪大恶极之意。很好,比一个半个还多了一点。北大就有两个,别提"尧之都,舜之壤,禹之封"了。即使在北大,恐怕也不止两个,只是我们两个比较引人注意罢了。大多数人的"批邓"表态,不过是在压力之下的逢场作戏,听说有人居然敢于不表态,反而受到了鼓舞。

周培源是国际著名人士,不能把他怎么样。"批邓"积极分子的火力集中到我身上。白天,接受"大辩论";晚上,亲朋好友登门劝说。那些日子,我觉得晚上比白天还要难熬。白天的"大辩论",不让我讲话,我或是横眉冷对,或是闭目养神,省得动脑筋。晚上,面对亲朋好友的劝说,既不能横眉冷对,也不能闭目养神。他们都是一番好意,劝我:"表个态算了,这年头谁不讲假话。好汉不吃眼前亏。"我只好说:"我不是好汉,所以不怕吃眼前亏。"他们还说:"将来总有你讲话的时候。留得青山在,不怕没柴烧。"这都是古训,不好反驳。但人各有志,我不赞成他们的处世哲学,又不得不违拗他们的好意,内心很痛苦。

直到粉碎"四人帮",我"靠边站"将近一年。没有工作,工宣队却勒令我每天要到哲学系所在地 38 楼去"上班"。大学教师不是坐班制,本来是不用上班的。工宣队把上班当作惩罚的手段。

1976 年 10 月 6 日,抓了王、张、江、姚,10 月 10 日深夜查封了"梁效"。查封"梁效"时,我在现场。

粉碎"四人帮",我得以翻身。哲学系的师生推举我为"运动领导小组"组长,取代党的领导,掌了大权,人称哲学系临时政府首脑。

"梁效"是个神秘组织,粉碎"四人帮"以后才揭开内幕。我保存了一批审查"梁效"、审查北大的"四人帮"帮派体系的内部文件,很有价值,应加以利用,不使湮灭。

至今有关"梁效"的书只出了一本——《"文革"御笔沉浮录——"梁效"往事》(明报出版社,1999 年),作者是"梁效"中人范达人,自说自话。我这个当年"梁效"的反对派,是不是也应该写一本书?

"文化大革命"中的"梁效"顾问冯友兰（节选）

我想写"梁效"，写"梁效"顾问冯友兰，久有此意。我的写作将以亲身经历为基础，尽量找到文字的依据。但所有材料都留存在南京家中，1992年出国后，20多年不准回国，无法获取材料。我儿听雷，特地从上海到南京，费了好大的功夫，将家中所有的书籍和材料编了一个索引。根据索引，我指定所需的书籍和材料，陆续寄来。70年代的报刊文章，互联网上搜索不到，小弟耀基、好友秦伯益，又帮我复印、扫描，用电子邮件传来。他们助成了我的写作。我于2016年动笔，撰写《"文化大革命"中的"梁效"顾问冯友兰》。正当完稿之际，2018年6月遭遇车祸，肋骨断了四根，并伤及大脑。打开手稿，好像不是我写的。写作停顿。过了很长的时期，忍着病痛，重操旧业。付出巨大的毅力，终于完成。又耽搁了一年多。

我写的是历史，不是小说，更不是戏说，虽然有些情节看起来荒诞不经，因为当时的现实就是荒诞不经的。我也注意细节的描写，历史的真实往往就在细节之中。

为了说明"梁效"和冯友兰活动的历史背景，我对"批林整风""批林批孔""反击右倾翻案风""批邓"这些重大的历史事件详加考证，梳理了来龙去脉，阐明内在的逻辑联系。这些叙述不见于正史。我的努力，为存信史。

揭示和记住荒诞的历史，是为了避免荒诞的历史重演；研究过去是为了开创未来。

郭罗基 2019 年 11 月于美国奥马哈

【编者按：第一至第六章略】

七、"批林批孔"中出世的怪胎——"梁效"

"文革"中有许许多多的"大批判组"，唯有"北京大学、清华大学大批判组"是青史留名的。

1967年春，毛泽东提出："不能光喊砸烂狗头，秀才们应该写些批判文章"。陈伯达发明了"大批判"这个概念。同年夏，根据陈伯达、江青的指示，在中央文革下面成立了"大批判组"。这是历史上第一个"大批判组"。成立大会是在沙滩大院（原中宣部所在地）的教育楼召开的，到会的有大、中学校和北京各界、各单位的代表数百人。中央文革的陈伯达、关锋、戚本禹在会上讲了话。陈伯达的这次讲话，又发明了"走资派"的概念。他说，"走资本主义道路的当权派"要简化，是不是就叫"走资派"？从此，"走资派"的概念就广泛流行了。中央文革大批判组的成员有杨永直、廖初江、林杰、阎长贵等10人。[2] 之后，各地区、各部门、各单位、各大派都相继成立了"大批判组"。

"北京大学、清华大学大批判组"成立之前，北大各系早就有"大批判组"了，其中哲学系的"哲军"，历史系的"史军"，中文系的"闻军"，是北大的三大主力军。"梁效"的成员叶朗、杨克明、汤一介先是"哲军"的成员，范达人、何芳川等先是"史军"的成员，孙庆升、胡经之等先是"闻军"的成员。"梁效"们的辩解总是说，他们是由党组织调来的，个人无可选择。但党组织是有选择的，为什么在北大、清华四、五千教职员中看上你们？就因为你们有"大批判"的来历。北大、清华的党委常委召开联席会议，决定两校联合进行大批判，以北大的"三军"为主，清华派人参加。1973年9月4日，《北京日报》刊登的《儒家和儒家的反动思想》，是以"北京大学、清华大学大批判组"的名义发表的第一篇文章，实际上是"哲军"的作品。10月，两校成立了联合的"批林批孔研究小组"，《林彪与孔孟之道》（材料之一）就是这个小组的作品。所以"批林批孔研究小组"有时也称"材料组"。北大批林批孔办公室下面设有一个"批林批孔动态组"。《林彪与孔孟之道》（材料之一）完成后，1974年1月13日，迟群、谢静宜在清华大学工字厅召开会议，宣布北大、清华两校批林批孔研究组（14人，北大8人，清华6人），大批判组（19人，北大12人，清华7人），动态组（5人，均为北大）合而为一，北大、清华两校党委常委联席会议正式定名为"北京大学、清华大学大批判组"，诨名"梁

---

[2] 见阎长贵《戚本禹谈"文化大革命"中的一些问题》，凤凰历史，2016/04/22-23。

"文化大革命"中的"梁效"顾问冯友兰（节选）

效"[3]，进行"大批判"，并继续编写《林彪与孔孟之道》材料之二、之三、之四。

"梁效"是荒诞时代出世的怪胎。

一个奇特机构

"梁效"的架构，当时不为人所知，"梁效"覆灭后才被揭示。

"梁效"的领导机构是一个特别党支部，支部书记是北大党委常委、党委办公室主任李家宽（原8341部队秘书科副科长），北京大学的宋柏年（中文系毕业，原为外国留学生的汉语教师，"文革"中任党委政工组宣传组副组长、批林整风办公室副主任）、清华大学的王世敏（哲学教师，江青封的"女状元"）为副书记。李、宋、王再加周一良、汤一介、范达人、杨克明、王朝文、卢振义，组成支部委员会。卢振义是清华大学的电影放映员，算是工人。按毛主席的教导，知识分子成堆的地方，必须有工农分子"掺沙子"，否则就会板结，不透气。其实是装相，工人卢振义不过是知识分子的尾巴。支部委员会几乎没有开过会，有事都由李、宋、王说了算。（《梁效罪证材料》第36页，北京大学梁效专案组，1978年8月。）

先后参加"梁效"的有46人，过程中有出有入。"表现不好"的，被踢出去；看中了的，加进来。坚持到最后的是39人（北大30人，清华9人），另有顾问1人（名单详见《十二，"梁效"的后事》附一）[4]。下分两个大组：写作组和材料组。还有一个动态组，人数不多。写作组组长范达人，副组长杨克明；下面又分九个小组，范达人组（历史），锺哲明组（政治），叶朗组（哲学），胡经之组（《红楼梦》），徐琳组（马列主义），孙庆升组（文学），梁英明组（国际问题），汤一介组（哲学史），孙静组（文学史）；其中，范达人组和锺哲明组号称"梁

---

[3] "梁效"，取"两校"之谐音。姚文元说报刊上经常出现"北京大学、清华大学大批判组"的署名不大好，可以用个笔名。用什么笔名？范达人提议用"梁效"，他以为这是他的创意。（范达人《"文革"御笔沉浮录——"梁效"往事》第31页，明报出版社，1999年。）

[4] 有些流传的文章把杨荣国、冯天瑜列为"梁效"的成员，误，只因他们在"批林批孔"运动中活跃一时。他们根本不是北大或清华的教师。

效"的"尖刀班",尤其是范达人组(组员:何芳川、陈先达),发表了30多篇文章,在"梁效"中独占鳌头,许多"重头文章"如《孔丘其人》《有作为的女政治家武则天》《回击科技界的右倾翻案风》《永远按毛主席的既定方针办》等等,都是这个组的作品。各小组还曾用过柏青、高路、景华、安杰、秦怀文、郭平、常戈、万山红、祝小章、梁小章等等化名。材料组组长汤一介,任务是继续搞《林彪与孔孟之道》材料之二、之三、之四。后来又从材料组分出一个注释组,组长孙静。毛泽东有老年白内障,不能看书,就由身边工作人员给他朗读。这些女孩子文化水平不高,读古文有困难。"梁效"就将古文注音、释义,有的还翻译成白话,为朗读作准备。毛泽东老来愁肠百结,屡读庾信(南北朝时文学家)的《枯树赋》,读到最后,"昔年种柳,依依汉南;今看摇落,凄凄江潭。树犹如此,人何以堪?"尤为动情,潸然泪下。"梁效"注释的《枯树赋》受到表扬,毛说比上海的注释本好。迟群、谢静宜颇为得意,以为是他们的功劳。

冯友兰作为"批林批孔"的风云人物,成了"梁效"的顾问。哲学系的同事王永江、陈启伟在《评梁效某顾问》(《历史研究》1977年第4期)中说:"'四人帮'反革命别动队梁效的某位顾问先生,又是撰文,又是赋诗,名噪一时,红得发紫。"(粉碎"四人帮"以后的一个时期,除了王、张、江、姚,其他人不得点名,只好用代名词。例如,康生叫做"中央文革的那个顾问";迟群、谢静宜就是"江青的黑干将",如果分开来说,迟群是"江青的男黑干将",谢静宜是"江青的女黑干将";冯友兰自然就被称为"梁效的某顾问"了。)

还有两位老教授也是"梁效"的成员,语言文字学家魏建功和历史学家周一良。后期,林庚[5]曾短暂参与注释组工作。

"冯友兰、魏建功、周一良在其中起了甚么作用呢?""梁效"的负责人之一宋柏年自问自答:"他们是资深教授,又是在文史哲各学科领域卓有成就和影响的学者。这样,对一些孔孟、林彪的言论如何解释、如何批判,他们当然起着主要的作用。比如:克己复礼、天马

---

[5] 林庚(1910—2006),原籍福建闽侯,生于北京,字静希。林庚是现代诗人,又是古代文学史家,任北京大学中文系教授。

"文化大革命"中的"梁效"顾问冯友兰(节选)

行空等,是甚么意思、出处为何?都要听他们的意见。然后一些中青年的教师再去图书馆查书、起草按语。最后还要经大家一起讨论定稿。"[6] 这几位老先生并不是如局外人所说的"花瓶""仅起咨询作用",而是局内人宋柏年所说的在"梁效"中"起着主要的作用"。原来《林彪与孔孟之道》(材料之一)中有关"克己复礼""天马行空"等等笑谈,竟是听了这几位文史哲名家的"意见"拼凑出来的!

"梁效"中人,有一些本来就人品不好,一朝受重用,目中无人,忘乎所以。一些人本来人品不坏,如周一良、田余庆,但经不起"诱以官、禄、德"(林彪箴言)。周一良说,每每深夜骑自行车回家,"不免欣然自得,忘却疲劳。""我又当了党的十大代表。毛主席逝世,我列名治丧委员会,参加守灵。所以,直到'四人帮'被打倒,我作为梁效成员始终处于顺景。所幸者,我虽怡然自得,却未忘乎所以。"[7] 怎么没有"忘乎所以"?周一良较之"梁效"中的恶劣者虽不为甚,但"欣然自得""怡然自得"是为"德"字所诱;津津乐道当了十大代表、名列毛主席治丧委员会,是为"官"字所诱。

"梁效"之中,有四届人大代表4人(冯友兰、汤一介、范达人、王世敏),中共十大代表1人(周一良),出席国宴者8人(冯友兰、范达人、汤一介、王世敏、周一良、田余庆……),出国访问者2人(范达人、宋柏年),名列毛主席治丧委员会者2人(冯友兰、周一良),"火线"入党者2人(何芳川、张世英)。范达人出席国宴后自鸣得意:"一时间,我成了新闻人物。"事后多少年,他还说:"在'文革'那个年代,……可谓大红大紫,内心感到万分荣幸和异常兴奋。当时的心情可以用'受宠若惊,感恩戴德'八个大字来形容。"[8] 他常说:"不要在这里吃干饭。"成了"梁效"中流行的名言。汤一介在审查期间交待:四届人大期间,江青向他泄露,他将当人大常委会委员。"江青对我说:'以后开人大常委会,你不要都参加,还是搞你的研究,写文章。'接着马上又说:'我不应该说,还没有公布呢,泄密

---

[6] 宋柏年《怀念周一良先生》,《苹果日报》2013年9月1日。
[7] 周一良《毕竟是书生》第74页,北京十月文艺出版社,1998年。
[8] 范达人《"文革"御笔沉浮录——"梁效"往事》第74、78页,明报出版社,1999年。

了.'……江青这样讲，对我有很大影响，使我感到自己当四届人大代表是江青的恩赐，从而更加卖力为她服务。"[9] 江青装腔作势故意"泄密"，事实上汤一介并没有当上人大常委会委员。同为四届人大代表的王世敏交待，江青曾对她和汤一介说："你们既要当秀才，又不要只当秀才。"王世敏说："我在'大批判组'一面组织炮制黑文，一面……搞乱了社会，根子就在这里。"[10] 宋柏年说："什么这个部、那个部，不就是那么几个鸟人！咱们大批判组就是一个部，我当部长！"以至下面一个事务工作人员竟然说："头头当了部长，咱们也弄个司、局长干干。"[11] 许多"梁效"分子的脑袋里都有一幅"升官图"。

一个神秘据点

1974年1月31日，"梁效"占领了北大朗润园的北招待所。

朗润园与镜春园、淑春园（即未名湖）、蔚秀园、承泽园（均为原燕京大学旧址，1952年院系调整后，北京大学从城内沙滩迁此）乃万园之园——圆明园之一园，是没有被1860年的英法联军烧掉或损毁不大的部分。朗润园的北部边墙外，隔一条马路，就是圆明园废墟。朗润园的中心是一个湖（从网上的照片看到，现已干涸，成了孩子们的游乐场），周有亭榭。这里是春风秋月的幽静所在。北招待所为三层灰色楼房，原是50年代的苏联专家招待所，[12] 当时属豪华型宾馆，70年代仍较一般教师宿舍为优。

"梁效"的一般成员，必须入住据点，不得请假，星期六回家，

---

[9] 汤一介交待，1977年3月3日。《梁效罪证材料》第31页，北京大学梁效专案组，1978年8月。

[10] 王世敏交待，1978年6月13日。《梁效罪证材料》第8页，北京大学梁效专案组，1978年8月。

[11] 1976年12月2日批斗反党分子迟群大会上的发言，北京大学大字报选（增刊一），北京大学运动办公室，1976年12月2日。

[12] 在朗润园筹建专家招待所和五幢公寓大楼时，北大一批老教授联名上书表示反对，理由是破坏了古典园林的景观，甚至说是不可容忍的"罪过"。不要说区区一个朗润园，就是巍峨的北京城墙，人民政府说拆就拆了，何尝以半点人民意愿为念？1963年为纪念曹雪芹逝世200周年，北京举办了一个展览会，会中展出一幅曹雪芹时代的朗润园图。北大人惊奇地发现，现存朗润园与当时的朗润园何其相似，就是多了那几幢煞风景的洋楼，故园非复旧池台。

"文化大革命"中的"梁效"顾问冯友兰（节选）

星期日返回。他们在一楼各占一个套间，作为工作室兼卧室。二楼除了住着李家宽和宋柏年外，为机要室，储藏机密材料；还有专门为江青保存贵重书籍的藏书室，存放特为江青大字印刷的线装书43种。三楼为女宿舍，还有迟群、谢静宜的临时休息室。"梁效"的成员未经批准也不得上二、三楼。周一良、魏建功年纪大了，则为"走读"，住在家里，按时上班。宋柏年说："他（周一良）当时已是六十多岁的人了，每天工作到深夜，骑着自行车回家，十分辛苦。"[13] 冯友兰的年纪更大，行动不便，"走读"都免了，有事上门请教，送审稿件。

作为"梁效"的据点，北招待所成了机要重地，门卫森严，24小时有人值班，外人不得入内。有两个解放军战士到北大找亲戚，误入"梁效"的禁区，被怀疑为"刺探情报"。"梁效"立即把他们押送北大保卫组审问，尔后交所在部队批判。有一次，在据点附近汽车撞死了一条狗。"梁效"疑神疑鬼，以为有人在周围投毒，把死狗拉到公安局验尸。他们与人民为敌，总觉得人民与他们为敌。

"梁效"内部，纪律严明。凡事不得与外人道，连家属也不例外。领导交待："该你知道的，不准外传；不该你知道的，不准打听。"还不准透露迟群、谢静宜的行踪，甚至连大伙吃什么饭也不准外传。迟群说："谁要是泄露了班子的秘密，查出来，那就不客气，请他离开这个班子。"有人说："我正不想在这儿待呢！"迟群说："那也没有这么便宜，回到原单位，你给我检查，问题严重的，要作组织处理。"[14] 迟群还要求"梁效"的成员"刮西风不动摇"，为"四人帮"卖命到底。内部各小组不许串联，只能与头头单线联系。成员之间互相监视，有谁发个牢骚，上面就知道了，马上会有人找他谈话。"梁效"完全是一个神秘组织。

"梁效"在生活上享受特殊待遇，副食由商业部门特供，一律按外宾的规格。30多人一顿要吃30几斤鱼、排骨、鸡（或鸭）。每天吃夜宵，看电影、打扑克过了钟点照吃不误。从1974年2月到1976年

---

[13] 宋柏年《怀念周一良先生》，苹果日报2013年9月1日。
[14] 《"四人帮"干将迟群、谢静宜部分言行摘编》，北京大学大字报选第9期，北京大学运动办公室，1976年11月17日。

9月，光是伙食补贴多达23,892元，大约相当于2000个大学生一个月的伙食费。他们30几个人占用50多间房，还有8个服务员专门伺候。江青给他们放映了50多场外面禁演的西方电影和旧戏曲片。"限制资产阶级法权"的口号，他们叫喊得比谁都响；实际上的"资产阶级法权"，他们享受的比谁都多。李家宽到临湖轩（原燕京大学校长司徒雷登住宅，北京大学作为接待外宾的场所）拿招待外宾的好烟、好茶。服务人员说没法报账。李说："脑子灵活一点，记到外宾账上嘛。"服务人员说："不要拿了，再拿就签字。"李家宽大声质问："你受谁领导？"答："受伙食科领导。"李又问："伙食科受谁领导？"答："受校务部领导。"李还问："校务部受谁领导？"服务人员明白了，归根到底是受党领导，他就是代表党。只好不吭声。[15]这一番问答很简明，也很深刻。在党的领导下发生的腐败，再由党的领导来反腐败，能反得彻底吗？

"梁效"是谁领导的？

"梁效"们为了抬高自己的身价，声称他们是"毛主席领导的"。讲得最起劲的是范达人。[16]可是，他自己的书中就提供了反证。

宋柏年的揭发交待写道：

1974年"一二五"大会，"四人帮"批林批孔又反走后门，三箭齐发，毛主席严厉批评了他们并指出"形而上学猖獗"。反党分子迟群、谢静宜极力封锁毛主席这一批评，后来有的同志知道了，迟、谢竟狗胆包天，说"这是谣言"。[17]

1975年春天，在学习无产阶级专政理论运动中，张春桥、姚文元、江青煽动人们"反经验主义"。4月23日，毛作了如下批示：

---

[15] 《揭发"四人帮"的据点原两校大批判组的罪行》（北京大学伙食科、房管科、汽车队、事务科、财务科、校医院、校务部机关部分党员），北京大学大字报选第9期，北京大学运动办公室，1976年11月17日。
[16] 范达人《"文革"御笔浮沉录——"梁效"往事》第20-22页，明报出版社，1999年；范达人《"梁效"的成立与终结》，《炎黄春秋》2014年第6期。
[17] 宋柏年的揭发交待，1976年11月1日。《梁效罪证材料》第41页，北京大学梁效专案组，1978年8月。

"文化大革命"中的"梁效"顾问冯友兰（节选）

提法似应反对修正主义，包括反对经验主义和教条主义，两者都是修正马列主义的。不要只提一项，放过另一项。[18]

毛主席的这个批示，迟群、谢静宜对"梁效"的成员也是封锁的。"梁效"中有人从外单位传抄了毛的批示。迟群竟大发雷霆，勒令传抄者"滚出"大批判组。更有甚者，迟、谢把毛的批示叫做"谣言"。迟群要北大党委追查"谣言"，还绘成"联络图"，图中显示毛主席的批示来自五个渠道、三种版本、传抄百人左右。[19]

毛批评"三箭齐发"是"谣言"，毛批评"反经验主义"又是"谣言"，不仅如此，教育部长周荣鑫引用毛的批示，指出："教育战线形而上学很猖狂。""梁效"把这句话编入反面材料。按语中说："周荣鑫……妄图转移人们的视线，为他推行修正主义教育路线大开方便之门。"[20]

虽然封锁毛主席的指示，范达人说："但是，我们仍然感到气氛的变化。'梁效'从4月份（1975年）起开始萧条，……无所事事。"[21] 毛主席的批示，为何对毛主席领导的"梁效"封锁？毛主席领导的"梁效"为何将毛主席的批示叫做"谣言"？毛主席批示后，毛主席领导的"梁效"为何萧条？范达人及其同伙如何自圆其说？因为毛主席的指示对江青、张春桥、姚文元不利，故加以封锁；毛主席的指示不能直达"梁效"，如何领导？江青自称是"毛主席的一条狗"。江青这条"狗"连同她的爪牙"梁效"，最终当然都要听主子毛主席的吆喝。正像"罗思鼎"是张春桥、姚文元的班子、"唐晓文"是康生的班子，也要听毛主席的吆喝。准确地说，阶梯是这样的："梁效"——迟谢——江青——毛主席。"梁效"的头上有三重天，"梁效"和毛主席之间还隔着两层呢。毛泽东需要"梁效"是为了做"批林批孔"的文章，坐实林彪的极右，防止反极左反到"文化大革命"。他说："批林

---

[18] 张迪杰主编《毛泽东全集》第51卷第524页，润东出版社，2013年，香港。
[19] 《王连龙、魏银秋、郭忠林、李家宽罪行材料之三》，北京大学运动办公室，1977年3月。
[20] 《梁效罪证材料》第41页，北京大学梁效专案组，1978年8月。
[21] 范达人《"文革"御笔沉浮录——"梁效"往事》第92-93页，明报出版社，1999年。

批孔联在一块,我看许多人对孔夫子不大懂呢。"[22] 所以,要网罗一帮文人来介绍许多人"不大懂"的孔夫子以及挖空心思地把林彪和孔夫子"联在一块"。"批林批孔"搞了几个月,1974年4月10日,中共中央发出《关于批林批孔运动几个问题的通知》,其中指出:"批林已经取得了很大的成绩,批孔比批林更困难些。"批了几个月,还认为批孔比批林更困难,因为批孔与批林实在扯不上。

江青把"梁效"叫做"我的班子",交她的两个爱将迟群、谢静宜掌管。迟群在"梁效"的会议上说:"你们对我负责,我对首长负责。"他口中的"首长"就是江青。江青需要"梁效",是为了实现"组阁"、当"女皇"的野心,借"批林批孔"之机,继续打倒一大批老干部,故一再兴风作浪。1975年4月,江青在新华印刷厂的一次工人座谈会上说:"我在主席家里可倒霉啦,受压30年。"[23] 她一心想要出头。

这时,毛泽东已经没有"文革"初期那种鼓动"天下大乱"的气概了,他的心思是希望不要再乱,倡言"以安定团结为好"。连连安抚旧部,承认整错了人(贺龙,罗瑞卿,杨、余、傅等,推托"听了林彪的一面之词")。江青却在"一二五"大会上四面出击。他们大反"走后门"是针对叶剑英的。会后,叶剑英立即向毛主席作检讨。毛的批示说:"现在,形而上学猖獗,片面性,批林批孔,又夹着走后门,有可能冲淡批林批孔。"[24] 毛极力防止"冲淡批林批孔",批评江青"夹着"私货。"批林批孔,什么叫孔老二她(江青)也不懂,又夹了走后门。"[25] 后来又批评江青"夹了"反经验主义的私货。所以,"梁效"的作品,在揣摩毛泽东的上意的同时,更多的是"夹了"江青的私货。

迟群、谢静宜则狐假虎威,假传圣旨,又在江青的私货中夹带假

---

[22] 毛泽东同李先念谈话记录,1974年8月20日。转引自《毛泽东传》(1949—1976)(下)第1695页,中央文献出版社,2003年。

[23] 《愤怒声讨"四人帮"插手北京大学,利用两校大批判组进行篡党夺权的反革命罪行》,刘鸿儒代表北大宣传队在北京市科教系统大会上的发言,见北京大学运动办公室《大字报选编》第1期,1976年10月26日。

[24] 《给叶剑英的信》,张迪杰主编《毛泽东全集》第51卷第451页,润东出版社,2013年,香港。

[25] 毛泽东对江青来电话一事的谈话记录,1975年5月。转引自《毛泽东传》(1949—1976)(下)第1731页,中央文献出版社,2003年。

"文化大革命"中的"梁效"顾问冯友兰(节选)

货。迟群、谢静宜这两个人,不过粗通文墨而已,但在8341部队军宣队的"土八路"中算是鹤立鸡群了。江青把他们称作"金童玉女"。他们两个人都是北大、清华的党委常委,是两校的实际操控者,飞扬跋扈,不可一世。北京大学号称中国的"太学",清华大学是中国首屈一指的理工大学,这两所名校同时由两个人掌控,史无前例;而且掌控者一个是初中生、一个是中专生,更是举世难见。后来迟群是清华的党委书记,谢静宜是副书记。在"批邓、反击右倾翻案风"运动中,把教育部长周荣鑫打倒、斗死后,迟群夺了教育部的权。谢静宜在中共十大混上中央委员,又补李讷[26]之空缺,高就中共北京市委书记。按江青的"组阁"名单,谢静宜是人大常委会副委员长,迟群是教育部长。这两个人跟着江青一心向上爬。他们才是"梁效"的实际操控者。毛主席批评反经验主义以后,1975年7、8月,"梁效"不见他们的人影。范达人说:"7、8月是北京最为炎热的季节。可是,'梁效'却处于冷冷清清的状态。当时我们有一种'断线'的感觉。"[27]

迟群、谢静宜把"梁效"搞成控制舆论、独步文坛的一霸。一时之间,"梁效"握有意识形态霸权,提供整人的思想武器,是一批"软刀子杀人"的杀手。他们还预报政治风云变幻,在蛊惑人心、搞乱全国方面起了极其恶劣的作用。当年的民谣曰:"小报抄大报,大报抄梁效。"

"梁效"是"一仆三主":迟、谢为现管;迟、谢又服江青的管;毛主席的指示经两层过滤,才能到达"梁效"。"三主"对"梁效"的期望是各怀鬼胎。

---

[26] 李讷(1940—),毛泽东与江青之女,生于延安。1959年进入北大历史系学习,曾因病休学一年,1965年毕业。毕业后,分配到解放军报社,以"肖力(小李)"之名行时。肖力在"文革"中组织了"革命造反突击队"。1967年1月13日,贴出《解放军报向何处去?》的大字报,炮轰报社领导。1月17日,林彪签署的《给解放军报社革命同志的一封信》(毛泽东批示:"同意,这样答复好。")支持这一行动"在报社内部点起了革命火焰"。肖力担任了解放军报总编领导小组组长(相当于总编辑)。1973年,出席中共第十次全国代表大会。1974年至1975年,先后任中共北京市平谷县委书记和北京市委书记。李讷在北京市委书记任上隐退。

[27] 范达人《"文革"御笔沉浮录——"梁效"往事》第96页,明报出版社,1999年。

粉碎"四人帮"以后,揭发批判"梁效",又说他们的罪状是"反对伟大领袖毛主席""把罪恶矛头指向伟大领袖毛主席"云云。声称"梁效"由毛主席直接领导,以及谴责"梁效"反对毛主席,都是不实之词,出于同样的思维方法。

"批林批孔"批"周公"

"梁效"是干什么的?

"梁效"借学术为包装,含沙射影,以古讽今,指桑骂槐,旁敲侧击,创"影射史学""影射文学",大做"批林批孔""儒法斗争"、说"红楼"、评"水浒"的阴谋文章。谁主持中央工作,他们就把矛头指向谁,先后是周恩来、邓小平、华国锋。人们常常捉摸"梁效"的文章,到底影射谁?迟群说:"你看像谁就是谁。"

"梁效"的第一炮是以《孔丘其人》影射周恩来。这是江青的命题写作。1974年2月下旬交待任务,要求3月8日前发表。宋柏年说:"《孔丘其人》是我们接到的上面布置的第一篇写作任务,非常重视。起草交给第一小组——范达人组,实际上是倾整个大批判组之力写作。周一良先生也参加了讨论。稿子几经修改,范达人小组几天几夜连轴转,很少休息,以致范达人累得晕倒在衞生间里。"[28]文章没能如期完成,写了几稿,江青都不满意,以至发脾气:"干脆不要你们写了。"迟群给写作班子开导:文章必须有政治性,对着党内机会主义头子。与孔子的联系不能太实,要做些虚构。让人看完后产生一个判断,这是现实中实际存在的东西。写到第八稿,江青满意了,对于"虚伪狡猾的政治骗子"一节尤其满意,说是写出了孔丘"对国君如何毕恭毕敬,对权臣如何笑脸相迎,在大庭广众之中如何装出一副忠厚老实的面孔,在社会上如何骗取正人君子的美名。"[29] 姚文元将它发表在《红旗》杂志1974年第4期。《孔丘其人》开宗明义就说:"今天,

---

[28] 宋柏年《怀念周一良先生》,《苹果日报》2013年9月1日。
[29] 中共北京大学委员会报告,党发[1978]82号,《对原"两校大批判组"清查情况的报告》,1978年5月15日。附件一:《"两校大批判组"疯狂反对敬爱的周总理的阴谋活动》第3页。

"文化大革命"中的"梁效"顾问冯友兰（节选）

彻底揭露孔丘的反动面目，对于识别王明、刘少奇、林彪这一类政治骗子，反击开倒车、搞复辟的逆流，很有意义。"王明、刘少奇、林彪的面目不用"识别"了，需要"识别"的"这一类政治骗子"。"……一类政治骗子"是个代名词，随时可以填入人名。"刘少奇一类政治骗子"是指林彪，"刘少奇、林彪这一类政治骗子"是指谁？谁够这个级别？不言自明。这里特别提到王明，暗示周恩来执行过王明路线。"梁效"的头头李家宽就在群众中散布："等着吧，这次还要揪出个最大的来。"[30]

《孔丘其人》是以"梁效"的"尖刀班"为主、倾"梁效"之全力写作的。"尖刀班"班长范达人在接受审查时以及后来发表的作品中，多方辩解。他说："人们认为，这篇文章名为批林批孔，实为反对周总理。""如果要问我，想在此文中影射何人，那么，坦率地说，首先是林彪，其次是李德生。"[31] 拙劣的辩解！林彪是公开批判的对象，需要"影射"吗？李德生早已地位不稳（他是中共历史上任期最短的副主席），值得"影射"吗？范达人的辩解显得十分低能。"尖刀班"的成员何芳川，态度与他不同。何芳川老实承认：在"四人帮"的欺骗下，自己头脑中产生了批林批孔运动，毛主席的下一步战略部署可能批判周总理的念头。就是在这种思想背景下，我参加了《孔丘其人》的炮制。在我们写作小组承担《孔丘其人》的任务，连写三稿都达不到要求，受到江青斥责，迟群又下令大批判组总动员突击这篇文章的时候，我私心作祟，一方面容忍了一些人影射攻击周总理的文字，一方面有意识地向迟、谢的"领导意图"靠拢，参加和炮制了一些影射文字。当时看到报上，特别是上海报纸上有"识别王明、刘少奇、林彪一类政治骗子"的文字，自己意识到这是影射周总理。因此写作小组写上这句话的时候，自己想：这样一写，大约就可以达到"上面要求"了。（何芳川交待材料，1977年1月11日）[32] 果然，用这一句话

---

[30] 《"四人帮"的御用工具"梁效"反对周总理大事记》，北京大学历史系大字报选编第2期，1976年11月8日。
[31] 范达人《"文革"御笔沉浮录——"梁效"往事》第51、55页，明报出版社，1999年。
[32] 《关于原"两校大批判组"成员何芳川的初步审查情况》，北京大学梁效专案组，1977年9月22日。

开篇，文章就达到"上面要求"了。[33]

1974年6月12、14日，江青在人民大会堂接见"梁效"和"唐晓文"的成员，举行"批林批孔"座谈会。她说："我叫迟群组织写一篇《孔丘其人》，文章写得生龙活虎。但有一个缺点，外国人看了说，没有孔丘的原文。"[34]外国人都看出来了，离开了孔丘的原文，以便任意发挥。从文章的小标题就可以看出写作的随意性："开历史倒车的复辟狂""虚伪狡猾的政治骗子""凶狠残暴的大恶霸""不学无术的寄生虫""到处碰壁的丧家狗"。正因为离开原文随意写作，才能适应影射。为了影射，还杜撰了一个当时鲁国并不存在的"宰相"职务。不是说"批林批孔"吗？《孔丘其人》根本不批林。

在《从〈乡党〉篇看孔老二》[35] 一文中，"梁效"简直是照着周恩来描绘孔老二，说他"端起胳膊"走路[36]，说他"煞费苦心地练风度、练表情，对不同的人采取不同的态度，是为了做官，做官又是为了'复

---

[33] 史云、李丹慧《难以继续的"继续革命"——从批林到批邓》第345页："据谢静宜'文革'后回忆：《孔丘其人》一文发表前，毛泽东、周恩来都曾审阅。由此可见，文章影射周恩来可能性不大。"（中文大学出版社，2016年）谢静宜"文革"后的回忆没有原文，没有出处，即使确实，也是孤证，当时人、当事人都未曾提及周恩来审阅过"梁效"的文章。即使毛泽东、周恩来审阅过，怎么能"由此可见"妄断"文章影射周恩来可能性不大"？对影射的论断只能说"是"或"不是"，不在于可能性大或不大。毛泽东是"批周公"的指示人，文章经他审阅同意，正是确认了影射周恩来。即使经周恩来本人审阅，也不能证明"影射周恩来可能性不大"。影射的妙用就在此，被影射者能提出反驳吗？提出反驳就是承认和证实影射。中央政治局讨论姚文元起草的1974年"两报一刊"元旦社论，其中"大事不讨论，埋头于小事，这样很危险，势必要搞修正主义"是影射周恩来的。会议还是周恩来主持的，不是照样通过吗？

[34] 范达人《"文革"御笔沉浮录——"梁效"往事》第51页，明报出版社，1999年。

[35] 署名"柏青"，《北京日报》1974年5月17日，又见《教育革命通讯》1974年第6期。

[36] 1939年夏，周恩来在延安党校作报告，返回杨家岭时，江青与之策马同行。江青为了显示她的马术，突然扬鞭，周的坐骑受惊，周坠马，右臂受伤，痊愈后不能伸直。"梁效"把"趋进，翼如也"说成"端着两个胳膊向前急走"。历来，《论语》的注释家没有这样说的。例如，邢昺疏："趋进翼如也者，谓疾趋而进，张拱端好，如鸟之张翼也。"用白话来说，"甩开膀子，大步流星"，还差不多。"端着两个胳膊"怎么能说是"如鸟之张翼也"？完全是曲意影射。审查"梁效"时，他们辩解："总理也不是端着'两个胳膊'呀！"（范达人《"文革"御笔沉浮录——"梁效"往事》第53页，明报出版社，1999年。）

礼'。""你看他为了骗取到'正人君子'的名声，在大庭广众之中，是如何装模作样的吧。""在国君面前，则小心翼翼，侷促不安，举止恭顺……真是丑态百出，令人作呕。"如此等等。

"梁效"的批孔，在江青的导演下，瞄准周恩来，鼓噪"揪大儒""批周公""批宰相"，批了秦朝的宰相李斯，又批汉朝的宰相霍光，再批宋朝的宰相司马光。1974年6月22日，江青到天津小靳庄，要小靳庄妇委会主任周福兰改名："你就叫周克周吧，用咱们这个'周'，克制他那个'周'。"[37] 江青，何等的肆无忌惮！

江青在人民大会堂的座谈会上，授意"揪现代大儒"。她说："现在的文章除了林彪、陈伯达很少提到现代的儒。难道现在没有儒了吗？如果没有，为什么要批孔？为什么要搞这样大的运动？现代有很大的儒，不要以为到社会主义就没有儒了，我们党内就出了不少儒。"迟群回到"梁效"驻地，贯彻江青的精神，说："不仅要批古代的儒，还要批现代的儒。""梁效"的头目之一宋柏年接着说："刚才迟群讲的大儒，不是指刘少奇，也不是指林彪、陈伯达。这一类文章不要。"谢静宜接着说："对，宋柏年讲了，就是这样，不要批刘少奇、林彪、陈伯达的。"一个比一个露骨。[38] 宋柏年在别的场合还对人说："在文化大革命中，有一个人要搞臭他；但这个人又搞不臭，还很香。"有人问：是不是陈毅？叶帅？他摇摇头："都不是。"很明显，他指的是周恩来。[39] 这个宋柏年后来又另有一套说辞："周一良先生在《毕竟是书生》中说：'我在梁效期间，从未意识到批儒是指周总理，也从未听到迟谢二人在任何会上暗示过。'这是实情。"[40] 他自己在30多年前写的交待是这样说的：

在反党分子迟群讲到："批林批孔要普及、深入、持久，不仅要批

---

[37] 《中国共产党执政四十年》（增订本）第372页，中共党史出版社，1991年。
[38] 《梁效罪证材料》第51页，北京大学梁效专案组，1978年8月。又见《毛泽东传》（1949—1976）（下），第1690页，中央文献出版社，2003年；《周恩来传》下，第2099页，中央文献出版社，1998年。
[39] 《原"两校大批判组"罪行材料》（初编）第7页，北京大学运动办公室，1977年3月25日。
[40] 宋柏年《怀念周一良先生》，苹果日报2013年9月1日。

古代的儒,还要批现代的儒"时,我插话:"这个儒不是刘少奇,也不是林彪。"根据我以上的交待,这句话不是突然冒出来的,有江青讲话交底在先,有梁效有关人员讨论在先,我这句话是迟、谢毒害的结果,是丧心病狂地把矛头指向敬爱的周总理,这是我对总理犯下的滔天罪行。[41]

是健忘还是抵赖?或是企图翻案?

江青在天津让人给随从们唸一份新华社《国际内参》上的外电。这份外电,藉中共北京市委门前出现大字报一事,评论:"中国当前的斗争,是以周恩来为代表的温和派和以江青为代表的激进派的斗争。文化大革命是从揪彭真开始打倒刘少奇,这次也是从揪北京市的吴德开始要打倒周恩来。"唸完,有人问为什么要唸这样的外电?谢静宜阴阳怪气地说:"就是要让大家了解了解嘛。"[42] 范达人在他的书中另有一说:"粉碎'四人帮'后,还有人揭发1974年6月,江青一行在天津时曾有人提到激进派与温和派的斗争。据我所知,事情经过是这样的:一天在天津市委招待所内,王世敏给我们唸一些文件,……第二份是新华社的《国际内参》。她在读世界对中国的评论时,的确唸到'以江青为首的激进派与以周恩来为首的温和派斗争'的内容。当时,谢静宜说:'那是胡说八道。'并要大家不要相信这种妄评。在场的我和其他一些同志并未意识到是授意我们反对周总理,"[43] 既然是"胡说八道",为什么要给大家唸?唸文件的王世敏和另一"梁效"成员梁英明写的交待都没有范达人所说的情节。1976年10月16日,王世敏的交待中说:

6月底(1974年)的一天,在天津大理道天津第二招待所的会客室,谢静宜召集北大、清华大批判组的同志和党校的同志一起"学习"。谢拿来一份《国内动态》清样,并且说是江青让给大家唸的。谢亲自唸了一会,不知什么事情要上楼去,就把这份清样交到了我的手里,

---

[41] 宋柏年的交待,1978年1月22日。《梁效罪证材料》第51页,北京大学梁效专案组,1978年8月。
[42] 《两校大批判组罪行材料》第2页,北京大学运动办公室,1977年3月25日。
[43] 范达人《"文革"御笔沉浮录——"梁效"往事》第53页,明报出版社,1999年。

交待说,唸完了还送到她楼上。我唸下去以后,才发现这份清样原来是一篇外电的报道,报道北京街头出现了李冬民等人贴吴德同志的大字报。外电评论中国党内激进主义路线和周恩来的温和主义、保守主义路线的斗争正在继续,并且日益尖锐等等。显然,这是对我们党内生活的极大歪曲,对我们敬爱的周理的及其恶毒的诽谤。……谢不以为然地说:"这本来就是给大家了解了解。"我记得这份清样右上角还有江青的名字。[44]

  范达人似有为江青、谢静宜开脱之嫌。当然,重要的是为自己开脱,表明"在场的我……并未意识到是授意我们反对周总理。"周一良为范达人《"文革"御笔沉浮录——"梁效"往事》所写的序言中说,范书应出版,"以示人真实历史,以正视听。"范书中有许多诸如此类的说法,与他的"梁效"同伙不一致,难道这才是"真实历史"?难道还要以范达人的说法来正别人的"视听"?

  1974年秋,在召开四届人大前夕,"四人帮"为了主导组阁,密谋由王洪文飞长沙向毛主席告周恩来、邓小平的状。与此同时,江青在10月24日将迟群、谢静宜和中央党校的武葆华叫到她的住地,指挥他们批"因循守旧"、批"卖国哲学",指向周恩来、邓小平。她说:"别的我都不管了,这两篇文章我要亲自过问,写好后送给我。"她还对迟群单独讲:"就是要批几个人,不是科长。"迟、谢在布置任务时,强调"要向权威挑战""要发动一个比批林批孔还要大的运动"。"梁效"头头李家宽领会:批因循守旧是"带有战略性的部署""文章发出去是一个重磅炸弹""调子要高,使有些人看了出一身冷汗。"迟群嫌文章出得慢,大骂:"你们这批腐儒,文章可以讨论三天,现实斗争不能等。"他们煞费苦心,既要让人意识到批周恩来,又不能明白说出批周恩来。文章是马上写了,但拿出的第一稿,迟群认为"调子不高",下令重写。旷日持久,炮制了《批判因循守旧,坚持继续革命》,叫喊"必须整顿和革新国家机关""改天换地",不要"补天",要"冲天",要建立"新天"。姚文元三审其稿,从标题到内容改了39

---

[44] 《梁效罪证材料》第53页,北京大学梁效专案组,1978年8月。

处之多。拖到1975年，才在《红旗》第3期发表。[45]

江青还要田余庆以个人名义，批历史上的因循守旧。田写了《曹袁斗争和世家大族》一文。他首先把曹操和袁绍的斗争纳入"儒法斗争"，然后，说袁绍"搞儒家路线，依靠世家大族，因循守旧，根本不可能收拾四分五裂局面，不可能实现统一。"说到曹操，称他"同历史上其它富有进取精神的法家人物一样，都是在反对保守势力、反对因循守旧的斗争中成长的。"(《历史研究》1974年12月)[46] 他们论证儒法斗争，反对因循守旧，都是从古到今，贯彻始终的。

毛远新向毛泽东打小报告："邓小平说批林批孔就是批总理，批经验主义就是揪总理（上海市委书记马天水揭发）"[47] 邓小平说错了吗？没错。

周恩来逝世后，迟群参加吊唁后到两校大批判组吃饭，说："我去转了一圈就回来了，小谢守灵活受罪。"他看见大批判组有人带黑纱，强令摘下，说："你们不要带这个头。"谢静宜接着说："我去守灵，给我一个，丢一个。"[48] 迟、谢已经按捺不住对周恩来的愤激之情。谢静宜打电话给共青团北京市委，询问原定次日召开的"北京市应届高中毕业生上山下乡誓师大会"的准备情况，下令："大会照常召开，要开得热热闹闹，要敲锣打鼓。"在学生的强烈要求下，大会决定改期。谢静宜又下令：与会者不得佩戴黑纱、不准戴白花，不准在发言中提到周恩来的名字，不准讲"继承周总理的遗志"，会议要敲锣打鼓，兴高采烈。并强令团市委审查会议发言稿，将"怀念周总理""学习周总理""继承周总理遗志"等字句全部删去。[49]

江青说："走资派活着要反，死了也要反。""梁效"成员汤一介主

---

[45] 《两校大批判组罪行材料》第3页，北京大学运动办公室，1977年3月25日。又见《梁效罪证材料》第60页，北京大学梁效专案组，1978年8月。

[46] 中共北京大学委员会，党发[1978]26号，《关于田余庆的〈曹袁斗争和世家大族〉一文的审查情况》，1978年3月10日。

[47] 毛远新《关于中共中央4月4日讨论天安门事件情况给毛泽东的报告》，1976年4月5日。转引自青野、方雷《邓小平在1976年——天安门事件》第180页，春风文艺出版社（沈阳），1993年。

[48] 《两校大批判组罪行材料》第7页，北京大学运动办公室，1977年3月25日。

[49] 《北京日报》1977年2月4日、3月9日。

动请战,炮制了《"克己复礼"再批判》。文中写道:"孔老二当上司寇之后,立即将鲁昭公与祖宗合葬,借这具僵尸为他的复辟活动张目,用死人来压活人。"光明日报编辑看了这段文字很吃惊,建议删去"用死人来压活人",说"免得敏感的群众有联想"。"四人帮"在光明日报的代理人莫艾主张不删,他挑明了:"现在要防止有些人利用总理的形象来贬低伟大领袖毛主席。"[50]《光明日报》1976年3月6日发表时,这一段话没有了(不知何故)。但删去了文字,没有删去思想;针对纪念周恩来的活动,常被指责为"以死人压活人"。

"梁效"发表《孔丘之忧》(《光明日报》1976年2月13日,署名高路),在"忧"字上大做文章,污蔑沉痛哀悼的群众为"哭丧妇",诅咒道:"让旧制度的'哭丧妇'抱着孔丘的骷髅去忧心如焚、呼天抢地吧。""梁效"这一时期的文章大骂"哭丧妇""哭丧棒",大批"幽灵""挽歌",激起了群众的公愤,为后来清明节悼念周恩来的天安门事件准备了条件。

批了"周公"再批"周公"后

周恩来病重期间,邓小平主持中央工作。"梁效"又把"孔孟之道"这个万应标签贴到邓小平身上。"梁效"的头目李家宽提出:"能不能把孔丘描绘成矮个子?"有人说不能,孔丘身材高大,孔武有力。明知不符事实,"矮个子"照写不误。

周恩来逝世后,毛泽东点了"不蠢"的华国锋任代总理,众将官皆出乎意外。华国锋在12名副总理中名列第六,名列第一的副总理邓小平被打倒了,名列第二的副总理是张春桥。毛没有把大权交给"四人帮",总算保留了最后一点清醒。1976年2月3日,中共中央发出一号文件:"经毛主席提议,中央政治局通过,确定华国锋同志为国务院代理总理,主持中央日常工作。……"正巧,去年的一号文件,确定邓小平为中共中央副主席,主持中央日常工作。张春桥恼恨交加,

---

[50] 中共北京大学委员会报告,党发[1978]82号,《关于对原"两校大批判组"清查情况的报告》,1978年5月15日,附件一:《"两校大批判组"疯狂反对敬爱的周总理的阴谋活动》第11页。

写下了《1976年2月3日有感》：

> 又是一个一号文件。
> 去年发了一个一号文件。
> 真是得志更猖狂。
> 来得快，来得凶，垮得也快。
> 错误路线总是行不通的。……

每句话都是句号，句与句之间毫无逻辑联系，一句一发泄。

最后，张春桥引了王安石的《元日》诗：

> 爆竹声中一岁除，东风送暖入屠苏。
> 千门万户曈曈日，总把新桃换旧符。[51]

张春桥"有感"于两个一号文件："有感"于前一个一号文件，反邓小平；"有感"于后一个一号文件，反华国锋。他在等待，希望有一天，"新桃换旧符"。

迟群、谢静宜在向"梁效"的伙计们传达时，先要大家猜，谁当代总理？当场就有人说："张春桥！张春桥！"迟群无可奈何地说："主席提议华国锋代总理。"谢静宜马上说："先把他放在这个位置上。"迟群接着说："春桥同志在党内一样起作用。"其实，毛泽东此举用心良苦，是为了保护"四人帮"。如果把大权直接交给"四人帮"，在他身后必有"血雨腥风"。交给"老家伙"也不行，他们要翻"文化大革命"的案。邓小平不是试过了吗？说是"永不翻案""靠不住啊"。把大权交给一个中间人物，在左右平衡中"四人帮"才得以生存。毛希望张春桥安心做副手。他让毛远新带一句话给张春桥："遵义会议后，我不就是做了十年的副手吗？"[52] 愚蠢的"四人帮"不解其意，尤其是江青，毛去世后大闹政治局，搞得会都开不成，活生生地把华国锋推向对立面，乃自取灭亡。

配合张春桥的《1976年2月3日有感》，"梁效"又以《再论孔丘其人》影射华国锋"一上台就搞复辟"，大批"代理宰相"。李家宽在

---

[51] 见叶永烈《张春桥传》第291页，作家出版社，1993年。
[52] 阎长贵《毛远新再谈毛泽东1976年情况》，《炎黄春秋》2011年第10期。

布置任务时强调"不要全面写孔丘""要抓住孔丘上台搞复辟来写"。初稿写出后,迟群很不满意,说是"深刻性不够""现实性不够"。李家宽、宋柏年提示:"'一朝权在手,便把令来行'这句话很重要。"二稿迟群仍不满意,说"文章怎么又做到整顿上去了呢?""整顿"是邓小平的事业。根据迟群的意见,尽量抹掉攻击邓小平的痕迹,突出"一上台就搞复辟"的主题。修改以后,满篇都是"孔丘一上台就心急火燎地搞复辟活动""一旦得到权势,还是一个十足的翻案复辟狂""一旦权在手,就十分凶恶地从政治上、组织上进行反攻倒算,把复辟的希望变为复辟的行动。"文中明显影射华国锋的一句话是:"他五十六岁由大司寇代理宰相",改来改去没改掉。最后,还是觉得太露骨,将"五十六岁"改为"鲁定公十二年"。"死不改悔的走资派"本来是指邓小平,现在从单数改为复数,写成"那些""他们",这就是说不仅是指邓小平。[53]

同一个孔丘,根据"四人帮"的"现实斗争的需要",被"梁效"涂抹成各种不同的脸谱。影射周恩来时,写了一篇《从〈乡党〉篇看孔老二》,说孔丘"端着两个胳膊"走路,"七十一岁,重病在床"。邓小平主持中央工作时,孔丘就成了"矮个子""抓生产"的人物。华国锋任代总理兼公安部长时,孔丘又变为"五十六岁""由司寇代理宰相""管理司法公安工作""兼管农业"等等。[54] 孔丘成了变形金刚,在"梁效"的手中任意变来变去。

余英时先生说:

在"四人帮"控制下(特别是从1973年到1976年),中国史学研究的规范已完全遭到破坏,史实受到全面地、有组织地歪曲和篡改。

---

[53] 《原"两校大批判组"罪行材料之二——在反击右倾翻案风中,为"四人帮"篡党夺权大整黑材料,大造反革命舆论的罪行》,北京大学原"两校大批判组"学习班领导小组,1977年3月30日。

[54] 《人民日报》1976年2月24日发表《再论孔丘其人》的前夕,姚文元急忙打电话给鲁瑛,说"暂时不要联系"。于是将明显影射华国锋的话删去,改为"他曾在一个不太长的时间在鲁国当过大官"。(见中共北京大学委员会报告,党发[1978]82号,《原"两校大批判组"清查情况的报告》,1978年5月15日,附件二:《"两校大批判组"疯狂反对英明领袖华主席的阴谋活动》。又见《梁效罪证材料》第76、77页,北京大学梁效专案组,1978年8月。)

"四人帮"的那伙"史学家"们对中国历史并无兴趣,他们是用历史来为当前的政治服务。孔子先是与周恩来挂钩,接着是邓小平,最后是华国锋。秦始皇与毛泽东,汉代的吕后和唐代的武则天与江青,法家与"四人帮"及其追随者,儒家与部分老一辈革命家,也都划上了等号。因此,"影射史学"一词被用来描述"四人帮"直接影响下所出版的"历史"著作的特征。[55]

虽然隔着太平洋,他对中国大陆的事情看得很清楚。

编写《林彪与孔孟之道》(材料之二)的尴尬

说是"批林批孔",实际上"批林"逐渐淡出,"批孔"则强调"为现实斗争服务",批的不是原"孔",而是"梁效"塑造的假"孔"。"梁效"又将"儒"区分为"学术儒"和"政治儒",他们对学术儒不感兴趣,批的是"政治儒"。在编发了《林彪和孔孟之道》(材料之一)后,接着编"材料之二"。江青要求比"材料之一"更集中火力对准"现代大儒"。所以"批孔"不是批"古代大儒",而是对准"现代大儒";"现代大儒"也不是指已死的刘少奇、林彪,而是活着的"大儒"。当时人已看出门道,调侃道:"不批林,假批孔,专门批'周公'。"政治局委员吴德说:"'批林批孔'实际搞成批'周公',即批周总理。政治局对'批林批孔'运动的方针、步骤都没有讨论过。"[56]

"材料之二"第一稿送审时,江青很不满意。迟群要"梁效"停止工作三天,集中力量讨论。他传达江青的指示,说:"'托古改制'(第3页)要一下子提到前面来,第一条应该是'托古改制',这一条是这一本的纲。""托古改制"与林彪无关,完全是影射周恩来。"材料之一"已经极其牵强附会,"材料之二"更难凑出林彪的尊孔言论。

江青、张春桥、姚文元命迟、谢组织一个"工作小组",到毛家湾林彪的住地三进宫。这个"工作小组"共有22人(北大13人、清华6人、公安部2人、文物局1人),从1974年2月20日进驻,至1975

---

[55] 转引自散木《1949年后中国共产党政治谜案19件》中《"批林批孔"运动学人众生相》一节,第259页,台北秀威资讯科技股份有限公司出版,2013年。
[56] 吴德口述《十年风雨纪事》第157页,当代中国出版社,2004年。

"文化大革命"中的"梁效"顾问冯友兰（节选）

年7月17日撤出，历时一年零五个月，把林宅的7万多册图书、40多盒卡片、100多件手迹，翻个遍，进行摘录、复制、影印。不料这个"工作小组"中有几个刺儿头，专门唱反调。他们查出《林彪与孔孟之道》（材料之一）中，引用材料的错误达五、六十条之多，一一列出，报给迟、谢。他们又查出，作为《林彪与孔孟之道》（材料之二）的纲的"托古改制"，根本不是林彪的言论。林彪嘱秘书，报刊上有什么警句，抄下来，做成卡片。他就只读警句。但几十盒卡片，林彪绝大部分没有读过。有一张卡片上面写着："周予同[57]：托古改制，复古改制……""梁效"抹去"周予同"三个字，轻而易举地变成了林彪的罪证。"工作小组"提出否定性意见。王世敏说："这一条是上面定了的，不能删。"宋柏年又说："材料要为政治服务。""工作小组"的成员指出，这样搞法，将来影印件拿出来无法向全国人民交待。李家宽则说："做影印件可以作技术处理，把'周予同'三个字处理掉。""工作小组"的成员当即抗议："这叫做作伪证，我们不能干！"宋柏年斥之为："你们这是资产阶级法律观点。""工作小组"的成员不为所动，进一步搞了一个"梁效"著作中所引用的林彪材料与原件出入的"对照表"，列举的错误有数十处之多。迟群得知，大为恼火："怎么找了这么一帮人来工作？"[58]"这么一帮人"中的带头羊是北大的张显扬、王贵秀，粉碎"四人帮"以后他们成为胡耀邦所赞扬的思想解放运动中的"闯将"。"梁效"的大批判振振有词，背后竟是弄虚作假、制造伪证的勾当。"工作小组"的"这么一帮人"与"梁效"的那么一帮人，形成鲜明的对照。粉碎"四人帮"以后，"梁效"们的自辩词总是说，他们是党组织调来的，个人无任何选择权。"工作小组"的成员不也是党组织调来的吗？他们怎么就有选择权呢？他们也曾得到江青的关爱，获赠芒果。但他们对江青、迟、谢一伙的密谋选择了抵制和反对。这个"工作小组"的作为，是对"梁效"的有力驳斥和无情鞭挞。

到毛家湾三进宫非但没有进一步捞到什么罪证材料，反而对已发

---

[57] 周予同（1898-1981）历史学家，复旦大学教授。
[58] 见《关于毛家湾"工作小组"有关问题的清查报告》，北京大学清查办公室，1978年10月。

表的《林彪与孔孟之道》(材料之一)产生了质疑,对已形成框架的《林彪与孔孟之道》(材料之二)形同拆台。没有材料,怎么办?负责编纂"材料之二"的王世敏向梁效专案组的交待中写道:"《孔丘其人》是《林彪与孔孟之道》(材料之二)的理论化;《林彪与孔孟之道》(材料之二)是《孔丘其人》的材料化。"[59]《孔丘其人》已被外国人批评为"没有孔丘的原话",即没有材料。将没有材料的《孔丘其人》"材料化",能搞出什么样的材料,可想而知。没有材料,只好将理论"材料化",即以观点代替事实。"材料之二"前后编了19稿,历时12个月,最终还是没有公布,可谓难产矣!迟群开出的支票还有材料之三、之四,更无从兑现了。

"批林批孔"演化为"儒法斗争"

"批林"淡出以后的"批林批孔"演化为"儒法斗争"。讲"儒法斗争"更能为现实的"两条路线斗争"服务。6月18日,《人民日报》发表社论《在斗争中培养理论队伍》,姚文元生硬地加了一段话:"两千多年来的儒法斗争,一直影响到现在,继续到现在,还会影响到今后。"

江青说:"宣传法家是主要的,也要搞点儒家批注,也是必要的。"[60] 什么是江青所宣传的法家?

1974年6月19日,江青在天津的讲话中说:

在我国历史上,自春秋战国以来,凡是尊儒反法的都是卖国主义的,所有尊法反儒的都是爱国的。这是一个相当大的标志。[61]

在春秋战国时代,根本没有"爱国"与"卖国"的观念,"朝秦暮楚"是寻常事。孔子周游列国是爱国主义还是卖国主义?都不是。这个区分儒法的"相当大的标志",对儒家的创始人孔子就不适用。江

---

[59]《梁效罪证材料》第65-66页,北京大学梁效专案组,1978年8月。
[60]《揭发江青利用历史篡党夺权的阴谋——江青"论史"黑话批注》,北大历史系中国古代史组,1976年10月27日。
[61] 同上。

"文化大革命"中的"梁效"顾问冯友兰（节选）

青杜撰历史是为当代"法家"的脸上贴金。

这个"相当大的标志"是不成立的。还有什么"标志"？秦始皇是他们宣传的大法家，秦始皇的作为就是法家的标志。江青说：

> 他（秦始皇）坑的知识分子是儒家的一派，就是胡说八道搞政变的，而且是宣传老天爷的，宣传迷信的，杀的对。江青还说，他（秦始皇）杀的人太少。[62]

"焚书坑儒"，这确实是法家的一个"标志"，而且杀人不能太少。有人自称超过秦始皇一百倍，那就是毛泽东。1958年5月8日，毛泽东在中共八大二次会议上的讲话，讲到"秦始皇是厚今薄古的专家"。林彪插话："秦始皇焚书坑儒。"引起毛泽东的一番议论：

> 秦始皇算什么？他只坑了四百六十个儒，我们坑了四万六千个儒。我们镇反，还没有杀掉反革命的知识分子吗？我与民主人士辩论过，你骂我们是秦始皇，不对，我们超过秦始皇一百倍。骂我们是秦始皇独裁者，我们一概承认，可惜的是，你们说得不够，往往要我们加以补充。（大笑）[63]

江青定义的这个法家"标志"是为毛泽东设计的，根据这个"标志"，毛就是超越了大法家秦始皇一百倍的超大法家，但也只适用于毛泽东。

还有什么"标志"？江青说：

> "内多欲而外施仁义"，是指汉武帝。内多欲，这样欲，那样欲，就是法家而绝非儒家，这是没说的。[64]

这个法家的"标志"，江青是为"四人帮"及其追随者、特别是为她自己设计的。这"内多欲"的一帮，"这样欲，那样欲"，就可以名

---

[62] 1974年6月19日，江青在天津的讲话。同上。
[63] 《在八大二次会议上的讲话（一）》，张迪杰主编《毛泽东全集》第39卷，第267页，润东出版社，2013年，香港。这一篇文字，流传甚广，但《毛泽东选集》《毛泽东文集》《建国以来毛泽东文稿》均不见。
[64] 1974年6月12日，江青在人民大会堂的讲话。转引自《揭发江青利用历史篡党夺权的阴谋——江青"论史"黑话批注》，北大历史系中国古代史组，1976年10月27日。

正言顺地自称为当代法家。

1974年6月，王洪文授意"梁效"编写《儒法斗争史概况》，他说："讲儒法斗争的历史一定要结合当前政治斗争和路线斗争，这样材料就生动了。""梁效"编造一套"儒法斗争"从古到今的"历史经验"：归结到一点，要坚持"法家路线"，必须有几个"在中央决策的法家人物"，必须形成一个"中央机构中的法家领导集团"。不用说，当今的"在中央决策的法家人物""中央机构中的法家领导集团"就是"四人帮"了。这话，不光是说给老百姓听的，也是说个毛泽东听的。要搞儒法斗争，就必须对"在中央决策的法家人物""中央机构中的法家领导集团"委以重任。《儒法斗争史概况》以"北京大学儒法斗争史编写小组"的名义出版，在全国范围广为散发。北大还办了多期"儒法斗争史学习班"，组织了"儒法斗争史宣讲团"，在北京和外地到处宣讲，听众达60多万人次。[65]

讲"儒法斗争"要为"当前政治斗争和路线斗争"服务，必须把"儒法斗争"讲得贯穿古今。"四人帮"的帮派体系自称为"法家党"，把他们反对的一方叫做"儒家党"。为什么封建时代的"儒法斗争"一直贯穿到社会主义时代？为什么现在还要坚持"法家路线"？需要一番论证。"梁效"顾问、哲学家冯友兰大显身手了。

"四人帮"对冯友兰来说是后生小子【编者按：此节略】

说"红楼"、评"水浒"也是战场【编者按：此节略】

"梁效"式的大批判风行一时

"梁效"还发表了大量的政论、时评，宣扬一个又一个反马克思主义谬论，左右全国舆论，诸如："路线决定企业的领导权""领导权决定所有制的性质""政治决定经济的性质和发展方向""按劳分配是资产阶级法权""按劳分配是产生新资产阶级的经济基础""狠批唯生

---

[65] 见《梁效罪证材料》第115页，北京大学梁效专案组，1978年8月。

产力论""老干部从民主派到走资派""一切矛盾的对立面都是对着干"等等，等等。

1975年，在学习无产阶级专政理论运动中，"梁效"又抓住"资产阶级法权"问题大做文章，吹捧张春桥。

毛泽东关于学习无产阶级专政理论的指示中说：

> 现在还实行八级工资制，按劳分配，货币交换，这些跟旧社会没有多少差别，所不同的是所有制变更了。

他在长沙与周恩来的谈话还说到：

> 列宁为什么说对资产阶级专政，要写文章。要告诉春桥、文元把列宁著作中好几处提到这个问题的找出来，印大字本送我。大家先读，然后写文章。要春桥写这类文章。这个问题不搞清楚，就会变修正主义。要使全国知道。[66]

张春桥写了一篇《论对资产阶级的全面专政》，发表在《红旗》1975年第4期。文中强调要反"资产风"。

毛泽东要张春桥"写这类文章"是有来历的。1958年10月，张春桥在上海发表《破除资产阶级法权思想》一文。此前，8月，毛泽东在北戴河会议上说："等级制度，脑力劳动者工资多，体力劳动者工资少，这是资产阶级法权。"柯庆施向张春桥透露了精神。张春桥迎合上意，提供了刮"共产风"的理论依据。张春桥从1958年刮"共产风"到1975年反"资产风"，一以贯之。

毛看了张春桥的《破除资产阶级法权思想》一文，命《人民日报》转载（1958年10月13日）。毛泽东写的"编者按"中说：

> 张春桥同志此文，见之于上海《解放》半月刊第6期，现在转载于此，以供同志们讨论。这个问题需要讨论，因为它是当前一个重要的问题。我们认为，张文基本上是正确的，但有一些片面性，就是说，

---

[66] 《关于理论问题的谈话要点》，《建国以来毛泽东文稿》第13册第413页，中央文献研究室，1998年；张迪杰主编《毛泽东全集》第51卷第500页，润东出版社，2013年，香港。

对历史过程解释得不完全。但他鲜明地提出了这个问题，引人注意。文章又通俗易懂，很好读。

即使按毛的左倾标准，还指出它"有一些片面性"。张文发表后，也有许多反对意见。1975年2月，江青在与"梁效"成员座谈时，竟说"春桥文章反映了主席思想"。"当时刘少奇一伙推出陈伯达等来攻击，按语加上'有一些片面性'两句，在当时是为了容易发表。""梁效"更进一步，说："张春桥文章没有片面性，毛主席这样批示是为了向陈伯达让步。"他们编了一本《关于1958年资产阶级法权问题大辩论》的材料。李家宽说：要把那场辩论写成"两个司令部的斗争"。材料的按语中说：张春桥"代表正确路线"，还强调这场大辩论的"现实意义"。材料的炮制者后来交待："在编这个材料时，当时我就把张春桥看成是最早响应毛主席号召，提出限制资产阶级法权的领导人，而且认为他在1958年就提出来了是不简单的，因而把他看成是限制资产阶级法权的模范。我们当时的指导思想就认为1958年张是正确观点、正确路线的代表，尽力吹捧他，为他评功摆好，招摇撞骗。"[67] 其实，张春桥的反"资产阶级法权"岂止"有一些片面性"，而且充满虚伪性。据南京军区政委廖汉生、副司令员詹大南揭发："张春桥的女儿结婚，请了50桌客，收的礼物有西德进口的29吋电视机两部，国产电视机7、8部，可以开一个电视机公司了。"[68]

三年中，"梁效"共写了219篇文章，在《红旗》杂志、《人民日报》《解放军报》《北京日报》《光明日报》《北京大学学报》等权威报刊上发表了181篇（见十二，《"梁效"的后事》附二），其中，36篇是"四人帮"直接授意的命题作文。文章一经发表，全国各地大小报刊必转载，被视为释放中央高层的信息，30多篇成为当时圈定的学习文件。他们还编写了100多种材料（其中突出的有为张春桥涂脂抹粉的《关于1958年资产阶级法权问题大辩论》，把江青比附为列宁夫人的《关于二、三十年代苏联两次教育大辩论》等），搜集和整理中央和

---

[67] 中共北京大学委员会报告，党发[1978]82号，《对原"两校大批判组"清查情况的报告》，1978年5月15日，附件四：《"两校大批判组"无耻吹捧"四人帮"为江青上台当女皇大造舆论的阴谋活动》第7页。

[68] 《廖汉生、詹大南同志在南京军区常委扩大会上揭发张春桥的罪行》。

地方负责人的"黑材料"30 余份。

还有追随"梁效"的"班子",上海市委的"罗思鼎",北京市委的"洪广思",中央党校的"唐晓文",文化部的"初澜",《红旗》杂志的"池恒",一齐兴风作浪,所作所为统称"梁效式的大批判"。

"梁效式的大批判"开启了一种恶劣的大批判文风,虚张声势,夸大其词,乱戴帽子,胡抡棍子,特别是歪曲地摘引马克思、恩格斯、列宁著作,用来吓唬群众。1976 年 1 月 15 日,"梁效"在《人民日报》上发表《教育革命与无产阶级专政》,文中说:"列宁曾经深刻地指出,旧学校是'资产阶级统治的工具',是为资产阶级政治服务的,'它的目的是为资本家培养恭顺的奴才和能干的工人'(《列宁全集》第 28 卷第 69 页);列宁这个精辟的论断,击中了旧学校的要害,揭露了它的阶级实质,是批判旧教育制度的锐利武器。"列宁的原话见于 1918 年 8 月 28 日《在全俄教育工作第一次代表大会上的演说》。这里所说的学校是"资产阶级国家的学校","梁效"很方便地把它写成"旧学校",于是证明中国"文化大革命"前的学校就是这样的"旧学校"。好像列宁的语录是为"四人帮"准备的。

在《永远按毛主席的既定方针办》(《光明日报》1976 年 10 月 4 日)一文中,"梁效"为了说明恩格斯"坚持马克思的既定方针",运用了不光彩的手法。文章引了列宁的一段话:"从马克思逝世以后,可以毫不夸大地说,恩格斯总是始终不渝地在'矫正'被德国机会主义者所歪曲的路线。"一查原文,这段话前面还有几个字:"从那时起,特别是……。"[69] "那时"是 1882 年,马克思还没有逝世。列宁引了恩格斯 1882 年 6 月 20 日给左尔格的信中批评伯恩斯坦派的一番话,然后写下了上述"从那时起……"的一段话。本来是恩格斯和马克思一起开始的对伯恩斯坦的批评,抹去几个字,在"梁效"的笔下就很方便地变成了恩格斯在马克思逝世以后"按既定方针办"。这种引证的随意性,是"梁效"的一贯文风;掐头去尾,腰斩截肢,移花接木,张冠李戴,等等,等等,都是惯用的手法。

---

[69] 《〈约·菲·贝克尔等致弗·阿·左尔格等书信集〉俄译本序言》《列宁选集》第 1 卷第 699 页。

"梁效"的特殊使命

叶剑英指出，"四人帮"的活动是"辽海两校一线穿"。"梁效"就是串通辽宁和上海的据点。他们与"四人帮"在上海的党羽马天水、徐景贤、王秀珍经常保持电话联系、书信来往、人员互访。"梁效"与"四人帮"在辽宁的死党毛远新也关系密切，来往频繁。从1974年底到1976年9月，他们之间的串联活动达11次之多。此外，"梁效"与文化部的于会泳、教育部的薛玉珊、天津市委文教书记王曼恬、湖北造反派头头夏邦银、江西造反派头头翁森鹤等等，也有秘密联络。

"梁效"的郁龙余是负责行政工作的，迟群就经常派他迎往送来。他在交待中承认"梁效"是"一个秘密联络点"：

> 从他们频繁而诡秘的活动中，可以知道他们是如何干着见不得人的勾当，是如何阴谋篡党夺权的。也可以看到大批判组这个名义上是个写作班子，实际上在迟群、四人帮这场篡党夺权的阴谋中具有重要地位，起了十分恶劣的作用。大批判组不仅替四人帮写了许多反党黑文，而且是他们一个秘密联络站。[70]

"梁效"与"四人帮"在各地的爪牙以及风派（见风使舵的）、震派（闹地震的）人物建立了联系，他们纷纷打小报告、送黑材料。三年中，"梁效"共收到来自全国29个省市自治区和部队的来信、来文两千多件，都及时摘要、编排，密报"四人帮"。有一部分，编成《来信摘报》，上送下发，供"批判"用。其中，有的是请他们转党中央、毛主席的，他们竟擅自处理。他们还为江青代拟复信。

1974年，王洪文利用他主持中央工作的机会，私自决定让"梁效"给中央政治局成员选送"学习材料"。每周送一至三篇，每篇送37处，两年多时间共送了171篇。凡是影射攻击周恩来、邓小平、华国锋的文章悉数奉上。

1976年春天，江青命"梁效"派8个组到20多个单位调查"党

---

[70] 郁龙余交待，1978年6月4日。《梁效罪证材料》第28页，北京大学梁效专案组，1978年8月。

内资产阶级问题"。

总之,"梁效"不仅是写作班子,还是从事特殊使命的秘密机关。"梁效"专案组说他们是"四人帮"的"伪中办"。

【编者按:第八、九、十章略】

十一、"梁效"的覆灭

1976年9月9日中午,北大校园里的大喇叭响了:"全体教职员工,全体工农兵学员,下午四时到各系各单位集中收听重要广播。"一连重复了几遍。我猜想,是毛驾崩了。我不能去。事后得知,听了广播后,几个工宣队员痛哭流涕,捶胸顿足,如丧考妣。也有人挤不出眼泪来,伏在桌子上哼哼,假装悲痛。如果我在场,见此情景,没准笑出声来,一定会遭到批斗。毛逝世后,气氛很紧张,严密注视"反革命分子"是否蠢蠢欲动。

这一天,正好是1927年毛发动秋收起义的49周年纪念日。9月9日,是东方的政治明星升起的日子,也是陨落的日子。

毛泽东生前对护士长吴旭君说过:"我死了可以开个庆祝会,你上台去讲话。你就讲,今天我们这个大会是胜利的大会。毛泽东死了,我们大家来庆祝辩证法的胜利。他死得好……"[71] 的确,"他死得好"!他一死,促成社会危机的解决。

当时的中国,就像雷雨之前的沉闷。社会危机找不到出路,自然规律发生了作用。虽然人们高呼"万岁",自然规律不允许"万岁"。还不到"万岁"的百分之一,终于是"辩证法的胜利"。

毛泽东一死,揭开了变革的序幕,不同政治派别的较量尖锐化、表面化。

冯友兰得知毛逝世的第一句话是:"这是天崩地裂的消息。"上了

---

[71] 吴晓梅《倾听毛泽东》第361页,广东人民出版社,1998年。

新华社《国内动态清样》（1976年9月11日）。[72] 对于他这样依附型的知识分子来说是"天崩地裂"，对于另一些人来说是"天翻地覆"。

毛泽东逝世的当天，王洪文在中南海紫光阁架设了17部电话机，以中共中央办公厅的名义，通知各省、市、自治区，重大问题直接向他报告，以切断各地与华国锋的联系。江青则以座落在北大朗润园的"梁效"据点作为她的联络站。

【编者按：以下略去8小节：策划"效忠信"；借外国人说中国事；"四人帮"的目标和手段；"照过去方针办"和"按既定方针办"；制造警惕"右派上台"的舆论；"梁效"论证"按既定方针办"；什么是"既定方针"？；发难的号角成了灭亡的丧钟。】

中南海的怀仁堂之变

华国锋、叶剑英、汪东兴等人在进行密谋解决"四人帮"问题的时候，讨论过解决的办法，无非是两种：一是把人抓起来；二是通过投票解除职务。李先念问道：你们知道赫鲁晓夫是怎样上台的吗？赫鲁晓夫在苏共中央主席团是少数；莫洛托夫、马林科夫、卡冈诺维奇等人是多数，他们决定撤赫鲁晓夫的职。赫鲁晓夫藉助朱可夫，开军用飞机把中央委员从各地接到莫斯科，在中央委员会上赫鲁晓夫成了多数，推翻了主席团的决议，反过来把莫洛托夫、马林科夫、卡冈诺维奇等人打成"反党集团"。华国锋等人分析，在政治局投票，我们有把握，"四人帮"只有四张半票，除了他们自己的四张票，顶多还有吴桂贤会投他们的票，但吴是候补委员，只能算半张。在中央委员会投票我们没有把握，十大产生的中央委员，挤进了不少造反派。结论：只有抓人才是稳妥的办法。[73] 政变的主要决策者是华国锋、叶剑英，实际操作者是汪东兴。江青与汪东兴的矛盾，类似中国历史上的外戚

---

[72] 见杨继绳《天地翻覆——中国文化大革命史》下篇第990页，天地图书有限公司，2016年。

[73] 见吴德口述《十年风雨纪事》第237-239页，当代中国出版社，2004年。

与宦官。[74]

1976年10月6日晚上8点,中南海发生怀仁堂之变,华国锋、叶剑英、汪东兴设局把张春桥、王洪文、姚文元抓了起来。

江青被抓,不是在怀仁堂,而是在她的住地,由中央警卫团团长张耀祠执行。事先,江青说过,她是有准备的。一个星期前,她在清华大学分校的公众场合说:"他们要暗杀我,软禁我。""他们绑架过我一次,我准备被绑架第二次,我带了一把剪刀。"她将随身携带的那把剪刀拿出来晃了一晃,那是一把长七、八寸的手术剪刀。江青不亏为演员,演得很逼真;不过,真正事到临头,又不演了。她并没有拿出剪刀来,而是乖乖地就范了。传说江青曾在地上打滚,大喊大叫,抗拒拘捕等等,这纯粹是民间文学。江青还说过:"他们想弄死我,又怕弄死我对他们不利。我不愿意死,我要活,活着跟他们斗。"[75] 声称"不愿意死""活着跟他们斗"的江青,最后还是在囚禁中自己"弄死"自己了。

毛远新住在江青附近。汪东兴对张耀祠发指示:"你顺便把毛远新也一起解决!"[76]

这几个人,暂时关押在中南海的地下室。

解决"四人帮"问题,所谓"一举粉碎",大约费了不到一小时。

"四人帮"手下的干将迟群、谢静宜、金祖敏(总工会)等同时一网打尽。这些人被关押在北京卫戍区。

粉碎"四人帮"是中国历史上的重大事件,但实际操作过程似乎并无惊心动魄的故事。

10月6日晚10时至翌日5时,在京的中共中央政治局委员、候补委员在玉泉山开会,一致同意对江青等人采取的措施,顺利通过华

---

[74] 1979年初的理论务虚会上,批判"凡是"派的时候,吕正操骂汪东兴是"那个太监头子"。
[75] 北京大学运动办公室材料之五《江青在清华大学的言论摘录》,1976年11月8日。
[76] 毛远新和"四人帮"一起被抓,但没有一起受审。关了10年,到1986年,才由军事法庭审理,判处徒刑17年,自关押之日算起。刑期执行了13年,保外就医。出狱后的毛远新,改名李实,表示他继续追随江青。江青原名李云鹤。

国锋为中共中央主席、中央军委主席。不放一枪，没流一滴血，解决了"四人帮"问题，扫除了中国历史前进的障碍。但此举与党内程序有所不合。[77] 是不是有更好的办法？其实，"把人抓起来"和"通过投票解除职务"这两个办法可以结合起来。召开中央委员会没有把握，可以先召开政治局会议，讨论毛主席交待的"解决四人帮问题"，由多数人作出决定，对"四人帮"进行审查；然后，押出会场，把人关起来。事后召开的政治局会议，为什么不能事先召开？这样做，虽然程序不完整，总还是进入了程序，比赤裸裸的抓人要好。

陈云说"下不为例"。之后两任党的总书记的更迭，依然是违反党内程序的；而陈云都是非程序性更迭的积极推动者、参与者，他说的"下不为例"，自己就不遵守。非程序性更迭开了头，是很难纠正的。

把"四人帮"抓起来后，宣布他们是"王、张、江、姚反党集团"。1980年最高人民法院特别法庭审判"四人帮"时，定性为"江青反革命集团"。

10月7日，华国锋向各省市、各军区和中央各部委负责人分批"打招呼"，消息既不见诸报刊，也不向下传达。叶剑英想学毛泽东处理林彪事件的方式，将粉碎"四人帮"的消息保密两个月。但禁不住小道消息的传播。粉碎"四人帮"用的是特殊手段，消息的传递也是经由特殊渠道。小道消息都是私相授受，只通向政治态度相同的人。街头巷尾常见三三两两的人窃窃私议，夜幕降临则到处串门。真是物以类聚，人以群分。那些"梁效"的成员、"批邓"的积极分子、"四人帮"的追随者却得不到半点消息。"梁效"的范达人在他的回忆录中说："1976年10月10日晚，京城许多消息灵通人士正在家中或餐馆与亲朋好友开怀畅饮，欢庆'四人帮'覆亡，而我却对外界变化懵

---

[77] 万里在一次讲话中透露："在处理'四人帮'过程中，党的秘密情报机关起到了特殊作用，难以说明，又不可缺少的作用，老帅要利用自己的亲属与情报机关作沟通，打招呼。这一事实被隐瞒了整整32年。谁承担这种隐瞒的责任？一个执政党的领导人运用亲属、情报机关、军队的力量来解决党内纠纷，这种'下不为例'的事情，真的下不为例了吗？"（《万里给历史留下的见证书》，人民报网站）究竟如何利用情报机关来解决党内纠纷？还是语焉不详。

然无知,仍像往常一样,从家返回'梁效'驻地。……因为'梁效'早有规定,星期日晚,大家定要返回大批判组。"[78] 他没有料到,这一"返回"竟是自投罗网。

夜半"梁效"遭查封

10月8日早上,我照例骑自行车到哲学系去"上班",行至未名湖,有人叫停,说:"我正要到你家去,报告一个惊人消息。中央出了'四人帮',那四个人被抓起来了。"从"反击右倾翻案风"以来,我成了"大辩论"的对象,"靠边站"已将近一年。"上班"是工宣队对我的惩罚,教师本来是不上班的。听到这个消息,我抑制不住内心的喜悦,自我解放:"老子不去上班了。"掉转马头,打道回府。晚上,我到燕南园56号周培源家。

自从王连龙点名,北大批邓,只有周培源、郭罗基两个人不表态,我故意回避与周老的来往,免得被人抓住辫子:"串联!"现在好了,一切都不在乎了。周老与家人正在客厅谈论"四人帮"。我们核对信息来源。我的消息来自北京军区,他们的消息来自总政。周老说:"那就是确实的了。"10月6日晚上动手,10月7日华国锋分批"打招呼",10月8日就传到我们的耳朵里,消息扩散得很快。后来得知,邓小平、胡耀邦也是在这天上午才得到消息,那是叶剑英派他的儿子叶选宁去他们两家通报的。我们在北京算是消息灵通人士了。

我说,这一抓,抓得及时,否则"四人帮"又要闹事了。周老问:"有根据吗?"周老是科学家,又是社会活动家。他常说:"我们要以搞科学的态度来搞政治。"凡事总爱问:"有根据吗?"几乎成了他的口头禅。我说,根据就是《光明日报》10月4日头版头条"梁效"的文章——《永远按毛主席的既定方针办》。他说:"我怎麽没有看出问题来?"

他走进书房,拿出这一天的报纸。

---

[78] 范达人《"文革"御笔沉浮录——"梁效"往事》第1页,明报出版社,1999年。

我将"梁效"的文章边读边议,特别指出一个地方:"任何修正主义头子胆敢篡改毛主席的既定方针,是绝然没有好下场的。"我说:"这里说的是'修正主义头子',还不是'修正主义分子'。究竟指的是谁?是邓小平吗?显然不是,邓小平早已被打倒了。在'修正主义头子'前面还加上'任何'一词,当然是在邓小平之外另有所指。而且文章中还说,这样的'修正主义头子'就在'人民面前',就差把华国锋的名字点出来了。他们又要制造新的事端,抓就在人民面前的'修正主义头子'了。"周老连连点头,说:"快把你的意见写出来,让大家知道。"是的,我要写文章了。

10月9日,传达中共中央十五号文件《关于华国锋同志任中共中央主席、中共中央军委主席的决议》,还有两个决定:一个是保存毛泽东遗体,建立毛主席纪念堂,一个是尽快出版《毛泽东选集》第五卷,并筹备出版《毛泽东全集》。传达后讨论,折腾了一整天。

10月10日是星期日,我坐下来写文章,题目是《"四人帮"的反革命动员令——评"梁效"的〈永远按毛主席的既定方针办〉》。

"文化大革命"中,我对那种"大批判"的恶劣文风极为反感。流行的观点我不愿写、也不会写,自己的见解又不能写。在那个年代,写在日记本上的话都可以成为"反革命"罪证。最好的办法就是什么都不写,既是自卫,也是抗议。搁笔罢写,不发一文,已有十年之久。有时怀疑自己,还会不会写文章?一旦临到有话非讲不可的时候,文章却写得飞快,一天完成六千字。

晚上11点45分,文章刚写完,忽听得一队汽车疾驶而来。我知道,有好戏了,连忙下楼,看个究竟。那时,我住在北大朗润园10公寓。那车队直奔"梁效"的据点——北招待所,门口立即由持枪的士兵站岗。这一回,是不准里面的人出来。

7月28日唐山大地震以后,朗润园的居民组织起来,每天晚上轮流值班巡逻。今晚的巡逻人员停止了脚步,和我一起站在湖边的一棵树下,又来了十几个和我一样睡不着觉的人。夜已深,悄无声,我们这一群人瞪大了眼睛,注视楼里的动静。先是看到大部分房间已熄灯,大概"梁效"们早就堕入梦乡;随后一个一个房间都亮了起来。

"文化大革命"中的"梁效"顾问冯友兰（节选）

里面究竟发生了什么？不知。守候到 10 月 11 日凌晨 1 时 45 分，只见解放军押着一队人马从大门里面走出来，为首的是"梁效"的头头李家宽。他们手里拿着毛巾、牙刷之类，一个个耷拉着脑袋，成了丧家之犬。昔日威风何处寻？我们这一群看热闹的人，有人指指点点数人头，有人向他们发出"嘘"声，有人鼓掌，夹道欢送。这一队人马，走出招待所，走出朗润园，走入黑暗中……。我们这一群人，成了"梁效"覆灭的见证人。还有"梁效"的自证，"梁效"成员范达人在他的回忆录中说："我们就这样灰溜溜地被押出了'梁效'的驻地。……我们走出这座灰色大楼时，附近已有许多人在围观，有的人还在指指点点地议论着，颇为高兴。"[79]

事后了解，这是根据中央的命令，由北京卫戍区对"梁效"进行查封。

"梁效"的据点被捣毁了！"梁效"式的大批判终结了！[80] "梁效"背后的导演"四人帮"下台了！！"梁效"和"四人帮"表演的舞台"文化大革命"闭幕了！！！

在政治赌博中押宝的人，心里也不踏实。毛泽东逝世后，"四人帮"一伙叫嚷"要迎接更大的风浪"。1976 年 9 月 17 日上午，迟群送交李家宽、宋柏年一封亲笔信，要"梁效"突击搞两个材料：一是马、恩、列、斯处于少数、形势困难时期是如何坚持斗争的；一是毛主席处于少数、形势困难是如何坚持斗争的。有人问：搞这两个材料干什么用？李家宽也不知道干什么用，只说"按条子上说的办"。第一个材料，17 日当晚交稿；第二个材料，19 日交稿。[81] 因而范达人说："对于国内局势的动荡，已有一定的思想准备，但是，事变来得如此之快，却是我始料未及的。"[82] "梁效"的成员叶朗曾私下对哲学系

---

[79] 范达人《"文革"御笔沉浮录—"梁效"往事》第 2 页，明报出版社，1999 年。
[80] "梁效"发表的最后一个作品是《批判〈论总纲〉篡改马克思主义的卑劣手法》，见于"四人帮"被抓的次日，《光明日报》1976 年 10 月 7 日。《论总纲》是邓小平授意写作的。
[81] 《原"两校大批判组"罪行材料之一——在毛主席病重期间和逝世以后阴谋篡党夺权的反革命活动》第 5 页，北京大学原"两校大批判组"学习班领导小组，1977 年 3 月 15 日。
[82] 范达人《"文革"御笔沉浮录—"梁效"往事》第 4 页，明报出版社，1999 年。

的同事讲："说不定一觉醒来,门口被坦克包围……。"不幸而言中,不过毋需坦克,几辆吉普车足矣。上海"罗思鼎"的头头说："我们所干的事,现在说出去,现在杀头,将来说出去,将来杀头。"[83] 谢静宜表示："有人说,二十年以后,要把我们俩倒吊在天安门,我们不怕。"迟群接着说："我是随时准备牺牲的,……要有精神准备,倒挂在天安门上。"[84] 可见,他们知道自己做的事是见不得人、不容于法的。不过,"坦克包围""说出去杀头""倒挂在天安门上"等等未免言过其实,这叫做"贼人心虚"。"罗思鼎"的头头、中共上海市委常委朱永嘉,坐了十年牢;"梁效"的头头李家宽、宋柏年,骨干分子中的顽固分子范达人、杨克明,分别在北京卫戍区和北京看守所被关押了一年。这些人出来之后又都是一条好汉。迟群被判了18年徒刑,51岁死于癌症。至于"杀头""倒挂",未之闻也。

"梁效"的查封证实了传说中"四人帮"被抓起来的消息。白天,朗润园热闹起来了,"山阴道上应接不暇",行人、车辆络绎不绝。"梁效"的查封,人心大快,纷纷到北招待所探个究竟,亲自验证一下。一连数日,可以见到这样滑稽的情形:有人骑自行车匆匆而来,行至北招待所,见到解放军士兵把门,或是大叫一声,或是拳头冲天,来个急转弯,飞快而去,向别人报告好消息去了。"批林批孔""批邓"的时候,北京市各单位都纷纷到北大来,向"梁效"朝圣取经;现在他们又来了,是为"梁效"送葬。

"梁效"的覆灭证明"四人帮"垮台的消息确实可靠。人们用各种方式表示庆祝,放鞭炮,痛饮庆功酒,……。有一种庆祝方式是吃螃蟹。那一年,上市的螃蟹特别多。顾客们一定要买三只公的、一只母的。开始,售货员困惑莫解:"你们怎麼啦?现在这个季节正是吃圆脐的时候呀!"后来得知其中奥秘,兴高采烈地应道:"好嘞,三只公的、一只母的,来啦!"有人在街上提了一串螃蟹,指指点点地说:"看你还能横行到几时?老子吃了你!"这是北京人的政治幽默。

---

[83] 《中国共产党执政四十年》(增订本)第361页,中共党史出版社,1991年。
[84] 《历史的审判(续集)》第56页,群众出版社,1986年。

"文化大革命"中的"梁效"顾问冯友兰(节选)

十二、"梁效"的后事

"梁效"被查封后,中共北京市委决定,对"梁效"的审查分头进行。"梁效"据点中的材料,交"洪广思"审查,当即装麻袋用卡车运走。"梁效"人员的审查,由北大党委负责。

"穆仁智审查黄世仁"

"洪广思"本是"梁效"的跟班。让"洪广思"审查"梁效",舆论哗然,众说等于让《白毛女》中的狗腿子穆仁智审查主子黄世仁。下场如何,可想而知。事实上,中共北京市委和"洪广思"一直没有公布审查的结果。

"洪广思"是何来历?1973年8月,中共北京市委宣传部成立了一个人数不多的写作班子。1974年5月,姚文元向吴德打招呼后,写作组扩充至29人。自1973年8月,至1976年9月,在三年中,写作小组以洪广思以及燕枫、余凡、薛仑等化名,在《红旗》《人民日报》《北京日报》《北京文艺》等报刊上发表了68篇文章,出版了两本小册子。文章的内容,紧跟"梁效",影射周恩来、攻击邓小平。文章的数量,随着"四人帮"阴谋活动的加剧而日益增多。1974年和1975年全年,各发表20篇;而1976年前9个月,就发表了23篇,在《红旗》上发表了8篇之多,比每期发表的"梁效"仅有一篇之差。

在"批林批孔"运动中,"洪广思"配合"梁效"的《孔丘其人》,编写了《孔丘的反动一生》小册子。对着"梁效"鹦鹉学舌:"孔丘71岁的时候,……他当时生病躺在床上,还挣扎着爬起来,摇摇晃晃去朝见鲁君,……"将孔丘比附病中的周恩来。在《从宋江看投降派》(《人民文学》1976年第2期)中,说"宋江混入梁山后,千方百计架空以晁盖为首的革命派,篡夺起义军领导权。"贩卖江青的所谓《水浒》的要害是宋江架空晁盖,再一次把攻击的矛头指向周恩来。

"洪广思"在"批邓"中大显身手。1976年2月,中共北京市委召开常委扩大会议,追随清华、北大搞"点名批邓"。吴德在会上讲话，说：邓小平"代表地主资产阶级利益，从政治上、思想上、组织上猖狂地向无产阶级发动全面进攻""全面推行他的修正主义路线，妄图复辟资本主义，改变党和国家的颜色"。吴德还号召："从政治上、思想上、组织上把邓小平的修正主义路线批深批透"。"洪广思"前有"梁效"引路，后有吴德作靠山，胆大妄为，发表一篇杰作《邓小平是天安门广场事件的罪魁祸首》（《红旗》1976年第5期），震惊全国。

粉碎"四人帮"以后，中共北京市委宣传部于1977年2月7日向市委的报告《关于写作小组三年来发表文章的情况》中竟然说："检查结果，这些文章绝大部分是好的。"声称"洪广思"的文章"没有假借历史攻击中央领导同志""没有宣传反经验主义""没有撰文批判所谓三株大毒草"等等"十个没有"。中央宣传口（当时"阎王殿"中宣部还没有恢复）的负责人耿飚不止一次提到，不要再用"洪广思"的名字了。北京市委宣传部长张铁夫说："洪广思为什么不能用？坐不改姓，行不更名！""梁效""罗思鼎""唐晓文"统统歇业了，作为准"梁效"的"洪广思"却继续行时，还发表了20多篇文章。那篇《邓小平是天安门广场事件的罪魁祸首》，遭到广大群众的问责。"洪广思"又以"仲之晨"的化名发表了一篇《花样翻新的捣鬼术》（《北京日报》1977年5月28日），推说：《罪魁祸首》一文"完全是由反动文痞姚文元和他在《红旗》杂志的那个忠实追随者一手炮制出笼，尔后强加给作者的。"广大群众不是好糊弄的，人们对"洪广思"以及背后的北京市委，议论纷纷，强烈不满。[85] 曾任北京市委书记的刘导生，在回忆录《从容忆往》中说，1978年12月，他调往北京市委工作，注意到"洪广思"。"虽然文革已经结束两年多了，全国的揭批查也搞了很久了，但在这里一直没有触动过。"他指出，是"那个政治局委员、北京市委书记"捂盖子。[86] 捂盖子的"那个政治局委员、北京市委书记"就是吴德。

中共北京市委及其主要负责人吴德是"洪广思"的保护伞。早在1977年1月，中共北京市委工作会议上，与会者批评市委和"洪广

---

[85] 见《关于洪广思及其错误文章的初步清查情况》，中共北京市委常委扩大会议材料之二，中共北京市委办公厅，1978年9月25日。
[86] 见《东城史志》2010年第3期。

"文化大革命"中的"梁效"顾问冯友兰（节选）

思"，时任市委书记的丁国钰回应道："这是逼我们检讨。去年谢静宜那个臭娘们逼我们检讨，现在又有人逼我们检讨，我们就是不检讨；检讨这口子不能开，一开就堵不住，就没法收拾了。要坚决顶住！"丁国钰当过驻外大使，没想到如此缺乏教养。市委工作会议上，群起而攻之。后来吴德承认："国钰同志讲的话，是我的意思，责任主要在我。"[87]

"洪广思"非但没有受到清查，还去清查"梁效"，以至闹出"穆仁智"清查"黄世仁"的大笑话。尔后，"洪广思"的骨干分子重新梳妆打扮，粉墨登场，又成了要人、红人、名人。徐惟诚（余心言），先后任北京市委副书记、中宣部常务副部长；李文海，后任中国人民大学党委书记、校长、中纪委委员、中国史学会会长；冯其庸，后任中国艺术研究院副院长、中国人民大学国学院院长、中央文史研究馆馆员等职，获文化部"中华艺文奖"终身成就奖和中国人民大学吴玉章终身成就奖；罗国杰，后任中国人民大学副校长、中国伦理学会会长；石仲泉，后任中共中央党史研究室副主任。"批邓"的时候，"洪广思"发表《邓小平是天安门广场事件的罪魁祸首》《打倒阴谋家、野心家、死不改悔的走资派邓小平》，调门特高，轰动一时。后来，石仲泉又发表《邓小平立下的"大功、大言、大德"》《当代中国的邓小平理论》等等，自打嘴巴，丝毫不脸红。在这些人公开的履历中，均隐去了"洪广思"这一段。（可查《百度百科》相关条目）

1978年8月5日，华国锋、邓小平、李先念、汪东兴和在京的政治局委员，在人民大会堂接见了北京市委常委的成员，华国锋指出："吴德同志在粉碎'四人帮'后，在揭批'四人帮'这一段确有错误……一个被动接着一个被动，很不应该，不好理解。比如对两校的清查很被动。两校是'四人帮'的黑据点，手伸向全国。这个问题一直没有认真抓，直到中央发了言才抓，很不应该。""再有洪广思写作班子问题，也没有及时抓紧清查。"[88] 后来，吴德调离北京市，市委的领导

---

[87] 《关于洪广思及其错误文章的初步清查情况》，中共北京市委常委扩大会议材料之二，中共北京市委办公厅，1978年9月25日。

[88] 《中央政治局接见北京市委常委时的重要指示精神传达提纲》（绝密），中共北京市委办公厅，1978年9月21日印。

班子作了调整。

两个"凡是"压制对"四人帮"和"梁效"的揭发批判

吴德不仅压制对"洪广思"的揭发批判，而且是全面捂盖子的两个"凡是"的炮制者之一。1976年10月，抓了"四人帮"才半个多月，华国锋同宣传部门的负责人谈话时，作出四点指示，其中最重要的一点是："凡是毛主席讲过的、点过头的，都不要批评。"11月18日，汪东兴在全国宣传工作会议上讲话。他的"凡是"就多了，"凡是毛主席决定的""凡是毛主席指示的""凡是毛主席看过的""凡是毛主席画了圈的"以至"凡是毛主席说的、写的，一个字也不能动"。11月30日，兼任全国人大副委员长的吴德在四届人大常委会上说："凡是毛主席指示的，凡是毛主席肯定的，我们要努力去做，努力做好。"他们用不同的语言重复同样的方针。但吴德最先归纳为两个"凡是"，既不是华国锋的一个"凡是"，也不是汪东兴的多个"凡是"。1977年2月7日，"两报一刊"社论《学好文件抓住纲》将两个"凡是"规范化，昭告天下："凡是毛主席作出的决策，我们都坚决维护；凡是毛主席的指示，我们都始终不渝地遵循。"

两个"凡是"，就是以华国锋为首的政变集团在"一举粉碎四人帮"之后的方针大计，企图藉助毛泽东的亡灵稳住阵脚，巩固权力。"凡是"派本来就是和"四人帮"坐在同一条板凳上、走在同一条路线上，只因为"四人帮"帽子乱飞、棍子胡抡，对他们也有威胁。他们联合起来，把"四人帮"解决了。华国锋一再强调"四人帮"的要害是"篡党夺权"，即妨碍了他们掌权，而不是祸国殃民的路线。所以他们剥夺了"四人帮"的大权之后，依然执行没有"四人帮"的"四人帮"路线。1976年10月20日，中共中央政治局委员、北京市委第一书记吴德在首都体育馆18000人大会上传达1976年16号文件《中共中央关于王洪文、张春桥、江青、姚文元反党集团事件的通知》时，他离开文件擅自发挥："在粉碎'四人帮'以前把矛头指向'四人帮'也是错误的，那是分裂党中央。"11月30日，在四届人大常委会第三次会议上，作为副委员长的吴德又讲了一次："天安门事件中反'四

"文化大革命"中的"梁效"顾问冯友兰（节选）

人帮'是错误的，那时他们还是中央领导，那是分裂党中央！"吴德就是1976年4月5日在天安门广场发表广播演说、亮出镇压信号的那个人。当时他是和"四人帮"团结在一起，反对"分裂党中央"的；粉碎"四人帮"以后，他的政治立场依然没有改变。所以，在揭发批判"四人帮"和"梁效"时，"凡是"派尤其是北京市委，与人民群众处于对抗状态。

【编者按：以下3个小节略：审查"梁效"经历了三个阶段；群众要求对审查梁效的人进行审查；捂盖子的方针和群众的抗争。】

从批判"梁效"入手打翻身仗

1977年11月10日，全校一万多人在首都体育馆召开了"深入揭批'四人帮'动员大会"（一年以后又重新动员）。中共中央政治局委员、国务院副总理方毅在大会上作了重要讲话，他说：

我受受华主席、邓副主席和党中央的委托来参加今天的大会。

多年来，"四人帮"及其党羽迟群、谢静宜之流严密控制北京大学和清华大学，设立反革命据点，结成资产阶级帮派，指挥御用工具"两校大批判组"，大造反革命舆论，插手许多部门和地方，辽海两校一线穿，勾结在一起，进行篡党窃国的阴谋活动，搞得全国不得安宁。他们还疯狂地打击和迫害广大革命师生员工，把教育革命糟蹋得不成样子。

这一段话，正确说明了北大问题的性质，否定了北京市委的《六条》。他还针对北京市委的捂盖子方针，强调：

必须放手发动群众，相信群众的大多数，依靠群众的大多数，而不能相反的来束缚群众，压制群众的革命积极性。

他代表党中央对北大群众的革命精神作了高度的评价：

一年多来，你们不屈不挠地进行斗争，表现出要把揭批"四人帮"

的斗争进行到底这样一种顽强的革命精神,这是难能可贵的。

倪志福代表中共北京市委发言,他说:

市委对北大揭批"四人帮"的运动抓得不紧、领导不力,使北大的运动发展缓慢,群众发动得不够充分,革命大批判的声势不大,清查工作进展不快。

他对市委在北大捂盖子的后果,说得比较轻描淡写,但抓住了"主要原因":

出现这种情况的主要原因是:一是当时我们市委对"四人帮"通过迟群、谢静宜及王、魏、郭、李、宋一伙严密控制北大,搞资产阶级帮派体系,进行反革命阴谋活动的严重性估计不足;二是我们市委在指导思想上有错误。……还在12月6日北大党委汇报时肯定了《六条》。

倪志福承认,市委指导思想的错误体现在《六条》中。但一年中北大的群众反对《六条》、批评市委被指责为"严重干扰",市委屡屡"排除干扰"。倪志福代表市委终于改变了态度。

北大的同志们从关心无产阶级革命事业出发,对我们工作中的缺点和错误提出了不少批评和意见。这对于我们提高认识,改进工作,都是有好处的。今天,我在这里代表市委向大家表示诚恳接受,我们希望同志们今后对市委的工作继续提出批评和建议。

这次大会扭转了局面,重新点燃了北大革命群众的热情之火。邓小平副主席指示:"北大要以批判'梁效'为突破口,打翻身仗。"大会以后,批"梁效",揭帮派体系,声势浩大。审查"梁效"进入了第三阶段。

原党委帮派体系的"领导"和北京市委的《六条》,耽误了一年多,1977年11月才真正进入审查"梁效"的阶段。梁效专案组也加紧工作。

11月22日和29日,中文、历史、哲学、经济、法律五个系联合举行批判"梁效"的两次大会。

"文化大革命"中的"梁效"顾问冯友兰(节选)

12月29日,在首都体育馆召开全校批判"梁效"大会。党委常委、革委会副主任周培源等在会上发言。会上宣布:经党中央批准,已将"四人帮"的干将迟群、谢静宜逮捕审查;经市委批准将"梁效"骨干分子范达人、杨克明交公安机关监护审查。

审查"梁效"的结果

梁效专案组审查了"四人帮"对"梁效"的指示和迟群、谢静宜的讲话,共43次;还审查了"梁效"成员的揭发交待4000余份;对于"梁效"所曾控制的舆论阵地人民日报社、红旗杂志社、光明日报社、北京日报社进行了调查;又去外地,到上海、辽宁、山西大寨、天津小靳庄等"梁效"串联、活动的地方进行了调查。

专案组把"梁效"的活动概括为"三倒一捧"(倒周、倒邓、倒华,捧江),形成四个专题,写出四份审查报告:

一,"两校大批判组"疯狂反对敬爱的周总理的阴谋活动;

二,"两校大批判组"疯狂反对英明领袖华主席的阴谋活动;

三,"两校大批判组"打击、陷害敬爱的邓副主席的阴谋活动;

四,"两校大批判组"无耻吹捧"四人帮",为江青上台当女皇大造舆论的阴谋活动。

1978年4月4日,北大党委常委讨论"梁效"的专案审查工作,确定"梁效"的性质是敌我矛盾,但其成员应区别对待:骨干分子13人,一般成员12人,14人未定。

1978年8月,梁效专案组发出《梁效罪证材料》,这是审查的最后结果。从《材料》的目录大体可以看出"梁效"和"四人帮"的关系以及"梁效"的全部活动;也可以明了专案组审查的视角:

第一部分:"四人帮"直接操纵的反革命别动队

一、江青称梁效是她的班子

(一)江青称梁效为"班子"给姚文元的信件

（二）江青称"班子"的部分信件

（三）梁效成员孙静的揭发

二、"四人帮"直接策划指挥梁效的活动

（一）亲笔批示，下达旨意

（二）亲自召见，面授机宜

（三）通过迟谢，转达授意

（四）提供资料，炮制炮弹

（五）梁效计划，亲自审批

三、梁效完成江青交办的特殊使命

（一）为江青抓所谓"高级特务"

（二）替江青"抓点"

四、梁效充当江青的侍从、侍读

（一）随江青出巡

（二）给江青讲课

（三）给江青在书上划红线标重点

（四）为江青存书、印书

五、充当"四人帮"帮派体系的联络站

（一）梁效与"四人帮"在辽宁、上海的死党亲信反革命串联

（二）梁效与"四人帮"在中央各部门及地方亲信反革命串联

（三）收集整理信件，为"四人帮"提供反党炮弹

六、江青精心豢养梁效，梁效发誓效忠江青

（一）江青以名利拉拢腐蚀梁效成员

（二）江青给梁效送书和冬瓜、茄子、小米

（三）在毛主席病重期间1976年8月26日，江青窜到梁效眉开眼笑与梁效的头头和顾问一一合影

（四）梁效发誓效忠江青

"文化大革命"中的"梁效"顾问冯友兰（节选）

第二部分："四人帮"篡党夺权的急先锋

一、疯狂对抗毛主席对"四人帮"的严厉批评，肆意歪曲篡改毛主席指示，把罪恶矛头指向伟大领袖毛主席

（一）对抗毛主席对"四人帮""形而上学猖獗"的批评

（二）对抗毛主席对"四人帮"搞反经验主义的批评

（三）对抗毛主席关于电影《创业》的批示

（四）蓄意歪曲毛主席对《水浒》的评论，大肆宣扬"宋江架空晁盖""屏晁拉卢"，诬蔑攻击周总理和邓副主席

（五）攻击毛主席关于各方面工作"要整顿"的指示，把关于知识分子问题的指示诬蔑为"谣言"

（六）姚文元歪曲篡改毛主席指示的卑鄙伎俩

二、疯狂反对敬爱的周总理

（一）江青授意梁效"揪大儒""批宰相"，不批林，假批孔，批周公

（二）江青向梁效成员进行"路线交底"

（三）梁效炮制的部分攻击周总理的反党黑文影印件

（四）炮制恶毒影射攻击周总理的大毒草《孔丘其人》

（五）炮制恶毒影射攻击周总理的大毒草《赵高篡权与秦朝的灭亡》

（六）炮制恶毒影射攻击周总理的大毒草《读〈盐铁论〉》

（七）四届人大前后，炮制批"因循守旧"反党黑文，为"四人帮"阴谋组阁大造反革命舆论

（八）大反经验主义，攻击周总理和老一辈无产阶级革命家

（九）炮制《林彪与孔孟之道》（材料之二）恶毒影射攻击周总理

（十）周总理逝世后，梁效继续疯狂反对周总理

三、疯狂反对英明领袖华主席

（一）对抗毛主席关于任命华国锋同志为代总理的提议，迟群、谢静宜向梁效头目进行所谓"路线交底"

（二）炮制《再论孔丘其人》等反党黑文，恶毒影射攻击华主席

（三）炮制"三本小册子"，掀起反对华主席的黑风恶浪

（四）编印五个外电材料，攻击华主席为首的党中央

（五）毛主席逝世以后，梁效突击编写在困难时期如何坚持斗争的两个材料，妄图为"四人帮"垂死挣扎壮胆打气

（六）毛主席逝世以后，梁效为"四人帮"炮制篡党夺权动员令

四、打击、诬陷敬爱的邓副主席

（一）"四人帮"向梁效提供各种材料，亲自下达黑指示，直接指挥梁效疯狂打击、诬陷邓副主席

（二）私印大批中央领导同志讲话，作为"批邓"材料

（三）炮制大量反党黑文，打击、诬陷邓副主席

（四）炮制《言论摘编》等黑材料，打击、诬陷邓副主席

（五）梁效与于会泳合伙炮制打击、诬陷邓副主席黑材料《关于文艺问题的右倾翻案言论摘编》

（六）收集、整理从中央到地方的大批领导同志的黑材料，妄图搞乱全国，乱中夺权

五、为"四人帮"上台、为江青当"女皇"大造反革命舆论

（一）江青端出吕后、武则天向梁效授意

（二）梁效竭力吹捧吕后、武则天

（三）梁效为江青搜集古代服装、发型资料

（四）梁效宣扬"法家领导集团在中央主持工作"的反动谬论

（五）梁效为江青搜集"苏联教育史上两场大辩论"材料

（六）梁效带头给江青写"效忠信"

第三部分 "四人帮"的反动思想体系和反革命修正主义路线的"加工厂"和"推销店"

一、鼓吹"四人帮"的反革命政治纲领篡改党的基本路线

（一）鼓吹所谓阶级关系新变化，把老干部打成走资派，列为革命对象

（二）鼓吹"党内形成了一个资产阶级"

（三）鼓吹资产阶级法权是党内资产阶级的经济基础

（四）炮制整套所谓"走资派活动规律和特点"的谬论

（五）篡改马克思主义哲学，宣扬"同一切决裂"，鼓吹"对着干"

（六）篡改无产阶级专政理论鼓吹所谓的"全面专政"

二、借批所谓"唯生产力论""洋奴买办"反对"四个现代化"的宏伟蓝图

（一）篡改马克思主义政治经济学的理论基础，鼓吹"上层建筑决定论"

（二）攻击社会主义制度，叫嚣要改变社会主义生产关系

（三）攻击实现"四个现代化"是"卫星上天，红旗落地"

（四）诬蔑抓生产是搞"唯生产力论"

（五）攻击对外贸易是搞"洋奴买办"

（六）诬蔑建立岗位责任制建立合理的规章制度，按劳分配，抓生产是"修正主义办企业路线"

三、宣扬"两个估计"，鼓吹"黑线专政论"，反对党的"双百"方针

（一）全面否定毛主席的教育革命路线

（二）宣扬"两个估计"鼓吹"同十七年对着干"

（三）大批所谓"知识私有""智育第一"，把政治与业务、红与

专、理论与实践、专业队伍与工农群众对立起来

（四）反对党的"双百"方针，大搞法西斯文化专制主义[89]

"四人帮"的动员令是"梁效"擅自发出的

梁效专案组审查的一个重点就是《永远按毛主席的既定方针办》这篇文章的来头。审查的结果，与光明日报工作组的结论一致，即并非出于"四人帮"的授意，而是光明日报主动约稿，"梁效"独自完成。被认为"四人帮"的"篡党夺权的动员令"，竟是"梁效"擅自发出的。毛逝世后，"四人帮"及其干将，口出狂言，虚张声势，有识之士均以为他们将采取大动作；哪知这是一批不足以成事的空谈家。华国锋、叶剑英、汪东兴等人，不动声色，暗中筹划，手到擒来，这才是一批来事的人。昌平有个坦克六师，张春桥的弟弟张秋桥常去活动。叶剑英注意上了。吴忠有准备，他说，坦克六师旁边北京卫戍区驻有一个坦克团，有情况，可起作用。后来事实表明，这个坦克六师毫无问题。为预防北大、清华的学生闹事，"在附近部署了相当的兵力，如果有人往外冲，无论如何要把他们堵回去。"结果，平安无事。[90]

在审查中，"梁效"们以为没有接受"四人帮"的授意可以减轻罪责，其实更足以证明，他们身陷"四人帮"的泥潭中何其之深。由于受"四人帮"长期的训练，"梁效"的政治嗅觉是格外灵敏的。毛主席逝世以后，他们认为已经到了什麽"关键时刻"，是"多写文章，拼命干"的时候了。因此，"梁效"主动担起论证"四人帮"的"按既定方针办"的"国策"的重任。没有"四人帮"的授意就能表达"四人帮"的意图，不是完全与"四人帮"连为一体了吗？"四人帮"是大脑，"梁效"是喉舌。"四人帮"的意图已经内化为"梁效"的意图。"梁效"为什麽能讲出"四人帮"的肺腑之言？因为他们头脑中有一张和"四人帮"同样的"蓝图"。他们说："现在蓝图已经绘好，问题是要坚持按既定方针办。"什麽"蓝图"？就是江青当主席，王洪文当委员长，张春桥当总理。文章炮制者之一、尖刀班成员何芳川在接受审查

---

[89]《梁效罪证材料》第1-6页，北京大学梁效专案组，1978年8月。
[90] 见吴德口述《十年风雨纪事》第232-245页，当代中国出版社，2004年。

"文化大革命"中的"梁效"顾问冯友兰（节选）

中交待："这篇黑文凶恶地叫嚷'任何修正主义头子胆敢篡改既定方针，是绝然没有好下场的……'，就是站在'四人帮'立场上，替'四人帮'发出的一个警告，这个警告的矛头，是指向华主席为首的党中央的。"（何芳川的交待材料，1977年1月11日。）[91]

对人的处理

在审查过程中，将"梁效"的成员分成六类：

一，秉承迟、谢的旨意，直接操纵者3人：李家宽、宋柏年、王世敏；

二，炮制反党文章和黑材料的组织者、主要执笔者10人：范达人、锺哲明、汤一介、叶朗、杨克明、徐琳、孙静、梁英明、胡经之、孙庆升；

三，炮制反党文章和黑材料的其他执笔者7人：何芳川、陈先达、李润海、赵齐平、锺成勋、孙中原、马栩泉；

四，没有参与炮制反党文章、但参与阴谋活动者3人：卢振义、郁龙余、常文宝；

五，炮制反党文章和各种材料的参与者13人；

六，充当顾问和侍从深受江青赏识者4人：冯友兰、魏建功、周一良、田余庆。[92]

最后对人的处理：

一，李家宽、宋柏年、王世敏属"三种人"（指追随林彪、江青反革命集团造反起家的人，帮派思想严重的人，打砸抢分子），开除党籍；（迟至1983年1月，经北京大学党委讨论决定、北京市委批准，给予李家宽、宋柏年留党察看两年的处分，给予王世敏严重警告的处分。）

---

[91] 关于原"两校大批判组"成员何芳川的初步审查情况，"梁效"专案组清查报告，1977年9月22日。

[92] 北京大学党委《关于"两校大批判组"清查情况的报告》（草稿），1978年3月13日。

二，范达人、锺哲明犯有严重错误，给予党内警告处分；

三，叶朗、杨克明犯一般错误，记录在案；

四，汤一介、胡经之等组长一级成员犯一般性错误；

五，一般成员不予追究。

在审查过程中，曾由北京卫戍区将为首分子李家宽、宋柏年拘留审查，由北京市公安局将骨干分子范达人、杨克明监护审查。四个人被关了一年多，说是"审查"，实际上是坐班房。当时还是延续"文化大革命"的那一套，不经司法程序，由党委决定就可以抓人、关人。"梁效"中人颇多怨言。周一良说"全套作法与'文革'毫无不同，我说是'以四人帮之道，还治梁效其身'"。[93]"四人帮"之道——"全面专政""斗争哲学"，不是你们所热衷鼓吹、大力推广的吗？不过是自食其果。

在当时的历史条件下，对"梁效"的审查，确有诸多局限：对"梁效"的批判，用的还是"梁效"式的大批判语言；衡量政治正确的标准，依然是维护"文化大革命""批林批孔""批邓、反击右倾翻案风""四人帮"和"梁效"的问题只是"另搞一套"而已。审查的结果不能说是成功的，除了一两个人有某种表态外，大多没有真诚悔悟。

冯友兰的"解脱"

冯友兰没有列入梁效专案组的审查对象，而是"交哲学系批判"。粉碎"四人帮"以后，我在哲学系当家。[94]

---

[93] 周一良《毕竟是书生》第75页，北京十月文艺出版社，1998年。

[94]《冯友兰先生年谱长编》下（中华书局，2014年）1977—1978年部分提到"郭罗基"每冠以"哲学系党总支书记"的头衔，误。我在哲学系当家，但并非党总支书记。哲学系的党总支、革委会紧跟"四人帮"，维护"梁效"，群众认为他们没有资格领导揭批"四人帮"和"梁效"的运动，全系师生员工遂自发地选举成立一个"领导小组"，由五人组成（三个教师郭罗基、王贵秀、李真，一个学生杨永祺、一个干部任宁芬），我被推举为组长。哲学系历来是北大的带头羊，而后继哲学系成立运动领导小组的还有经济系、法律系、数学系、化学系、生物系、制药厂，共7个单位。在这7个单位，运动领导小组部分地夺了党总支的权。党总支不领导运动，但仍负责日常工作。因为党总支、革委会讲

"文化大革命"中的"梁效"顾问冯友兰（节选）

我是"大批判"的受害者，对"大批判"深恶痛绝，当然不会再以"大批判"来害人。群众要求批判冯友兰，我拖着不办。反正不会有人说我"包庇梁效"。

倒是冯友兰本人，又耐不住了，适时表态是他的习性。1977年4月15日，《毛泽东选集》第五卷发行。5月4日，冯友兰就交了一份题为《在工作中学习，在工作中批判》的学习《毛泽东选集》第五卷心得。（《冯友兰先生年谱长编》未记此事。）哲学系教师王永江、陈启伟写了一篇《评"梁效"某顾问》，对照冯友兰吹捧江青的"咏史"诗，批判《在工作中学习，在工作中批判》，发表于《历史研究》1977年第4期。5月7日，党委统战部将冯友兰的《心得》报送北京市委。市委负责人丁国钰、黄作珍、贾汀、徐运北大喜过望，纷纷作了批语，对冯友兰作出表扬：一是批了江青，二是学了毛选五卷。北京市委又将冯友兰的《心得》报送党中央。党中央没有表示。

北京市委负责人的这种态度，激怒了群众。7月9日，哲学系中国哲学史教研室、欧洲哲学史教研室党支部贴出大字报，题为《"梁效"的顾问冯友兰的问题必须彻底查清楚》。大字报认为，冯友兰是"梁效"的顾问，在"批林批孔"中追随江青、吹捧江青，起过恶劣的作用，江也曾给予特殊关照。他是属于"同'四人帮'有牵连的人"，应当清查。群众舆论支持这份大字报。

哲学系运动领导小组接受群众的意见，定于7月20日下午召开全系大会，由"梁效"顾问冯友兰"说清楚"。这一天的早上，北大党委电告，下午的会不要开，冯友兰的问题要请示北京市委。[95]

话没人听，一些并非"运动"的重大工作群众也要求"运动领导小组"来领导。例如涨工资。1978年涨工资规定的指标是40%. 不讲道理、不讲条件，个个单位都是40%！每个单位，人人都认为自己是属于40%，那就成了100%，不好办！哲学系的群众对党总支、革委会信不过，就请"运动领导小组"出马。我在动员会上宣布："我是属于60%，大家不要提名我。"我表了这个态，说话就能服众。涨工资在别的系破了头，哲学系却顺利结束。党委给予表扬，党委副书记高铁在全校干部会上宣布：哲学系的三驾马车由"运动领导小组"牵头。粉碎"四人帮"以前，我靠边站已经将近一年；粉碎"四人帮"以后，人称"哲学系临时政府首脑"。

[95] 《冯友兰先生年谱长编》下，第751页记载："7月20日，上午在哲学系教师会上'说清楚'与'四人帮'的关系。"事前曾通知冯友兰（不是上午，而是下

过了几天，北大党委向哲学系传达北京市委的指示：关于冯友兰的问题，第一步先开一次小型的会，背靠背地提意见。哲学系运动领导小组问：第二步怎麽办？回答说：还没有考虑。这就是北京市委的领导！

8月3日上午，哲学系召开了背靠背的对冯友兰提意见的会，有十多人参加，我把大字报的作者和对冯友兰意见大的人都找来，让他们出出气。会上的发言很激烈，反正冯友兰不在场，事后也没有转达。我随即请示，第二步怎麽办？直到1978年下半年，我离开哲学系到校长办公室，市委未有答复。

冯友兰本人却缺乏自知之明。

1977年10月3日，冯夫人任载坤因肺癌不治而逝。冯夫人曾与邻居魏建功夫人门前私议，说：解放以来经过多少次运动，心想这回跟着毛主席可跟对了，不想更错！两位老太不胜唏嘘。

冯友兰撰挽联，曰：

忆昔相追随，同荣辱，共安危，期颐望齐眉，黄泉碧落君先去；
从今无牵挂，斩名缰，破利锁，俯仰无愧怍，海阔天空我自飞。

夫人离世，顿觉"无牵挂"，决心"斩名缰，破利锁"。在西南联大流行一个段子：金岳霖与冯友兰路遇，金问："芝生（冯友兰字），到什么境界了？"冯答："到天地境界了。"于是相对哈哈大笑，擦身而过。"天地境界"是冯友兰设计的远离"功利境界"的人生"最高境界"。现在他才承认，此前实际上是处于名缰利锁的束缚之中，深陷"功利境界"。所谓"天地境界"，不仅是虚幻的，而且是欺人的。到了耄耋之年，总算有一点觉悟。

1977年10月下旬，冯友兰要到外地走走，散散心。他来找我，要求批准。

我说："你不在'梁效'专案组的审查范围之内，行动是自由的，不必批准。你的爱人去世不久，要出去散散心也是可以理解的。不过，到外地走走要考虑时机。现在对'梁效'的审查还没有结束。至今，

午），事实上这个会没有开成。

"文化大革命"中的"梁效"顾问冯友兰(节选)

系里没有开过一次关于你的批判会……"

他连忙说:"是、是、是,是、是、是,……"

"群众对'梁效'的愤慨,恐怕你是估计不足的。到了外地,群众自发地批斗,怎么办?我们鞭长莫及。'文革'中群众自发批斗的场面,你应该记得的。"

最后,他说:"那、那、那,我推迟、我推迟。"[96]

1979年2月27日下午,冯友兰在哲学系"说清楚"与"四人帮"的关系,中国哲学史教研室的全体教师和其他教研室的代表20多人参加,我正出席理论务虚会,如在北大也是应该参加的。关于吹捧江青,他是这样说的:

《咏史廿五首》,其中有"则天敢于做皇帝,亘古反儒女英雄。"我当时的想法是:我过去几十年尊儒。现在应该清算这种思想,把被颠倒的历史颠倒过来,歌颂历史上的法家,表扬历史上的前进革新人物。从反儒这一点看,武则天做皇帝和儒家的每一个教条都是相反的,所以要突出这一点。当时我不知道江青有做女皇的野心,不知道她要借吹捧武则天为自己制造舆论。

这就是"影射史学"的妙用了。当时以孔丘影射周恩来,以武则天比附江青,彼此心照不宣。迟群说:"你看像谁就是谁。"他们没有辟谣,没有澄清,没有说"不是谁"。等到追究的时候,就说"不是谁"了。批孔丘,不是影射周恩来;捧武则天,不是比附江青。"当时我不知道江青有做女皇的野心",你能证明我知道吗?

冯友兰把自己说成天真幼稚的人。在粉碎"四人帮"以后的第一份检讨——《在工作中学习,在工作中批判》中说:"因为'四人帮'

---

[96] 《冯友兰先生年谱长编》下,1977年10月17日记载:"上午锺璞往北大党委统战部问先生可否往南方旅游,平秉权说还要商量。下午,电话问商量结果,统战部要锺璞去面谈,由平秉权、郭罗基、秦锡瑜出面,说先生不能去南方旅游。"(756页)我没有参加过这样的面谈,而且我从未见过冯锺璞,每次去冯家,恰好她都不在。我与冯友兰本人有过一次面谈。我也没有请示过党委,不知道他们说冯友兰不能去南方旅游的理由是什么。我没有说不能,而是晓以形势利害,冯友兰本人表示愿意推迟。

都是打着红旗,自命为理论权威,当时有些问题自己也搞不清楚,只好人云亦云。"不是"人云亦云",而是"帮云亦云"。这一次在会上又有类似的说法:

> 《咏史》那一组诗……其中有些论断并不是出于我的研究的结果,而是照着"四人帮"的伪史学所规定的调子推演出来的。这是一个搞学术的人的大忌。作为一个学术工作者,本应坚持真理,以实事求是的精神,根据他从研究工作中得来的结果提出自己的看法,以供众论纷纭中各方面的参考。如果不能如此,国家人民又何必需要这种工作者?我得了这一次教训,要永远引以为戒。

几十年"从研究工作得来的结果"是尊孔,一下子投入批孔。只说"是照着'四人帮'的伪史学所规定的调子推演出来的",这个教训够用吗?

1979年2月,粉碎"四人帮"近两年半,梁效专案组的工作也已经结束,时代气氛不同了。会议的参加者客客气气地提了一些希望,冯友兰的问题就算了结。

8月,冯友兰在家人的陪同下到黄山等地散心去了。

"梁效"分子有一点悔悟吗?

"梁效"分子的辩解,总是说:"'梁效'成员均由党组织选调而来,个人无任何选择权"。[97]问题在于这个"党组织"就是"四人帮"的帮派体系,代表"四人帮"来"选调"的。更重要的是,北大、清华的四、五千名教师中为何"选调"出你们这二、三十人来?还不是你们符合"四人帮"的"选调"标准吗?"梁效"成立之前,1973年,从清华始发,延至北大,开展了一场"反击右倾回潮运动",运动历时三个月,迟群也叫它"三个月运动"。"梁效"的成员就是从"三个月运动"的积极分子中"选调"出来的,其中一些人,如范达人、叶朗、

---

[97] 范达人《"文革"御笔沉浮录——"梁效"往事》第30页,明报出版社,1999年。15年后,又老调重弹,没有一点长进,见范达人《"梁效"的成立与终结》,《炎黄春秋》2014年第6期。

"文化大革命"中的"梁效"顾问冯友兰（节选）

钟哲明等本来就是"大批判"高手，被"党组织"相中，决非偶然。"选调"之后，态度也不相同，并非"个人无任何选择权"。有的人就因为被认为"表现不好"，踢出了"梁效"。坚持到最后，都是死心塌地的了。中文系教授魏建功，因年老体衰，"梁效"命他回系，他却还要自动去上班。参加四届人大的"梁效"分子冯友兰、汤一介、范达人、王世敏，弹冠相庆，赋诗抒怀。冯友兰诗云："尊儒风未息，批孔战方酣""愿奋一支笔，奔走在马前。"哲学系同事王永江、陈启伟评说江青爱骑马，故"马"字用得极见匠心，非拍马有术者不能出此也。就是说他甘心情愿当江青的马前卒，死心塌地为江青率命驱驰了。[98]

甘当马前卒的并非冯友兰一人，完全出于自愿，怎么能说"个人无任何选择权"？汤一介进"梁效"时，与孙长江商量。孙给他出主意：你争取做后勤，不要写文章。凡事靠后，不要朝前。每天做了什么，都记下来。结果，汤一介不但写文章，还主动向江青献题。凡事不是靠后，而是朝前。由于种种表现受到江青的赏识，给他赠书，还赐他一个全国人大代表当当。汤一介的所作所为与孙长江所建议的相反，这难道不是自觉的选择吗？周一良风头正健时，他的妹夫、30年代参加共产党的老干部对他说，一时出名未必是好事，劝他急流勇退。可以有别的选择而他不选择。

如是被动"选调"入"梁效"，一旦事情明了，应当深切悔悟吧？

周一良为范达人的回忆录作序，只有两句话："《"文革"御笔沉浮录——"梁效"往事》一书，叙事真实确切可信。我认为可出版，应出版，以示人真实历史，以正视听。"[99] 重要的是最后四个字：自己不作忏悔，却要用他们公布的"事实""以正"别人的"视听"。冯友兰先生还有所自责："我当时也确有哗众取宠之心。有了这种思想，我之所以走了一段极左路线，也就是自己犯了错误，不能说全是上当受骗了。"[100] 他说得比较含蓄，向谁"取宠"？如何"哗众"？冯先生不过是"识时务"而已，何尝真心悔悟。每到关键时刻，他都发誓

---

[98] 王永江、陈启伟《评梁效某顾问》，《历史研究》1977年第4期。
[99] 范达人《"文革"御笔沉浮录—"梁效"往事》第Ⅰ页，明报出版社，1999年。
[100] 《冯友兰自述》第158页，中国人民大学出版社，2004年。

要"脱胎换骨";1949年以后,他已经"脱胎换骨"好几次了。汤一介晚年,在记者采访有关"梁效"的稿子上写下一句补充:"我错了,我要深刻反省。"[101] 当年批孔的时候,把孔子骂得狗血淋头;现在当上了中华孔子学会会长,还得了孔子文化奖,如果不作"深刻反省",讲话有什么公信力?过了8年,未见"深刻反省"的内容,他就撒手人寰了。但总算留下一个态度。魂断香消四十年。有的"梁效"分子还在恋旧。范达人说:"在'梁效'期间,我们写了很多文章,一度很是风光。"[102]没有看到一个"梁效"分子有过"深刻反省",除了汤一介,连个态度都没有。

"梁效"分子要不要忏悔?范达人在接受采访时是这样回答这个问题的:

郑:您认为对"梁效"的成员来说,"梁效"的经历不是一种罪过,不是要忏悔的?

范:对。应当从当时的历史条件加以解释。[103]

在"当时的历史条件"下,"梁效"的作为非但不是罪过,而且"很是风光";反"梁效"倒是"一种罪过"。现在历史条件变了,又当如何?范达人说了:

任何时候都会有这样的人,为了宣传某一个政策、方针,他需要人、组织人来宣传政策,会有这样的,以后也会有,所以这个现象不会消失的,不会完全消失。[104]

范达人要喊"梁效"万岁了。确实,中国的政治体制不变,"任何时候都会有这样的人"。在民主政治的条件下,就不需要也不可能产生"梁效"。可以说,范达人是把中国的政治体制看透了,而他的"梁效"立场可谓坚定不移矣。

冯友兰在《三松堂自序》中自陈:"我在当时的思想,真是毫无实

---

[101] 陈香《汤一介和"梁效"》,《中华读书报》2006年2月8日。
[102] 范达人《"梁效"的成立与终结》,《炎黄春秋》2014年第6期。
[103] 《我在"梁效"的经历》,口述者:范达人,采访者:郑实,2005年5月20日,《信睿》2012年第3期。
[104] 凤凰卫视《口述历史:梁效往事》,凤凰网 ifeng.com 发布时间:2013-03-16

事求是之意,而有哗众取宠之心,不是立其诚,而是立其伪"(第189页)。"立其伪",也是对"梁效"们的全部言行的概括。冯友兰没有从"立其伪"说下去,严复代他说了:"华风之弊,八字尽矣,始于作伪,终于无耻。""梁效"这一帮"立其伪"的写手,背后被人斥为"无耻之徒"。有人从列宁的著作中找到一个恶毒的字眼,骂他们为"卖淫文人"。列宁说,那些出卖自己的灵魂可以用自己的全部教养为社会上任何反动势力服务的知识分子是"一种熟练的变相卖淫"[105]"梁效"的骨干分子,就是从事这种"熟练的变相卖淫"。周一良曾收到署名"一个老朋友"的来信,信纸上只有用毛笔书写的四个繁体大字:"无耻之尤"。魏建功也收到同样署名的信件。[106]可见亲朋故旧对"梁效"中人的愤恨。这个头衔加在冯友兰身上可能更为合适。他即使收到这样的信件也不会吭声,而周一良、魏建功敢于将"无耻之尤"亮出来,说明他们虽"无耻"还不是"之尤"。其实,文人"卖淫"比娼妇、妓女还要无耻。欧阳予倩改编的《桃花扇》,说的就是明末清初文人侯方域"卖淫",为秦淮歌妓李香君所不齿的故事。娼妇、妓女为生计所迫而出卖肉体,也是受害者,有值得同情之处。"卖淫文人"为追逐利禄而出卖灵魂,是害人者,理应受千夫所指。共产党内的大知识分子胡乔木就是一个可以用自己的文才为任何人服务的头号"卖淫文人",他可以为打倒邓小平的毛泽东服务,又可以为批评毛泽东的邓小平服务。

"梁效"这帮人,确实能够适应多变的中国政治气候,而不变的中国政治体制也确实需要这帮人。他们沉潜了一个时期,不少人又冒出来,重新成为红人、要人、名人(见附一)。老的"梁效"式的人物与时俱进了,新的"梁效"式的人物又不断产生。无耻的卖淫文人是不民主的政治体制的寄生赘疣。

把"梁效"作为研究对象

对于"梁效",专案审查没有解决问题;骂他们无耻,也不解决问

---

[105] 《纪念葛伊甸伯爵》《列宁全集》第13卷第36页。
[106] 周一良《毕竟是书生》第79页,北京十月文艺出版社,1998年。

题。那要怎么样？应当把他们当作研究的对象，引出必要的教训，对"梁效"的成员和中国广大知识分子群体都是有益的。

于光远早就向胡耀邦建议，成立"'三种人'研究所"（"三种人"是指：追随林彪、江青反革命集团造反起家的人，派性严重的人，打砸抢分子）。他讨厌"专案组"。"专案组"是整人的，而研究所是带有思想性、学术性的机构。开列清单，研究文化大革命中造反起家的风云人物以及烜赫一时的写作班子，如"梁效""罗思鼎""洪广思"等等。研究的目的在于提升人的精神。[107]于光远、胡耀邦都已不在了，遂无问津者焉。研究所的名称是不是叫"'三种人'研究所"倒不一定，但作为一个专题，组织力量，进行研究，是完全必要而十分迫切的。"梁效""四人帮"以至"文化大革命"都应该进行专题研究。其后，沙叶新又旧事重提：

> 如今重提梁效，实在是因为梁效这样一个不是帮闲而是帮凶的写作班子太值得研究了，它们是世界上独一无二的、也是中国自古未有的御用的"书生"群体。类似梁效这样的政治怪物，北京还有初澜，上海还有石一歌、丁学雷、罗思鼎等。可惜至今都无个案的剖析和群体的考究。其中的障碍之一是文革史学者对此项研究的意义远远认识不足，尚未认识到深入研究梁效、石一歌等等文革遗产，对中华文化品格的重建，对知识份子精魂的重塑，都是至关重要的。[108]

沙叶新进一步提出了研究的方法，应作"个案的剖析和群体的考究"，目的不是整人，而是"中华文化品格的重建"和"知识分子精魂的重塑"。

周一良说："事情放在较长一段流光中来考察，就能较为超然，就能较为公正，就能实事求是，就能通情达理得多。"确实，对"梁效"的研究要把它"放在较长一段流光中来考察"，不是如周一良所说的四个"就能"在历史的长河中得到洗刷，而是更能看清楚对"中

---

[107]《读了余秋雨两篇自白之后》，《深圳周刊》2000年第24期。
[108] 沙叶新《"书生"及"梁效"评议》，《南方周末》1999年1月29日。又见明镜历史网。

"文化大革命"中的"梁效"顾问冯友兰（节选）

华文化品格"的戕害和对"知识分子精魂"的糟蹋。

"梁效"现象是值得研究的重大课题，它不仅是"文化大革命"现象，也是中国知识分子现象。中国的知识份子中，为什麼容易出摧眉折腰事权贵的无耻之徒？特别是具有"五四"传统的北京大学，何以又出了一个反"五四"传统的"梁效"？此类问号，宜长留人间，深思之，怵惕之。

附一 "梁效"最后成员39人及顾问的名单

- 李家宽，8341部队文书科副科长，北大党委常委、党委办公室主任，"梁效"党支部书记。
- 宋柏年，北京大学政工组宣传组副组长，批林整风办公室副主任，"梁效"党支部副书记。后为北京外国语学院汉语教研室教授，澳门理工学院教授兼院长顾问。
- 王世敏（女），清华大学政治理论教研室哲学教员，"梁效"党支部副书记，四届人大代表，江青封的"女状元"。
- 汤一介，北京大学哲学系中国哲学史教研室讲师，"梁效"党支部委员，四届人大代表。后为北大哲学系教授、博士生导师，北京大学儒学研究院名誉院长，《儒藏》编纂与研究"重大专项首席专家，《儒藏》总编纂，中央文史研究馆馆员，中国文化书院院长，还是中华孔子学会会长，中国哲学史学会副会长、中国炎黄文化研究会副会长，又是国际道学联合会副主席，国际儒学联合会顾问。获北京大学哲学系教育终身成就奖、吴玉章人文社会科学终身成就奖。特别值得注意的是获孔子文化奖，他的一生，时而尊孔，时而批孔，又回到尊孔。
- 杨克明，北京大学哲学系辩证唯物主义教研室助教。所谓"全国第一张马列主义大字报"的起草人，文革初期与聂元梓一起列席中共八届十一中全会。"梁效"党支部委员。后为哲学系教授、博士生导师，改名杨适。人民出版社为他出了5卷《杨适文集》。
- 叶朗，北京大学哲学系美学教研室助教，入"梁效"前是哲学系大批判组"哲军"的成员。后为哲学系教授、博士生导师，任北京大学哲学系主任，北京大学美学与艺术研究中心主任，北京大学学术委员会委员，北京大学哲学评议组组长，中华美学学会副会长，全国哲学社会科学"八五"哲学学科规划小组成员，1999年获"国家级有突出贡献专家"称号，同时任国务院学位委员会哲学学科评议组成员，教育部高等学校哲学学科教学指导委员会主任委员，还是全国政协常委。

- 张世英，北京大学哲学系西方哲学史教研室副教授，在"梁效"期间"火线入党"。后为教授、博士生导师，外国哲学研究所学术委员会主任、北京大学学术委员会委员，中华全国外国哲学史学会顾问，中国哲学与文化研究会会长。
- 陈先达北京大学哲学系教员。后调中国人民大学，为哲学院教授，任北京市哲学学会会长。著作和论文曾获教育部人文社会科学研究成果一等奖，两次获中宣部"五个一工程"奖，两次获吴玉章奖金一等奖。
- 穆少安，北京大学哲学系留校工农兵学员
- 周一良，北京大学历史系教授，曾任历史系主任，"梁效"党支部委员，中共十大代表。
- 田余庆，北京大学历史系中国古代史教研室讲师。后为教授、博士生导师。
- 范达人，北京大学历史系助教。"梁效"党支部委员，四届人大代表。1989年出国，在哈佛大学当访问学者。
- 何芳川，北京大学历史系助教，在"梁效"期间"火线入党"。后任历史系主任、教授，北大副校长，北大党委常委，还担任国务院学位委员会历史学科专家组副组长，教育部历史学科指导委员会副主任，中国历史学会副会长，北京市社会科学联合会副主席，中国亚太学会副会长等20多项职务。
- 魏建功，北京大学中文系古典文献专业教授，原北大副校长。
- 林庚，北京大学中文系教授。
- 胡经之，北京大学中文系文学理论教研室教员。后为深圳大学学术委员会副主任，广东省美学会会长。
- 孙静，北京大学中文系中国文学史教员。
- 吴同宝（吴小如），北京大学中文系古典文学教员。
- 孙庆升，北京大学中文系中国现代文学史教研室教员。
- 赵齐平，北京大学中文系教员。
- 卢永麟，北京大学中文系留校工农兵学员。

- 张正钊，北京大学苏联东欧研究所教员。
- 洪兆龙，北京大学国际政治系教员。
- 罗祥文，北京大学法律系国际法教员。
- 郁龙余，北京大学东语系教员。
- 梁英明，北京大学国际政治系助教。后为北京大学亚非研究所教授，北京大学南亚、东南亚研究所副所长，哈佛大学访问学者，北京大学华侨华人研究中心副主任、北京大学亚太研究中心委员、中国华侨历史学会常务理事等职。
- 锺哲明，北京大学党委宣传部副部长。后为北京大学马克思主义学院教授、北京大学中国特色社会主义理论体系研究中心教授、博士生导师，享受国务院政府津贴。历任北京大学马克思主义学院院长、学术委员会主任、北京大学学术委员会委员等。兼任中国社会科学院马克思主义研究院特聘研究员，教育部普通高中思想政治课标准教材编写指导委员会委员，中央马克思主义理论研究和建设工程"经典著作基本观点研究"总课题组主要成员和两个子课题组首席专家，"马克思恩格斯列宁历史理论经典著作导读"编写组主要成员等职。
- 陈熙中，北京大学留学生汉语教研室教员。
- 常文保，北京大学政工组工作人员。
- 龙协涛，北京大学政工组工作人员。
- 史国衡，清华大学图书馆馆长。
- 马栩泉，清华大学电子计算机系教员。
- 王朝文，清华大学政治理论教研室国际共运史教员，"梁效"党支部委员。
- 孙中原，清华大学政治理论教研室教员。
- 杨根，清华大学化学系教员。
- 张德，清华大学教员。
- 锺成勋，清华大学政治理论教研室政治经济学教员。
- 李润海，清华大学政治理论教研室国际共运史教员。
- 卢振义，清华大学电影放映员，"梁效"党支部委员。
- 冯友兰，北京大学哲学系中国哲学史教研室主任，教授，任"梁效"顾问期间为四届人大代表。

附二 "梁效"的著作一览

【编者按：此附件共列"梁效"在报刊发表的文章 168 篇，题目略】

【编者按：第十三、十四章，略；冯友兰年谱、参考文献。略】

郭罗基 2019 年 11 月

于美国奥马哈完稿

作者介绍：

郭罗基，1932 年出生于中国江苏无锡。

20 世纪 40 年代，在反饥饿、反内战的学生运动中，郭罗基成为学运领袖。十六岁时参加中共地下组织。这一年，少年郭罗基被国民党政府列入"黑名单"。

1949 年以后，郭罗基为党政干部，历任无锡市人民政府团委书记、无锡市一级机关团委书记、无锡市人民政府交际处党组织书记等职。

1955 年进入北京大学历史系学习。

1957 年的反右运动中，作为学生党支部书记，他不愿将同学沈元打成"右派分子"，因而被指责为"右倾"，受到批判。

1958 年，提前两年毕业，留校在哲学系任教，讲授马克思主义哲学。

1959 年，在"反右倾机会主义运动"中，因"右倾"言论，受到批判。

1960 年代，郭罗基被北大党委称作"反对三面红旗（总路线、大跃进、人民公社）的代表人物"。

1965 年，被惩罚性地下放到农村。1966 年 6 月，"文化大革命"开始，回到北大。

1967 年 3 月贴大字报批评聂元梓，给其整风。8 月参加了反校文革的"井岗山兵团"。

"文化大革命"中的"梁效"顾问冯友兰（节选）

1975年抵制"批邓、反击右倾翻案风"，始终不发言、不表态（当时在北京大学敢于站出来公开抵制的有两个人，另一个是周培源）。

1976年粉碎"四人帮"以后，郭罗基被北大哲学系师生自发推选为"领导小组组长"，取代系党总支和革委会的领导。

1977年，北京市召开第七届人民代表大会。在领导指定的代表以外，郭罗基被北大群众直接提名为代表。他在人民代表大会上作长篇发言，指名批评镇压1976年"四五天安门事件"的北京市负责人吴德。

1978年后，郭罗基在以真理标准讨论为形式的思想解放运动中，起过重要作用。胡耀邦认为，郭罗基等一大批人是思想解放运动中的"闯将"。

中共十一届三中全会之后，接着召开理论工作务虚会，由时任中共中央秘书长兼宣传部长的胡耀邦主持。郭罗基是会议成员之一。会议期间，由胡耀邦批准，郭罗基在《红旗》杂志1979年第3期上发表《思想要解放，理论要彻底》，公开批判对毛泽东的"造神运动"。1979年6月，女共产党员张志新惨遭迫害致死的真相被揭露后，郭罗基在《光明日报》上发表《谁之罪？》，声讨"挂着无产阶级专政招牌的专制制度"。此文是当时在全国极具影响力的思想解放文章之一。

1979年11月，郭罗基的《政治问题是可以讨论的》一文在《人民日报》问世，引发关于言论自由问题的激辩。

1981年8月，郭罗基的《要认真杜绝个人崇拜》一文，经胡耀邦修改后，以"马温"的笔名发表于《人民日报》。邓小平批评人民日报"热心发表郭罗基的文章是不正确的"。邓力群掌控的中宣部指责人民日报和马温"与党中央不保持一致"。从此，所有报刊不准发表郭罗基的文章。

1981年11月，郭罗基被胡乔木戴上"资产阶级自由化的冒尖人物"的帽子。

1980年1月，教育部下令：将郭罗基从北京大学调往南京大学。按条例，教育部只能调动和任命重点大学的校长。对郭罗基的调动是越部用权。郭罗基在北大群众的支持和北京理论界声援下，进行抵制，调而不动。1982年初，邓小平发话："我已经说了两年，郭罗基怎么还不去南京？"邓力群当权的中宣部和北大党委，先后对郭罗基批判了半年，施加压力。邓小平再次发话："叫郭罗基去南京，不去就开除党籍；开除了党籍还要去，再不去就开除公职。"

1982年8月，郭罗基全家被强迫调离北京，分配到南京大学。

1983年的"清除精神污染"运动中，邓力群在中央会议上点名，郭罗基与周扬、胡绩伟、王若水、李洪林、阮铭一起，成为六名全国性的重点批判对象。幸而胡耀邦出面纠正，"清除精神污染"运动搞了28天，无疾而终。

1986年9月28日，在中共十二届六中全会上，邓小平点名郭罗基为"资产阶级自由化的代表人物"。

1989年的政治风波中，郭罗基的研究生是南京市高自联的头头，郭罗基不仅予以指导，而且本人也上街游行。风波之后，郭被开除党籍，教授和博士生导师资格亦被取消，还不准上课，不准出国。八九六四后，在一片恐怖的气氛中，郭拿起法律武器，起诉国家教委和南京大学党委，以侵犯公民权利为由，抗议"六四"镇压。在法律文书中确立了"共产党违法"的命题。官司从南京市中级人民法院打到江苏省高级人民法院，又打到北京最高人民法院，最后向全国人大常委会递交了五万言的《公民上书》。在法庭上虽然未获胜诉，但在国内外造成巨大反响，为社会主义国家起诉共产党开了先例。郭就此事著作：《共产党违法纪实》一书（民主大学出版社1997年）。

九十年代初，纽约科学院选他为院士，哥伦比亚大学邀请他访美。

1992年，郭罗基来到美国，在哥伦比亚大学东亚研究所先后任访问学者、访问教授、研究员。同时担任"中国人权"的理事。未几，被中国政府列入不准入境的49人黑名单。

1995年，郭罗基转到哈佛大学法学院，任资深研究员。

郭罗基从哈佛大学法学院退休后，现居美国中部内布拉斯卡州的奥马哈市。

（注：以上郭罗基简历摘自美国《独立中文笔会》的《郭罗基作品选编》之"作者简介"2015年3月29日发表。）

截屏再謦周一良[1]

郝 斌

1987年初，时在农历岁尾，按照校长办公室的安排，我到燕东园24号周一良先生寓所拜年，遭遇了一场意想不到的谈话。于今快三十年了，当时的尴尬情景时时涌动心头。现在，依据我的记忆，把这次晤谈追记下来，同时也以我现在的认知做一点必要的诠释。周一良，作为二十世纪中国知识分子的一位代表性人物，已有不少学者对他给予关注、研究，我写的这些，或许可以作为研究者的参考。

现时的北大，每到农历年末，都有一场春节团拜会，数百人的规模，校内的教职员工，方方面面，都有人受邀出席。这一举措，始于上个世纪的九十年代之初，而后成为定制，延续至今。在此之前，春节到来，只是因袭旧俗，登门拜年。受拜的，先是一、二级教授，后来因人事代谢，一、二级教授凋零的不少，遂延扩至三级教授。登门拜年的角色，由校长、副校长、书记、副书记充任。有时一人独往，有时二人同行。一个上午拜望一家、两家，最多三家。至于谁去拜谁，全依平日交往熟识的状况，由校长办公室协调确定。最早是空手登门，仅是叙谈和礼数而已；后来，办公室加备了一点礼品，也不过苹果二、三斤。那个时候，冬令时节，市场上只有国光苹果可见，酸中带甜，但个头儿嫌小，卖相不佳。如果外加几个白梨和香蕉，已属当时罕见之物。水果装入袋中，放进自行车筐，先有电话预约，随后登车径去。不记得哪一年，水果被放进一个小篮筐里，一下雅致了许多。

打从"文革"，师生、同事之间的拜年，作为"四旧"废除多年了，八十年代一切慢慢恢复。拜年，总是一种喜庆，增添了这种往来，宾主都感亲切；就是今天回想起来，也觉一股清风，没有俗气。在叙

---

[1] 郝斌《北京大学中国古代史研究中心》2016.09.14 网页。

谈过程中，间或有人对校务提出某种建议，遇有这种情况，在年后的相关场合，我们会彼此通报。其间的不便只有一点，如果顺路拜访两家，叩门求进的时候，另一篮水果该放在什么地方呢？随身带进门去，告别的时候，又复拿出，有点不尴不尬；放在门口呢，主人送客出门，难免要解说几句，多费口舌，尚在其次，万一有谁顺手牵羊拿走了，宾主相向，又尴又尬，反倒更是不便。这个小小的技术问题，我一直未得解决。

时任党委书记的王学珍，拜年活动，从不缺席，而且有两户人家，他必亲往。一户是法律系教授芮沐，一户是经济系教授严仁赓。芮、严两家，我都随他去过。

我自1984年担任党委副书记之后参与此项活动，先是随同张学书、王学珍前往，后来间有独行。我先后拜望过的有陈岱孙、冯友兰、季羡林、金克木、李汝祺、段学复、谢义炳、沈同、邓广铭，以及朱光潜先生的夫人奚今吾等。周一良是我的老师，办公室安排由我前去，自在情理之中。

那时候，周先生退休一年多了，青灯孤馆，过客星稀。人一闲下来，过往的杂事难免会涌上心来，何况是周先生。他的心境不好，我已有耳闻，去往燕东园的路上，也大致有个估计。然而多年以后，看到他写的自传和杂记才知道，我当时的估计实在差得太远。

压在周一良心头的，一是"黑帮"旧怨，二是"梁效"新恨。"文革"初起，他被打成"黑帮"，在"牛棚"里关了将近三年；"四人帮"倒台，他作为"梁效"成员，再次隔离受审，又是三年。身陷"梁效"，直弄得名辱身冤，其间的遭遇远甚于头一次的"黑帮"。周一良后来一再提到的他在"文化革命当中的三件公案"[2]，也就是让他抑郁多年的三个心结，与"梁效"有关的，占了两件。

其实，"四人帮"倒台后，外面指骂"梁效"正凶之际，隔离受审的周一良，对此所闻无几。他一直在"竹筒倒豆子"，认真地检查自己。直到审查的第三个年头，连审查者也患上疲劳症时，受审者仍

---

[2] 《周一良全集》第7卷337页。赵和平主编，高等教育出版社，2015年12月，北京。

需每天到"学习班"报到坐班。这个时候,我们的周先生已经是个"老运动员"了,可他毕竟又是位书生,一者单调无聊,二者才情有余,在读书的间暇,手头发痒,于是就写起诗来——检讨诗。到了1978年11月,审查解除,初步结论为"人民内部矛盾",他才觉得可以给朋友写封信了;对远在上海的谭其骧,他早年的燕京同学,正好一诉衷肠。周一良在信中先有问候,同时附去了这首别体,并有说明:"进学习班后曾有俚语述怀,未尝示人,亦奉吾兄以见当时心情一二。"请看这首述怀的开头四句:

奴才羽翼两兼之,悔恨交加已太迟。
明明谬论偏相信,暗暗阴谋那得知![3]

"奴才羽翼""悔恨交加",读者朋友,这是什么分量的词语!周先生的自责自恨,溢于言表。固然这是朋友间的谈心,而其披沥如此,其痛可知。可这话背后的般般细节,在周先生来说,当时却无从对人说起,其中甚至包括家人[4]。后一件,成了他心头的隐痛。

读者或有不知,"四人帮"倒台时候,国人皆曰可诛;而为"四人帮"张目的"梁效",国人皆曰可恶。彼时的情势如此,天理人情。而我们现今观察、剖析的周一良,身为"梁效"的成员,当时正是惹嫌国人的一位。

殊不知世上的事情是复杂的,有时候复杂到让人一眼看不透,两眼也未必看得透,一如司马迁所慨叹的:"事本末非易明也"[5]。换句话说,事情发生了,如果任谁一人一眼全能看清、看透,那就用不着我们这些人来专门学史、治史了。"梁效"的事情,就很带点这样的复杂性。

在这里,我需要啰嗦几句"梁效"。

"梁效",它的正式名称原是"北京大学、清华大学大批判组",

---

[3] 《周一良全集》第10卷45页。赵和平主编,高等教育出版社,2015年12月。北京。
[4] "不如意事常八九,可与言人无而三"。周一良因感而请老友、书法家顾廷龙写成大篆楹联,悬于厅室。
[5] 见司马迁:《报任少卿书》。

出现于1973年10月，终结于1976年10月。那是"文革"的中、后期了，进入了所谓"斗、批、改"阶段，"革命大批判"成为一种时髦。于是"大批判组"应运而生，几至遍于国中，单位无论大小，一律都不会少。彼时，"六厂二校"[6]已经被毛主席认定为"样板单位"。由"样板"单位中的"二校"，即"两校"，联合组成一个"大批判组"，地位自然非比寻常。而据多年后服刑出狱的谢静宜说，当初她拉起这个机构，原是奉毛泽东之命而行，江青插手进来，还是成型之后的事[7]。

"梁效"乃是"两校"的谐音，它先是发表文章使用的笔名，随后，也成为这个机构的别名。其成员共39人，除军宣队和"掺沙子"进来的工人各一名外，个个都是饱学之士，当初都从各系选拔而来。接到调入的通知，有人受用，觉得组织信任；有人勉强，可能眼里看到的事情多了一点；有人很不情愿，但也不能抗命不从。不过，"梁效"原来能够通天，则都是他们进入之后才慢慢感知到的。正是由于这个缘故，他们炮制的文章，十篇之中竟有五篇、六篇能够刊登在"两报一刊"[8]之上，而且是头版头条，甚至是通栏的标题。于是，不久就有了"小报看大报，大报看'梁效'"的说法，"梁效"的文章，俨然成了毛主席战略部署的风向标。

说到内部如何炮制文稿，原来全是奉命写作，绝少自己创意命题。所谓奉命写作，就是授意的不动笔，动笔的只是精微阐发而已。有时候，有人送来一纸提纲，让你写，你就得写。至于这份提纲由谁人所拟，对不起，此事不劳多问。而真正动起笔来，因是群体写作，鸡一嘴，鸭一嘴——当然，总是调高的驱逐调低的；等送去审查，过目者都是高层，增删自然由人，而增删之句，往往又是点睛之笔；若问增删者何人、为何增删，那都属于工作中的秘密，都在纪律约束之中。

---

[6] 六厂是：北京针织总厂、新华印刷厂、北京化工三厂、北京南口机车车辆厂、北京木材厂、北京二七机车车辆厂；二校是：清华大学、北京大学。这八个单位的经验，在党的八届十二中全会和中共第九次代表大会上，毛主席予以肯定，并以它们的经验指导全国的"斗批改"。

[7] 转见范达人：《梁效——文革御笔沉浮录》。

[8] 两报，指《人民日报》《光明日报》；一刊，指《红旗》杂志。这是当时的简称。

这样一来，国内明明民不聊生，捉刀诸公却能写成"莺歌燕舞"。开头，人们看了，还颇愤慨难忍；后来，就只剩下讪笑和轻蔑了。读者虽然侧目，可它有"两报一刊"可傍，一时成为国内舆论的主导。其实，"梁效"与"两报一刊"，不过左牵黄，右擎苍，都在老夫一家手掌之中，外人不易看透而已。等到"四人帮"倒台，审查"梁效"，追究起文责，其结果是，公开发表的长短文章共181篇，大致只有一篇无关紧要的短文为一人所写，其他180篇，较起真来，竟没有任何一篇有哪一个人完全扛得起来。一句话，文章的立意、命题、起草、增删、审定、发表，与官方文字，应无二致。

周一良在里面担当什么角色呢？

"梁效"内部分为三个部分：写作组若干，材料组和注释组各一。他们的直接上司是支部书记李家宽——迟群、谢静宜派来的一位军宣队员。周一良是注释组的成员。这个组，不参与文章的写作，只是注释一些古典诗词、典故，或将诗词译成白话，据说，译成之后都是送到中南海，由护士念给毛主席听的。如此说来，周一良所参加的注释组，无非一个"活字典"而已，说不上什么大恶。让周一良招怨的，是"批林批孔"动员令发布全国的时候，派他站到了最前台。

1971年9月林彪摔死之后，他的居所毛家湾想必早就查抄过了。两年过去之后，有人想起他的书籍字画来。于是，1973年末，派了"梁效"一干人马又去翻检一过。上万册图书，只要是在尊孔文字上面用笔勾了道道、画了圈圈的地方，都摘出来。十几个人，连查了三次，凑到一块，没有几条。刘项原来不读书，嗟尔众人，胡为乎来哉！此一时节，只凭匠心巧运，编排出一份《林彪与孔孟之道》（材料之一），算是完成上面的旨意，用这个材料指说林彪是孔老二的徒子徒孙。

清算林彪，何以要把文章做到孔夫子头上？林彪的事是十足的政治问题，何以要跟古代的思想意识挂起钩来？此事的玄妙，笔者至今不解。如今，我们只能就事论事。我们但知的是，在此前半年左右，曾有毛泽东的《七律·读〈封建论〉呈郭老》[9]传达，另有一首五言绝

---

[9] 全诗是："劝君莫骂秦始皇，焚坑之事要商量。祖龙虽死业犹在，孔学名高实

句"郭老从韩退"[10],也传出来,都是否定孔子的。这两首诗才是"批孔"的真正源头。"梁效"奉命编排出来的那份材料,于1974年1月18日,经毛泽东批准,作为当年的第一号中央文件发向全国,这无异于一道金牌,一场"批林批孔"正剧由此开锣登场。

一周之后,1月24日,在首都体育馆召开万人大会,宣讲这份文件,出席者是中央机关的工作人员。会间,江青拉起长声向台下发问:"郭沫若来了没有?"万人丛中,站起一个小老头,唯唯称在。这一年的郭沫若82岁。第二天,这个会接着召开,坐在台上的,有两位"梁效"成员,他们是受命来给这份材料中引用的孔孟语录专作注释性讲解的。其中的一位,就是周一良。

在此之前不久,1973年8月,中共第十届代表大会召开,主席台上坐有一位白发老者,那也是周一良。当时,人们的视点聚焦在文革伊始就被打倒、此刻刚刚复出的一批老臣、老将身上,他被淹没了。这回在首都体育馆登台一现,着实让他风光了一回。"四人帮"一倒,"梁效"遭骂,舆论讥讽"注释组"中的四位宿儒长者,说他们大节有亏,周一良的名字几乎与冯友兰伯仲之间。

话说到这里,读者大致可以了解我们现在所说的周一良了。他以大半辈子的真诚,换得来的却是两番奇耻大辱。几遭上下之后,冷处一隅的他,也曾自怨自艾,也曾怨天尤人[11]。说起来,对有过类似经历的人来说,这都是免不了的常情。可我们这里所说的周先生,可以大书一笔的,是他熬过这个阶段之后,没有于此停步,没有像众人所取的那种"伤心过往事,而今休再提"的俗态。

他是一个有识见、有学养、有自己品格的人。蓄积一生的内在能量,在他身上拧成一股强力,驱动着他前跨前行,从而步入另一个境界——与"学习班"里的被动审查迥乎不同。他做的是一种参悟、一种修炼、一种自我审视和解剖。有生以来,自己如何对人对事、为人为学,如何挨批,如何批人,都在他的审视范围之内。今天我们来看

秕糠。百代都行秦政法,十批不是好文章。熟读唐人封建论,莫从子厚返文王。"
[10] "郭老从韩退,不及柳宗元。名曰共产党,崇拜孔二先。"
[11] 周一良出身于资本家家庭,曾多年认为自己"原罪难赎"。

他的自传、书信和杂记，尤其是那部《中国文化书院访谈录》，里面的自我解剖和展示，其严酷的程度，可以说滴滴是血！行年七十，他走入了人生的拐点。他几乎用了十年的时光[12]，完成了一次蜕变。说起来，"改文本框：回归朱文，篆书造思想"一词，打从上个世纪五十年代起，他就念念在口；"文革"到来，更升级为"脱胎换骨，重新做人"。其实，那个时候说这话，乃实乃虚，真假参半。这一次，周一良倒真是实实在在地换了一个人。其间，周文本框：七十以后白文，篆书先生骨折 3 次[13]，又患有帕金森综合症，容貌日见其衰，而内心世界全新。

什么叫蜕变？俗话说："不死也得脱层皮"。这个过程本来已经痛苦非凡，何况又煎熬了那么多年？！

闲言少叙。周一良蜕变阵痛之际，他的老朋友邓广铭，从旁窥察到他落拓不振、心境有异。当时邓先生正在北大历史系的系主任任上。

邓、周二位原是同一辈人，虽然分属不同教研室，但在历史系同台执教近 30 年，不可谓不相知。而邓长周 6 岁，阅世甚深，处事决断。这一年，邓先生 73 岁，"文革"之后，他出任系主任，一刀一斧，拨乱反正。系务刚刚有点头绪，他忽然向学校提出辞呈，同时另附建议：由周一良先生接任。邓先生辞职，原是意料中事，他的岁数在那儿了；而在附议之中另藏深意，则为外人所不知。邓先生的女儿回忆："记得一天早上，他刚刚起床，就坐在床前跟我说，要向学校领导建议，请周一良出任历史系主任。他说，这是为历史系的发展着想，也是希望周先生能迈过'梁效'这个坎来。"[14]

"迈过'梁效'这个坎来"——邓先生的用心可谓良苦，他想给周先生换一个环境，换出一个心情。

又费了不少周折，到1981年，即"梁效"审查解除后的第三年，周先生才出任历史系主任。邓先生的一剂良药看来有效，海内外的历

---

[12] 这里说的十年，是从周一良心生"毕竟是书生"的感慨时（1980 年 5 月）算起，到在中国文化书院接受访谈时（1990 年秋）为止。
[13] 左右大腿股骨头及右手腕各折一次，腿不能行走，手不能握笔。
[14] 邓小楠：《想念父亲》，载《想念邓广铭》第 43 页。张世林主编。新世纪出版社，2012 年。北京。

史学界之中，邀约周先生出席学术会议，主持、参加研究生的论文答辩，为将出版的学术论着题款写序，如此等等，很让周先生忙乎了一阵。周先生曾有"不能诣人贪客过"一类的感叹，此时一扫而过。

一切似乎都在平复之中。其实不然。说起来，周先生染的乃是一种时疫。在他身上，原有内火，内火外感相攻，一时之间，确实病得不轻。而邓先生开出的，不过一剂发汗之药，病人服了，一身大汗，确有发表的功效，一时痛快；过后，旧日症候未减，反而一日重似一日。原来周先生的任督二脉拥塞，百脉不畅。周先生担任系主任不满二年，也行辞去，转由田余庆担任。

旧怨"黑帮"、新恨"梁效"，摊在一个人身上，在当代中国的知识分子中，实属罕见。周先生将它称为"两遭劫难"。这"两遭劫难"由何而来？此一时刻，闭关在家的周先生真是早夜以思，早夜以思。语云：君子贵乎责己。他经多番求索，得出的答案是：从自己方面来说，全因对党的"一片真心"所致。这样一来，他渐渐走入心灵的熬煎之中，压在心底多年的酸甜苦辣，一阵一阵，全都翻腾上来。这样的日子，足有几年的光景。

我去拜年的时刻，周先生的心境大抵如此。

背阴的客厅，光线不足，昏暗得有点压抑，室温也不够。棉服臃肿的周先生一人端坐，看来他只在等待我的到来。

我的寒暄问候刚刚完毕，周先生就把话题转到"梁效"。他说，外间传他在"梁效"的住室里有保险柜，里面藏有整周总理的黑材料，在持枪士兵面前还拒不交出；又说："有人来信骂我是'无耻之尤'。"[15] 他边说边指着桌子："我个人并不在乎这个！这封信，我压在玻璃板下面，给自己看！压了好长时间。"屋子里的光线虽暗，我也看见周先生脸上的肌肉在抖动。我不好插嘴，也不好妄说什么。

周先生接着又说："春节到了，我拟了一副对联，正准备写了贴出去"。随即对我念了一通，上下联都是七个字。听下来，我知道文辞甚雅而火气甚大。只是我这方面的修养太差，当时没有全听懂，也

---

[15] 这封信也是周一良所说的"三大公案"之一。

不好请他重复，囫囵将就过去，我只能随口劝说，还是不贴为好，否则惹来四邻围观，反为不美。周先生嘿嘿一笑说："围观！上万人的围观我都见过了！这点儿算什么！"这时候，周先生忽然蹦出一句话："郝斌！我要求退党！"

我一时愕然，不知如何应对。停了一停，我又把春联不贴为好的话重复一遍，周先生的嘴里也在嘟嘟囔囔。过了好一阵子，气氛稍有舒缓，抓到一个合适的当口，我赶紧起身告辞。

骑车回来，走在未名湖边，滑冰的孩子们在愉快地喊叫，传过来的完全是另一种气氛，它多少冲淡一点我心里的沉重。回到办公楼，关上办公室房门，坐在椅子上，我想静一静，却静不下来。一阵，去想周先生的联语怎么连缀，一阵，又想起他"要求退党"的话。

寒假过后，照常上班了。我该不该把这次谈话通报一回呢？

通报——兹事体大，按照惯例，不容不报。党章有规定：党员有退的自由，有要求退的，经过支部讨论，宣布"除名"就是。再者，当时的习惯做法是，凡是有人提出这种要求，任谁也不好拦阻。这一点，虽不成文，也算一条潜规则，它的惯性力量不可小觑。

可凭我的感觉，周先生那天说的，怎么听都是气话，不像正经八摆的"要求"。

果然是"气话"吗？这种事情，明摆着是严肃的政治问题，哪能一气就冲口说出来呢？

再想想，又转回原地：不可能是真心的"要求"——我自己也陷入混乱之中。

说起来，我同周先生的关系有两层。一，他是我的授业老师；二，"文革"期间，在"牛棚"里，我们有三年同棚作囚的雅谊。这期间，没有什么人格尊严可言，唯此之故，彼此之间，倒算得是赤诚之交，亦颇有年。因有这样的两层关系在，他肚里有话，"谁可告诉者"？我或许算得一个吧！

说到这里，我要向读者补白：笔者当时担任北大党委副书记一职，主管的正是党务。如此一来，我同周先生又构成了第三层关系：他所说的事，乃在我的职责范围之内。我想，是这三层关系综合到一起，才让他选中我，由我来听他这心头的愤懑一语吧！也许，因有这第三层关系的存在，他冲我诉说出来，才最解心头之懑吧！

上面这段一二三的分析之语，乃是我今日之见，事发当时，我并没有这么清晰的认识。因此，拿到会上去通报，首先是我自己说不清楚，别人听了，当然更不会明白。我若把燕东园中的答对，两语三言，简单一说，人家倒是听得明白了，可接茬儿自然会问，你是主管，你先说个主意吧。那我又该如何去接这个下茬呢？

以此之故，又是一回囫囵将就，延耽下来，既没有在相关的场合通报，对书记王学珍，我也没有一句汇报——我实在说不清。

此后，有好长时间我没有去过周府。再次登门，那是很久以后的事了，也是傍人同行。我多了一个心眼，怕他老人家旧话重提。

再后来的多次见面表明，我当时凭感觉得来的认知，算是靠得住的。我们后来的见面，该说什么，就说什么，像没有发生过那次谈话一样。一片乌云尽行散尽。

说起"梁效"的成员，当年大半以业务见长被网罗入选。在后来"审查"时，被审者和审查者，都认为"竹筒倒豆子"了，可报到上面，岂料一报经年，再报经年，都没有回音。于是到审查的后期，就出现了这种状况：读书的读书，学外语的学外语，甚至有人开篇写起专著来。"审查"一行解除，他们个个业务精进，展翅高飞，或先或后，拿出了自己的东西。其中一位，涉事最深的，当时曾有他会被开除党籍传言。近日，《周一良全集》出版，其中收有周一良的书信。他给一位时在国外进修的老师写信，提到了这位"梁家子弟"[16]，说他"近以欧公研究稿见示，颇有新意"，下面接着说，假如不遭审查，一帆风顺，"他不会出此成绩，亦可谓因祸得福，只恨党籍代价太昂耳。"[17]

---

[16] 周一良私下对"梁效"成员的谑称。见《周一良全集》卷10，第158页、161页。赵和平主编，高等教育出版社。2015年12月，北京。

[17] 《周一良全集》第10卷166页。赵和平主编，高等教育出版社，2015年12月。北京。

"只恨党籍代价太昂"！他说这个话，时在1993年，掐指一算，距我拜年的时间，过去约有六年了。

2016年9月

附：周一良先生之子周启锐先生来信说

读了郝斌老师的《截屏再瞥周一良》一文，勾起我的一些回忆可为佐证。现记叙如下。

关于退党问题，在人们思想上变得突出是在"八九风波"以后。党内有一批人身体力行了。家父曾在家吃饭时讲到，听说郁风在北美有演说（或讲话）并提出退。国内有杨宪益先生听说要对其劝退，自己抢先一步申请退出。家父也有此意向。我赶忙劝阻说，你可不能退，不然又闹成大事，这家里刚消停两天，又起波澜，弄不好又挨一通臭整，再当一回典型！你不像我们这种无名小卒，退也就退了，不交党费够半年也就自动脱了。此后他不再提了，其实一直心向往之。

到1991年接受中国文化书院访谈时，他在谈完"六四"风波后，话锋一转又讲到像他这样的人也不适合在党内了。全集中的访谈录删去了这些。2000年秋，我随家父去季府去看望季羡林先生，有李玉洁女士坐陪。经过长时间恳谈后告别时，我端摄像机退在前边，出了单元门洞一回头，听见季老送客的一句尾话是："都入了，就别退了"。我马上想到他话憋到最后的议题是退，甚至是直抒心意。

以上的三个节点上足以证明，退的问题一直在他心中盘算多年，直到一年后他在睡梦中故去。丧事期间，有亲友提示我们可向主办方提出告别式覆盖党旗。我脱口而出——不要！因这不符合他的遗愿。

我原以为他是"八9"以后才动此念头，读了郝文才知早在1987年初他已向主管党务和党员组织问题的副校长、副书记有所表述。只是由于郝斌书记出于善意的保护他、爱护他，以及同仁的劝阻和家人的反对，才使告退一事未成事实。此文可附在郝文之后同时转，谢谢！

周一良三子周启锐

2016.9.11

作者简介：

郝斌，1934年出生。1953年考入北京大学历史系，1958年毕业，毕业后任历史系助教。1966年7月在文革中被江青点名批判成为"牛鬼蛇神"。1978年获平反，后成为教授、北大党委副书记、副校长。

附录一

陈寅恪与弟子周一良的恩怨[1]

刘宜庆

就在恩师陈寅恪考虑南下之际,周一良也面临着何去何从的问题。他在回忆录中说:"1948年秋冬之际,局面颇为紧张时,我写信给父亲征求意见。这时大约已有地下党和他打了招呼,所以他主张我不要考虑离开,并汇给我一笔应变费。"

1949年新中国成立,周一良和选择留下来的大多数知识分子一样,感到欢天喜地,以崭新的精神面貌,迎接新时代。1950年秋末,他参加了"西南土改团",去了四川,在眉山县太和乡搞"土改"工作,直到1951年春间。"西南土改团"成员主要为北京大专院校的中青年教师,总团长为陈垣。1951年春,周一良听周总理关于知识分子思想改造的报告,开始参加思想改造运动。周总理指出,知识分子除过几道关(如家庭等),要通过本门业务的学习来改造立场和观点。

知识分子改造进入高潮时,出身大家的他陷入深深的悔恨:"我决心改造自己,力求进步。""经过学习、讨论、检查,终于树立起服从需要、任何地方任何工作都是干革命的思想。"

弟子周一良投身知识分子思想改造运动,渐渐适应了用马列主义的观点研究历史。人在广州的陈寅恪自然看不惯为文套用马列八股者,1951年有讽刺诗:

八股文章试帖诗,宗朱颂圣有成规,
白头宫女笑哈哈,眉样文章又入时。

---

[1] 本文摘自《浪淘尽:百年中国的名师高徒》(华文出版社出版,刘宜庆著)。

周一良先生在他的自传中曾说过："我生性小心谨慎，加之解放后'原罪'思想沉重。"思想转变之后，他的所作所为，在陈寅恪看来就很陌生了。

1953年，为配合对胡适的思想批判和清算，在尹达的授意下，周一良发表"眉样文章"《西洋汉学与胡适》，文中对胡适有污蔑不实之词。1949年之前，周一良对胡适非常尊敬，在写关于魏晋南北朝和翻译佛典的论文时，经常向胡适、向达、王重民等人请教。周叔弢听说胡适研究《水经》，让周一良把自己所藏的一册抄本送给胡适，供胡适研究鉴定。胡适在此书题识："三十六年一月十夜，周一良先生来看我，把他家书弢先生收藏的一本东原自定（水经）一卷带来给我研究……周本是东原在干隆三十年写定本抄出的精抄本。"1948年8月，又跋云："周本抄写最精致可爱，今年一良奉叔弢先生命，把这个本子送给我。我写此跋，敬记谢意。……这个藏本也有特别胜处，李本所不及。"

1949年之后，周一良受舆论和形势的影响，在家信中将胡适称之为"文化买办"，随后著文批判，也就不足为奇了。为何对过去尊敬的胡适进行批判，周一良的说法颇能代表当时一批参与批判的知识分子的想法，他说："当时确实是诚心诚意，认为自己作为新中国知识分子，应当改造思想，'不破不立'，应当根据自己的理解进行批判，即使是过去所尊敬的人。"

1954年，全国文艺界对俞平伯《红楼梦研究》展开大批判，我不同意。过去你们都看过他的文章，并没有发言，今天你们都做了应声虫，正所谓一犬吠影，百犬吠声。'"陈寅恪拒绝批判胡适，在中山大学，不表态，甚至公开表示反对批判胡适者，还有容庚、刘节。

1958年，"大跃进"时进行学术批判。这一次，周一良把批判的矛头指向了恩师陈寅恪。晚年周一良以忏悔的心情回首这件事情：

当时我入党已经两年，对于党的号召更是无不积极响应，义无反顾。党叫我批判陈寅恪先生，我的态度和五年前批判胡适时就大不一样，不加任何思索就执行支部的意图，从未想到有一天万一跟陈先生见面的话何以自处，或者见陈先生于地下之时应该怎样。但是物极必反，这次"批陈"以后，我倒是逐渐更深刻地认识陈先生学术的伟大。

周一良此举，完全背叛了陈寅恪，并对其反戈一击。曲学阿世，师生断谊。1963年，陈寅恪编订《丛稿》时，将《魏书司马睿传江东民族条释证及推论》文前记录陈周师弟之情的序删掉，以示往日师生情谊不再。这种举动，可以和古代先生对弟子的"破门"视之。

一个学者很难把自己分裂为新旧两截，也无法把"旧我"从过去的土壤中连根拔起。但周一良好像是个例外。他的转变之快、思想跟拍，令后人感到难以理解。

孩子不能上大学，周一良宽慰地认为不上大学才对。他拒绝与汉学家牟复礼联名寄卡片，因为牟复礼曾是哈佛陆军特别训练班学员；他写批判文章污蔑费正清是美国"特务"。周一良全然放弃古代史，烧掉博士证书。妻子邓懿被下放到五七干校，在信中说，不习惯露天厕所，他吟诗"凉风飕屁股，冷气入膀胱"给干校劳动的妻子。这一切举动，周一良像被人灌了迷魂汤，不符合一个学者安身立命的思想和情感逻辑，可是，在政治运动频仍的年代，这样做又是合乎时代潮流的。

一个志在做学问的纯粹学人，在时代的大潮中，逐渐迷失了自己。"而且把早年最可贵的精神气质都丢失了，这是很令人痛心的。""周先生的遗憾不仅是他个人的，而且是一代知识分子的共同命运。"（谢泳语）

文革时参加"梁效"写作组过后幡然悔悟真诚向陈先生请罪

"文革"爆发，一向要求进步的周一良也贴大字报，但被红卫兵粗暴制止，斥责："你不配贴大字报。"1967年，周一良被抄家批斗，被戴上"反共老手"等帽子。即使在乘"喷气式飞机"时，红卫兵小将荒谬的批判让周一良感到啼笑皆非，但他绝不会怀疑，把"文革"看作是改造社会，"对所受非人待遇甘之如饴"。（儿子周启博语）

1974年1月，江青在首都体育馆召开"批林批孔大会"，周一良被指定在会上讲些历史典故，名为批判林彪和孔子，他哪里知道江青的矛头直指周恩来？他还天真地以为自己的学识总算派上了用场。不久，成立了"清华北大两校大批判组"，用笔名"梁效"在中央各报发表文章,周一良是"梁效"的成员之一,他学识渊博,凡有学术或历史上的问题,他都能查明出处,圆满解答。

参加"梁效"写作组时,周一良以为是组织对自己改造成果的肯定,每每奋笔熬至深夜,欣喜于古文知识能"服务于革命路线。"1976年,粉碎"四人帮",大批知识分子重见天日。然而,一夜之间,"梁效"写作组成员成了江青集团御用写作班子,参加"梁效"写作班子的冯友兰、魏建功、林庚、周一良等都必须接受政治审查,再次失去人身自由。接受审查时,周一良还懵懂地说:"从未意识到批儒是指周总理,也从未听到任何暗示。"

在首都体育馆举行的一次万人批判大会上,须发皆白、骨瘦如柴的周一良,作为陪斗,跟"梁效"负责人迟群、谢静宜站在一起。对"梁效"的批判和审查,直到1978年才结束。对全中国人民来说,"文革"是十年苦难,对周一良来说,前后整整十二年!

冯友兰、魏建功、林庚、周一良因参加"梁效",被知识分子诟病。舒芜以《四皓新咏》为题,作诗讽刺他们四人。唐兰、王利器都有和《四皓新咏》之作。

周一良接受审查后不久,收到一封匿名信,上款称"周一良道兄",信中毛笔繁体大字"无耻之尤",落款为"一个老朋友"。无独有偶,魏建功也收到一封这样的信,上书"迷信武则天"。周一良对此淡然处之,付诸一笑。而魏建功对这封"老朋友"的信大动肝火。周一良则旷达地表示:"我对此公之正义感以及勇于表达的激情,始终还是表示钦敬的。"

1980年,魏建功病逝。"文革"结束后,魏建功和周一良一样,接受了两年的政治审查。政治审查期间,魏建功承受了巨大的精神压力,心情抑郁,健康受到影响。在魏建功的追悼会上,一句"五十年风云变幻,老友毕竟是书生"的挽联深深触动周一良,使他重拾荒废多年的古代史研究。

重回魏晋南北朝史学领域的周一良,遗憾的是,再也无法向恩师陈寅恪汇报自己的研究成果了。1958年,周一良批判陈寅恪的发言稿虽然未公开发表,但感觉愧对陈寅恪。晚年周一良对陈寅恪有了更深刻的认识，1991年5月20日致函汪荣祖，信中写道："记得适之先生曾说，寅老有遗少味道，一良以为并非全无根据，如挽观堂诗中'回思寒夜话明昌，相对南冠泣数行'之类，非对清室有一定感情者，不可能对观堂有如许之同情。一良回忆儿时情况，家父虽早服膺西方学术，曾译康德著作，但有时亦流露出遗少'味道。渠与寅老年龄相仿，又皆为清末督抚之孙，宜其思想心态有相通之处。估计北伐之后，遗少心态始渐消失，寅老在观堂挽词之后，似未再流露，而家父晚年竟成共产党之朋友矣。"

坐在轮椅上的周一良对陈寅恪，对50年风云变幻的所作所为，深刻反省，并在一次学术会议上，公开表示自己的忏悔。1999年11月27日，为纪念陈寅恪诞辰110周年而举办的"纪念陈寅恪教授国际学术研讨会"上，胡守为教授替周一良宣读了《向陈先生请罪》的发言："我相信我这个迷途知返的弟子，将来一旦见陈先生于地下，陈先生一定不会再以破门之罚来待我，而是像从前一样……就如同在清华新西院、纽约布鲁克林26号码头轮船上，岭南大学东南区1号楼上那样的和谐而温馨。"

周一良去世后，其子周启博在《噩梦醒来已暮年》文中说：

父亲是一个企业世家兼文化世家的长子，家教是忠恕之道和谨言慎行。少年青年时潜心文史，所在学科前辈和同人对他颇为看好。如果他能按自选方向走下去，学术上当有可观的成就。然而，中年之后，他被社会环境压制，奉领袖为神明，把改造思想以达到领袖要求当作高于家庭、学术的终极目标。每当他未泯的人性和常识与领袖的方针冲突，他都认为人性和常识是自己未改造好的表现，"改造思想"成为他永远追求也永远达不到的目标，而他从不怀疑领袖有什么不对……

一代知识分子的噩梦实在太长了，白发皓首的周一良幡然醒悟，晚年写回忆录，一声长叹，"毕竟是书生"（回忆录以此为名，周一良曾对人表示此书名引而不发的下半句是"书生上了当"），这几个字中，包含多少沧桑与苦难，沉痛与艰辛。一生多舛看风云，长使书生泪满襟……

附录二

我的父亲周一良怎样进入"梁效"写作班子[1]

周启博[2]

给领袖当枪使换得"组织"的青睐，代价是疏远了群众。历史系教授杨人楩是一九四零年代储安平等自由主义知识分子群体的一员，反右中有惊无险，侥幸未带帽子。杨是我家近邻，我记忆中五十年代他常来与父亲闲谈，烟抽得凶，喜好京剧。一九八零年代我读到杨在四十年代的民主自由主义言论而肃然起敬时，杨已去世多年，我因而无从当面致敬。杨夫人张蓉初也是历史系教授，二人无子女，杨去世后有人提议张请父亲帮忙向上反映困难，以将子侄辈调来照料生活。张说父亲"管的是大事，这种小事是不管的。"可见隔阂之深。直到为"梁效"事栽了跟头，父亲开始全面反思自己追随"领袖"的过程，才悟到今是昨非，在一九八零年、一九九零年代里用各种场合向自己批判过的同事学生承认错误，表示歉意，获得了他们的谅解。我家和商鸿逵教授的一家现在也有着良好的关系。

父亲的这个失误，使我联想到我的岳母。她与父亲同龄，是一文盲农妇，早年历尽贫苦，也受过农村有产者的气。但她认定自己的不幸是命运，改善自己命运只能通过自己的劳动，而不能靠给一时掌权者当枪使去伤害和剥夺曾比自己幸运的人。岳父母的贫农成份，使他们成为领袖在农村历次整人运动的当然依靠对象。每次当局派到村里的工作组都动员岳父在斗争会上给他们当枪使，向被整肃者发难，思想朴实的岳父也每次都被他们说动。但岳母坚守原则，以分家相威胁，不准岳父按当权者定的调子发言伤人，并坐镇会场监督。工作组发现

---

[1] 原载《开放》(博讯 boxun.com，2004 年 5 月 5 日)。
[2] 作者周启博是周一良之子。

每有岳母到会，岳父发言火力便不足，不得不劝阻岳母到会。岳母历经土地改革，四清社教和文化革命等关口，从来没有对历次受迫害者如地主富农、四不清干部和"牛鬼蛇神"落井下石，她的为人因而受到本村各类人的尊重。中国农村人口中如能有更多人实行我的岳母信奉的不给人当枪使的原则，领袖当年发动"湖南农民运动"就不那么容易，中国社会一九四九年以后也会少了许多戾气和血腥。领袖能在中国城市知识分子群中随心所欲地整人，每次打击对象一经领袖选定，立即被墙倒众人推。领袖一句话或一个暗示，就能左右全国舆论，其原因除了领袖的威权之外，封建文化传统和知识人素质不高也起了重要作用。国人目前仍然倾向于把一九四九年以后所有灾难归因为领袖，而不愿探讨每个人自己当时能否表现得更有人性一些。希望几十年内中国新一代历史学人也能有类似的研究成果问世，非如此难以提高民族素质和防止下一次灾难。

父亲在五十，六十年代"改造思想"得法，比同侪更受信用，数次被派出国。一次他回国路经缅甸，在使馆过夜，使馆厨师以前曾在祖父家做饭，对他以"大少爷"相称，他应对得当："现在都是同志啦。"回家后他对家人讲到此事，颇有"改造有成，已被当作自己人"的自得。

一九六三年，我高中毕业。我原对人文有兴趣，但报考了理工科大学。父亲对我的选择不予干涉或评论。几十年后，他说我"还是上理工科好，上文科就该进监狱了。"

一九六六年，文革祸起。父亲响应领袖号令，积极参加，招来五顶帽子：反动学术权威，走资本主义道路当权派，美国特务，反共老手和老保翻天急先锋。母亲被连累关进劳改大院，我从大学分配到黑龙江边远林区。在林区我遇到与我同龄的工人，说话有北京口音。原来是北京林学院教师的孩子，因父亲是右派而全家下放林区。他对我能在北京上大学表示羡慕，我则感谢父母不是右派，领袖才没有剥夺我受教育的权利。

父亲在一九六七、六八年间被关押劳改批斗，无数次书面和口头交代本人"罪行"，所以他对这些事的细节已烂熟于胸。他以工整字体把本人交代抄成一厚本，以随时温习。因此不论"革命群众"或"看守人员"问到什么事的时间地点有关人等，他都能脱口报出，与以前的交代毫无出入。我当时在大学，有工人毛思想宣传队督导检查家庭影响，经常需要流利报出父母罪行，因此也翻阅这个本子，所以对父亲履历的主要部份耳熟能详。父亲从被关押的劳改大院获释后很长一段时间里，这个本子继续和他书桌上常用书放在一起，因为他不知什么时候可能重遭提审批斗关押，所以随时准备"二进宫"。

"原罪"的紧箍咒和对领袖的迷信，使父亲认为文革炼狱是他改造的好机会，所以对所受非人待遇甘之如饴。每次被批斗、体罚，甚至在被打得口鼻流血后，他总是用同一句话安慰家人："我的党性能保我过关。"他在历史系领导班子里共事多年的党内同僚吴维能，参加他所反对的聂元梓派，率红卫兵来抄家。二人各自认为自己是站在领袖一边对抗革命的敌人，所以要在"敌人"面前站稳立场，在这一"考验"的时刻表现对领袖的忠诚。抄家洗劫之后，吴以法官审犯人的口吻问父亲对他们的革命行动有什么想法，父亲也不含糊，摆出真理在手，不怕你人多势众的架式说，你们抄家违反毛主席的"十六条"，完全是非法的。吴率众携大批缴获的"罪证"悻悻离去，对父亲的迫害随即升级。短短几年之后，领袖又决定抛开聂派，把学校大权交给工人宣传队和御林军八三四一部队。这次轮到吴维能被整，而且不堪迫害以至自杀。

我的弟妹因文革不能上大学，父亲对我说："我们家连续几代读书，脱离工农，以后就不一定，或者一定不上大学才对。"母亲解除劳改后，又被派往江西干校。栉风沐雨，露宿荒原。父亲在北京不忘作领袖需要的五七战士家属，给母亲写信吟打油诗赞美干校的露天厕所："凉风飕屁股，冷气入膀胱。"吟毕问："你不觉得雄浑、豪放吗？"

一九七四年，领袖攻讦异己需要有人捉刀，"梁效"写作班子应运而生。打入最底层的人文知识分子忽然有用了。此时造神运动已达顶峰，神谕下达，如巨手把父亲从五项帽子底下捡出，掸去尘土，放入梁效班子。一夜间阶下囚变成座上客。父亲倒是宠辱无惊，认为这是领袖和组织肯定自己改造有成，自应以学术兢兢业业服务领袖。社会有识者此时多已看透写作班子是高层权力斗争工具，由领袖的四名打手操纵。父亲思想为"原罪"紧箍咒箍定，又加信"神"，要他有"贰心"也难。我这时在工厂作工，利用在中小学积累的文史常识，积极参加领袖倡导的"工人理论组活动"，以取悦领导，回到家则大讲社会大众如何诟病领袖及其打手。父亲对我质疑领袖深感不安，好几次皱眉对我说："你怎么老是和大方向拧着？"最后终于爆发了一次饭桌上的冲突。那时毛远新掌辽宁，声势为各省之冠，似将问鼎中央。我在一天午饭时提起此事，以台湾老蒋小蒋比照老毛小毛。父亲大怒，摔了筷子，午饭不欢而散。母亲对我说："爸爸过去对你抱最大希望，现在你是他最大的担心，不要在家再提这些事。"我成年以后受父亲斥责，这是最严厉的一次。

　　如何对待子女对领袖和当局的疑问，是父亲这一代知识分子的一大难题。他们身为应该为子女解惑的父母，自己也有同样的疑问，又深知万一子女把疑问传出去，足以使全家罹祸，所以不准子女提这类问题就成了许多父母为保护全家的唯一选择。作为从那个年代活过来而成人的子女，我们对父母当时不得已的责骂不存怨怼，只感激他们保护子女的苦心。

　　父亲为御用写作班子服务，遂有文章出版，姓名见报，甚至有党代表、主席团头衔，风光一时。我的姑父是三十年代加入中共的局级干部，历经党内斗争，父亲向来尊重他的经验和见识。姑父来见父亲，告他一时出名未必是好事，劝他急流勇退。父亲囿于既成思路。加之对"功名"不够淡泊，未从其谏，继续当领袖的工具。其实作工具也可有消极应付和积极进取之分，父亲本有条件以年龄或健康为理由适当减低涉入程度，但他选择了积极当好驯服工具以赎"原罪"，提供文史顾问服务，兼写以古喻今的"时文"。多年后领袖的光环褪尽，父亲才认识到自己的老师陈寅恪的思想体系，较"毛泽东思想"价值更高，接受了老师对自己"曲学阿世"的批评，并在各种场合向老师表示了悔过。

一九七六年春，北京民众在天安门发泄对领袖的不满。时周恩来真实面目尚未大白于天下，示威者以周为旗帜挑战领袖。父亲去了现场，但并没充份体会人民对领袖的愤怒。

同年秋，领袖去世，打手倒台。把父亲捧成党代表、主席团的党，又把父亲打成反党反领袖的坏人。父亲几十年中目睹使朋友同事身败名裂的事，最后落到自己头上。物极必反，父亲终于因此开始反思。当初信得越虔诚，发觉受骗以后就越痛心。然而，在被禁闭整肃而后又闲置的几年中，父亲得以重拾久违的历史课题，也算因祸得福。

一些学术界旧雨新知，不计较他还有帽子未摘而和他来往，令他看到"真情"存在于普通人而不在领袖和当局当中。吴于廑伯伯来京开会，住西直门国务院招待所。我一天路经招待所门口，吴正同一批与会者出门，我没把握吴伯伯是否方便和我说话，就没有停留。吴伯伯从远处看到我后就急忙追过来，问我父亲情况，并让我转达问候。我回家报告父亲，可以看出父亲内心的高兴。

父亲在反右时因为批判右派学生夏应元不够凶狠而被"组织"认为立场不坚定，延迟党籍转正一年。夏为减少连累父亲，自一九五七年以后的二十年中回避与父亲来往。这时夏登门造访受审查中的父亲，对父亲说："您过去是我的老师，现在是我的老师，将来还是我的老师。""您现在又回到群众中来了"，使父亲深为感动。

父亲一生热衷买书存书，文革被批斗审查时被迫中断，这时又恢复了这一嗜好。躲进书斋，坐拥书城，手摸书页对他是很大的享受和安慰。从这以后直到去世，他买的书和别人赠书总把面积有限的住所堆得下不去脚，我和妹妹抱怨他，他引史学前辈谢国桢先生的话说："就是明天要死，今天看见好书也要买"。母亲安抚我说："他只有这一个嗜好，就随他吧。"

一九八四年，"原罪"紧箍咒开始松动，父亲为文表扬他的企业家父亲所作的好事，兼及官至清廷总督的曾祖父。关于国共两党，父亲也有新的认识，在一次同人聚餐时父亲对学生夏应元说，杨人楩先生他们解放前说"民主在国民党治下是多和少的问题，在共产党治下是有和无的问题",现在看来是有道理的。对于被组织派进"梁效"又被组织当反革命整肃,仍是他头号伤心事。美国历史教授田浩来北大见父亲,谈话中向他请教《柳宗元和封建论》中的一个学术问题,父亲忽然哽咽,连说为那些文章给我们加罪名是冤枉的。田对这离题之谈甚为惊讶,数年后见我仍以此相询。我告田该文是"梁效"期间所写,而"梁效"案是父亲晚年最刻骨铭心的一件事,没有在那个年代在中国长期居住过的人不易理解。

一九八九年,父亲来美开会,母亲同行,会后访问在美亲友,再到纽约我家"就养"。国内民主运动兴起,父亲与亲友通电话,共祈不要流血。但当局终于开枪,父亲痛心疾首,忍不住对着电视屏幕上的"北京屠夫"说"你早点死吧!"。我建议父亲与我同去参加领事馆前抗议集会,被母亲制止。以后几天,我陪父亲访问他在哈佛同学桑恒康教授。桑毕业后在美工作,从联合国退休。桑在谈话中大贬方励之,父亲未置可否。等离开桑家,我立即对父亲说桑没有亲历四九年以后的中国,没有资格批评方。父亲颔首不语。其后父母又见过老友任之恭夫妇,任说:"过去国民党骂共产党杀人放火,我向予驳斥,现在杀人这一条我是没得说了。"父亲点头。几天后,任在华盛顿地区集会上讲话谴责屠杀。北京消息显示专政利刃再次指向知识分子:"平暴"清查,党员登记,人人过关。我建议父母暂不回去,甚至考虑在我处住更长时间。为避免违心说话,父母思想斗争之后决定在我处等待一段。这大约是校内传闻父母已决定永远不回去的起因。领袖的组织是不能自由离开的,你进去了再想出来,要付代价。我以为六四之后的党员重新登记是个机会,只要父亲在我处住到登记结束之后再回去,"技术"上错过了填表,就可以以最小代价脱身,变成无党派人士。我低估了此事的难度,也低估了当局的威力。父母生存的物质资源全由当局所垄断,他还不敢象文学翻译家杨宪益先生那样破釜沉舟,声明退党。

父亲住在我家时动笔回忆他的前半生,此文后来发展成《毕竟是书生》。我读后认为他漏掉了他这一代知识分子,尤其是人文知识分子几十年被打压、愚弄、利用和蹂躏的史实。到一九九三年自传《毕竟是书生》在"史学理论研究"杂志发表,他仍无意增补以上内容。

同一年，社科院汤重南先生为文介绍父亲学术造诣，父亲在给我信中说他对于评传的原则是"别人看了不摇头，自己看了不脸红"，因此不同意汤文中"学贯中西"的溢美。与父亲自己写的回忆一样，汤文也回避了中国人文学者一九四九年以后饱含辛酸的经历。可见，当时国内出版界和人文科学界对这一题目有兴趣者不多，因为多数人思想仍象父亲一样受原有枷锁的禁锢。

文化界对于父亲自传有褒有贬，我也直率提出过不同意见。父亲认为自己应该怎么认识就怎么说。这时他的帕金森症和脑腔隙梗塞已影响右手，给孩子写家信多靠母亲。一九九四年六月二十日，他特别给我亲笔写了一段："我的自传大陆一般反映是说了真心话，而海外的人认为其中尚多违心之谈，思想及社会背景不同，原不足为怪。我以为我们（指父亲和我）之间最大分歧，在对民主革命看法。老头子（指领袖）自认为作了两件事：民主革命与文革。我以为后者应全盘否定，而前者应全盘肯定。年轻人未经过国民党在大陆末期的统治，因而对民主革命的必要认识不足。以两个周家为例，我们家经过民主革命，当然许多方面大不如前，但因非地富，尚不致沉沦覆没，另一个拨道洼周家（我太太娘家姓周，贫农，所在村名拨道洼）试对比一下解放之前和之后，岂非天壤之别！而这样的周家，要比桂林路周家（我祖父家曾长期在天津桂林路居住）其数目不知道多多少倍！这不是民主革命带来的好处吗？共产主义的最后目标，我仍坚信，人剥削人的制度终将消亡。但列、斯所走之路不足取，毛的路也证明走不通。今后怎样才能达到最终目的地，或经过都变成中产阶级而达到（邓小平看来即走此路），或尚有其他办法，恕我已不及等待了！"

此后我和父亲就所谓民主革命的必要性作了较集中的讨论。领袖及追随他的知识分子利用知识贫乏的农民，并借助国际形势和国内社会经济状况以内战取天下，代价是数千万人命和极大物质破坏。受益的是上台的领袖，伤元气的是国家，倒霉的是全国各阶层人口的多数。我的岳父母家受益是因为儿女当了中共干部和经中共优惠政策上了大学，从而从农民上升为官员和知识分子。中国几亿农民人口中如此改善自身地位的是少数。我太太所有贫农叔叔舅舅家都未能循此路致富，生活大不如我太太一家，因为领袖不可能把几亿农民全都提拔为官员和知识分子。国民党在台湾推行的和平社会经济改革，做到了大多数农民不必改变自己农民身份而仍然致富，才真正是社会进步。被称为地主富农的中国大陆农村有产者，是中国农村文化科技之所在，领袖为煽动贫农给自己当炮灰打天下而对地富经济剥夺、肉体消灭，造成农业生产力倒退。40年代末期中国民众的苦难，内战是重要原因。领袖将倒蒋夺权置于人民福祉之上，"投鼠不忌器"，才有许多惨剧发生。例如为攻长春故意不准市民出城逃生，迫使市民与国民党守军争食，以致饿死大量市民。新政权以武力取代旧政权，在中外历史上都不一定代表社会进步。中国历史上就多次有经济文化落后的游牧民族打败汉族入主中原。八十年代赵紫阳幕僚组织农村调查，询问最年长农民所经历的哪个年代农民日子最好过，各省老农不约而同答了军阀时代。如果被询问的老农更高寿些，满清入选也未可知。假若国民党不武力推翻满清，中共不武力推翻国民党，中国老百姓的日子至少不会比实际发生的更坏。国人二十世纪的首要教训应是不轻易以内战形式的暴力进行社会改革。发达国家如英国有工党的费边主义派，发展中国家有印度的甘地，都以非暴力推进了社会进步，增进了多数人口的福祉。所以我对"民主革命"是否定的。父亲虽然对我的意见不都同意，但仍耐心倾听。

一九九六年以后，舆论控制稍有放松。国内人文科学界开始有一些中青年研究工作者关注"末班车乘客"，即国民党教育系统和中央研究院体制下培养的最后一批知识分子的命运。出版界对这一内容的兴趣也有提高。同时，国内历史较长的重点大学竞相恢复国民党时期的人文系科，窒息多年的中国人文科学，好像有了转机。

一九九八年，韦君宜先生的《思痛录》出版。《思痛录》和父亲的《毕竟是书生》同被收入"百年人生丛书"，父亲看了以后立即寄我一本。父亲自"梁效"以后乏人问津，这时开始结交不少新朋友，切磋内容除人文学术外，多是人文科学和学人的遭遇。官方对于父亲，似仍当成控制使用对象。这也是当局对待权力斗争失败一方的惯例。官办学术活动，他甚少能够参与。我以为这是成全了他。他精力有限，到为政治服务的官办学术活动上当花瓶，不如在家和民间同道切实总结一下自己的经历更有意义。这几年他出了两本短篇集，若干文章。

可以看出他向他的先师陈寅恪先生倡导的"独立之精神"和"自由之思想"又迈近了一步。季羡林先生执教逾半世纪，但他数十年作育英才最亮丽的一笔应数一九八九年到天安门广场慰问学生。因为此事冒官方之不违，《季羡林传》洋洋数百页，无一字提到此事。父亲在给季先生新书作序时，明确赞扬他"劝勉"学生的义举。"西安事变"的真相，被歪曲了几十年，直到当事人张学良近年来开口纠正。这一段现代史，和父亲专攻的古代史无关，但父亲为文批评不尊重史实时，明知为当局所不喜，仍以此为例。对于被领袖撰文斥责奚落的司徒雷登，父亲也提出了更公允的评价。

父亲向一九四九年以前的思想意识回归的另一重要方面是对他的师长胡适先生的态度。一九七六年以后，国内人文科学界用了一二十年时间才初步驱散领袖的阴魂，挣脱马列的桎梏，开始呼唤学术自由和独立人格。这时国人恍然觉悟，榜样不必到西方去找，中国三四十年代的人文学者群体留下的精神和学术遗产，不逊于西方同侪的成就。而胡适作为这一群体的领头人，其人格和学问在民间终于获得了应有的历史地位。

父亲对于这位自己先追随后批判的前辈，也有一个认识过程。一九九零年父亲在我家写下短文"追忆胡适之先生"，推崇胡为中国近代文化史上"推不倒的丰碑"。当时国内人文科学界自一九四九年以来对胡的否定态度正开始改变，但不少偏见尚未消除，尤其是看不到胡对国民党政权既认同又批评的原则是当时最有利于国家和民众利益的做法。季羡林先生传记就记录了季先生因此说胡是"聪明的糊涂人"。到了九十年代中期，国人五十年代在领袖教唆下向胡泼的脏水尽退，真相现出，胡的人格名节日益获得肯定。父亲这一代曾受胡亲炙的学人十分追悔自己在五十年代随波逐流批判师长，季羡林先生去台访问时向胡墓深深鞠躬。父亲也曾被台湾学术机构邀请访台，由于两岸关系变幻无常而一再推迟，加上他健康日坏，终于未能成行。他购买搜集了全球华文世界出版的胡适文集、书信集，和研究胡适生平的著作，重温六十年前胡对自己的教诲提携，忏悔自己五十年代对师长的冒犯。去世前两个月，他在"郊叟曝言"序言中写到，"自己不可能到胡先生墓前去顶礼膜拜，赔礼道歉了，但愿以文章表达诚恳的请罪的心情。"这比十年前在我家时的态度,显然进了一步。我相信自己未来将有机会造访宝岛,晋谒胡墓,向这位二十世纪杰出的人文学者致敬,满足父亲未了的心愿。

母亲在二零零零年骨折住院,辗转病榻五个月后去世。这对父亲无疑是很大打击。他知道自己时间不多,而还有许多要说的东西,所以不顾劝阻,加大工作强度。去世前几天指示我修改关于吴宓先生的文章时,还提到已就关于文化世家和旧制族谱重男轻女(女作家张爱玲因此没有列入李鸿章族谱)两篇文章打好了腹稿。但天不假年,他未能留下所有想说的东西。

父亲去世后第七天举行了遗体告别仪式,有数百人到场,都是来自民间的同事、友好和学生,当局没有出面。学人生前身不由己曾为御用,身后能和官方保持些许距离,聊以补偿被剥夺的人格,也是不幸中的一幸。

我所知道的"一打三反"运动[1]

吴乃龙

1970年3月我从北京大学毕业,被分配到陕西省商南县。到商南县革委会安置办公室报到后,我们被县革委会"借用",到商南县公安机关军管组帮忙搞"一打三反"专案。"一打三反"的全称是"打击反革命破坏活动,反贪污盗窃,反投机倒把,反铺张浪费"。发动这个运动的根据是1970年中共中央发出的三个文件:《关于打击反革命破坏活动的指示》《关于反对贪污盗窃、投机倒把的指示》和《关于反对铺张浪费的通知》。

这个运动是文化革命的一个重要组成部分。从1966年6月开始,打倒党内走资本主义道路的当权派,夺权运动,清理阶级队伍,知识青年上山下乡。造反派和红卫兵气势已尽。各级"红色政权"即革命委员会已经成立和巩固,对一些重要部门实行军事管制。当局也就是当权派终于腾出手来镇压社会上的反对力量或疑似反对力量,扫荡一切民间的异议思想。说是"一打三反",其实只有"一打",即打击反革命,也就是镇压政治犯、思想犯。其残酷和血腥,与清理阶级队伍运动不相上下。要否定文化革命,必须否定"一打三反"运动。

根据"历代商南大事记",商南县的"一打三反"运动开始于1970年3月,结束于1971年3月,历时一年。运动中全县揪出"九种人"746名,有2719名农村基层干部受到触及。被定为历史反革命5人,现行反革命10人,运动中发生自杀事件41起,死亡28人。"大事记"还说,1971年6月,县革委会对"一打三反"运动揭发出来的人和事进行落实政策,对195人进行定案处理。其中:按人民内部矛盾处理133人,按敌我矛盾处理62人,补订地主、富农78户。

---

[1] 此文发表于2014年1月25日,转载自《华夏文摘》的"往事追忆"。

（"九种人"即叛徒、特务、走资派、反革命分子、地主、富农、资本家、坏分子、右派分子。）

以上对商南县"一打三反"运动的叙述，是避重就轻、轻描淡写。只提及"九种人""农村基层干部"，只用"揪出""触及"这种含糊的字眼；只提及"自杀""死亡"。即使如此，也可见运动打击面之广。商南是个山区小县。1970年的人口大约是16万，估计成年人大约9万。"揪出"大约百分之一的成年人，"触及"大约百分之三的成年人。"大事记"最刺眼的是最后的光明尾巴："落实政策"。上级制定的政策总是正确的，只是下级执行时出了偏差。这是最虚伪的说词。这个《1984》式的"新话"，从文化革命开始，至今还在使用。1970年3月至8月，我在商南县公安机关军管组帮忙搞"一打三反"专案。据我所知，运动中许多人被随意逮捕、判刑，甚至被处决。这是"历代商南大事记"刻意回避的事实。

一、运动特征

括起来，这个"一打三反"运动有如下特征：

1.由县军管组主导

商南县军管组的全称是"商南县公安机关军事管制组"。"公安机关"是对原公安局、检察院、法院的统称。这个三合一的县军管组负责立案，办案，定案，处置。没有检察院的起诉，没有法院的审判，公安局包办一切。县军管组的负责人是个现役军人、连级干部韩学军。大家叫他老韩。老韩是个三、四十岁的大老粗，至多有初中文化水平，连文件都念不通顺，根本没有法律知识。军管组有临时抽调的几十人，杂七杂八，原来干什么的都有，只要是被认为政治上可靠、有一点文化就行。

2.群众运动（运动群众）

运动期间，生产大队就可以抓人，押送到人民公社。只要公社革委会同意,就可以押送到县军管组,投入县看守所,关押起来。所以,看守所人满为患。是谁赋予生产大队、人民公社这种抓人、押送人到县军管组的权力?只能是县军管组。与其说是群众运动,不如说是运动群众。

3. 宁左勿右,宁重勿轻

在立案、办案、定案、处置过程中,宁左勿右,宁重勿轻,以扩大运动成果。杀人越多,判刑的人越重越多,抓捕的人越多,成果就越大。

4. 草菅人命

宁左勿右、宁重勿轻的极端就是草菅人命。中央文件规定,杀人由省、市、自治区革命委员会批准,报中央备案。到了后来,听说中央要收回杀人批准权。县军管组的人说,得赶快杀,不然就来不及了。

立案、办案、定案这个流程的最后步骤是县革委常委会讨论,结果上报陕西省。"三结合"(即"军、干、群"结合)的县革委常委会由军人即县武装部部长、政委,被解放的干部,以及群众代表组成,大致上总人数15,各方占三分之一。定案讨论的情况大体如下:县军管组办案人员汇报案情;"军"方首先唱高调,提议定重罪;"干"方温和一些,在肯定"军"方意见的基础上减轻一点;"群"方则没有自己独立的看法,只是表示同意。如果"军"方坚持己见,则无人敢不同意。最后,众人附和,得出最后的结果。

二、我所知道的案件

下面是我知道而且现在记得的一些案件,发生时间仅限于1970年3月至8月我在商南县军管组帮忙搞专案期间。

1. 最血腥的案件

到县军管组不久,我们被安排参观设在县革委会的"商洛地区

'一打三反'运动成果展览"。"刘总师反革命暴乱集团"是展览的特大案件。这个"刘总师"案发生在商洛地区的镇安县以及相邻的安康地区安康、旬阳县。本来,文化革命中这些地区有一个群众组织叫做"六总"。为了方便杜撰罪名,在办案过程中把它的名称变成"刘总",意为"刘少奇总司令部"。再凭空加上"司",成为"刘总司"。再把"司"强行变成"师",最后成为"刘总师",意为"刘少奇总司令部的一个师"。简直就和变戏法一般。通过残酷的刑讯逼供、屈打成招,把这个群众组织打成一个反革命暴乱集团。共有29人被判处死刑。展览会上有巨幅的临刑照片,场面非常恐怖。据后来的揭露,办案过程中还打死、逼死53人。其他受害人不计其数。镇压"刘总师"当时被作为"一打三反"的重大成果大肆宣传,轰动全地区,全省。1982年陕西省委"平反""刘总师"冤案。这已经是12年后的事了。

在运动开头的半年内,商南县有两人以"反革命"罪被判处死刑。两人都是公社社员。家庭成份都是贫农。第一名叫聂进福,是20多岁不到30岁的男青年,试马公社人,陕西武功农校肄业生。被搜查出写有"反动日记""恶毒攻击"社会主义制度。聂进福不服死刑判决,说"三家村"邓拓、吴晗、廖沫沙都没有判死刑,为什么判他死刑?军管组的回答是:处理"三家村"是中央的事,与你无关。聂进福被处决后,他的叔叔到县城附近的刑场收尸遭到阻拦,第二天才用架子车一步一步翻山越岭把尸体拉回10多公里远的老家埋葬。第二名叫党广林,40多岁的单身汉,赵川公社人。"恶毒攻击"言论是:毛主席好个逼,叫人饿肚子。刘少奇好,分自留地,有饭吃。党广林接受死刑判决,说:我骂毛主席,该死。党广林被处决后无亲属收尸,县军管组只好叫人掩埋尸体。

2.了解得最详细的案件

吴圣章,40多岁的中年男人,家庭成份地主,湘河公社社员。吴圣章1949年以前在西安市大兴善寺佛学院学习佛学。吴圣章是佛教徒,与世无争,平日很少与别人来往。吴圣章算是有文化的人,在家有空闲时写诗作文,大部份有关佛教。写完把本子往挂在走廊的一个篮子里一扔，从不给别人看。"一打三反"运动来了，被怀疑上了。民兵从他家里搜查出诗词本，挖掘罪证。

"莫笑地主无政权，无地无权自清闲。六月苍蝇落汤客，无辜埋葬李海宾。"说的是地主分子李海宾被镇压的事。把这说成是地主分子发泄不满、为被镇压的同伙鸣冤叫屈，太容易了。吴圣章看见生产队的庄稼长得不好，写下"禾苗枯黄死，蓬蒿称霸王"。他的儿子因为家庭成份不好找不到对象，写下"为了成份难结婚"。这些都算是反动诗词，"恶毒攻击"社会主义制度。他写过一篇短文，把毛泽东思想比喻成老子的道德经、佛教的般若经。作为一个佛教徒，这些经在他心中都是神圣的。但是，他颂扬的本意被定性为"恶毒攻击"毛泽东思想。由于他上过大兴善寺佛学院，被怀疑是从佛学院潜伏下来的特务，县军管组还专门派人到西安市去调查。调查没有得到证据，就称为"特嫌"。吴圣章家住离县城 40 多公里的偏僻山村，连公路都不通，被押送到县军管组逮捕判罪。无产阶级专政的铁拳伸到神州大地的每一个角落，无人可以逃脱。

在给吴圣章定罪的县革委常委会议上，县军管组办案人员汇报案情后，县武装部赖政委首先唱高调：吴圣章罪大恶极，死有余辜，应判处死刑。从省上来的下放干部王讯有不同看法，但他也不敢和"军"方唱反调。只听他先附和说：罪大恶极，死有余辜，那是肯定的。然后接着说：但是，是不是可以考虑留他一命，好挖出其他特务，这样成果会更大。很明显，王讯是要说无期徒刑。其他干部跟着说：是的，这样成果会更大。但是，赖政委不为所动，坚持要判处死刑。无人敢再表示不同意见。群众代表齐声附和说：杀！这个案件以死刑上报。省上批下 17 年徒刑。吴圣章免了一死。但是，因为写了这些诗句，就被判 17 年徒刑，也太冤枉了！

3.最荒唐的案件

阮英武，20 多岁的男青年，家庭成份地主，城关镇人。因为有人揭发，阮英武对着墙上用红漆喷成的毛主席头像说：象狮子头。尽管他否认，还是以"恶毒攻击毛主席"罪被判处 5 年徒刑。

余导贵，50多岁的中年人，男，家庭成份贫农，湘河公社社员，生产大队贫下中农协会主席。"一打三反"运动期间，余导贵在批判斗争大会上经常带领喊口号。有一次，把"拥护毛主席、打倒刘少奇！"喊成"拥护刘XX、打倒毛XX！"被扭送县军管组。他坚持说，他不是故意而只是一时糊涂喊错了。结果是教育释放，撤销贫协主席职位。

童老三，16岁，男，中学生，湘河公社人。被少年同伴揭发，有污辱毛主席、江青的言论（恕不在此重复）。案发后外逃。被从宝鸡市姐姐家里抓捕回商南县。结果是教育释放。

一小学生，男，其它情况不详。在放学回家的路上，手持一支粉笔，遇到墙壁时，就把粉笔触墙，边走边画出一条齐胸高的白线，口中还念念有词"嗤嗤嗤……嗤嗤嗤……"，觉得这样很好玩。有的地方，白线从低处的毛主席语录和像上划过。小学生被当成反革命扭送县军管组。结果是：关押一段时间后，被释放回家。小孩认不得回家的路，军管组只好派人送他回家。

"叛国"案。姓名等情况不详。起因是买了一本中国地图册，被怀疑企图叛国。根据本人的口供，在地图上找路线，想从内蒙古偷越国境，逃往苏联。被扭送县军管组。处理结果不详。

"特务"案。龙窝公社有一个青年人，卧房里安有一个农村有线广播喇叭，有一个拉线开关可以控制喇叭的通断。这个小伙子手贱好动，闲来没事就躺在床上用手乱拉开关玩。因此，有线广播断断续续，有点象无线电发报机的嘀嗒声。这种声音被人听见，小伙子被当做特务扭送到公社。公社干部找到龙窝公社小学附设初中班的杨老师，问这样能不能发电报。杨老师是西安交大无线电系毕业生，听了之后差点笑死了。不用多说了，公社干部听了杨老师的回答，就把小伙子放了。唉，商南县少抓一个特务。

四、文革综述

电话采访李清崑[1]

章 铎

时间：2019年4月20日、25日、30日，5月11日。
访问者：章铎（北大生物系63级学生，以下简称章）。
受访者：李清崑（北大哲学系离休教授，以下简称李）。

章：李老师，北大校友樊能廷写的《北大文革简史》您看了吗？

李：我看的是这本书的电子版，因视力不好，只是大体上浏览了一下，还没有来得及仔细拜读。

章：这本书的最后一章末尾有一个"夹片"，有些问题与您有关，您看到了吗？

李：看过了。因文字不长，内容又涉及到我自己，读的还是较为仔细的。

章：这篇聂元梓专案人员的回忆，是一个名叫郭大署的人写的，您认识郭大署吗？他是不是哲学系的？

李：我在北大哲学系学习和工作了六十多年，哲学系查无此人。不过从他谈话的内容来看，我敢断定，郭大署是个化名，他的真实名

---

[1] 该文原载于2019年5月31日《记忆》第256期。

字是哲学系教师陈志尚。

章：能确定吗？您有什么根据？

李：完全可以确定。前几年系里教师聚会时，陈志尚亲自对我说当年他是聂元梓专案组的，审判聂时他曾陪同彭真在法院的另一个房间里观看审判情况。这个根据算是过硬了吧。

章：那您能谈谈陈志尚的情况吗？您同他是什么关系？

李：当然可以。陈志尚（郭大署）和我是1956年考入北大哲学系的，是同年级同学，他在一班，我在三班，而且都是调干生。他来自上海，我来自江苏，是一个支部的党员，我长期担任过这个年级的党支部书记。我是1958年11月提前留校任教的，大约过了一年的样子他也留校任教了，在同一个教研室。我们二人分别结婚后又同住北大23楼，还是斜对门。那时他们夫妻经常吵架闹别扭，我和我爱人（也是同年级同学）还多次登门劝架说和，彼此之间都很熟悉。不过到1965年第二次"国际饭店会议"期间，我们的意见就不同了，甚至是对立的。但彼此之间大面上还过得去。都是老同学、老同事么。

章：郭大署（陈志尚）在那篇回忆里多处涉及到您，对此您能谈一谈有关的情况和您的看法吗？

李：当然可以。陈志尚（郭大署）的这篇回忆文，凡是有牵扯到我的内容，说它是"满纸荒唐言"未免有点过分，但里面确实有不少谎言与不实之处。

章：您能说说具体内容吗？

李：可以谈谈。涉及到我的内容，陈志尚（郭大署）的谎言和不实之处，主要有以下几个方面：

1. 陈志尚（郭大署）说"审判聂元梓时，由李清崑出庭，当庭作证。"这简直就是荒唐到没有边的谎言。审聂是什么时候，在什么地方，我一概不知，何谈"由李清崑出庭，当庭作证"？如果要我出庭，总不能让我一个人去吧，那些地方都会戒备森严，我也进不去啊。如果真的要我去，总得有人陪着吧，究竟是什么人陪我去的，你老陈同学能指出来吗？你陪着彭真在另一房间看审判情况，那么你看到了我的身影吗？既然是要我"出庭作证"，叫我当庭发言好了，又何必投影我写的材料呢？这岂不是自相矛盾吗？我可以百分之百地肯定，是陈志尚（郭大暑）在编造谎言。因为我根本就没有"出庭"，当然更不会"当庭作证"了。

2. 陈志尚（郭大暑）在回忆文中写道："那时，李清崑来找我，哭哭啼啼，问我怎么办？"这是他编造的第二个子虚乌有的谎言。我对自己在文革中的错误，从来都是认真作检讨的，从未像他说的那样，找他哭哭啼啼讨办法。就算真的哭哭啼啼求救，我也只能到校、系领导那里去讲，真的还轮不到他陈志尚的份儿。他这么说，未免自作多情蓄意抬高自己了吧。实话实说，在当时我还真的没有把他看在眼里。因为经过北大社教运动和"国际饭店会议"，我和相当多的教师对陈志尚的人品产生了一定的看法。在社教运动中，当陆平和王庆淑挨整时，陈志尚落井下石，对他们"乱揭发，乱批判，乱上纲"，力争当社教积极分子但未能当上；到"国际饭店会议"时他看到陆平、王庆淑行时了，就来了个180°大转弯，不仅积极批判社教积极分子，还主张给他们扣上"右派分子"的大帽子。对此，就连参加会议的市委大学部干部庞××都感到不妥，劝他"不能把他们比着1957年的右派""可是陈很坚持，不肯接受这个意见"。当年，对于陈的人品颇有微词的，在哲学系的教师中确实大有人在。我记得那时岳田老师（后调往天津社科院任副院长）就给陈起了一个颇为形象但又有辱的外号。大家议论陈时，不提名字，只讲外号。因为这个外号有辱人格，在这里我就不应再说了。不过在北大哲学系七十岁以上的教师中，许多人都还记得的。基于以上情况，我怎么会找他哭哭啼啼呢？他纯属在捏造谎言。

讲到"哭哭啼啼"，倒使我想起了一桩陈年往事。1966年6月份，《人民日报》发表了一篇社论，把整北大社教积极分子的"国际饭店会议"定性为"极其严重的反革命事件"，当天晚上哲学系就召开全系师生大会声讨这起"极其严重的反革命事件"。当时，由于大会主持人头脑发热，在大会上一连点了十七个人的名，而每点一人，学生们就把他揪出来示众，这就是哲学系揪出十七个黑帮的由来。在这十七个人中就有我的同级同学陈志尚等。大会结束后，我当即对该主持人提出批评，说他这么做违反政策，但他不接受，我说你这是"形左实右"，他大为恼火一拍桌子说"你是'形右实右'！"弄得不欢而散。那些日子陈志尚极为紧张，倒是曾哭哭啼啼地找我，承认在"国际饭店会议"期间有严重反革命罪行，请求得到宽大处理。他还讨好吹捧社教积极分子，大意是说你们在那么的压力下能坚决顶住，实在令人敬佩。他还向我透露，会议期间邓拓专门召集他们开会交底，要把社教积极分子打成"反党小集团"。我见他神情非常紧张，怕出问题，便同他说老老实实把问题交待清楚吧，在哲学系你还排不上号。这也算是向他交个底吧。

这些陈年旧事本不该再提，但对照陈在前面说的那些谎言，不由得使我想起了"张冠李戴"的成语，在这里改为"陈冠李戴"是不是更为合适。

3. 陈志尚（郭大暑）在回忆文中还说，那时"李清崑天天到颜品忠家跪着，哭鼻子抹眼泪的悔恨求饶"，这也是离奇的胡编乱造。究竟是颜品忠胡编乱造呢，还是陈志尚在添油加醋，或者兼而有之，我就不得而知了。

为了说清楚这个问题，我不得不多啰嗦几句。粉碎"四人帮"之后，中央派周林任北大党委书记，同来的还有高铁、汪小川、洪影等一批老干部。鉴于哲学系是北大文革的重灾区，周林派了党委常委、办公室主任洪影任哲学系党总支书记。洪是一位为人正派、联系群众、政策水平颇高的老同志，据说来北大前曾任内蒙古广播局局长。他来哲学系不久，适逢中央"55号文件"下达，为错划右派改正工作。经系总支其他成员推荐，洪指定赵正义（原系总支副书记）和我具体搞这项工作。洪和我谈话时，我向他提出，因我文革中的问题尚未了结，不适合做这项工作，请另派他人。洪说军宣队（指8341）搞的你的材料我看过了，也做了一些了解，让你和老赵做这件事是因为你们比较了解情况，同时也是对你的信任和考验，不要有什么顾虑，大胆工作，有什么问题可向我汇报。接受这一任务后，我和赵正义专职搞了不到半年，哲学系被错划的近40名右派全部改正，包括学校的顶尖人物市委批准劳教的龙英华和叶于泩（叶后留校作反面教员）及已被处决的黄忠奇。当时搞这项工作是很慎重的,所有被改正的都要经过全系教职员工大会讨论通过。这些会都是洪影主持,由赵和我分别报告原有结论和改正理由,讨论时如遇卡壳问题,洪便要赵和我作补充说明,遂获得通过。在对待右派改正问题上,洪的思想是相当解放的,近40人全部改正后,他很高兴,对赵和我的工作表示满意,还予以表扬。这期间,我与洪的接触很多,他对我也有了进一步了解。

在东操场第一次批斗聂、孙的大会之前,洪影特地同我谈话打招呼。他对我说,如果在大会批判发言中有人点你的名,主持人要你站起来时,你就站起来,不要有抵触情绪,千万别说话。后来在两次批斗大会上,均无人点我的名,我自然也就无需站立,但我对洪的关怀和叮嘱是很感激的。

不久,洪又找我谈话,大意是说:你曾分管过三个专案组(指东方红、红旗飘、北京公社这三个专案组),现在这些专案组的组长都已分配离校了,你应主动向被专案的受害者登门赔礼道歉,争取他们的谅解,一次不行两次,两次不行三次。鉴于当时我对自己的错误已有一定认识,并在系里作过多次检讨,所以认为洪的提示很对,也对他更加感激,便立即按照他的指示去办。在当时凡是能找到的受害者,我都一一登门赔礼道歉,其中有颜品忠、姜鹈鹈(颜品忠夫人)、俞芷倩、韩琴英(何青)、王忠林等。因在清查"5.16"时我和颜品忠都是被清查对象,解除隔离后军宣队又安排我们二人一块劳动,因是本系同事,劳动间歇时彼此谈话较多。当颜告诉我,他被"东方红"专案组×××等人打成"性无能"后,我感到问题确实严重,确曾多次登门向他和姜鹈鹈赔礼道歉,但绝无如陈志尚(郭大署)所写"跪地求饶,哭哭啼啼"之事。我真不知颜、陈编造这些离奇的情节是何用意。

章:除了前面谈的这些,您还有其它想法吗?

李:也还有一些想法,在这里也顺便说说吧。

陈志尚(郭大署)在他的回忆文中说:李清崑"30年不吭气,一吭气儿还是那一套""他现在为聂元梓辩护"。但奇怪的是,他说的"还是那一套"究竟是什么内容,又怎么为聂辩护的,却没有下文了。

说我"30年不吭气儿",这不够确切,我是"40多年未吭气儿"。

为什么？因为我在忙于教学、科研和带研究生。文革十年浩劫及前前后后，我已经失去十多年的时间。因此这些年可说是日以继夜，力求多读点书，多做一些事情，以追回失去的时光。这几十年，除了努力教学和指导研究生，还把相当多的时间和精力投入到科学研究方面。先后出版了个人专着、合着、参与主编并撰写教材、辞书等共十余种，多次获省部级及以上的奖项，发表论文近百篇，其中万字以上的长篇近 40 篇，哪里还有时间去想那些陈年旧事。直到 2016 年拙著《唯物史观与哲学史——普列汉诺夫哲学思想研究》面世后，才算空闲下来，但这时我已年过 85 岁了。人生苦短，到了这把年岁了，更感到来日无多，于是产生了在去天国之前写一点过往亲身经历和感受的想法。

近两年，我陆续在电子杂志《记忆》上发表了四篇文字：《毛泽东与<新北大>》《文革初期聂元梓赴沪串连大有来头》《聂元梓等七人大字报出台的社会历史背景》《关于一个重要问题的讨论——论<矛盾论>中的"生产关系决定论"和"上层关系决定论"倾向》。写这些文字，一是为了说明在北大的长期培养和北大优良传统的影响下，本人多少还有点独立思考的能力；再就是根据亲身经历就我所知，尽可能地给当今和后人研究文革史提供一点历史资料，这也算是一份历史责任吧，别无他求。况且，在这些文字里我还郑重声明："由于年迈体衰，记忆力不如以前，有些记忆不一定准确甚至有误，有些看法也可能是谬言，错误不妥之处在所难免，敬请校友们和读者多多批评指正。"上述文字写出后，我曾分送哲学系与我联系较多的、文革中分为两派的教师（指"新北大公社"和"井冈山兵团"）听取意见。承蒙厚爱，得到了一些好评和鼓励。如一位退休教授给我发了一篇微信，说："'背景'一文我拜读了，写得非常之好，事实充分，文理清晰，颇有文采。您已是高龄之人，仍有如此澄明之作，令人感佩。我将此文介绍给对文革有研究的一位老师，他读后赞赏不已，感谢李老师留下极其宝贵的一段历史资料。"另有几位退休教授，则打电话给我称赞文章写得好，有价值，鼓励我继续写下去。在肯定这些文章的同事中，有原"新北大公社"的，也有原"井冈山兵团"的。

对于我写的上述几篇文章，作为我的老同学、老同事陈志尚（郭大署），如认为哪些内容与事实不符，可以明确指出来，凡是属实的，我必定改正；认为哪些观点是错误的，完全可以批评指正，凡是正确的意见，我也会采纳并予以修改。但令人遗憾和不解的是，我这位老同学不仅没这么做，而是无端地指责我"三十年不吭气儿，一吭气还是那一套""为聂元梓辩护。"这类既不摆事实，又不讲道理，扣大帽子压人的作为，实在令人费解。我真不知道我那几篇文章究竟触动了陈志尚同学的哪根筋，使他做出这种有失身份的事情。

更为令我惊讶的是，陈志尚（郭大署）在他的回忆文中，不仅编造谎言，而且气急败坏地对我冠以"坏蛋""穆仁智"等恶名。这类侮辱人格的作为，对我来说虽毫发无损，倒是充分暴露了他自己品格低下和对文革恶劣文风的继承与延续。你说是吗？

如果我记得不错的话，陈志尚（郭大署）和我是同一年晋升为教授的，那是在1991年，有《北京大学哲学系史稿》一书可查。时至今日，这位堂堂的北大教授，竟然用郭大署这个化名，以如此恶毒和粗卑不堪的污言秽语来攻击他的老同学、老同事，所为何来，这岂不是可耻、可悲和可笑吗？

有些事情我本应把它忘掉，但陈志尚（郭大署）对我的上述辱骂，却勾起了我对往事的回忆。请问陈志尚同学，如果我真的像你所说的是"坏蛋"，为什么前些年你还恳求我给你帮忙呢？

你应该不会忘记吧，前些年你离婚后，北大房产处因已分给了女方住房，按规定要将你的三室住房收回一间另行分配。那时你得知我与房产处处长较熟，便来找我，求我帮你说情。因咱们是老同学、老同事，既然你上门求助，我当即找该处长陈情，说要陈腾房确有困难，况且如果人家又复婚或很快又结婚，还不得再给他分房，你们这不是自找麻烦吗，能否在不违反规定的情况下想点变通办法。该处长见我说的不无道理，想了一下便回答说：这样吧，按规定应收回一间，但我们可以不安排新户入住，就算把这间借给陈老师用吧。问题解决后，陈对我说："你可帮了我一个大忙，太感谢了。"

我再请问陈志尚同学，如果我真的像你所说的是"坏蛋"，那么为什么在你处于难堪境地时，我还站出来为你解围呢？看笑话不好吗？但我没这么做。有一件事情，知道的人不在少数。事情是这样的：

电话采访李清崑

大约在十年前,市委统战部副部长任宁芬(原哲学系总支副书记)去世后,学校派了一辆大轿车,送校、系的一些人去八宝山参加遗体告别。哲学系的老同事参加的有黄楠森、朱德生、谢龙、我和陈志尚等。在返校的路上,不知什么原因,谢龙对陈志尚大加指责。他很激动地站起来指着陈说:"你有什么本事,还不是靠巴结黄楠森拍马屁爬上来的吗?"什么"马屁精""小人得志"等词都用上了,而且越说越来劲,嗓门也越来越大,弄得全车人为之注目。谢斥责陈是靠拍黄楠森(系主任)的马屁爬上来的,使黄很尴尬,陈也非常难堪。当时我实在看不下去了,便起身为之解围。我拉着谢龙说:"老谢,你有心脏病,又加了支架,这样暴怒对心脏伤害极大,要保重身体,有话回校可好好说么。"但当时谢龙正在火头上,听不进去,仍在继续不依不饶地斥责陈,表现出怒不可遏的样子。几经劝说,方把他按到了座位上。

返校后,当晚黄楠森先生就给我打电话说:"幸亏你出面解围,如继续吵下去,影响实在太坏了,搞得陈志尚也很难看。"事后,我打电话问谢龙:"那天,你为什么发那么大的火?"谢龙说:"我就看不惯他那巴巴结结、吹吹拍拍的作风。你看,他那天鞍前马后围着老黄转,别人全不放在眼里,一副小人得志的样子。当年,冯定蒙难之时,他大批冯定是修正主义,但到冯定官复原职(副校长、党委副书记)后,他三番五次往冯家跑,竭尽巴结之能事。冯定知道他的为人,没有搭理他。之后,他又去巴结黄楠森。"谢龙的话,从另一个侧面,反映了陈的为人。

前不久,在一次哲学系几位老人的聚会上,大家不约而同议论起冯定的蒙难过程。曾担任过冯定助手的×××老教授说:"谢龙说的还真是那么一回事!冯定恢复原职后,陈志尚多次登门巴结他,受到冷遇。冯夫人说:'陈志尚这小子真不是东西!'可见冯定及其家人,对陈志尚是多么讨厌。"

我还要问陈志尚同学,如果我真的像你所说的是"坏蛋",那么为什么周培源任校长时还聘我作研究生导师?为什么我们的老系主任、着名哲学家黄楠森先生,还邀我参加国家"七五"重点科研项目八卷本《马克思主义哲学史》的撰写工作呢？

如果我没有记错的话，老陈同学今年已达 85 周岁了。我比他痴长三载，也已近望九之年。到了这把年岁，为了回答陈志尚同学的谎言和攻击，我不得不说这些本不该再提的陈年旧事了，实在是令人感慨万千。

我现在仍然坚持原有的态度，希望并欢迎陈志尚同学对我发表的那几篇文章多做指正，不论在事实方面和观点论述方面，多提实事求是的具体批评意见，而不是用个化名给别人乱扣大帽子，甚至编造谎言，搞人身攻击。否则，就有失身份，太跌份儿了，岂不是弄巧成拙，自取其辱吗？

章：李老师，我还要问您，陈志尚为什么要用郭大署这个化名发表回忆文章呢？

李：这你可问错人了。这个问题你应去问陈志尚本人。不过，对于陈志尚同学之所以用个化名发表回忆文章，据我猜想，一是便于他信口开河，说一些不负责任的话，甚至编造谎言，胡写流言。再就是据我了解，他的名声在北大哲学系七十岁以上的许多了解情况的老师中不怎么好，怕用真名说那些话会引起大家的反感和谴责。但愿我的上述猜测是以"小人"之心度"君子"之腹吧。

章：李老师，关于郭大暑那两篇回忆，您还想说点什么吗？

李：还有两件事儿，我再啰嗦几句吧。

一件事儿是郭大暑（陈志尚）在他的"回忆"一文中说："原来是打算逮捕李清崑的，很多群众要求逮捕他。"他的这些话大可怀疑。陈是当时聂元梓专案组的成员，据他说北大参加该专案组的人都死了，就剩下他一个人了。这样一来，他想怎么说就怎么说，无法查证了。不过，根据我自己在那段时间的经历来看，怎么也与陈所说的上述情况对不上号。一是从周林时期的党委常委、办公室主任兼哲学系党总支书记洪影这位老干部对我的态度来看，他对我是信任和关心的，看不出郭大暑（陈志尚）说的那种迹象。关于这一点，我在前面已经讲了许多，这里就不再重复了。

更重要的是，正是在周林主政北大期间，撤销了清查"5.16"时迟群、谢静宜等人所把持的北大党委强加给我的"留党察看二年"的处分。讲到这里，我不能不再多说几句。

清查"5.16"时，军宣队负责人王连龙（8341部队副政委）亲自找我谈话，责令我交待是谁发展我参加"5.16"的，我又发展了谁？并说，"这些情况我们已经掌握了，现在要看你交待，是给你一个立功赎罪的机会。"我因不知道"5.16"是什么组织，根本无人介绍我参加，更不可能发展别人，当然无法交待。他们清查了很长时间，无果而终。但最后未经党员和支部讨论硬是强加给我"留党察看二年"的处分，罪名是："反康生、反谢富治、反周总理。"对前两条我承认了，但说我反周总理，则断然否认并写了材料加以申诉，他们不予理睬。

粉碎"四人帮"之后，中央派周林任北大党委书记。我随即对上述处分向党委申诉，要求撤销。我多次找洪影、汪小川（党委副书记，分管落实政策工作）、马石江（党委副书记）面谈，也多次写过申诉材料上报。主要申明我确实反过康生、谢富治，但对周总理是坚决拥护的，《新北大》小报发表的那个关于坚决击退反周总理的妖风的声明，就是我和姜同光（校文革副主任）、卢平（新北大公社总负责人）等人共同商讨后决定的。因那时无复印条件，我把那份声明从小报上剪下来贴在了申诉材料上。经过他们较长时间的了解和研究，提出了一个复查意见，主要内容是："反康生、反谢富治不是错误；原处分决定说李反周总理没有根据，撤销'留党察看二年'的处分。"这个意见的初稿，洪影征求过我的意见，我表示同意；后经党委常委讨论通过，作为正式决定在全系教职员党员大会上宣布。这是有据可查的。

郭大暑（陈志尚）说："很多群众要求逮捕他"（指李清崑）。真是这样吗？其他系的情况我不了解，就哲学系而言，据我所知，无一人有这样的要求，包括颜品忠这样的人，更不用说"很多群众"了。假若说哲学系有一个人有这样的要求，那么我猜想，此人必定是郭大暑（陈志尚）。但我相信，陈志尚当年是不会做出这类事情的。

另一件事是，郭大暑（陈志尚）在《北大文革简史》第890页上说黄元庄、宫香政参加过"红旗飘"专案组，搞过审讯逼供。此说严重不实。黄元庄、宫香政二人我都认识，他们都是新北大公社总部委员。据我所知，他们都不是"红旗飘"专案组的成员，更未参加该专案组的刑讯逼供。好在专案组的正副组长×××、×××都健在，只要找他们了解一下，就知道郭大暑（陈志尚）说的是真话还是谎言了。

章铎，你还记得前一段电子杂志《记忆》上刊载的北大退休教授黄兰和李士坤等人有关陈志尚的"微信"吗？我念给你听听：

黄兰：哲学系这个陈xx就不是好东西，我现在见了他都敢当面斥责他。当年他整赵建文、诬蔑赵反周总理。搞逼供信不说，他竟和几个8341军宣队的人（清查"5.16"的专案组），跑到我劳动锻炼的固安县，让我揭发赵。我说没有什么可揭发的。他们持续审问我七、八个钟头，也不让吃饭。直到固安县委陪同来的人都火了，他们才说要把我带回北京，去找赵建文放衣服的箱子。箱子存放在赵的姐姐家，他们说里面肯定有反总理的材料。我气坏了，就自己跳上他们的吉普车，说：走！回到北京，直奔那个箱子。我把箱子扔到他们面前，让他们随便翻，结果里面只有几件我的破衣服，连个纸条都没有。后来在不同场合（北大校园或食堂），赵建文和我都当众骂过他。他要是还造谣整人，一点也不奇怪。

李士坤：黄兰，陈xx这个人我是知道的，是一位不甘寂寞又尽做坏事傻事蠢事之人。关于文革和北大之事我意不能与此人交流，交流也无益，他是说不出什么真实情况的。我还依稀记得工军宣队在哲学系开党员会议，要开除老赵的党籍。在这个会上，此人站起来发言表示赞成、拥护。当时明确反对的有两人，一个是我，还有一个是对立派的郭罗基。

章：想起来了，我当时看了那期《记忆》后，心中还想：怎么把几个人在微信上聊天的内容也公布出来了呢？李老师，您是北大文革的亲历者，能否将您知道的一些事情写出来，给历史留下一些宝贵的资料呢？

李：我也在考虑这个问题。只是我已年近九旬，体力和精力都差多了。我将尽我所能，把我知道的事情写下来，这也是我最后的责任了。你和你的朋友有什么问题，只要我知道的，我一定如实回答你们，绝不保留。

章： 谢谢李老师。您多多保重。

访问人及访谈整理人章释简历见《回顾暴风雨年代——北大文革亲历者文集》(第一集) 297 页。红色中国出版社(香港) 2018 年 3 月版。

被访者李清崑简历见《回顾暴风雨年代——北大文革亲历者文集》(第二集) 83 页，美国南方出版社 2019 年 3 月版。

告别盲从——走向精神自由

孙月才

《悲歌一曲文革十年日记》《自序》[1]

从青少年时代起即开始写日记,这就是这本日记的来历。当然这是一本写于六十年代的日记,显然和你所想像的日记会有所差别。

文革是对20世纪中国历史产生深刻影响的历史性事件,也是世界现代史上十分罕见的重大事件。怎样让这样一个事件不止停留在民族的痛这个层面上而上升到思想的层次,非常值得我们思考。这本日记是对当时事件的一个见证,它有事件的现场,有历史的细节,更有相关人物的思想和心态。这些人物不仅有红卫兵,还有工人、农民、军人、专家学者,以至于中央首长和"中央文革"要员。许多事情在今天看来匪夷所思,甚至很可笑,但也有人间真情、不灭的信念,那都是历史的真实,不容回避,也不容篡改。相信这样的一份历史真实对于文革的研究会有所裨益。

说到文革,自然会想起北大的所谓"第一张马列主义大字报"(毛泽东语)。文革虽不因北大问题而起,但这张大字报确实成了文革的燎原之火。大字报是1966年5月16日中共中央政治局会议通过的通知《中国共产党中央委员会通知》(简称《五一六通知》)的产物。《五一六通知》的基本精神是所谓的彻底批判和清洗党、政、军和文化领域中的资产阶级代表人物。其实在这个《通知》之前,北大已展开了社会主义教育运动,最先就是从哲学系开始的,当时就是否将陆平校长的错误上纲为"路线斗争"的问题上,形成了两派不同意见。北京

---

[1] 本文摘自香港中文大学出版社2012年出版孙月才著:《文革十年日记悲歌一曲》内页xxxi《自序》。

市委第一书记彭真强调要注意政策,意在保护陆平,接着在国际饭店会议上整了反陆平一派的党员。正当拥陆一派得势之际,党内传达《五一六通知》,公开点名批判彭真。哲学系总支书记聂元梓抓住这一形势,领衔贴出了大字报。至6月1日毛泽东批示把这张大字报公开发表,局面逆转,大批拥陆派倒向反陆立场。全国文化教育界的群众也蜂起反对各自领导。8月5日毛泽东写了《炮打司令部——我的一张大字报》,矛头直指刘少奇和邓小平。到了8月18日,毛泽东在天安门接见百万红卫兵之后,红卫兵由校园"杀向社会"。不过这时还大致限于学生的红卫兵运动,没有波及工厂企业。

把工人推向文革灾难的是王洪文的"上海工人革命造反总司令部"(简称"工总司")。王洪文为迫使上海市委承认"工总司"是革命群众组织,制造了以赴京上告为由,卧轨拦车的"安亭事件"。在张春桥的支援下,终于达到目的。"工总司"以夺权为目标,在1967年1月发动"一月革命",以万人大会批斗上海主要领导人的方式,夺取了上海市各要害部门的大权,成立了"上海人民公社"(后经毛泽东建议改称为"革命委员会")。毛泽东肯定了这次夺权,并号召全国党、政、军、民学习上海经验。

聂元梓等人去上海串联曾得到毛泽东的批准,目的是发动群众把文革之火烧得更旺。但是上海很多群众并不欢迎聂元梓,理由是革命靠自己,不需要外来媬姆。但聂毕竟有毛泽东的支持,终于突破阻碍,对上海文革起到了推波助澜的作用。

如果说北大的一张大字报把文化教育界搞得天翻地覆,那么上海"工总司"的出现开创了全国夺权的先例。文革由此演变为一场全国性的、跨越各个领域的大动乱、大浩劫。

从北大到上海,再到北大,最后又回上海,这是我的文革路线图。在这条路上我担任过"新北大公社"的负责人,也担任过驻上海的"新北大捍卫毛泽东思想战斗团"的负责人。当时北大和上海的一些重大事件都曾亲身经历。在北大和上海也各被审查过一次。北大的审查最终为8341支左部队所澄清,以赔礼道歉作结;上海的审查因为是王洪文及其上海同伙亲自下令进行的,一直到文革后才以"政治迫害"

作结。两次审查都剥夺了人身自由，都是违反宪法的行为。当然那也只是文革中无数违法乱纪的个案之一。

文革结束了，中共中央做了决议，彻底否定文革。但鉴于文革自身的复杂性，对于历史影响的深刻性，以及由此反映出中国社会、政治、文化生活中的许多问题，一个决议是不可能解决这诸多问题的。应该说，对文革的研究还远未全面展开。有必要对文革进行多角度多层次的深刻反思，结合当时自己的心历路程去思考、分析和反省，自有其特殊意义。在这方面我们做得还远远不够。大家或以受迫害者的身份控诉，或以当事人的角度辩解，或以回顾的方式猎奇，而一个时代的深层悲剧却逐渐隐没了。

我怎么会卷入文革的漩涡？我当时追求的是什么呢？这是再次面对已成历史的文革，必须考问自己的。

1964 年我考入北大研究生后不久，在邻近海淀的马路上偶遇中国人民大学的两位老同学。我当年团支部书记笑着对我说："要做战士，不要做院士啊。"对于一个爱钻图书馆，但政治上又有上进心的人去研究古希腊哲学，她觉得很有必要这么提醒一下。三十年后的 1994 年我趁北大哲学系八十周年系庆时拜访了她，问她可还记得那句"战士"和"院士"的话？她笑着说：忘了！但我没忘。应该说那句话正切中了我当时的矛盾心理。经过五、六十年代的教育，已有了成为"战士"的心理基础。六十年代初期哲学社会科学界被称为反修防修的一条战线。当时所营造出的战斗气氛，以及朝气蓬勃的现实生活，几乎压倒了我原本对古希腊哲学的浓厚兴趣。我甚至为此改变了专业，由古希腊哲学改为实用主义批判。这遭到了系主任郑昕先生的批评，但还是得到了教育部的批准。这种在"战士"与"院士"之间挣扎与交战中的生活，一遇文革的风浪，成为"战士"的渴望就会击退内心真正的学术爱好。

这个转捩点就是那张马列主义大字报。大字报直接攻击的对象是陆平校长。我谈不上是反陆派，平时在校园里遇见他也总是很尊敬地叫他一声陆校长。但 5 月 25 日大字报贴出当晚，哲学系控诉"三家村"的大会遭到拥陆同学的干扰，接着在三角地大字报前辩论时更遭肢体攻击，这使我十分反感。当大字报公开发表时，我已彻底地站在了反陆的一方。反抗压制时，一种"战士"的感觉便会油然而生。文革人为地制造了这样一种环境，于是五、六十年代的教育所培育的种子便生根发芽了，开始绽放了。

支持大字报是一个纯粹偶然的契机，而对当一名"战士"的渴望，对毛泽东的无限崇拜，决定了我一定会卷入文革的。在一个封闭的社会中，在人治高于法治的社会中，整整一代人被培养起对毛泽东的绝对信任。我当然会"自觉"地要求自己在文革的实践中彻底告别学术梦想，紧跟毛泽东的战略部署。当我在外文楼与冯友兰、宗白华、洪谦先生等一起受审查时，我内心是不把他们当一回事的。坐在我左边的是宗白华先生，我常常提醒自己：绝不要走宗白华的道路，宁可去抢铁锤，推煤车。在那时，那种强烈地表达"忠心"的情感虽然被时代所扭曲但却是真实的。

北大是具有民主与科学精神的"五四"运动的发源地，但"五四"同时也培育了现代中国的一种激进精神。尽管相对于全国来说北大是一个富于独立思考的地方，但这张大字报却不是独立思考的产物。北大的师生并不了解中央内部斗争的详情，凭什么这么"旗帜鲜明"地支持这张大字报呢？一张没有事实根据的大字报怎么就相信它是马列主义的大字报呢？究其原因，盖出于盲从，一种掺合着激进精神的盲从。1949年之后，自由精神的淡漠，传统风骨的遗弃，对领袖的盲目崇拜，北大的民主与科学的传统冲淡了，独立思考的能力薄弱了，但一种激进的精神却在不断得到滋养。这就决定了由领袖个人的意志就可以发动一场"群众运动"，但这注定是要失败的。"战士"跃马挺枪刺中的原来是一架风车，那个时代孕育了无数堂吉诃德式的悲剧。

中国的近代没有经历过类似西方的文艺复兴和启蒙运动，传统的专制主义使人们对现代意义上的自由、民主、法治认识极为肤浅。精神的自主，人格的尊严更在革命的名义下被消蚀。1949年以后的学校强化阶级教育，批判人文教育，在这样的环境下，学生是极易受到煽动的。一有什么运动便盲目跟从，甚至疯狂。历史的吊诡在于人权惨遭践踏的文革催生了现代中国对于人文主义的真正思考。原先的"真理"经历了"苦难的历程"后,显示了其荒谬的一面,人的精神通过这个否定的环节得到了提升。一个无法抹杀的事实是,曾经的红卫兵一旦从文革中觉醒过来便从盲从的一代一跃而成为极富独立思考的一代。"四五"的一代、改革开放初期思想解放的一代都是如此。在这种独立思考中"怀疑一切"与"坚持理想"构成了一个时代的命题。不可否认,"文革"有其理想主义的一面,人们曾经热衷于当时还无法识破其错误和荒谬的理论观点。在这种理论指导下对理想的激情,身处牛棚而仍仰望灿烂星空,在当时是完全可能的。这种在时代的错误中显现的"真诚"让人有悲怆之感。如果"真诚"和"理想"在一个错误的时代彻底耗尽时,对于一个民族来说将是真正的悲剧。这种"真诚"和"理想"让曾经的红卫兵对过往的错误有了反思,灾难也才有可能转化为对自由和正义的追求。事实上,他们中的很多人在改革开放的时代再次成为主力。但另一方面,理想的破灭所带来的"怀疑一切"的倾向,依然侵蚀着这个社会。在一个真实的环境中重建"真诚"和"理想"已经成了这个时代最为重大的使命。

上海审查结束后,不少人说我"有独立思考精神",真是大错特错了。从1966年"文革"开始时高喊"打倒刘少奇",到当时的"批邓反击右倾翻案风",有何独立思考可言!经验告诉我们,没有通过实践检验的决策、理论,是可能有错误的。但在一个政治不透明、民主不健全的社会,在一个风行"个人崇拜"的时代,对一个从小教育要"听毛主席的话,跟共产党走"的青年来说,面对"最高指示",面对毛主席审批的、中共中央的决定,你如何"独立思考"?如果你思考得"出格"一点,轻者检查,重者被抓,以至于牺牲生命。"反右"时的林昭(1932—1968,北京大学学生),"文革"中的张志新(1930—1975,中国人民大学毕业),她们都是在独立思考方面出类拔萃的人物,是"精神界之战士"(鲁迅语),是我们国家的优秀儿女,但都是通过权力机构被"合法"地枪杀了。面对遗烈,我只能低头深省。"文革"的历史证明,领袖的言论、中共中央的决策,有可能是背离民心的,有可能是背离历史走向的,有可能是违反马克思主义的。是否深切认识到这一点,是公民是否有"独立思考"的第一步。

文革后我主要以学术方式将文革中的困惑转化为理论问题来加

以反思。这种反思荆棘载途,崎岖艰难,但这也是对独立思考和精神自由的一次焠炼。

王若水[2]在《人道主义在中国的命运》(香港明镜出版社1997年版)一书中,有一个题为"有关孙月才文章的反应"的附录。其中说到,"提出人道主义是对文革进行痛苦反思的结果,是对'阶级斗争为纲'和'无产阶级全面专政'的反弹。指出异化,是为了克服它:克服政治的异化,要靠民主;克服经济的异化,要靠改革;克服思想的异化,要靠思想解放。"这正是上世纪八十年代人道主义与异化问题大论战一方的理论旨意,它也道出了我的心声。王若水针对拙作《人道主义异化问题和百家争鸣——重读胡乔木[3]〈关于人道主义与异化问题〉》一文说,"文章的观点和我们是一致的。"是的,我当时是属于周扬[4]、王若水一派的。

应该从各个角度来对文革进行反思。从人道主义和异化的角度对文革进行反思是否可行,本来可以通过平等的对话来进行探讨,胡乔木却以身居政治高层的身份把不同声音压制下去。周扬为此作了违心的检查,那颗曾经坚强的大脑被压垮了,从此再也没有醒过来;王若水此后几乎在国外访学中度过余生,在国内毫无用武之地。胡乔木的文章《关于人道主义和异化问题》似乎成了历史唯物主义的最新真理,不容商榷与批评。但是我坚信真理的探讨无关身份与地位,在大论战沉寂了四年以后我重新发出了与胡乔木不同的声音,发泄了多年来淤积在心的不平之气。我充分利用了"内刊"(《上海理论》)的便利,在论述中就宪法保证言论自由这一点痛快淋漓地进行申说(中共中央党校《党校论坛》1989年第一期和《新华文摘》居然将拙作全文刊载,实出乎意料之外)。从宪法高度来看言论自由是我最在意的地方,意在争取人的平等言说的权利。龚育之[5]写于1997年的《几番风雨忆周

---

[2] 王若水(1926—2002),文革后曾任《人民日报》副总编、中共中央纪律检查委员会委员。
[3] 胡乔木:(1912—1992),文革后曾任中共中央书记处书记、中共中央政治局委员。
[4] 周扬(1908—1989),文革后曾任中国文联主席、党组书记、中共中央宣传部副部长。
[5] 龚育之(1929—2007),文革后曾任中宣部常务副部长、中共中央党校常务副

扬》中写到了胡乔木读了我的文章之后的感想,说"他同意作者的观点,的确是过分政治化了。证据是后来就没有不同意见的文章在报刊上发表和讨论了。"胡乔木的"同意"当然不会是我的理论观点,所以王若水说:"胡乔木说他同意孙月才的观点……我想他只是指第三点(即"把学术问题政治化"——引者按)并不同意整篇文章。"胡乔木的思想地位决定了他不可能从人道主义和异化的角度去反思文革。他能接受"过分政治化"的批评已经难能可贵,诚如郝怀明所说,"不妨把胡乔木的这一认识,看作是他对那场争论的一个反思"。但这已经不能给周扬一个真正的安慰了。2006 年龚育之在为郝怀明著《如烟如火话周扬》一书所作的序中重提胡乔木 1997 年对拙文的读后感,但又加上了沉重的一句:"胡乔木的意见已经无法转告周扬,因为周扬此时已经一病不起,渐成植物人。"多么令人惋惜啊,曾经的巨大精神压力,在时代的进步中已烟消云散,但一个真实生命却因漠视宪法而从此长眠。

尽管在这场论战中我自诩周扬一派,但文革中我也曾对他大加批判。当时我应《文汇报》之约写了一篇"大批判"长文,"批判"周扬的《哲学社会科学工作者的战斗任务》。这是周扬 1963 年在中国科学院哲学社会科学部委员会议上的报告(文章曾经毛泽东多处修改)。批判可谓无理之极,想来深为内疚。其实当年周扬发表这个报告时,我读过好几遍甚为喜欢,尤其玩味那个富于哲学思辨的"异化"概念。周扬在报告中已在鼓励我们做思想战线上的"战士",但文革使我心目中的"战士"比周扬所要求的"战士"更为"战士"。这是周扬始料不及的,于是那本我喜欢的小册子就成了大批判的牺牲品。故我写那篇重读胡乔木文章的论文时,却有一些以一种特殊的方式向周扬道歉的用意。

我早在 1981 年即以《人道与异化的对立——对文艺复兴人道主义的考察》一文为开端反思文革问题。但在反自由化运动中我的有关文章也遭人指责,受到不小的精神压力,由于明智领导者的保护,才逃过一劫。1985 年我还写了论自由的文章,这也许是国内最早关于自

校长。

由的专论。但论自由的命运却并不很自由，我关于西方哲学中自由与文化论题的专著差点因反自由化而流产。后经出版社建议弃用《自由与文化》这一书名才得以出版。这本书的论旨是"文化上的每一个进步，都是迈向自由的一步。"（恩格斯语）。它包含着对文革的批判。

陈寅恪有云：研究学术，发扬真理，要有"独立之精神"和"自由之思想"，这是一切思考最基本的要求。但真要成为现实却又有着万般的艰难。如果没有这样一种独立的精神，没有这样一种自由的思想，一个人就没有了灵魂，一个民族就会沉沦；没有这样的坚持和担当，即使是反对文革的人也可以在一定条件下轻易地把文革的幽灵重新召唤回来，这是人们最要警惕的。

日记出版前，原件的影本经由香港中文大学出版社审核后请专家鉴评。然后在香港电脑植字，由我校对作注。在此过程中我做了些技术处理，补了个别脱漏的字，加上星期，删去了一些口号，改动了个别人物的姓名。但对北大老师同学仍保持真实姓名，这里没有什么不可告人的东西。为保持真实，我还尽可能将他们的后续发展在注里作了交待，我以为这是有价值的。此外，日记的附录中收录了一些有关我离开北大后发生的重大事件的书信，以补日记之阙。日记跨越十年，篇幅不小，不可能全部刊出。文革来势凶猛，开头两三年即是高潮，这部分日记就最为详尽。高潮过后，红卫兵运动随即瓦解，轮番挨整。这一部分日记则有所取舍，无关紧要的也就舍去了。日记的前繁后简是由文革自身过程决定的。

香港中文大学出版社为出版此书花费了很多人力物力，我要感谢原社长陆国燊先生和现社长甘琦女士的大力支持；对于谢伟强先生、谢茂松先生，李学军女士、本书责任编辑袁群英女士难得的耐心和细致，为本书付出诸多辛劳，在此一并致谢。

张世英老师，以九十高龄欣然为这本《日记》写了一篇有特色的序，我尤为珍重。

2010 年 10 月 15 日
于上海长宁居

作者简介：

孙月才，1937年出生。1964年8月毕业于中国人民大学首届哲学系本科，1964年9月考入北京大学哲学系西方哲学史专业研究生。1966年5月25日文革爆发时，是北大哲学系二年级研究生。文革中曾任新北大公社1号勤务员。文革后在上海社会科学院哲学所任研究员、教授。研究领域：西方哲学、中西比较哲学、马克思主义哲学。主要著作：《历史规律与普世价值》《道．梵．逻各斯》《西方文化精神史论》。

诗词：悼念丁石孙校长

——未名湖畔群校友沉痛悼念丁石孙校长

我们尊敬的老校长丁石孙先生于 2019 年 10 月 12 日不幸驾鹤西行，未名湖畔群诸位校友在群里发表了悼诗和纪念丁校长的诗，本诗集分两部分一是悼诗二是纪念诗。

目录
 一、悼诗
  1、沉痛悼念丁校长 周大晨
  2、步大晨韵悼丁校长 张从
  3、悼丁石孙先生 王智钧
  4、沉痛悼念丁石孙校长 黄思明
  5、缅怀丁石孙先生 礼庆贵
  6、悼丁石孙校长 王志敏
  7、悼丁石孙校长 申家仁
  8、悼念丁石孙校长 杨远芳
  9、缅怀丁石孙先生 王智钧
  10、悼念丁石孙老校长 侯碧辉
 二、纪念诗
  11、丁石孙先生 锺恩生
  12、无题 白玉林
  13、丁校长 思明
  14、骑车 锺恩生
  15、丁石孙先生（骑车逸事） 锺恩生
  16、依韵和春秋《丁校长》 大晨

沉痛悼念丁校长
周大晨

博雅红楼也泪流，秋风秋雨使人愁。
包容并蓄校风继，宠辱不惊争自由。

2019.10.13

步大晨韵悼丁校长
张从

噩耗忽传涕泪流，先贤西去众生愁。
高山仰止谁能继？校长从来不自由。

2019.10.13

悼丁石孙先生
王智钧

枝荣叶茂赖深根，铁骨铮铮北大魂。
数苑耕耘专术业，自由独立世长存。

2019.10.13

沉痛悼念丁石孙校长
黄思明

西归丁校长，泪雨哭歌讴。
数学解严谨，清风享自由。
包容言路拓，并蓄智能修。
刚正不阿立，人间一拔遒。

2019.10.13

缅怀丁石孙先生
礼庆贵

来也空空去也空,只留真谛世人中。
每临湖畔高高塔,犹见先生君子风。

2019.10.13

悼丁石孙校长
王志敏

光华日月地球东,百廿燕园九秩翁。
真义中直凭炽烈,和风温煦任从容。
征鞍有寄铭博雅,战影无藏鉴未名。
仰止星空魁斗耀,洞明薪火照苍穹。

2019.10.13

悼丁石孙校长
申家仁

绿径单车白发翁,匆忙博雅振雄风。
教员民选主校政,长使燕园忆蔼容。

2019.10.13

悼念丁石孙校长
杨远芳

海外肃然传大名,高风亮节许先生。
隔洋含泪遥相送,一瓣心香学子诚。

2019.10.14

缅怀丁石孙先生

王智钧

百年校长几多星,季老平心论蔡丁。
博塔红楼传德赛,自由独立序蓝青。

2019.10.14

悼念丁石孙老校长

候碧辉

民友红楼建校风,石孙博雅贯长虹。
掌门主政循真理,处世追求立正公。
治学育才高节亮,为人行事直言衷。
哀思校长遗风骨,北大精神天下崇。

2019.10.14

丁石孙先生

锺恩生

湖畔黉门几许愁,出头荪石竹篁收。
园丁曲赋诗词憾,最怕文章不自由。

注:1、年逾八旬的丁石孙先生曾说,"我是一个像空气一样自由的人,妨碍我心灵自由的时候,绝不妥协。"

2、末句"不自",自仄音,出律,为不以文害义,乃有意为之。

2019.10.13

诗词：悼念丁石孙校长

无题
白玉林

遥记当年初相见，我正少年君英年。
五湖四海风云会，一世之缘结燕园。
风度翩翩谆谆语，当日风华如昨天。
可叹流年如水转，一去经年改容颜。
千山万水追寻遍，为觅梦境过千帆。
虽经九转而未悔，犹抱初心何曾变。
长揖一拜谢师恩，弟子沾巾不复言。
心香一瓣为君祈，福寿安康复翩翩。

2019.10.13

丁校长
思明

当家民选出，校长踏车人。
正气燕园满，从严博雅新。
放权开放态，民主竞争春。
失败为何叹？自由瓶颈因。

2019.10.14

骑车
锺恩生

安步当车者，燕园白发姿。
掌门无贵贱，校长有尊仪。

2019.10.14

丁石孙先生（骑车逸事）

锺恩生

安步当车者，燕园白发姿。
掌门无贵贱，校长有尊仪。
绿径黉门地，红尘学子师。
翩翩飞独鹤，正正颂旌旗。

注：丁石孙，一个骑自行车上下班的北大校长。

2019.10.14

依韵和春秋《丁校长》

大晨

黉宫青史上，校长蔡丁神。
并蓄红楼倡，兼容博雅新。
单车遍湖畔，汗水育青春。
败走何须叹，缺稀空气因。

2019.10.15

附录：

丁石孙因病于 2019 年 10 月 12 日在北京逝世，享年 93 岁。10 月 17 日，全国人大于八宝山公墓大礼堂举行了丁石孙的遗体送别仪式。

哲学系六二级校友刘亚男 2019 年 10 月 18 日至王复兴微信：

母校北大令人敬爱的丁石孙校长去世。丁石孙先生曾任全国人大前副委员，学运期间被指放任学生参与运动，六四后请辞。

诗词：悼念丁石孙校长

署名"未名1988全体同学"一副挽联颇用心思，如下：

一面春风，曾有丁香化雨，石舫烟云，孙竹凌雪，燕园于兹多风骨。
卅年契阔，但悲天高九重，地阔万里，人已千古，君子从来稀世出。

该挽联，联中套联，工整对仗中嵌入：

曾有丁石孙，燕园于兹多风骨。
但悲天地人，君子从来稀世出。

说丁校长乃"稀世风骨"，当是很高评价！

www.ingramcontent.com/pod-product-compliance
Lightning Source LLC
Chambersburg PA
CBHW051241300426
44114CB00011B/836